Droit et Cultures

Revue internationale interdisciplinaire

Publiée par la Fédération Interdisciplinaire
de Nanterre en Droit (FIND)
de l'Université Paris Ouest Nanterre La Défense
et par l'Association Française Droit et Cultures

Avec le concours

du Centre National de la Recherche Scientifique
de l'Université Paris Ouest Nanterre La Défense et
du Centre National du Livre

L'Harmattan

REVUE DROIT ET CULTURES

Revue internationale interdisciplinaire

Directeur de la publication : Hervé GUILLOREL (ISP, CNRS/Paris Ouest Nanterre La Défense)
Responsable de l'édition numérique : Jacqueline LAHMANI (CNRS)
Éditeur numérique : Association Française Droit et Cultures (AFDC)

Revue Droit et Cultures, Université Paris Ouest Nanterre La Défense,
200 avenue de la République, 92001 Nanterre Cedex, Tel/Fax : 33(1) 40 97 73 65
email : jlahmani@u-paris10.fr

Sommaire numéro 69-2015/1

Dossier

De la traduction dans le droit des idées d'égalité/inégalité

sous la responsabilité de Chantal Kourilsky-Augeven

Chantal Kourilsky-Augeven, Présentation 9

Jean-Pierre Poly, La dragonne et les seigneurs colorés. Division trifonctionnelle et classes sociales de la Scythie à l'Europe 19

Bernadette Menu, Maât, ordre social et inégalités dans l'Égypte ancienne. *De l'apport égyptien au concept gréco-romain de justice* 51

Sophie Démare-Lafont, Les inégalités sociales en Mésopotamie : quelques précautions de vocabulaire 75

Elisabeth Schneider, L'interprétation des termes d'homme ou de personne en droit savant, source d'inégalité 89

Isabelle Carles-Berkowitz, Ce que le droit fait au genre : les femmes migrantes dans la législation européenne 113

Chantal Kourilsky-Augeven, L'ambiguïté des modèles d'égalité des genres en Russie : famille, droit et idéologie 127

Olga Zdravomyslova, Une condamnation à « l'inexistence » : la « dictature des lois » et l'interdiction de la propagande des relations sexuelles non traditionnelles auprès des mineurs en Russie 155

Daniel Borrillo, Mariage pour tous et filiation pour certains : les résistances à l'égalité des droits pour les couples de même sexe 179

Études

Oscar Ferreira, Un vecteur de diffusion des cultures juridiques et politiques françaises au Brésil. *O Farol Paulistano* (1827-1831) 223

Lectures : notes et comptes rendus 271

Table of contents 69-2015/1

Translating Ideas of Equality/Inequality in Law
Chantal Kourilsky-Augeven

Chantal Kourilsky-Augeven, Presentation 9

Jean-Pierre Poly, The She-Dragon and the Coloured Lords. Trifunctional Division and Social Classes from Scythia to Europe 19

Bernadette Menu, Maât, Social Order and Inequality in Ancient Egypt. *The Egyptian Contribution to the Greco-Roman Concept of Justice*........ 51

Sophie Démare-Lafont, Social Inequalities: Some Vocabulary Precautions........ 75

Elisabeth Schneider, The Interpretation of the Terms *Homo* and *Persona* in Medieval Law. A Source of Inequality........ 89

Isabelle Carles-Berkowitz, What Does the Law Do for Gender: Migrant Women in the European Legislation........ 113

Chantal Kourilsky-Augeven, The Ambiguity of the Equal Gender Model in Russia: Family, Law, and Ideology........ 127

Olga Zdravomyslova, Condemned to Extinction: a «Dictatorship of Laws» and the Prohibition of Propaganda of «Non Traditional Sexual Relations» among Minors in Russia 155

Daniel Borrillo, Marriage for All and Filiation for Some: Resistances to the Equality of Rights for Same sex Couples in France........ 179

Studies

Oscar Ferreira, Diffusion of French Juridical and Political Cultures in Brazil: The Contribution of *O Farol Paulistano* (1827-1831) 223

Books: Notes and Reviews 271

ONT CONTRIBUÉ À CE NUMÉRO

Daniel Borrillo est maître de conférences en droit privé à l'Université de Paris Ouest (attaché au Centre de droit pénal). Chercheur associé au CNRS, il anime un séminaire sur le droit des sexualités dans le Master des droits de l'Homme et un séminaire sur les discriminations au CERSA/CNRS. Il est l'auteur de plusieurs ouvrages parmi lesquels, *Homosexualités et Droit*, PUF, 1998 ; *L'homophobie*, « Que sais-je ? », PUF, 2001. *Lutter contre les discriminations*, La Découverte, 2003. *Droit des sexualités*, PUF, 2009. *Halde: actions, limites et enjeux*, La Documentation Française, 2007. *Bioéthique*, Dalloz, 2011.

Isabelle Carles-Berkowitz, juriste et sociologue du droit, est chargée de recherche au Centre METICES (Institut de Sociologie de l'Université Libre de Bruxelles) et chercheur associé au Centre d'Histoire et d'Anthropologie du Droit de Paris Ouest. Ses recherches, menées sur plusieurs terrains (France, Belgique et Union européenne), portent principalement sur les lois et les politiques publiques concernant la lutte contre les discriminations, l'immigration et l'intégration des populations étrangères ou d'origine étrangère dans l'Union européenne, analysées sous une perspective de genre ainsi que sur les mouvements transnationaux de femmes migrantes. On peut citer parmi ses publications, outre une thèse d'État sur *Le droit et les jeunes d'origine étrangère. Une approche par genre des phénomènes de socialisation juridique*, 2007, de nombreux articles et contributions à des ouvrages collectifs sur ces thèmes parmi lesquels «Gendered Experiences of Racial Discrimination – Comparative socio-legal research» (avec E. Howard & E. Kofman), *European Union Non-Discrimination Law and Intersectionality: Investigating the triangle of racial, gender and disability discrimination*, London, 2011, « La mobilisation politique des femmes immigrées au niveau européen : quelles stratégies pour quels enjeux? » *Femmes et stratégies transnationales (XVIIIe-XXIe siècles)*, Lausanne, 2011, « Les discriminations multifactorielles fondées sur le genre et l'origine ethnique. Les leçons du projet européen GendeRace », *Hommes et Migrations,* juillet-août 2011.

Sophie Démare-Lafont, agrégée d'histoire du droit, professeur à l'Université Panthéon-Assas et directeur d'études à l'École pratique des hautes études, s'est spécialisée dans l'étude des droits du Proche Orient ancien (Mésopotamie – Bible), domaine assez peu représenté dans les facultés de droit françaises. On citera parmi ses publications, outre sa thèse d'État *Femmes, droit et justice dans l'Antiquité orientale* (1999), deux recueils sur les textes cunéiformes, araméens et hébraïques *Jurer et maudire. Pratiques politiques et usages juridiques du serment dans le Proche-Orient ancien* (1997) et *Trois millénaires de formulaires juridiques* (avec A. Lemaire, 2010). Elle est également l'auteur d'une soixantaine d'articles publiés dans des revues françaises et étrangères et de contributions à des manuels en langue française (*Revue d'assyriologie et d'archéologie orientale, Droit et Cultures, Revue d'histoire du droit français et étranger*) et étrangère (*Reallexikon der Assyriologie, Maarav, Aula Orientalis, Journal for the Study of the Old Testament*). Elle a contribué aux ouvrages collectifs *Dictionnaire de la civilisation mésopotamienne*, Joannès (éd.) 2000, *Les débuts de l'histoire,* Bordreuil, Briquel-Chatonnet & Michel (éds) 2008, *A History of Ancient Near Eastern Law*, Westbrook, 2003, *A Handbook of Cuneiform Culture*, Radner & Robson, 2011, *Ancient Mesopotamia,* Rubio, (sous presse), *I diritti nel mondo cuneiforme. Mesopotamia e regioni adiacenti ca 2500-500 a.c.* Liverani & Mora, 2008.

Oscar Ferreira, Université Paris XII, constitutionnaliste et historien des idées juridiques et politiques, est spécialisé dans l'étude des XIXe et XXe siècles et de la notion de quatrième pouvoir dévolu au chef de l'État dans une perspective historique et comparatiste. Outre une thèse sur *Le pouvoir royal 1814-1848. A la recherche du quatrième pouvoir* (2010), on peut citer parmi ses publications plusieurs articles et contributions à des ouvrages collectifs comme « Le pouvoir modérateur dans la constitution brésilienne de 1824 et la Charte constitutionnelle portugaise de 1826 », *Revue française de droit constitutionnel,* n°89/2012, « L'élection au suffrage direct du Président au Portugal », A. M. Le Pourhiet (dir), 2012. Après des travaux sur les libertés publiques *Annuaire Droit et Religion*, 2013-2014, et l'histoire des idées politiques, *Revue de la recherche juridique – Droit prospectif*, 2013. Ses derniers travaux portent sur la circulation et la réception des idées juridiques françaises dans le monde lusophone, *Revue historique de droit français et étranger*, 2014.

Chantal Kourilsky-Augeven, directrice de recherche honoraire du CNRS, est chercheur associé au Centre d'Histoire et d'Anthropologie du Droit de Paris Ouest. Juriste et sociologue du droit, elle a initialement consacré ses recherches au droit privé soviétique (droit du travail, droit de la famille). Depuis les années 1980, elle a orienté ses recherches en sociologie et anthropologie du droit sur les phénomènes de socialisation juridique et les phénomènes de conscience du droit des individus. Elle est l'auteur d'une approche théorique et empirique de ces phénomènes développée à partir des recherches françaises sur la socialisation politique et appliquée dans les recherches comparatives (France-Pologne, 1987, France Russie, 1993 et 2002, France-Hongrie, 1995) qu'elle a réalisées en coopération avec des sociologues européens. On citera parmi ses publications « Connaissances et représentations du juridique chez les enfants et les adolescents », *Droit et Société*, 1986 ; « Modèle culturel russe et évolution de la régulation normative de la famille », *Droit et Cultures*, 1989 ; « Le rapport des jeunes au Droit à l'Est et à l'Ouest » *Droit et Société*, 1991 ; *Socjalizacja prawna* (avec M. Borucka-Arctowa), Varsovie, 1993 ; *Socialisation juridique et modèle culturel, l'image du droit en Russie et en France*, (avec M. Arutunyan et O. Zdravomyslova) Paris, 1996 ; *Socialisation juridique et conscience du droit,* Paris, 1997 ; *Images and Uses of Law Among Ordinary People*, Paris, 2004 ; « La socialisation juridique ou de l'obéissance à la familiarisation par imprégnation » (en français et en anglais) *European Journal of Legal Studies,* Firenze, 2007 ; « Socialisation, socialisation juridique et conscience du droit », *Anthropologies et droits,* Paris, 2009.

Bernadette Menu, directeur de recherche honoraire au CNRS, égyptologue, docteur d'État en Histoire du droit, Lauréate de la Faculté de droit de Paris (Prix Louis Milliot, 1967), Lauréate de l'Académie des Inscriptions et Belles-Lettres (Prix Maspero, 1984), a publié plus de deux cents livres et articles sur le droit égyptien ancien et sur l'histoire économique et sociale de l'Égypte ancienne. Ancien professeur d'égyptien hiéroglyphique, hiératique et démotique, elle est aussi l'auteur d'une méthode d'apprentissage de l'égyptien hiéroglyphique, en trois volumes. Après avoir présidé pendant plus de vingt ans l'Association internationale pour l'étude du Droit de l'Égypte ancienne (AIDEA) elle a créé en 2009 à Lanas (Ardèche) un Séminaire de droit égyptien ancien à l'intention d'étudiants avancés en égyptologie et en histoire du droit (Master 2, Doctorat). Ouvrages publiés dans les quinze dernières années : *Recherches sur l'histoire juridique, économique et sociale de l'ancienne Égypte II*, Le Caire, 1998 ; Ramsès II. Souverain des souverains, Paris, 1998 ; Vivre en Égypte ancienne, Paris, 1998 ; Égypte pharaonique. *Nouvelles recherches sur l'histoire juridique, économique et sociale de l'ancienne Égypte*, Paris, 2004 ; Maât. L'ordre juste du monde, Paris, 2005, réimpr. 2010. En tant qu'éditeur ou directeur d'ouvrages collectifs : *Le commerce en Égypte ancienne*, Le Caire, 1998 (en collaboration) ; « Égypte pharaonique : déconcentration, cosmopolitisme » (Méditerranées 24), Paris, 2000 ; « La fonction de juger. Égypte ancienne et Mésopotamie » (*Droit et Cultures* 47), Paris, 2004 ; *La dépendance rurale en Égypte ancienne et dans l'Antiquité proche-orientale*, Le Caire, 2004 ; *L'organisation du travail en Égypte ancienne et en Mésopotamie*, Le Caire, 2010. En préparation : *Histoire Économique et Sociale de l'Égypte Ancienne* (HÉSAÉ), en deux volumes.

Jean-Pierre Poly, professeur émérite de l'Université Paris Ouest Nanterre La Défense, est membre du Centre d'Histoire et d'Anthropologie du droit, de la Société d'Histoire du Droit, de la Société des Antiquaires de France et de la Selden Society. Élève de Georges Duby, il est d'abord spécialiste du droit médiéval et de la féodalité, il est l'auteur de *La Provence et la société féodale 879-1166*, Paris, 1976. Il a également publié, avec Eric Bournazel, *La mutation féodale Xe-XIIe siècle*, Paris, 1980 et *Les féodalités*, Paris, 1998. Il s'intéresse davantage aujourd'hui à l'histoire des mentalités et a publié sur l'histoire de la sexualité *Le Chemin des amours barbares : genèse médiévale de la sexualité européenne*, Paris, 2003.

Elisabeth Schneider a soutenu sa thèse en histoire du droit portant sur *La personne dans le droit savant du 12e au 15e siècle* sous la direction de Mme le Professeur Michèle Bégou-Davia. Elle est actuellement chercheur invitée à l'Institut d'histoire du droit de l'Albert-Ludwigs-Universität de Fribourg en Brisgau. Elle a eu l'occasion notamment de publier des articles sur Emile Acollas (1826-1891), sur la personne publique du notaire en droit savant, le statut du docteur et un rapport sur les mesures privatives de liberté à l'encontre des délinquants dangereux en droit pénal et procédure pénale français dans le cadre d'un projet de droit comparé à l'Institut Max-Planck pour le droit pénal étranger et international à Fribourg en Brisgau. Ses recherches portent sur l'histoire de la personne et de la bioéthique, les relations entre le droit et la théologie, le droit médiéval ainsi que sur l'histoire du droit en Allemagne. «'Naturae rationalis individua substantia': Eine theologische oder juridische Definition der Person» in *Boethius as a Paradigm of Late Ancient Thought*. Proceedings of the 1st Symposium of the International Center for Boethian Studies (Thomas Böhm, Thomas Jürgasch, Andreas Kirchner Eds), De Gruyter (à paraître automne 2014) ; « Les origines théologiques de la personne en droit canonique medieval » in Proceedings Congress Toronto (à paraître) ; «Landesbericht Frankreich» in *Wegsperren? Freiheitsentziehende Maßnahmen gegen gefährliche*, strafrechtlichverantwortliche (Rückfall-) *Täter im internationalen Vergleich. Internationaler Vergleich kriminologische Perspektiven*, (éd. Hans-Georg Koch), Berlin, 2011, p. 81-122 ; projet de droit comparé sur les mesures privatives de liberté à l'encontre des délinquants dangereux en droit pénal et procédure pénale français à l'Institut Max-Planck pour le droit pénal étranger et international à Fribourg en Brisgau en Allemagne ; « Le statut du docteur chez Bartole de Saxoferrato », *Droit et Cultures*, hors-série 2010, p. 91-135 ; « Vers la mort annoncée du juge d'instruction en France » in *Eucrim*, 2009, Heft/Band 1-2, p. 49-57.

Olga M. Zdravomyslova, docteur en philosophie et sociologue, est directrice exécutive de la Fondation Gorbatchev pour les Recherches socioéconomiques et politiques. Depuis les années 1980, elle enseigne à l'Université d'État de Moscou et à l'École Supérieure d'Économie tout en menant des recherches en sociologie théorique et empirique. Ses domaines de recherche concernent la transformation sociale avec un accent sur le genre et la famille ainsi que sur les phénomènes de socialisation juridique en Russie. Dans ce dernier domaine elle collabore depuis 1992 avec Chantal Kourilsky-Augeven. Elle est l'auteur de nombreux ouvrages et articles en langues russe et anglaise. On citera parmi ses principales publications : 1) sur le premier thème «The position of women», *Russia in transition*, 1995 ; «Reflections on the Transition of the Breadwinner Model in Russia» ; *Men's Family Relations*, 1996 ; *La famille russe dans le contexte européen* (avec M. Arutiunian), Moscou, 1998 ; *La famille et la société : la dimension de genre de la transformation russe*, Moscou, 2003 ; 2) sur le second thème *Les images du droit en Russie et en France* (avec Ch. Kourilsky-Augeven et M. Arutiunian) 1996 ; «A new way of looking at Russian society? Changing images of power, justice and solidarity» et «Uses of the law in everyday life in Russia, a comparative analysis of interviews in Moscow and Ivanovo», *Droit et Cultures*, special issue, 2004 ; *Image et expérience du droit. La socialisation juridique dans la Russie actuelle*, (avec Ch. Kourilsky-Augeven et M. Arutiunian), Moscou, 2008.

Chantal Kourilsky-Augeven

Présentation

Le thème de « la traduction dans le droit des idées d'égalité/inégalité » que j'avais proposé au CHAD, le Centre d'Histoire et d'Anthropologie du Droit de l'Université Paris Ouest, pour la Journée de réflexion Orient-Occident de 2013 dans le cadre des rencontres en l'honneur de notre collègue Kasra Vafadari a été considérablement enrichi par mes collègues historiens du droit, anthropologues et sociologues du droit qui ont accepté de participer à cette réflexion en s'inscrivant dans le cadre de ma proposition initiale. Celle-ci était la suivante :

Toute politique législative, en Orient et en Occident, est révélatrice, selon les époques, d'une idéologie culturelle et politique donnée, concernant la valeur d'égalité dans la société concernée. La principale question est de savoir si cette idéologie accepte les inégalités comme un donné ou si elle s'efforce d'y remédier, qu'il s'agisse de l'égalité entre sexes, entre catégories sociales ou entre castes.

Les sociétés anciennes affirment souvent le principe d'égalité entre les membres de la Cité. Mais ce principe ne s'applique en règle générale qu'à une partie des habitants de cette cité. Certaines catégories de population en effet en demeurent exclues : les esclaves en premier lieu et les femmes dans une certaine mesure.

Ainsi coexistent, au sein d'une même société, différentes catégories d'êtres humains au statut inégal, cette situation entraînant l'exclusion de certains d'entre eux du système de droits et de devoirs des citoyens, membres par excellence de cette société. Les justifications idéologiques de telles différences ne sont pas toujours explicites. Elles ne sont articulées que par l'élite dominante et ont une base religieuse ou philosophique. Mais, parce qu'elles se traduisent par une structuration spécifique de la vie de la société, elles sont intériorisées par les membres des différentes catégories de population qui les ressentent comme une « évidence implicite ».

Ces différences se traduisent notamment dans le Droit. Même non explicitées dans les dispositions juridiques dans la mesure où elles constituent une évidence y compris pour le législateur, elles peuvent être inférées de ces dispositions. Ces dernières sont porteuses en filigrane de modèles de comportement afférents aux diverses catégories d'individus en fonction de leur genre et/ou de leur caste.

Le Droit constitue donc un poste d'observation privilégié, même s'il n'est pas le seul, du traitement idéologique de la valeur d'égalité dans une société donnée à une époque donnée. Si les normes juridiques ne règlent pas à elles seules le comportement des individus puisqu'elles peuvent avoir emprunté le contenu de normes sociales préexistantes qui continuent de leur coexister, elles renforcent la valeur de modèles de ces dernières par la consécration qu'elles en opèrent. Elles sont à la fois des modèles **de** la réalité sociale et des modèles **pour** la réalité sociale.

La première partie de ce recueil contient les contributions des historiens du droit, d'autant plus passionnantes que leurs terrains de recherche et de réflexion portent sur des sociétés et des cultures extrêmement diverses.

Égalité, nations et classes sociales

Pour Jean-Pierre Poly, historien du droit et anthropologue, il s'agit de peuples nord-iraniens, Scythes et Sarmates, chez lesquels, en suivant l'hypothèse de Georges Dumézil, il recherche la présence, tant dans leur société que dans leur structure mentale, d'une division trifonctionnelle. C'est cette dernière qui donnera naissance à la théorie des trois états dominante dans tout l'Ancien Régime en France.

Certes, il s'agissait plutôt, au Ve siècle avant notre ère, de grands ensembles tribaux plurifonctionnels mais la structure tripartite maintenait entre eux « un équilibre et une égalité collective ». C'est donc **entre** ces grands ensembles que l'on peut repérer les traces d'une égalité. Il n'est pas sûr, il est même douteux que celle-ci règne **au sein de** chacun de ces grands ensembles. Celle-ci existerait-elle au sein des fratries ? On en doute pour la fratrie royale. Jean-Pierre Poly nous montre l'éternelle rivalité entre frères pour l'acquisition de l'héritage du père ou de la mère, cette mère Dragonne toute puissante. Si, dans la féodalité, c'est le frère aîné qui hérite des possessions du père, là c'est le plus adroit qui démontre sur le terrain ses capacités d'agir.

Pour Bernadette Menu, historienne du droit et égyptologue, c'est encore, avec la notion de Mâat, d'équilibre qu'il s'agit dans l'Égypte ancienne. Mais cet équilibre implique les concepts d'une harmonie à la fois sociale et cosmique. Il est à la fois équilibre des forces et équité en matière de justice. Mais, notre auteur y insiste, l'exploitation d'autrui est prohibée. Aucun texte n'atteste l'existence de l'esclavage dans l'Égypte ancienne. La politique du pharaon est plutôt d'intégrer les populations conquises par la guerre à l'ordre social qui régit l'ensemble de ses sujets. La femme ne s'y voit pas non plus attribuer un sort subalterne puisqu'elle dispose de sa pleine capacité juridique. Par comparaison avec les autres sociétés méditerranéennes, sa situation est particulièrement favorable tant du point de vue du mariage, du divorce et de l'éducation des enfants que de l'administration des biens, de l'exercice d'un métier ou de la pratique du commerce, de la capacité d'ester en justice ou de rédiger un testament.

Il y a dans ces deux sociétés une répartition entre plusieurs ordres regroupant les personnes. Chaque individu appartient à l'un ou l'autre de ces ordres, jouit des droits ou assume les obligations propres à cette catégorie. C'est ainsi qu'il y a, d'une part, égalité des droits et obligations de l'individu au sein de la catégorie concernée et/ou des sous-catégories qu'elle renferme (guerrier, propriétaire, artisan) et, d'autre part, inégalité des catégories au sein de l'ensemble social. L'inégalité est donc « structurelle », et, autrement dit, perçue comme « naturelle ».

Mais, tandis que Jean-Pierre Poly recherche chez les Scythes et les Sarmates nord-iraniens les traces de la division en « trois états » qui dominera l'Ancien régime en France, Bernadette Menu nous démontre que le symbolisme de Mâat, ce principe structurant de l'Égypte ancienne, cet « ordre juste du monde » qui est en fait duel, marquera durablement la pensée grecque et romaine. Il est en effet à l'origine de la division dans le monde grec et romain de la notion de justice en justice générale, universelle et en justice particulière qui marque la justice judiciaire.

En Mésopotamie, nous rappelle Sophie Démare-Lafont, le Code du roi de Babylone Hammurabi (vers 1750 avant notre ère) expose les principes d'un droit urbain construit sur une société hiérarchisée et inégalitaire. Ce sont les différences économiques comme source principale d'inégalités souvent profondes qui justifient l'intervention sporadique du souverain pour annuler rétroactivement des dettes non commerciales de ses sujets. Mais ces injustices, que le roi a pour mission de redresser, sont perçues comme inévitables.

Le problème traité par notre auteur porte essentiellement sur la caractérisation des différentes catégories sociales. La division essentielle est certes celle qui existe entre les libres (qui cumulent aisance matérielle et honorabilité sociale) et les esclaves (esclaves de naissance, prisonniers de guerre, débiteurs insolvables, personnes libres enlevées et vendues loin de chez elles). Mais existe-t-il entre elles deux une catégorie additionnelle dont le statut a fait l'objet de discussions, celle que l'on a considérée comme celle des « semi-libres » ou des citoyens de seconde catégorie qui correspond au terme babylonien traduit en français par « mesquins » ?

Les indications relatives à leur statut sont contradictoires mais il semble bien pourtant qu'il s'agisse d'hommes libres. Ceux-ci sont « économiquement indépendants » et leur « situation s'apparente à celle d'alleutiers souvent modestes, vivant en dehors du monde urbain et relevant directement du roi pour les prestations ponctuelles et le système fiscal ». Mais les doutes émis par certains spécialistes à propos des interprétations voyant dans les « mesquins » une catégorie sociale spécifique ont été confirmés par de nouveaux textes. Ceux-ci ont permis de corriger la traduction de ces substantifs et ont conduit à abandonner l'hypothèse de sociétés tripartites en Mésopotamie.

De l'harmonie globale de la société à l'égalité des individus

C'est au Moyen Âge que se réfère la contribution de l'historienne du droit Elisabeth Schneider à propos de la différence dans l'interprétation, en droit savant, des termes de « persona » et d'« homo ». Ces deux notions sont abondamment discutées dans le *jus commune* c'est-à-dire le droit romain et le droit canonique, creuset de l'actuel droit européen. L'interprétation des expressions d'homme et de personne entraîne l'application de droits différents. Mais en l'absence d'adjectifs qualificatifs ajoutés à *persona*, les juristes médiévaux sont amenés à interpréter les termes *persona*, *homo*, *quis* et s'interrogent sur le fait de savoir s'ils doivent comprendre ces termes comme synonymes d'homme, de femme, d'homme libre ou d'esclave (ils peuvent même désigner une *universitas*). Il s'agit d'une question importante car en fonction de la qualification retenue, des droits et des obligations différents sont reconnus.

Au Moyen Âge les glossateurs et postglossateurs citent des listes d'exemples dans lesquels la femme possède une situation juridique inférieure par rapport à celle de l'homme. Les cas dans lesquels la condition juridique de la femme est meilleure sont moins nombreux et considérés comme des exceptions (Balde, Guillaume Durand).

La question qui a particulièrement retenu notre attention chez cet auteur est le fait que la signification générale du neutre se traduit par des formulations au masculin. Il semblerait que dès lors, les formulations juridiques puissent renforcer les stéréotypes relatifs aux rôles masculins et féminins avec, notamment, la supériorité du masculin et la nature inférieure du féminin au niveau à la fois physique et spirituel. Certes, cette hiérarchie n'exclut pas les exceptions (comme par exemple le rôle particulièrement important des abbesses) mais celles-ci confirment la règle. Il s'agit d'une catégorisation de l'ordre de celles que nous considérons comme ayant profondément pénétré les esprits au point de devenir ce que nous avons appelé une « évidence implicite » partagée par les membres de la même culture.

La Révolution française, férue d'idées d'égalité et de liberté, a, au moins dans le principe, aboli l'esclavage (qui ne le sera définitivement qu'avec un retard notable) et proclamé que tous les citoyens auraient les mêmes droits. Mais, prisonnière de la répartition des rôles liés au genre, elle n'a, en ce qui concerne les femmes, pas su – ou pas voulu – déclarer qu'elles auraient les mêmes droits que les hommes. L'un des principaux arguments utilisés pour dénier aux femmes les mêmes droits qu'aux hommes était, en dehors de la décence qui leur assignait un rôle secondaire (il n'était pas convenable que les femmes se montrassent seules dans les lieux publics et, encore moins, qu'elles y intervinssent), la qualité de leur raisonnement considérée comme inférieure.

À l'époque du bicentenaire de la Déclaration des droits de l'homme en 1989, un dessin de Wolinski, paru dans le *Nouvel Observateur*, a résumé cet argument de façon particulièrement synthétique. On y voyait un sans-culotte, de retour de l'Assemblée constituante, raconter avec émotion à une épouse submergée d'enfants à quel point les discussions relatives à l'adoption de la Déclaration des droits de l'homme avaient été d'une sublime hauteur de vue. La femme lui demandait alors « Et les droits de la femme ? ». Découragé, il répondait d'un air heurté « Il faut toujours que tu rabaisses tout... ».

On sait que la France n'a reconnu que de façon plus que tardive par rapport aux autres pays, le droit de vote et le principe de l'éligibilité des femmes (par une ordonnance du Général De Gaulle signée à Alger en 1944). Les votes positifs en ce sens de la Chambre des Députés avaient antérieurement été systématiquement bloqués par le Sénat pendant toute la période s'étendant entre les deux guerres mondiales (en 1919, 1922, 1927, 1932, 1935 et 1936).

Les résultats de mes propres enquêtes sur la socialisation juridique avant l'âge adulte dans lesquelles il était notamment demandé à des adolescents garçons et filles de dire à quoi était associé dans leur esprit le terme « Égalité », ont montré à quel point le stéréotype des révolutionnaires concernant le niveau inférieur du raisonnement féminin, dénié par les faits en matière de résultats scolaires et universitaires, demeurait en 1987 encore vivace dans les mentalités. Il semblait reposer sur une assimilation implicite de la notion d'Égalité à celle d'Identité.

En effet, si les garçons de tous les âges affirmaient comme une évidence, de la classe de 6e à celle de 1e, des principes admirables « Tous les hommes sont égaux », « Égalité des droits » et « Égalité devant la loi », les filles, au moins les plus jeunes, étaient confrontées, comme dans l'article d'Élisabeth Schneider, à l'ambiguïté de l'usage du masculin pour désigner le neutre en langue française. C'est ainsi qu'en classe de 6e de nombreuses filles, sans pouvoir l'expliciter, étaient embarrassées par l'ambigüité de l'affirmation de principe selon laquelle tous les « hommes » sont égaux. Elles préféraient donc utiliser l'expression familière beaucoup moins prestigieuse « tout le monde est pareil », certaines précisant même qu'« il n'y en pas qui sont mieux que les autres ». En classe de 4e, elles passaient par la phase de la revendication de l'égalité économique et sociale « avoir les mêmes choses » ou « avoir les mêmes chances », qu'elles partageaient avec les garçons appartenant à des catégories sociales défavorisées. Ce n'est qu'en classe de 1e qu'elles prenaient conscience de l'utilité du droit et parlaient, comme les garçons, d'avoir « les mêmes droits ».

Sans être spécialiste des études de genre, j'avais été sensible tant à la différence de style des réponses selon le sexe qu'à la différence d'expérience chez les répondants que traduisaient ces associations spontanées au mot Égalité. Elles soulignaient l'inadaptation partielle de la formulation idéologique incarnée par le Droit à la réalité sociale expérimentée sur le terrain par les individus.

Ce sont donc les affres que doit affronter un Droit qui veut faire régner l'égalité dès lors qu'il est confronté au « genre » et à des modes de vie « hors norme » c'est-à-dire hors de la norme sociale précédente. Se voulant consacrer des règles incarnant le désir général d'égalité, il se heurte, étonné, aux désirs de celles et ceux « qui pensent autrement » pour reprendre l'expression qui était utilisée en Union Soviétique pour désigner les dissidents.

Égalité, genre et minorités

Nos auteurs examinent successivement le problème dans la législation européenne à propos des migrants (Isabelle Carles Berkowitz), dans la régulation juridique et idéologique de la famille en Russie (Chantal Kourilsky-Augeven), dans les avatars de l'idéologie du pouvoir russe à l'égard des homosexuels (Olga Zdravomyslova) et enfin dans la conflictuelle revendication en France d'un statut familial égal pour tous les couples, qu'ils soient hétérosexuels ou homosexuels (Daniel Borrillo).

La volonté d'élaborer une législation égalitaire se traduit facilement à l'arrivée par la création d'inégalités dans la réalité sociale en raison de la prise en compte insuffisante de la réalité différente vécue par les hommes et les femmes. La législation européenne constitue à cet égard une sorte de laboratoire de recherche. À l'augmentation de la migration féminine répond une nouvelle obligation faite aux institutions européennes d'introduire une dimension de genre dans l'ensemble de leurs politiques. Mais, nous dit Isabelle Carles-Berkowitz, juriste et sociologue du droit, ces politiques demeurent mal adaptées à la diversité de la condition des femmes migrantes venues rejoindre leur conjoint dans le cadre du regroupement familial.

Le droit européen ne reconnaît pas la singularité de leurs besoins et des expériences qu'elles vivent. La perception dominante des femmes migrantes demeure celle de femmes pas ou peu qualifiées, vues comme dépendantes et comme victimes à protéger. C'est cependant encore pertinent notamment pour les femmes migrantes victimes de violences conjugales. En effet, du fait de la dépendance de leur statut de séjour à l'égard du conjoint violent, elles hésitent à avoir recours au droit pour obtenir une protection, de peur de perdre leur droit au séjour et d'être expulsées du territoire. Les conjoints rejoignants sont en effet soumis à une obligation de cohabitation de plusieurs années avant de pouvoir obtenir un titre de séjour.

On peut dire que le droit européen en matière de migration et d'asile, apparemment neutre, demeure construit sur la base d'une vision idéologique implicite des femmes et des hommes migrants qui, elle-même, va avoir une influence sur l'égalité de traitement.

Chantal Kourilsky-Augeven, juriste et sociologue du droit, poursuit une réflexion publiée dans cette *Revue*[1] sur la pluralité normative de la régulation de la famille en Russie. L'hypothèse qu'elle avançait alors était que le pouvoir soviétique, après avoir échoué à réaliser son objectif initial de transfert à la société de l'exercice des fonctions familiales, avait dès les premières années, posé les bases de l'inégalité en créant une « fonction sociale de maternité ».

Le modèle matricentré qui en était résulté devait, au cours de la période stalinienne, servir une idéologie qui osait, dans un double discours, proclamer l'égalité déjà réalisée tout en la niant dans le droit et les faits (suppression du choix de la maternité mais responsabilité officiellement proclamée de la femme pour la procréation ainsi que pour les fonctions familiales d'éducation et d'entretien, l'homme ne jouant qu'un rôle limité de débiteur d'aliments et cela dans la seule famille légitime).

Seule la période eltsinienne devait rétablir, à travers la Constitution de 1993 et le Code de la famille de 1995, les conditions d'une égalité entre les genres dans la sphère familiale puisqu'elle supprimait la survalorisation/surcharge du rôle maternel et rétablissait l'importance du rôle paternel usurpé par l'État.

1 Ch. Kourilsky, « Modèle culturel russe et régulation normative de la famille », *Droit et cultures*, 1989, n°18.

Vingt ans plus tard, l'on assiste à un nouveau combat entre Droit et idéologie. Dans le souci d'opposer les valeurs russes aux valeurs occidentales considérées comme un facteur de dégénérescence, un nouvel objectif de « retour » aux valeurs familiales russes traditionnelles incarnées par l'Église orthodoxe est fixé par un texte général de politique familiale adopté en 2013. Pourtant, l'année suivante, le ministère du Travail de Russie remanie le texte et en supprime tous les éléments relevant d'une idéologie religieuse pour en faire un véritable programme de politique démographique. Qui sera le vainqueur dans cette lutte inégale ?

Olga Zdravomyslova, sociologue et philosophe, analyse les deux tendances politiques principales qui caractérisent la Russie actuelle. En premier lieu, ce que Poutine appelle la « dictature des lois » remplace la stratégie de construction d'un État de droit définie à la fin des années 1980. La seconde tendance, une idéologie du retour à des valeurs traditionnelles s'exprimant dans des normes de comportement dictées par l'Église orthodoxe, est incarnée par trois textes adoptés en 2013 : la « Conception de la Politique familiale d'État jusqu'à 2025 », la « Loi sur l'Offense aux Sentiments Religieux des Croyants » et la « Loi sur l'Interdiction de la Propagande auprès des Mineurs des Relations Sexuelles Non Traditionnelles ».

Mais ces textes qui revendiquent le monopole idéologique dans la société russe – le Pouvoir affirme que les modèles qu'ils véhiculent recueillent l'adhésion de la majorité – rencontrent en fait une opposition, suscitent des conflits et renforcent les inégalités sociales.

L'auteur examine les traits et caractères principaux du conflit concernant le problème de la discrimination à l'encontre des personnes « d'orientation sexuelle non traditionnelle » et les droits des homosexuels. Lorsqu'ils sont présentés à la discussion publique ces thèmes provoquent, d'une part, une panique morale et un rejet agressif et, d'autre part, un désir de « clore » la discussion, de soustraire à la sphère publique tant le problème lui-même que la minorité sexuelle qui en appelle au droit et aux idées de l'égalité. L'auteur soutient que la fonction latente d'une « dictature des lois » est de mettre l'accent sur la formation d'un modèle de solidarité fondé sur l'exclusion sélective d'individus et de groupes.

Enfin Daniel Borrillo, sociologue du droit et civiliste, retrace la longue évolution, à la fois juridique et politique, qui a mené à la création de la loi n° 2013-404 du 17 mai 2013 ouvrant le mariage et l'adoption aux couples de même sexe. Certes la loi du 15 novembre 1999 relative au Pacte civil de solidarité (Pacs) avait introduit dans le Code civil un article 515-8 définissant le concubinage comme « une union de fait caractérisée par une vie commune présentant un caractère de stabilité et de continuité, entre deux personnes, de sexe différent ou de même sexe, qui vivent en couple ». Mais le Pacs demeurait insuffisant en matière de droits conjugaux et ne garantissait pas, de surcroît, la reconnaissance de liens juridiques de filiation pour les familles homoparentales.

La loi de 2013 s'inscrit dans une logique de lutte contre les discriminations et d'affirmation du principe d'égalité. Pourtant, dit notre auteur, si la logique égalitaire semble imprimer les relations du couple, en ce qui concerne la filiation, la loi propose d'ouvrir uniquement et par voie de conséquence l'accès à la parenté de ces couples *via* le mécanisme de l'adoption.

On sait que, malgré les mouvements d'opposition et l'hostilité de nombreux juristes, le Conseil constitutionnel validera la loi en statuant que le mariage homosexuel constitue un choix du législateur et n'est contraire à aucun principe constitutionnel puisque, même si la législation républicaine antérieure à 1946 et les lois postérieures ont jusqu'à présent regardé le mariage comme l'union d'un homme et d'une femme, cette règle n'intéresse ni les droits et libertés fondamentaux, ni la souveraineté nationale, ni l'organisation des pouvoirs publics et ne peut donc constituer un principe fondamental.

Cependant notre auteur souligne que la loi de 2013 ne résout pas la question de l'égalité des filiations. En effet, l'assistance médicale à la procréation (AMP) demeure interdite aux couples de femmes tandis que l'interdiction de la gestation pour autrui (GPA) à l'ensemble des couples, pénalise particulièrement les couples d'hommes. Et l'auteur étudie « les stratégies aussi bien savantes que militantes permettant d'esquiver l'égalité et justifiant, par conséquent, les traitements différenciés des couples homosexuels et des familles homoparentales »

Au niveau de la régulation juridique de la famille, on constate donc des stratégies opposées au niveau de la France et de l'Union européenne, d'une part, et au niveau de la Russie d'autre part. Les deux premières ont le souci d'entrer dans des règlementations de plus en plus détaillées afin d'assurer de la manière la plus efficace l'égalité de chacun des acteurs concernés. En Russie au contraire, qui critique chez les pays d'Europe occidentale une dégénérescence morale liée à l'individualisme des droits de l'homme, et comme à chaque fois que le pays a des préoccupations natalistes, il est porté atteinte aux droits des femmes.

Jean-Pierre Poly

La dragonne et les seigneurs colorés. Division trifonctionnelle et classes sociales de la Scythie à l'Europe

Résumé : L'idée que la société est, ou doit être, répartie entre trois conditions sociales, trois « états » (*ordines*), fut dominante en France durant tout l'Ancien Régime. Pour les Journées Kasra Vafadari, où nous nous efforçons de réfléchir sur les rapports des cultures et des droits d'Occident et d'Orient, la théorie des trois états présente cet intérêt d'être explicite parmi les peuples nord-iraniens, Scythes ou Sarmates, dès le Ve siècle avant notre ère. Georges Dumézil, lorsqu'il le découvrit, s'employa à repérer la structure dans toutes les cultures que la mode intellectuelle de son époque nommait « indo-européennes ». Elle aurait été la structure majeure de leur imaginaire. Georges Duby allait revenir sur cette idée et montrer qu'au Moyen Âge la structure avait bel et bien une fonction sociale, et exprimait les contradictions de la société féodale. Notre étude ici s'efforce d'adapter son analyse au cas des peuples scythiques qu'avait étudiés Dumézil. En laissant de côté les très contestés Indo-Européens, on peut poser la question : la tri-fonctionnalité des Scythes ou des Sarmates n'était-elle qu'une structure mentale ou bien jouait-elle un rôle majeur dans le fonctionnement concret de leur société ? Elle avait été pensée dans un monde largement tribal, où les fonctions sociales n'étaient pas encore bien différenciées. Elle y intervenait, indirectement mais fortement, par le biais de magies chamaniques fonctionnelles dont les sanctuaires et les rites étaient confiés à la garde des grands ensembles tribaux forcément pluri-fonctionnels dans leurs tâches matérielles. Elle maintenait ainsi entre eux un équilibre et une égalité collective. Plus encore : les femmes pouvaient être chamanes dans l'une ou l'autre des trois magies, assumant des rôles considérés ailleurs comme supérieurs et donc masculins. Vint le Moyen Âge. Les groupes scythiques militaires installés comme déditices en Gaule et en Grande-Bretagne se transformèrent en petite noblesse. Les trois fonctions reparurent au IXe siècle, d'abord pour servir la cause de l'unité sociale et de la primauté du clergé, avant de légitimer l'inégalité des classes dans une société qui les redécouvrait.

Mots-clés : chamanisme, divisions sociales, Duby, Dumézil, Égalité, Haimon d'Auxerre, Heric d'Auxerre, Sarmates, Scythes, Trois ordres.

The She-Dragon and the Coloured Lords. Trifunctional Division and Social Classes from Scythia to Europe

Abstract: The idea that society is or should be, set in three ranks, three *ordines*, was preponderant in France all along the Ancien Regime. For the Journées Kasra Vafadari, when we try to consider the relations between cultures and laws of West and East, the theory of the *tres ordines* is remarkable in that it was voiced amongst the North-Iranian peoples, Scythians or Sarmatians, as soon as the fifth century B.C. Georges Dumézil, when he discovered the fact, worked to spot the structure in all the cultures called, after the intellectual fashion of his time, «indo-european». It was supposed to be the major structure of an indo-european *weltanschauung*. George Duby was to revisit the idea and to show that, during the Middle Ages, the structure did have a social function, moulding what he called « l'imaginaire du féodalisme ». Our contribution endeavour to adapt Duby's analysis to the case of the Scythic peoples studied by Dumézil. Setting apart the *vexata quaestio* of the Indo-Europeans, one can ask the question: was Scythian or Sarmatian tri-functionality a mere mental structure, or was it a major component in the material display of their society? It had been conceived in a world still thoroughly tribal, where the production process did not yet much distinguish between social functions. The scheme worked indirectly but strongly through functional shamanisms whose shrines and rituals were granted to great tribal leagues perforce multi-functional in their material tasks. A balance was then kept between them achieving group equality. More than that: women could become shamans in any of the three magics, assuming a role elsewhere held as superior and therefore masculine. The Middle Ages came. The Scythian military groups established as dediticii in Gaul and in Great-Britain became a lesser nobility. The three states were voiced again during the ninth century, first to confort social unity and the lead of the clergy, then to legitimate inequality amongst social classes in a society which was rediscovering them.

Keywords: Shamanism, Social divisions, Duby, Dumézil, Equality, Haimon d'Auxerre, Heric d'Auxerre, Sarmatians, Scychians, *Tres Ordines*.

« Au temps de Yao, le monde n'était pas encore en ordre … Les eaux coulaient de façon désordonnée, elles inondaient le Pays du Milieu, serpents et dragons y habitaient et les hommes n'avaient pas de lieu où se fixer »[1].

Il y a très longtemps, avant que l'empire du Milieu ait instauré un univers ordonné, le monde était désordre, envahi par les eaux et les dragons, les humains erraient, comme égarés. C'est là le discours des empires. En fait régnait la coutume des sociétés gentilices, la « pensée sauvage » telle que l'entendait Claude Lévi-Strauss. Les sociétés segmentaires – organisées en segments homologues – étaient fondées sur la parenté, d'où une égalité foncière justifiée par l'imaginaire identité du sang[2]. Certes, l'inégalité n'était pas absente, soit interne au groupe de parents – entre vieux et jeunes ou entre hommes et femmes, et dans ce dernier cas pas toujours dans le sens qu'on suppose –, soit externe, entre clans plus ou moins puissants. Mais ces inégalités étaient limitées : à l'intérieur, parce que, dans une société de faible démographie, l'accord de tous pour la survie du groupe était indispensable ; à l'extérieur parce que lorsqu'un segment devenait trop puissant, les autres se liguaient contre lui. Restait l'esclavage, mais il était marginal et individuel.

La suite de l'histoire est connue. Vinrent des sociétés plus vastes, des inégalités plus fortes. À l'est de la Méditerranée se formèrent des ligues de cités dominées par une ville maîtresse où régnait un roi des rois puissant[3]. Sur la marge entre ces grandes formations sociales et les sociétés tribales s'établirent des cités dites « démocratiques », stratifiées en groupes censitaires que les Romains appelèrent *classes.* Leur difficile union dans la cité était justifiée par la métaphore du corps[4] : la *polis,* ou la *res publica,* est comme le corps humain, les membres doivent obéir à la tête, au « chef » ; penser autrement est contre nature. Au sud de l'Europe l'empire romain s'imposa,

1 L'empereur fit couler le Fleuve Jaune vers l'Océan et ferma la passe de Long Men, « la Porte des Dragons ». M. Kaltenmark, *Religion de la Chine antique*, H.-Ch. Puech, *Histoire des religions* I, Paris 1970, p. 931.

2 Par inégalité, nous entendons non une théorie explicite, mais une situation où les conditions matérielles sont peu différenciées, cf. ici la communication de Ch. Kourilsky-Augeven.

3 S. Lafont « Nouvelles données sur les royautés mésopotamiennes », *RHDFE* 74, 1995, p. 473 ; « Les 'premiers' empires mésopotamiens », *Méditerranées* 8, 1996, p. 11 ; et ici sa communication.

4 Depuis Platon jusqu'au discours de Menenius Agrippa rappelé par Tite-Live (*His. Rom.* 2.32), Dion Cassius (*Hist. Rom.* 4.33) et Aurelius Victor (*De viris illustribus Urbis Romae* 18), M. P. Gruenais et J. M. Bertran, « Quelques aspects de la métaphore organique dans le domaine politique », *Langage et société,* 20, 1984, p. 39 ; ensuite repris par les clercs, Y. Sassier, *Royauté et idéologie au Moyen Age*, Paris 2002, p. 265. Hobbes passa à la métaphore mécaniste, P. Dockès, *Hobbes. Economie, terreur et politique*, Paris 2008, p. 52.

l'esclavage, généralisé, répandit la dépendance, une classe dominante se constitua. Les sociétés claniques voisines de l'empire apprirent à s'en méfier, à s'en défendre, parfois à l'attaquer[5]. Comme l'avait déclaré un barbare rhénan, « la liberté et les maîtres ne font pas bon ménage »[6].

Avec le triomphe de Rome, l'avidité et l'arrogance de l'aristocratie impériale grandirent, entraînant un reflux. Augustin, toujours profond, l'avait dit : Rome « maîtresse des peuples asservis … se laisse dominer par sa passion de dominer (*libido dominandi*) »[7]. À l'Ouest, la *res publica romana* se disloqua, les clans venus d'outre-*limes* parurent triompher, et des royaumes multiethniques dits « barbares » s'installèrent dans les ruines de l'empire. Lentement, les sociétés segmentaires européennes, les *nationes* comme disaient les lettrés antiques, allaient fusionner avec les restes plus ou moins cohérents de la romanité. Ainsi commença l'Europe des nations.

Dans l'un de ces royaumes, en France, s'établit au Moyen Âge classique une société féodale, une société où le fief était la figure dominante du lien social[8]. L'unité dans l'inégalité n'y fut pas justifiée par la métaphore du corps, comme on l'aurait attendu d'une société où les lettrés vivaient dans le souvenir de Rome, mais par l'affirmation de l'existence immémoriale de trois ordres qui remplissaient trois fonctions, la prière, le combat et le labeur. Devenue doctrine officielle, constitution non écrite de l'ancienne France[9], cette théorie des trois ordres ou des trois états allait durer sept siècles, légitimant l'inégalité sociale avant que le Tiers-état – ou le groupe qui se prétendait tel, la bourgeoisie – finisse par l'emporter. De ce point de vue, la Scythie de l'Antiquité et la France du Moyen Âge et de « l'Ancien Régime » se distinguent *prima facie* des autres cultures : chez celles-ci le motif trifonctionnel n'apparaît que sporadiquement ; chez les Nord-Iraniens et les Français, il est manifeste et central.

La Révolution française proclama du même mouvement l'égalité des droits de l'homme et les classes censitaires, les secondes relativisant la première. Après la barbarie du Moyen Âge, on revenait, disait-on et dit-on encore, à la démocratie inventée par la Grèce, reprise par Rome, confortée

5 P. Clastres, *La société contre l'État*, Paris 1974, p. 161.

6 Tacite, *Histoires* 4.64, éd. H. Le Bonniec, Paris 1989.

7 « Une autre Babylone et comme la fille de la première Babylone », Y. Sassier, *op. cit.* p. 50. J.-P. Poly, « L'amour et la cité de Dieu », *Clio, histoire, femmes et sociétés*, 22, 2005, p. 42.

8 Ce que Georges Duby appelait la révolution féodale ne fut certes ni mondiale, ni même européenne, mais se limita aux régions de l'empire carolingien où la parenté ne soutenait plus suffisamment les structures politiques.

9 Charles Loyseau la mit en tête de son *Traité des Ordres*, publié en 1610 et ensuite constamment réédité, G. Duby, *Les trois ordres ou l'imaginaire du féodalisme*, 1978, rééd. *Féodalité*, Paris 1996, p. 457.

par l'Église[10]. Les valeurs démocratiques supposées issues de cette évolution sont aujourd'hui affirmées et même proposées à l'exportation, non sans peine[11]. Dans le même temps, l'égalité concrète s'affaiblit devant la liberté de s'enrichir et tend peu à peu à se réduire à un motif publicitaire, laissant à chacun la liberté individuelle de « jouir sans entraves », comme disaient en 1968 les rhétoriciens situationnistes, sans entraves sauf celles des revenus dont l'inégalité va croissant. L'égalité théorique triomphe et l'inégalité concrète grandit.

C'est dans ces conditions que nous réexaminons la théorie des trois ordres : l'idée apparemment conservatrice que la société est, ou doit être, répartie entre trois conditions sociales définies par leur fonction. Pour les participants aux Journées Kasra Vafadari, qui s'efforcent de réfléchir sur les rapports des droits et des cultures d'Orient et d'Occident, la théorie de la tripartition fonctionnelle a l'intérêt d'être apparue au début de l'histoire parmi les populations nord-iraniennes qui nomadisaient entre les monts de l'Altaï et les bouches du Danube. Lorsque Georges Dumézil la repéra, il s'employa à la retrouver dans les cultures que la mode intellectuelle de son temps nommait « indo-européennes », non comme un élément de leurs institutions mais comme une structure de leur imaginaire, « un idéal et, en même temps, un moyen d'analyser, d'interpréter les forces qui assurent le cours du monde et la vie des hommes ». Belle formule qui faisait de la trifonctionnalité un idéal sans rapport direct avec les structures concrètes et permettait de la retrouver un peu partout à l'état de traces[12].

Habent sua fata libri. Tandis que Dumézil écrivait sans penser à mal, progressaient en Europe les idéologies totalitaires. Des penseurs élitistes promurent les « Indo-Européens » pour légitimer l'inégalité des cultures et des races[13]. L'inégalité et même l'exclusion la plus concrète, *Nacht und Nebel*

---

10 Ce schéma simplifié, où l'on oublie que cosmocratie est un mot tout aussi grec que démocratie, a été proposé pour la Constitution de l'Union européenne. Il a été mis en cause par K. Modzelewski, *L'Europe des Barbares. Germains et Slaves face aux héritiers de Rome*, Paris 2006.

11 Ainsi du droit des peuples à disposer d'eux-mêmes, moyen d'égalité et de liberté : il s'applique aux Albanais du Kossovo, pas aux Ossètes du Sud, iranophones slavisés rattachés à la Géorgie, ou aux Russes de Crimée, rattachée à l'Ukraine, sans parler des Touaregs, des Tibétains ou des Ouïgours.

12 MPI p. 15 (sur cette abréviation et celles qui suivent, *infra* n. 16), ou : « dans quelle mesure la structure des trois fonctions … était-elle réalisée dans une structure sociale ? … Je ne le pense pas », *RSA* p. 192 (*infra* n. 17) ; notant « l'effacement précoce ou peut-être l'inconsistance de son support et de son parallèle social » chez les Ossètes divisés en nobles, libres et esclaves (nommés *gurdziag*, « géorgien » …, E. Benveniste, *Etudes sur la langue ossète*, Paris 1959, p. 142), il en vint même à trouver le schéma chez les prophètes, « Les titres messianiques d'Isaïe IX 5 », *CSC* p. 239, par influence indo-européenne. Il ironisait alors sur les trouvailles faites par des « travailleurs de bonne volonté … responsables de nouveaux dégâts ». Lévi-Strauss pensait que « les moules sociaux et mystiques » de Dumézil étaient remplis au gré des cultures, cf. C. Ginzburg, « Mythologie germanique et nazisme », *Mythes, emblèmes, traces*, Paris 1989, p. 181 ; réponse de Dumézil, *Annales* 40, 1985.

13 La controverse entre le médiéviste Sylvain Gouguenheim, partisan de la primauté d'une culture européenne, et l'antiquisant Marcel Détienne, défenseur de l'égalité, en est comme un écho affaibli.

disait le nain sorcier. L'expérience de ces années noires poussa Georges Duby à reprendre l'étude de la trifonctionnalité en l'envisageant de façon dialectique. Dans *Les trois ordres ou l'imaginaire du féodalisme,* il montra comment, au Moyen Âge, le schéma jouait « au sein d'un système idéologique comme l'un de ses rouages majeurs », pour voiler ou réduire les contradictions sociales[14]. Nous allons essayer de reprendre sa méthode pour éclairer la trifonctionnalité antique, celle des groupes scythiques, et – *post hoc, propter hoc* ? - la trifonctionnalité médiévale qui la suivit.

Considérons d'abord l'expression du mythe, cette structure mentale permanente exprimée, comme l'a montré Lévi-Strauss, par des discours variables qui l'ajustent au mouvement historique. Nous observerons ensuite le rite, l'acte juridique coutumier qui, contrairement à ce que pensait Dumézil, incarnait le mythe et en reproduisait la structure pour obtenir des effets concrets sur le monde et la société. Une fois compris le jeu social de la trifonctionnalité originelle pour maintenir l'égalité, nous verrons enfin comment elle reparut au Moyen Âge pour justifier l'inégalité.

Les contes des trois fonctions

Lors d'un séjour en Turquie en 1925-1931, Georges Dumézil avait rencontré les Ossètes, un peuple iranophone du Caucase, plus précisément leur fraction musulmane chassée d'Ossétie du Sud par la purification ethnique géorgienne[15]. Plus tard, il séjourna à diverses reprises au nord de la grande chaîne. En lisant le cycle épique des Ossètes, l'Histoire des Nartes, Dumézil y aperçut une division ternaire. Les Nartes, ces héros des anciens temps, étaient divisés en trois clans fonctionnels, les Sages, les Forts, les Riches. Mais un fait le frappa : alors que les éléments de l'épopée se retrouvent chez les peuples non iraniens du Caucase, le motif des trois fonctions n'était repris par aucun d'eux.

En revanche, étudiant les Scythes antiques, parents des Ossètes, il constata chez eux la présence manifeste du motif trifonctionnel. Il songea aux trois castes de l'Inde et aux trois grands feux de l'Iran, et retrouva des traces qu'il jugeait identiques en Grèce et à Rome, puis chez les Germains. C'est alors qu'il fit de la tripartition fonctionnelle la marque des cultures « indo-européennes ». On peut douter de l'existence d'une pensée indo-

---

14 Georges Duby, *Les trois ordres* ..., p. 571.

15 En 1918-1920, la garde géorgienne et les troupes allemandes envahirent l'Ossétie du Sud, pratiquant une politique de la terre brûlée, avant que Géorgie et Ossétie se rallient à l'URSS. En 1991 la Géorgie se déclara indépendante et son président Zviad Gamsakhourdia reprit la politique de 1918. En 2008, un autre président, ami de l'Europe et de l'Otan, Mikheil Sakachvili, bombarda la petite capitale de ce qu'il considérait comme une province de son pays. La Géorgie, qui a rompu ses relations diplomatiques avec la Russie, y est représentée par la Suisse, un pays où s'accordent la démocratie cantonale et les banques d'affaires.

européenne unique, un tronc dont se seraient séparées les branches des cultures nationales d'Europe (*Stammbautheorie*). Il est certain en revanche que le schéma des trois fonctions était manifeste et dominant chez les Nord-Iraniens de l'Antiquité.

Relisons le dossier qu'avait constitué Georges Dumézil, où il avait rencontré trois objets fonctionnels Nous allons voir que, pris à sa propre analyse, il avait laissé de côté deux éléments, qui donnaient à la trifonctionnalité un sens plus historique[16].

Les trois trésors

Des monts de l'Altaï aux bouches du Danube, dans les vastes steppes, nomadisaient des cavaliers chasseurs et éleveurs qui escortaient des chariots bâchés de cuir tirés par des bœufs. Quand ils allaient en guerre, ils portaient des arcs et des lances, des cottes d'écailles et des casques pointus. Les lettrés des cités helléniques les donnaient parfois en exemple : « Il y a, parmi les Scythes nomades, des clans qui se nourrissent du lait de leurs juments et qui, pour la justice, l'emportent sur tout le monde »[17].

Les rois des rois persans en revanche ne les aimaient guère : deux fois, au temps de Cyrus puis de Darius, les nomades, pourtant iranophones, avaient battu l'armée de l'empire achéménide[18]. La chancellerie les nommait tous Sakas, **Sagha*, « les Chiens »[19]. Pour elle, ils étaient de deux sortes. À l'Ouest, ceux « d'Outremer », le nord de la Mer Noire, l'actuelle Ukraine. La chancellerie les nommait *tigraχauda,*tyrgrahaχwday*, « le (clan) seigneur des routes rapides », celles des deux grands fleuves, le Dniepr et la Volga. En remontant le premier, on s'en allait vers l'ambre de la Baltique, par le second on parvenait à l'or de l'Oural. À l'est vivaient d'autres Sakas, les *haumavarka,*

16 De son œuvre on retiendra ici *Mythe et épopée I. L'idéologie des trois fonctions dans l'épopée des peuples indoeuropéens*, Paris 1968 pour les p. 441 et s. (abrégé ici *MPI*) ; *Romans de Scythie et d'alentour*, Paris 1978 (abrégé *RSA*) ; et ses dernières mises au point (avec les dédicaces émouvantes au personnel médical de Necker), *La courtisane et les seigneurs colorés*, Paris 1983 (abrégé *CSC*), auquel est emprunté le titre de cet article.

17 Cf. Ephore de Kumé, (cité in J.-P. Poly, « Les trois flèches des Pakhthouas. Ordalie et acculturation en Gaule à la fin du IVe siècle », *Droit et Cultures*, 65, 2013, p. 15, abrégé ici TFP) ; Quinte-Curce, reprenant l'alexandrin Clitarque (cité par Dumézil *RSA*, p. 196) ; Ammien Marcellin, (*Histoires* 23.6.62, éd. J. Fontaine, Paris 1977).

18 L'empire les considère comme des révoltés, P. Briant, *Histoire de l'empire perse*, Paris 1996, p. 50, 127, 155.

19 *Persae illos Sagas in universum appellavere a proxima gente*, Pline, *Hist. Nat.* 6.50. Les formes ici utilisées sont tirées de M. Boyce, *A word-list of manichaean middle persian and parthian*, Leiden-Téhéran, 1977. Nous remercions de son aide le Dr Bahman Moradian, enseignant à l'université de Téhéran ; il a insisté sur le fait que les sens (et non des étymologies) ici proposés sont fondés sur le moyen-persan (m. pers.), postérieur aux conquêtes d'Alexandre. Nos hypothèses ne sont donc pas celle d'un philologue, mais d'un historien et d'un médiéviste désireux de comprendre ce que Jacques Le Goff appelait « un autre Moyen Âge ». Pour la commodité de la lecture, nous avons restitué *â*, noté ' dans les transcriptions, et *a*, non noté (ex. rg=rag) ; ž = j, š=ch, χ=kh, y=i/é (*-é* = l'ezafet), w= tantôt *v*, tantôt *ou* ; *l*, peu utilisé, pouvait être *r* et *p* pouvait être *f*.

hawmawar ragha*, « les lignées qui jouissent du *hauma* »[20]. L'archéologue russe Victor Sarianidi a découvert, sur le Haut Amou-Darya, un sanctuaire du second millénaire avant notre ère où, avec les baies de l'éphedra, se concoctait une drogue qui renforçait sérieusement les effets du cannabis. Hérodote donnait à ces Scythes orientaux le nom d'Ισσεδονοι/AhyAs-y dânha*, les « Iasses des fleuves ». Iasses ou Asses – aujourd'hui les Ossètes – étaient « Ceux qui s'élèvent, les premiers », et on comprend dès lors comment ils réussissaient à « s'élever »[21].

À l'ouest comme à l'est du Don qui séparait les deux sortes de Scythes, courait le même mythe d'origine. Hérodote, le père de l'histoire, décrivant l'extrémité de l'Europe au Levant, en donna le premier deux versions. D'autres témoignages suivirent jusqu'au temps de Vespasien, reflets épars d'une tradition complexe : « Les Scythes … étaient matière à des récits qui sont en effet des récits d'origine ou de filiation, mais ces récits ne se recouvrent ni ne s'ajustent ; même sans évoquer les altérations inévitables que l'adaptation grecque a dû faire subir à l'original, on doit se rappeler que les folklores, étant discontinus, ne sont pas contraints à la même cohérence que les épopées ou les romans »[22].

La première version du récit trifonctionnel fut rapportée au Ve siècle avant notre ère par Hérodote qui la tenait des Scythes eux-mêmes[23]. Elle contait ceci. Παπαιος, *Papahy,* « premier père », avait épousé 'Ωϱα, **Hwrah*, « bonne route », qui était la fille du fleuve Borysthène, le Dniepr. Leur fils fut Ταϱγιταος[24]. Celui-ci eut trois fils. Alors tombèrent du ciel trois objets d'or : une coupe, une hache, un joug. Trois objets, un pour chacun des trois fils ? Non, dit le conte, des flammes jaillies des trois objets repoussèrent les deux premiers, seul le cadet put saisir les trois trésors, devenant ainsi le roi unique des Scythes. « Les deux aînés comprirent le sens du prodige et remirent au plus jeune la royauté sans partage ».

---

20 Pour ces deux formes : dari χoda ; la forme en vieux persan n'est pas attestée. R. G. Kent, *Old Persian. Grammar, Texts, Lexicon,* New Haven 1953, p. 186, donne « (Ceux qui) Portent des chapeaux pointus », mais v. pers. **khauda*> pers. *khud*, serait casque (BM). Le Borysthène pourrait être **BwrzDân* « le grand fleuve » > **Dân-y Bar/Par*, Dniepr, « le fleuve de la porte », les chutes du fleuve. La Volga/Ουλγις était nommée par les Scythes *rah* (ϱα), « la route ». Pour Kent, op.cit., p. 211, « (Ceux qui) boivent le hauma ». *Wâr,* « se réjouir », est devenu simple formation adjective, « qui a » ; *rag, infra* n. 28.

21 À l'est des Massagètes, eux-mêmes sur la rive orientale de la Caspienne, au sud d'un Araxe, ici le Syr Darya (*infra* n. 36). Chassés de leur territoire (Djoungarie et Tarim ?) par les Arimaspes türks (Poly, *TFP*, p. 58), ils étaient passés en Transoxiane d'où ils avaient expulsé les Scythes occidentaux (Hérodote, *Histoires* 1.201-204, 4.11 et 13, 4.25-27, éd. Ph. E. Legrand, Paris 1946). Sur le sanctuaire dit Togolok 21, Poly, *TFP*, n. 79-81.

22 G. Dumézil, « Cinq variantes », *CSC* p. 85.

23 Hérodote, *Histoires* 4.5-7.

24 Zeus était le ciel, Hérodote, *Histoires* 1.131. Targitaos son fils pourrait être le soleil ?

Dans cette première version, les trois frères sont nommés. Ces noms étaient compris des locuteurs scythes, il faut les traduire si on veut comprendre le conte. Le premier nom, transcrit en grec comme Λιποξαις, pourrait être **Raybaχtšâyh*, « heureux par l'attribut du trésor »[25]. Le deuxième nom, Αρποξαις, serait **Ayrbaχhtšâyh*, « heureux par l'attribut en-dessous (du suivant) »[26]. Ce qui est « attribué, réparti », ici les objets magiques, est aujourd'hui « la chance » (*baχt*)[27]. Le troisième nom, Κολαξαις, n'est pas défini par l'un des trois trésors « attribués », ce qui le mettrait au rang de ses frères, mais par sa prééminence ; il doit être **Kâwragšâyh*, « heureux de la lignée de Kâw »[28]. Presque toujours les noms des personnages du conte définissent leurs rôles[29]. Ici, ils montrent que, contrairement à la morale explicite du conte, chaque fils a un objet.

Le récit lie les personnages mythiques à des alliances tribales alors existantes. Lipoxaïs est censé être l'ancêtre des Αυχαται, **Awχkada(g)*, « la maison de vie », la vie renvoyant à la troisième fonction[30]. Arpoxaïs est celui des Κατιαροι, **Kade-y ayr,* « la maison d'en-dessous »[31], alias Τρασπιες, **Traspas* « service au-delà (du Don) », qui pourraient être les Sauromates, « Les survenus du noir troupeau », un surnom donné par les Scythes à leurs voisins, le noir indiquant la dépendance[32]. Le roi Kolaxaïs est l'auteur des Παραλαται, peut-être **Parahra(gka)da(g)*, « La maison de la lignée de gloire », la gloire étant l'attribut des rois. Tous étaient Σκολοτοι, **Sgkâwrwd,* « (peuple

---

25 Le mot a été attiré par le grec λιπος (gras). BM note qu'il s'agit de m. pers., non de la langue des Achéménides, et que les locuteurs ne sont pas persans mais scythes l = r. Cela vaut peut-être mieux que des hypothèses fondées sur un indo-europ. conjectural, cf. *infra* n. 29.

26 *Ayr=er* ; cette infériorité est aussi soumission du vassal, *ayrdast/erdast* (superl.) ; « vassaux » *infra* n. 31.

27 *Baχt/paχt* (repris en ethnonymie, Poly, TFP n. 25) et *ray* ont des formes en v. pers., *ayr* fait problème (BM).

28 Attirés par le grec κολαξ (flatteur) ; *rag* « veine, vaisseau sanguin, racine », cf. en dari *rag o χun*, « parenté », m. à m. « veine et sang », ou, tout aussi à propos, *padar sag bad rag as*, « un père chien est mauvaise racine », P. Bau, *Dictionnaire persan-français français-persan*, Paris 2003. *Kâw* est « géant, prince », l'ancêtre légendaire par excellence ; on songe au mythique Kaweh, un forgeron, et à l'étendard impérial, son tablier de peau ; sa forge serait la bataille où sonnent les épées comme le marteau sur l'enclume ; la peau de bœuf permettait de recruter des combattants fidèles (Dumézil, *RSA* p. 280 et CSC p. 139, plutôt que *RSA* p. 273).

29 Dumézil identifie « la racine **xšay*, commandant » et propose pour le premier fils l'ossète *laeppu*, « jeune homme », évoquant l'habituel *Männerbund* ; pour le deuxième, le sscr. *arbha*, « petit, humble », qui aurait évolué vers l'all. *Arbeit* et le ru. *rab* ; pour le troisième, le sanscrit *kula*, « lignée … qui se rapproche de mots slaves désignant des notions du même ordre » ; il assimile *Paralatai* et *Paradata* avestiques, *RSA*, p. 192 et 188.

30 La transcription *kadag* donne *kad* en composé, par ex. *qdyχw'dy* = *kadeχwâday*.

31 Sur cet « en-dessous » signifiant la dépendante, *supra* n. 26 et 28.

32 *Tr*, « au-delà » ; *aspâs*, « service », renvoie à la « dépendance » du précédent plutôt qu'au « cheval » que retient Dumézil au terme d'un développement philologique qui lui permet de l'opposer au « bœuf », *gâw*, qu'il retrouve dans le nom des *Κατιαροι/Cotieri*, *RSA* p. 191. Le lasso que leur prête Valerius Flaccus (aussi chez les Sagartiens et les Alains, Hérodote, *Hist.* 7.85 et *infra* n. 52) ne change rien à l'affaire. Sur les formes Σαυρομάται, Συρμάται, Σαρμάται, I. Lebedynsky, *Les Sarmates*, Paris 2002, p. 11, Poly, *TFP*, 1.1.12, p. 56.

qui) s'accroît avec Kaw au chien » – « à cause du nom de leur roi » précise Hérodote, renvoyant ainsi au *kâw* de *Kâwragšayh* –, ou plus brièvement Σκυθαι, **Sgkâwzây* « (peuple) qui naît de Kâw au chien »[33]. Kolaxaïs eut à son tour trois fils entre lesquels il partagea sa terre, mais « l'or sacré », les trois objets d'or, restèrent dans la part centrale où se trouvaient les tombes royales[34].

L'onomastique du conte, dans la version des Scythes occidentaux, montre la place prépondérante de la trifonctionnalité dans leur culture. Une deuxième version, qui provient des Scythes orientaux, permet de mieux saisir la spécificité de la version occidentale.

Les Scythes de l'Est, Alexandre les avait rencontrés lors de sa grande expédition dont les récits furent conservés par les lettrés alexandrins, eux-mêmes démarqués par des auteurs latins désireux de flatter leurs *imperatores* qui lorgnaient vers la Crimée. C'est ainsi que l'*Histoire d'Alexandre* de Clitarque fut reprise par Quinte-Curce pour Pompée. Alexandre, arrivant au Syr Dariya, se heurta aux Sakas qui s'opposèrent à son passage[35]. Leurs envoyés lui tinrent ce discours : « Pour que tu ne méconnaisses pas la race des Scythes, apprends qu'en don nous furent attribués un joug de bœuf avec une charrue, une lance et une flèche, une coupe. Nous nous en servons envers nos amis et contre nos ennemis : aux amis nous donnons les produits du travail des bœufs et par la coupe nous faisons avec eux libation de vin aux dieux ; les ennemis, nous les attaquons de loin par la flèche, de près par la lance »[36]. La nature même des Scythes fait qu'il n'y a pas pour

---

33 *Kâw* (mieux que Poly, TFP, 1.1.7 p. 57). Dumézil, RSA p. 182, n'envisage pas que ces noms puissent désigner des groupes réels, alors même qu'*Auchatae* a été repris par Pline qui les montre vivant près de l'Hypanis, ici le Kouban, et anéantissant les *Napai* du Don (*Hist. Nat.* 6.50, 4.2.2, 6.8.8). Pour beaucoup de chercheurs, à chaque groupe doit correspondre un ethnonyme et un seul, ce que contredisent toutes les études ethnologiques.

34 Si on écarte les peuples non-scythes, on trouve chez Hérodote trois anciens territoires dont, comme le note Dumézil, rien ne dit qu'ils aient été fonctionnels. Sur les rives du Boug au nord d'Olbia (Hérodote, *Hist.* 4.17), le territoire des « serpents » scythes qui avaient chassé les Neures, certains étant anciens, d'autres récents (*Hist.* 4.105) ; les anciens, hellénisés, pourraient être (mais en m. pers. !) Καλλιπιδαι, **GâhRayByd*, « l'autre pour le trône », issus de Colaxais ; les récents, Αλαζονες, pourraient être **Ayr-e zan*, « En dessous de la femme », dits aussi Αγαθυρσοι, « Αορσοι immigrés », supposés féminins (*Hist.* 4.104) ; (Poly, TFP 1.1.1-3, p. 55, erreurs sur les sens). Puis « en direction du levant, de l'autre côté du Panticapès », à partir de l'Hylée, le bois sacré, le territoire « des Scythes nomades sur 14 jours jusqu'au fleuve Gerrhos » (*Hist.* 4.19). Enfin la région « royale » entre Gerrhus, Tauride, Méotide et Don où sont « les plus vaillants et les plus nombreux qui regardent les autres comme leurs esclaves » (*Hist.* 4.20). « De l'autre côté du Tanais (Don) ce n'est plus la Scythie » (*ibidem* 4.21).

35 Venus d'au-delà du Tanaïs, ici l'Iarxate, que Quinte-Curce confond avec le Don (les deux Tanaïs distingués par Strabon) ; il « rapporte sans l'altérer leur discours tel que l'histoire l'a transmis », 7.8.18, éd. H. Bardon 1948.

36 Les Scythes se vantent que leurs pères aient soumis les rois des Syriens, des Perses et des Mèdes et soient allés jusqu'en Égypte, Quinte-Curce 7.8.18 (le fils du consul de 43, possessionné en Provence sous Vespasien, mentionné dans le cadastre d'Orange ?).

eux de sujétion possible, à quelque degré que ce soit. La tripartition justifie le choix proposé au conquérant : ami ou ennemi.

Le discours a été rapporté par Clitarque qui l'a ajusté à son monde. Les Grecs pensaient le bœuf en agriculteurs et non en nomades : le joug a donc été doublé par la charrue alors que les Sakas éleveurs avaient des chariots. À la lance s'ajoute une flèche qui avait dû être mentionnée dans le discours, chacun des trois groupes « fonctionnels » étant représenté dans les rituels par une flèche magique ; son rôle n'a pas été compris par Clitarque, qui l'a classée avec l'arme emblème de la fonction. Quant à la libation de vin aux dieux, elle doit s'entendre non de beuveries mais des « engagements de vérité » qui scellaient les alliances[37].

On voit en quoi la version orientale se distingue de la version occidentale. À l'Ouest, le conte justifie la primauté de la fonction guérisseuse et la domination du roi. À l'Est les trois objets sont « attribués à la race des Scythes », comme l'impliquent les noms de la première version, non à un roi. Les chefs « porteurs de sceptre » gouvernent les clans. Bien plus tard la tradition ossète gardait une répartition égalitaire des trois objets, tout en donnant la première place au groupe de l'engendrement, majoritaire à l'Est[38] : « Sidaemon, Qusaeg et Aeguz étaient frères. Ils vécurent longtemps et décidèrent de faire le partage. Les objets à répartir étaient une épée d'or, un tissu d'or, une boule d'or. Ils firent donc le partage et le tissu échut à Sidaemon, l'épée à Aeguz, la boule à Qusaeg. Autant le tissu était long, autant la descendance de Sidaemon s'allongea et elle occupa tout le pays. Aeguz reçut l'épée et la valeur guerrière resta dans sa famille. La boule échut à Qusaeg et la gloire resta dans sa famille ».

Georges Dumézil n'avait véritablement envisagé que le premier texte, le conte des objets d'or brûlant tombés du ciel, négligeant d'autres témoignages. Des chercheurs russes le firent remarquer mais le maître resta sur ses positions[39]. Pour l'historien des religions et des mythes, savoir comment la trifonctionnalité jouait dans l'histoire importait peu. C'était pourtant le mouvement de l'histoire qui avait fait qu'à l'Ouest un chef devenu roi, « seigneur des routes rapides », détenait les trois objets sacrés tandis qu'à l'Est, les trois « sangs » avaient chacun un objet[40]. Dumézil n'y insista pas. Il omit aussi d'examiner deux autres éléments qui intervenaient à côté des trois trésors.

---

37 Flèches des clans et rituel de vérité dans la plaquette de Trèves, Poly, *TFP* (*supra* note 17).

38 Traduit et commenté par Dumézil, « Sydaemon et ses frères », *CSC* 98.

39 « Personnellement, je ne me suis guère occupé que de la première (légende d'origine), celle des objets d'or brûlant tombés du ciel », *CSC* 79. « De la précédente esquisse (Cinq variantes) et de celle-ci (De Kolaxais à Colaxes), il résulte qu'Hérodote est l'unique témoin authentique des deux traditions qu'il a consignées et que tout ce qui a suivi n'a fait que l'utiliser, lui seul, et le déformer », *CSC* p. 96.

40 Dumézil combat cette analyse proposée par Khazanov (*RSA* p. 180).

L'arc et la serpente

Ils paraissent dans le second conte d'origine rapporté par Hérodote, la version hellénisée des colons grecs d'Olbia. Comme la version scythique occidentale, elle confirme le pouvoir du roi. Le héros voyageur y est devenu Héraklès, venu s'endormir en Scythie. Il y avait alors, dans ce que les Grecs nommaient *Hulaia*, « le Bois », à l'embouchure du Dniepr, une dame qui était « maîtresse de cette terre ». C'était évidemment la fille du fleuve de la première version. Mais les transmetteurs grecs dévoilent sa nature monstrueuse, « une créature ambiguë, mi-femme, mi-serpent »[41]. Elle déroba les chevaux du héros qui se trouva bien embarrassé pour continuer son voyage. Ils lui seraient rendus, dit-elle, à condition qu'il s'unisse à elle. Elle eut de lui trois fils et il lui laissa pour eux deux objets, un arc et une petite coupe en or qu'il portait à sa ceinture, comme font les Scythes, précise le conte. Les trois fils ne portent plus de noms spécifiques, ils ont endossé les noms tribaux, Αγαθυρσος, Γελωνος, Σκυθης. Le premier représente sans doute les Αορσοι, cités sous cette forme composée à cause de leur petite fraction émigrée à l'Ouest. Le deuxième était « vers la prairie », les Sarmates qui occupaient la steppe herbeuse entre les cours inférieurs du Don et de la Volga[42].

Le conte hellénisé mentionne la coupe, un des trois objets fonctionnels, dont il fait un détail prosaïque[43] ; c'est sur l'arc qu'il met l'accent. Les deux frères ne peuvent le bander – un souvenir d'Ulysse ? –, le cadet y réussit. La maîtrise de l'arc le fait roi, la mère et reine chasse les deux autres fils qui s'en vont vivre ailleurs. Le roi n'a, à proprement parler, qu'un seul des trois objets sacrés, la coupe, et comme en passant. C'est l'arc qui compte.

Le conte des trois trésors se retrouve dans les tombes scythes, gravé sur la vaisselle des chefs par des artisans grecs. L'exemple le plus net est le Vase du Kouban, qui présente trois scènes : un homme barbu, âgé, tenant dans sa main droite un fouet, insigne de pouvoir, parle à un autre barbu qui tient une hache ; un homme barbu âgé, le même, tenant une baguette de commandement, celle des « porteurs de sceptre », parle à un autre barbu, à genou (soumis), portant deux piques et sous son bras un objet rectangulaire, en lui montrant trois doigts, « tu seras le troisième » ; un homme barbu âgé, toujours le même, parle à un jeune homme imberbe qui tient un objet mal identifié (un phiale ?) et il lui tend un arc[44].

---

41 Hérodote, *Histoires*, 4.8-10 et 4.18. Son bois sacré, 'υλαια, était à l'embouchure du Dniepr.

42 Les Αγαθυρσοι, « Αορσοι qui sont arrivés » (*agad*). Γελωνοι, un autre nom des Sarmates, **Gywrwn*, « Vers la prairie », la steppe entre Don et Volga, dont fraction mêlée aux Bodinoi finnois. Poly, *TFP* 1.1.1, 7, 10, p. 54.

43 Il rationnalise, comme déjà la version de Clitarque, *supra*.

44 En français, D. S. Raevski, « Trois vases content la légende du roi Targitaos », in *Courrier de l'Unesco*, 29, 1976, p. 5, au Nord-Kouban, à Gaïmanov (Zaporojie), et à Koul-Oba (Kertch) ; *RSA* p. 86 et *CSC* p. 77.

Cet arc n'est évidemment pas un objet ordinaire. Dans les steppes, l'arc est le symbole de la course solaire et celui du pouvoir suprême confié aux hommes par le soleil[45]. Le dira plus tard un conte des Ouighours, le peuple türk qui avait remplacé les Scythes orientaux : « Un jour le türk Ulu a vu en songe un arc en or et trois flèches en argent ; une extrémité de cet arc était au levant du soleil, l'autre atteignait son couchant ... Au réveil, il a raconté au khan des Oghuz ce qu'il a vu et lui a dit - Que le Ciel Bleu donne à ta race la terre qu'il a voulu me montrer ! ». Le khan, à sa mort, partagea son arc entre ses trois fils aînés et enjoignit à ses trois fils cadets, en des termes qui renvoient au chamanisme : « Vous, tirez les flèches vers les cieux comme on le fait avec l'arc »[46]. Le symbole de l'arc n'était pas que mythique : on sait que les gouverneurs hunniques, parents probables du khan, recevaient de lui comme signe du pouvoir à eux délégué un petit arc d'or que l'on retrouve dans leurs tombes[47].

Le second élément omis par Georges Dumézil est la femme-serpent. La version hellénisée indiquait que les Scythes descendaient de l'union d'un héros et d'une serpente fluviale. D'autres témoignages le répètent. Une inscription à la gloire d'Héraklès indique que celui-ci, passé de Thrace en Scythie, y avait vaincu l'Araxe et s'était uni à la fille du fleuve nommée Εχιδνα, « Serpente », qui engendra deux fils, Αγαθυρσος et Σκυθης ; Γελωνος n'est pas cité, peut-être parce qu'il était hors de Scythie. Une reprise d'Hérodote selon Dumézil. Pourtant, le texte parle de l'Araxe, le Bas-Oxus, et non du Borysthène comme Hérodote[48].

Deuxième témoignage, Diodore de Sicile qui écrit au Ier siècle avant notre ère sa *Bibliothèque Historique*, une encyclopédie. Diodore sait que chez les Scythes, Zeus alias Παπαι avait eu d'une femme-serpent née de la Terre un fils, Σκυθης[49]. Il ajoute deux notations. D'abord sur les petit-fils de Targitaos : Σκυθης eut pour descendants Παλος et Ναπης, éponymes, dit-il, des Παλαι et des Ναπαι, peut-être **Parah*, « la gloire », et **Nâpha*, « les familles », les Scythes royaux et les Scythes nomades[50]. Ensuite que les

---

45 Monnaies parthes imitant les monnaies grecques à l'Apollon archer : le roi présente son arc ; F. Duryat, « Le monnayage parthe », *Dossiers d'Archéologie, les Parthes*, n°271, mars 2002, p. 36-38.

46 Ouvrage rédigé c. 1300 pour les princes ouïgours de Turfan, J. P. Roux, *La religion des Turcs et des Mongols*, Paris 1984, p. 90, 36, 146 ; Dumézil *RSA*, p. 202. À sa mort, le kaghan donne un tiers de l'arc d'or à ses trois fils aîné (rois) et les flèches d'argent à ses trois cadets (shamans) soumis aux aînés ; c'était le point de vue royal.

47 I. Bona, *Les Huns*, Paris 2002, p. 131.

48 Dumézil, *CSC* p. 77, selon Raevski, dans *Institut d'orientalisme de l'Acad. des Sciences*, Moscou 1977, p. 19, citant CIG XIV n° 12931. L'Araxe n'est pas celui du Caucase mais le Syr-Darya, *Oxus/Waχš*, **awχšwz*, « Saint de Vie » alias **ayr-awχšwz*, « Oxus inférieur », aujourd'hui disparu, qui allait à la Caspienne.

49 *Bibliothèque Historique*, 2.43.3-4 (éd. B. Eck, Paris 2003), rédigée en 45/30 av. JC, sans doute d'après Timée de Taormine, un compilateur qui vécut près de 50 ans à Athènes.

50 Paloi-Taïfaloi *infra* n. 60. Ναπαι réfugiés en Crimée, Ammien, *Hist.* 22.8.33, n. 774. Les Scythes Callipides ont été absorbés par les Agathurses, *supra* n. 34.

Scythes ont été massacrés par les Σακαι, Σαυρομαται et Μασσαγεται, et les Αριμασπαι. Récit « visiblement démarqué du deuxième récit d'Hérodote » dit Dumézil sans voir l'ajustement historique.

Troisième témoignage invoqué par les chercheurs russes, celui d'un poète latin, Valerius Flaccus[51]. En juin 71 Vespasien, de retour à Rome, rêve de conquêtes en Orient. Un oracle lui a prédit que lui et son fils Titus seraient maîtres du monde et le roi des Parthes Vologèse leur offre son alliance et 40 000 archers à cheval. Mais lorsqu'en 72 le Parthe demande de l'aide contre les Alains qui envahissent la Médie, l'empereur ne vient pas ; des Sarmates, peut-être les Roxolans, attaquent la Mésie, le légat Rubrius Gallus doit se borner à les repousser[52]. C'est donc l'année précédente, quand tous les espoirs étaient permis, que Valerius Flaccus reprit les *Argonautiques*, l'épopée de Jason parti conquérir la Toison d'or. Le latin est baroque, c'est le début du style asiatique qui allait triompher à Rome.

Le but de Valerius Flaccus est de magnifier son maître impérial en soignant le décor de ses futures victoires : « il ne s'agissait pour le poète que de faire à la fois barbare et grandiose » et Dumézil écarte le témoignage[53]. Appréciation juste, mauvaise conclusion. Dans un développement d'un exotisme bariolé, le poète décrit l'armée orientale rassemblée contre Jason[54]. Le passage est original, il ne l'a pas trouvé dans le texte qu'il démarquait, et les noms et les détails utilisés pour donner « la couleur locale » sont exacts. C'est qu'ils viennent d'une source bien informée : les auxiliaires iazyges de l'armée de Vespasien, que le poète met élogieusement en scène[55]. Sans doute voit-il l'escadron sarmate aux écus rouges lorsqu'il déclame : « Toute la troupe porte l'enseigne de Jupiter et des vêtements ornés de feux divisés en trois pointes de flamme. Tu n'es pas le premier, soldat romain, à déployer les rais de l'étincelant éclair et des ailes (de cavalerie) aux pavois rougeoyant ».

---

51 Valerius Flaccus, imitateur de Virgile et d'Ovide, écrit les huit livres de ses *Argonautiques*, inachevées, en adaptant la traduction d'Apollonius de Rhodes par Varron de l'Aude ; certaines parties de son texte, dont celle-ci, sont originales (*Argonautiques* 6.48-64, éd. J. H. Mozley, Cambridge 1928).

52 Tacite, *Hist.* 5.13.5. Triomphe impérial en juin 71 (Dion Cassius 66.11, éd. E. Cary) ; lettre de Vologèse en 70, ambassade à Zeugma en 72, lettre en faveur des princes de Commagène (Fl. Josèphe, *Guerre des Juifs* 7.5.2, 7.7.2, éd. A Pelletier, 1975) ; promesse d'archers (Tacite, 4.51.2-3) ; alliance contre les Alains (Dion Cassius 15) ; invasion des Alains du Don en Arménie, ils ont des lassos ; les Sarmates ne sont pas les Iazyges de la Tisza, alors au service de Vespasien, il doit s'agir des Roxolans (Fl. Josèphe 7.7.4).

53 « Il est exclu que Valerius Flaccus ait eu … sur Colaxes et sur les Auchatai d'autres renseignements que … ceux d'Hérodote », *RSA* p. 183-185 ; moins catégoriques dans *CSC*, p. 91 : si Valerius Flaccus a évoqué le trio des frères, « il l'a fait en brisant la structure de ce récit … tout cela sent l'argument, le jeu littéraire et désinvolte », p. 91 ; encore moins catégorique *infra* n. 57.

54 *Arg.* v. 280-316.

55 *Arg.* 6.231-238 ; recrutés en 69 pour combattre en Italie (Tacite *Hist.* 3.5). Dumézil le reconnaît : « Je réserve la possibilité qu'il ait parlé de ces choses avec des officiers bons connaisseurs de l'Asie contemporaine », *RSA* p. 185 ; « Valerius Flaccus a pu parler avec de bons connaisseurs de la Scythie de son temps », *CSC* p. 90.

Allusion courtisane aux cavaliers de la XIIe *legio fulminata* commandée par Vespasien en Palestine.

Voici donc l'armée orientale. Après les Alains, mis en tête de liste – une position que justifie leur domination sur la région à l'époque[56] –, viennent les troupes menées par trois chefs nommés Colaxès, Auchus et Darasp. Raievski, d'enthousiasme et Dumézil, de mauvaise grâce, ont reconnu le mythique Kolaxaïs et la personnification des deux autres groupes de la tradition, les Αυχαται et les Τρασπιης[57].

Au premier, le poète consacre une note généalogique bien informée : « Colaxès, lui aussi du sang des dieux, qu'aux rivages des Scythes Jupiter engendra près de la verte Myracé et des bouches du Timish, pris d'amour, peut-on le croire, pour un corps mi-femme mi-bête ; et les serpents, jumeaux de la nymphe, ne purent le terroriser ». L'onomastique est iranienne, les guerriers de Colaxès sont des **Byhsardah*, « les dix (clans) de tête d'en-dehors »[58], descendants des anciens *Paralatai*, le sang royal des Scythes, devenus, eux ou une fraction d'entre eux, les *Taïfali*, **Dah-y farrah*, « les dix de gloire ». Ces Taïfales étaient passés en dehors de la Scythie sur le *Tibiscus/Timish*, un affluent du Moyen Danube. Ils y voisinaient avec la fraction des Iazyges parvenus sur la Tisza[59]. La plaine herbeuse qu'ils habitent, le futur banat de Temesvar, est **Mwrgraggyh*, « Les troupeaux de la lignée de l'Oiseau », le cygne du clan royal[60]. Le poète insiste sur les dragons : « En plus, Colaxès porte au cou l'emblème de sa mère Hora, des dragons d'or l'un l'autre s'affrontant, et au rond (de l'écu) le serpent blesse une gemme »[61]. Dame Hora, sœur des serpents, est la même femme-serpent

56 Avec la précision *Heniochi*, un nom iranien entendu comme le grec « cochers », peut-être *χân-y why*, « la maison de la sagesse », un équivalent des Πανξανοι, **Panzχân*, « la maison des cinq » de Strabon ? *TFA* 3.1.16.

57 La métathèse *traspas/daraps* est admise par Dumézil, *CSC* p. 95 ; motifs accolés aux ethnonymes de façon approximative, Dumézil *RSA* p. 187 ; que le poète cite plus loin les Auchataes et les Iazugis en tant que groupes n'invalide pas l'identification trifonctionnelle.

58 Compris par Valerius Flaccus comme le nom d'une tribu macédonienne citée par Virgile, *Géorgiques* 3.461, mais ce doit être un homophone m. pers., ici possible.

59 Poly, *TFP* 3.2.6, p. 66.

60 La dragonne a suivi ses enfants taïfales dans leur nouvel habitat du Danube, sur le Tibisis/Tibisia, placé au Sud par Hérodote 4.49 et correctement au Nord par Jordanès, *Getica* 178. Cygne, Poly, *TFP* N. 65-66.

61 *Proxima Bisaltae legio ductorque Colaxes sanguis et ipse de(or)um, scythicis quem Juppiter oris progenuit, viridem Myracen Tibisenaque iuxta ostia, semifero, dignum si credere, captus corpore, nec nymphae geminos exhorruit angues. Cuncta phalanx insigne Iovis caelataque gestat tegmina, dispersos (corr. dispestos) trifidis ardoribus ignes. Nec primus radios, miles romane, corusci fulminis et rutilas scutis diffuderis alas. Insuper auratos collo gerit ipse dracones, matris Horae specimen, linguisque adversus utrimque congruit et tereti serpens dat vulnere(m) gemmae*, Valerius Flaccus, *Argonautiques* 6. 5, vers 48-60. Dumézil estime fantaisiste les *Bisaltae*, supposés macédoniens, et les Cimmériens, depuis longtemps éteints, *RSA* p. 186 et 188. Il n'a pas vu que Colaxès portait un torque et dans sa traduction, il ajoute à « gemme ronde » l'explicitation « agrafe de baudrier », *RSA* p. 184, ou « bouclier », *CSC* ; les têtes affrontées du torque, séparées par un vide, ne peuvent mordre une gemme ; mais l'écu est bien là, exprimé par *teres*, « le rond », la forme de celui des auxiliaires.

que dans le conte rapporté par Hérodote. Elle est le dragon qui orne le torque et le bouclier.

Alors que la troupe de Colaxès a émigré sur le Timish, les gens des deux autres rois mythiques sont restés en Scythie où les place le poète, entre Tyras (Dniester) et Gerus (Donets). Auchus – *Awx,* « Vie » – ne commande pas à des Cimmériens, depuis longtemps, disparus ; « il présente les forces de Cimmérie », des gens réfugiés en Crimée sous la pression des Sarmates et des Alains. Ce sont peut-être les Αγαθυϱσοι, « les Αοϱσοι émigrés » chassés de l'ancien pays des Neures[62]. *Traspas* est peut-être devenu *Drafš,* « bannière », les siens portant une enseigne avec un cerf, ce qui renvoie au nom des Sarmates *Iazugi, *Yazahwg,* le peuple qui « vénère le daim », et à des enseignes bien réelles[63]. Ce sont les Iazyges de Scythie, dont leurs parents du Danube, informateurs du poète, ont jugé inutile de citer le nom[64]. En Scythie, ils honorent une dame « au bois cruel », l'Hulaia, nommée Diane, peut-être le persan *daena.* Quels que soient leurs emblèmes, cerf ou cygne, les Scytho-sarmates sont tous enfants de la dame dragonne[65]. À la fin de l'empire, « le dragon mordant la gemme » ornait les écus ronds de la cavalerie sarmate ou parthe de l'armée romaine[66].

---

62 Le caractère de « prêtre » d'Auchus relève d'une traduction discutable : *Cui candidus olim crinis inest natale decus, dat longior aetas iam speciem, triplici percurrens tempora nodo, demittit sacro geminas vertice vittas* (v. 60) : « Auquel, depuis longtemps blanc de cheveux, appartient un ornement natif – un plus grand âge lui donne à présent belle apparence – s'allongeant sur ses tempes en triple entrelacement, il laisse descendre de sa tête sacrée un double ruban ». Si le personnage est sacré, c'est par l'âge et l'apparence vénérable de ses nattes blanches enrubannées, remploi d'un trait savant, les albinos chez les Albains du Caucase, Pline *Hist. Nat.* 7.2.

63 « Une pique surmontée d'un cerf au pelage et aux cornes d'or », *Arg.* 6.70-74 (*cerva* pour cerf, forme poétique, Virgile, *Enéide*, 4.69). Enseigne au cerf, T. Talbot-Rice, *Les Scythes*, Paris 1958, pl. 57 et 60. Cerf/daim avatar de l'élan (Pazyryk, p. 111, 137, 139, 166, pl. 29 ; sur l'écu, pl. 23 Kouban, 24 Crimée, 25, 28 sur la Tisza).

64 Viennent ensuite les autres peuples d'Ouest en Est (réf. à Poly, TFP, annexe p. 50). En Scythie : Toralètes et Sindes méotes, « race de bâtards » (1.1.11, 3.1.14, 3.2.19, Hérodote, *Histoires,* 4.1-4) ; Bastarnes germaniques et leur chef Teutgunt (3.1.12, 3.2.13) ; Corallès mésiens ; Drangiens venus de la Caspienne à la rive des Alazones (3.2.44 ?). Au Nord : « couleur variée », Iazyges de Scythie (3.2.20) et restes du pays des Neures. (A l'Est) : Mycelae, **myhqyryh*, « fait plus grand », p.-e. les Aorsi inférieurs ? (3.1.18) et leur chef Cesseas, **kešeas*, « Asse enseigné » ; Arimaspes türks (1.1.17) ; Auchates, ici le gros des Aorsi, les supérieurs ? (3.1.19) ; Thysagetae (1.1.13). Sur le Kouban : Exomatae (TFA 2.2.2-4), Toryni (les Turani ?), Satarchae (**Sahtarrag*, « trois lignées inférieures », 3.1.17). Sur la rive (orientale) du Méotide : deux petits peuples méotes. Enfin un « renfort » venu du Moyen Danube : Ballonoti **Barrwnawdây,* « Aide vers la porte » (les Portes de Fer du Danube ?), Taïfales pour les Iaziges ; des Mésiens (3.2.7 ?) ; des Sarmates (Iazyges de la Tisza ? 3.2.21). Plusieurs de ces noms, mêlés à d'autres se retrouveront chez Sidoine Apollinaire, dans les armées de Majorien, d'Avitus et de Consentius, *Carmina* 5 v. 475, 7 v. 321, 23 v. 243. Simple érudition de poète ?

65 Un grand serpent pacifiquement enroulé autour d'un loup-chien, sur une plaque-boucle, Talbot-Rice pl. 1.

66 O. Seeck, (éd.), *Notitia dignitatum* (1876), Francfort 1983. *Gentiles* de la garde : dragon et boule/lune d'or sur fond bleu, devenu couleur impériale (Or. 11, Oc. 9) ; *Taïfali* : dragon et boule rouge sur fond blanc (Oc. 6.16 et 6.59) ; *Parthi sen. et iun.* : dragon et croissant de lune jaune sur fond blanc, umbo rouge (6.22 et 27 et 6.68 et 73) ; *Honoriani [catafractarii ?] sen. et iun.* : honorés du nom impérial, dragon et

D'autres contes de dragons viennent des anciens territoires des Haumavarga, les vallées du Pamir – l'actuel Tadjikistan iranophone – ou le bassin du Tarim devenu l'actuel Turkestan chinois. Témoin les récits recueillis par le pèlerin chinois Hiuan Tsang en 630-645.

Au royaume de Khotan, au Sud-Est : « À environ cent *li* au sud-est de la capitale, il y avait un grand fleuve qui coulait au Nord-Ouest. Les habitants utilisaient ses eaux pour arroser leurs champs. Mais le temps passant, son cours s'arrêta tout à coup ». Un sage fut consulté : « si les eaux du fleuve ne coulent plus, cela vient uniquement du dragon qui l'habite, il faut vite lui offrir des sacrifices ». Ainsi fut fait. Alors « une femme s'élança soudain du milieu des eaux et dit au roi : Mon époux est mort de bonne heure et il n'y a plus de maître pour donner des ordres … Si votre Majesté veut bien choisir dans son royaume un officier illustre et me le donner pour époux, l'eau continuera de couler comme avant ». Le roi ayant accepté, « la femme-dragon fut ravie d'avoir obtenu pour époux un grand du royaume ». Celui-ci « se revêtit d'habits blancs (la couleur du deuil) éperonna son cheval et entra dans le fleuve … Peu après, le cheval sortit à la surface de l'eau en nageant. Il portait sur son dos un grand tambour de bois ». Ce tambour donnait l'alarme quand un ennemi survenait[67].

L'union avec les dragons s'était parfois généralisée. Au royaume de Koutcha, au Nord-Est, vivait jadis un roi nommé « Fleur d'Or », un magicien qui circulait sur un char attelé de chevaux-dragons et qui faisait de bonnes lois. On reconnaît le soleil garant de justice : « Près d'une ville située sur les frontières orientales du royaume, il y avait, devant un temple des dieux, un grand lac de dragons. Les dragons se métamorphosèrent et s'accouplèrent à des juments. Elles mirent bas des poulains qui tenaient de la nature du dragon … C'est pourquoi ce royaume produit d'excellents chevaux ». Les dragons-magiciens ne s'en tinrent pas aux unions équines : « S'étant métamorphosés en hommes, ils s'unirent avec des femmes du pays et ils en eurent des enfants forts et courageux … Ces relations s'étant étendues peu à peu, tous les hommes appartinrent bientôt à la race des dragons. Fiers de leur force, ils se livraient à la violence et méprisaient les ordres du roi. Alors le roi (le soleil), ayant appelé à son aide les Turcs, massacra tous les habitants de cette ville … Maintenant, elle est complètement déserte », sans doute un souvenir des Issedons délogés par les Arimaspes türks. Les dragons, on le voit, ne sont pas seulement cuirassés

---

maille d'or sur fond rouge, umbo bleu, couleur du prince (6. 36 et 34, et 59 et 79) ; *Cordueni* (de Gordyène) : dragon et boule jaune sur fond jaune, umbo bleu (6.35 et 6.83). Les dragons ont une gueule et des oreilles de loup (chien), chez les *iuniores* la lune est « jeune », en croissant, le dragon absent. Les *comites Alani* : écu blanc (couleur zoroastrienne), umbo rouge (ancienne couleur de ce groupe) et bleu (du prince) ; le dragon, comme il convient, a disparu (6.6 et 6.50).

67 C. Meuwese, *L'Inde du Bouddha vue par des pèlerins chinois*, Paris 1968, p. 268 et p. 275.

et quasi-invulnérables, ils sont aussi de terribles sorciers comme le confirment d'autres contes[68].

Les dragons et bien entendu les dragonnes. Revenons au deuxième conte d'Hérodote où Targitau est costumé en Héraklès. C'est la serpente-dragonne qui est « maîtresse de la terre », elle qui attire le dieu, elle qui chasse ses deux aînés après que le cadet ait gagné l'arc. Elle est « la reine des Sakas », *Sagânbânbyšn*[69]. À son image les femmes sarmates allaient chasser à cheval « même sans les hommes », emportant armes et chevaux dans leur tombe, sans compter les hautes tiares insignes de leur magie, étranges hennins que portaient aussi parfois les hommes. Ces sépultures féminines avec armes forment près du quart des « tombes riches » actuellement connues. On comprend que Dumézil, guère féministe, ait inconsciemment reculé devant cet élément. Du coup, il négligea ce que répétaient les contes : les trois objets et l'arc sont attribués par le soleil, ce *deus otiosus*, mais sous le contrôle de la dragonne.

Le message des contes scythiques est plus complexe et changeant que la seule trifonctionnalité. Un héros voyageur, fils du ciel, a épousé une dragonne fluviale. Il a légué « à la race des Scythes » l'arc de la souveraineté et trois objets précieux fonctionnels. C'est seulement quand une royauté prit le pas sur les « porteurs de sceptres » et sur les chamans que les trois objets furent confisqués par un pouvoir unique. Avant cela, les trois fonctions étaient affaire de magie, autant féminine que masculine. Qui dit magie dit rite. Chez les Scythes ou les Sarmates, les trois fonctions ne relevaient pas seulement des mythes et du monde des idées, mais aussi du rituel et par là de ce qui était pour eux, véritablement fonctionnel.

Le rite et les trois fonctions

Au nord de la Mer Noire, la triplicité fonctionnelle n'était pas qu'un motif de conte, une structure mentale qui marquait le mythe ou l'épopée, elle s'exprimait aussi, très concrètement, dans des rites qui visaient à assurer des fonctions sociales concrètes. Rappelons ces rituels. Nous tenterons ensuite de les interpréter comme un ensemble fonctionnel.

Triplicités rituelles

Que la trifonctionnalité se soit exprimée ailleurs que dans le mythe, en témoignent plusieurs rituels : celui des feux dans l'empire perse, celui des funérailles chez les nobles scythes ou sarmates, celui de la fête annuelle

68 *Ibidem* p. 51 ; roi-dragon dans un lac, p. 78, 141, 265 ; Gandhara ; Cachemire ; Pamir, p. 78, 140, 265.

69 Boyce, p. 26, 30 et 81. « Celle qui soigne (pour) les dieux des Sakas » ?

scythe, et surtout celui de la vérité, pratiqué en-dehors de l'espace scythique par les groupes sarmates installés en Gaule.

Dans l'empire sassanide, et sans doute longtemps auparavant, les feux devaient être annuellement renouvelés. Ceux des simples familles, d'abord éteints, devaient s'alimenter aux foyers des cantons et ceux-ci de même à la flamme perpétuelle de très antiques sanctuaires. Ces anciens feux étaient trois, et la tradition continuait à les rattacher à une fonction : au Couchant, à Gandja en Azerbaïdjan, il y avait *adur GušnAsp*, qui était le feu des guerriers ; au Midi, à Karyan en Fars, il y avait *adur FarnBagh*, le feu des « prêtres » ; au Levant, sur le mont Rewand en Khorassan, c'était *adur BurznMihr,* le feu des éleveurs. Cette localisation est d'autant plus édifiante que les grands feux avaient été transportés jadis de régions plus orientales : *adur GušnAsp* aurait été en Sistan, *adur FarnBagh* à Hérat[70]. Dans la Perse impériale, le souvenir des vieux cultes fonctionnels était réparti dans l'espace selon les trois stations solaires. Mais le chamanisme, prédominant chez les Scythes ou les Sarmates, n'était évidemment plus de mise dans un empire mazdéen, sassanide de surcroît.

L'exemple persan nous montre que les fonctions étaient spatialement réparties : l'Orient est assimilé au croît du bétail et à la pousse de la végétation, la saison du printemps où recommence chaque année à s'élever le soleil ; le Midi est le triomphe du soleil, sa gloire estivale lorsque ses rayons d'apogée traquent l'ombre et le mal ; l'Occident s'en va vers la mort affrontée, le lot des combattants. Les trois couleurs attribuées à ces trois stations représentent les fonctions, le jaune solaire du lait de naissance (colostrum), le blanc du féroce soleil d'été, le rouge sanglant du soleil couchant. Le bleu, la couleur du ciel, était sans doute celle de la royauté unique, mal attestée dans les mythes anciens. Plus tard, les rois de la steppe, huns, türks ou tatars, se diront fils du ciel.

Les trois couleurs sont aussi présentes dans le rituel funéraire. Dans certaines tombes scythes ou sarmates, depuis le IVe siècle avant notre ère jusqu'au IIe siècle après – avant la victoire du mazdéisme ? –, on déposait avec le défunt tantôt de l'ocre rouge, tantôt de l'ocre jaune, tantôt de la poussière de craie, blanche[71]. On vient de voir qu'à chacune des fonctions correspondait une couleur, blanc pour la fonction guérisseuse, rouge pour la fonction guerrière, jaune pour la fonction d'élevage[72]. La couleur choisie marquait l'appartenance du défunt ou de la défunte à l'une des fonctions.

---

70 J. de Menasce, *Feux et fondations pieuses dans le droit sassanide*, Paris 1964, p. 350. C. Huart et L. Delaporte, *L'Iran antique*, Paris 1943, p. 350. G. Gnoli, « L'Iran au IIIe siècle », *De Zoroastre à Mani*, Paris 1985, p. 88.

71 Lebedynski p. 88 et 99 ; en revanche les armes, où qu'elles soient, semblent toujours peintes en rouge, *ibidem* p. 100, 103 et 115 ; flèches rouges, Bona, p. 120.

72 I. Benveniste, p. 279, en Iran et en Inde ; « les couleurs », *varna/pištra*, ont fini par désigner les castes.

Mais toutes les tombes n'avaient pas cette distinction de la couleur. En l'état actuel de la recherche, il semble bien qu'il y ait une corrélation entre dépôt de couleur et signes d'activité chamanique. Le défunt ou la défunte avait été chaman(e) pour une des trois fonctions magiques que notait la couleur déposée dans sa tombe, jaune, blanc ou rouge[73].

Autre rituel trifonctionnel, la grande cérémonie annuelle des Scythes. Au temps d'Hérodote, « mille ans après » le don des trois trésors, le grand roi des Scythes « offrait chaque année de splendides sacrifices propitiatoires » à « l'or sacré tombé du ciel ». La garde des trois trésors était confiée à un noble richement doté en pâturages. Si durant la fête annuelle celui-ci oubliait sa vigilance et s'endormait, il mourrait, disait-on, dans l'année. Hérodote n'en dit pas plus sur ce rituel majeur. Les trois trésors tombés du ciel étaient brûlants, ils venaient du soleil. L'archéologie montre que le culte était lié à de grands feux rituels dont l'embrasement était accompagné de pratiques chamaniques et funéraires[74].

Sans doute des éléments identiques au rituel pratiqué dans les grandes assemblées s'expriment-ils dans la tablette de Trèves examinée lors de la Journée Kasra Vafadari de l'année dernière. C'est une tablette de plomb inscrite à la fin du IVe siècle à Trèves, capitale impériale, par des Sarmates stationnés en Gaule à l'occasion d'un procès pour lèse-majesté[75]. Il s'agissait de vérifier la vérité d'un serment d'innocence prêté devant le tribunal. Le juge impérial, bien que l'empire ait été chrétien, avait toléré l'ordalie par le chaudron pour les soldats irlandais. Pour les Sarmates, il accepta que se déroule le rituel de vérité où les chamans sacrifiaient des chevaux, faisaient « brûler le sang » et tiraient des flèches[76].

Qui lit la plaquette de Trèves est frappé par les triplicités qui s'y marquent : y sont invoquées les trois stations ou « maisons » du triple Très-Haut solaire. Trois devins procèdent à un triple sacrifice et tirent trois flèches. Ces flèches correspondent aux trois stations solaires qui sont aussi les trois points cardinaux Est, Sud et Ouest, liés aux trois couleurs jaune, blanc, rouge, et aux trois fonctions. Une assertion mensongère entraînait un châtiment divin[77]. Comme on ne sait ce qu'il serait, on procédait à la vérification dans les trois domaines que le mensonge avait pu souiller.

---

73 Dumézil, *CSC* p. 17, « Les seigneurs colorés », note dans des textes indiens la présence de quatre couleurs, blanc des brahmanes, rouge des guerriers et pour les éleveurs le jaune qui serait « une innovation » remplaçant le bleu/noir. Il semble que le bleu soit plutôt une couleur ajoutée, celle des rois et des dieux célestes.

74 La prière des femmes ossètes à l'esprit de Dieu contre les maladies, contre les ennemis, contre les loups qui attaquent le bétail, Dumézil, *CSC* p. 116.

75 J.-P. Poly, « Le Code et les runes. Le nouveau droit de la romanité tardive », in A. Laquerrière-Lacroix (éd.), *Le Code Théodosien, Colloque de Clermont*, à paraître.

76 Apollon *goitosuros*, Dumézil, *CSC* p. 122. Dans la tablette, « Maître du vivant » est la traduction en grec.

77 Chez les Perses, Hérodote, *Histoires* 1.138. Briant, *op. cit.*, p. 195 ; accusation politique, p. 138.

Les traces d'un tel rituel de vérité s'observaient encore naguère chez les Ossètes, en deux variantes[78]. L'une concernait l'Ossétie du Nord, orthodoxe, elle opère dans une église Saint-Georges (Wasturdji). L'autre, en Ossétie du Sud plutôt musulmane, se passait au cimetière, chez les morts. Elles concernent toutes deux un accusé de vol ou d'adultère qui nie le délit. Pour se disculper, il fait un sacrifice avec une auto-malédiction, comme au IVe siècle. Au Nord, le rituel est appelé *ard*, que Dumézil rend par « serment », mais qui était plutôt « justice ». Au Sud, le rituel est nommé *fydgaent*, « offrande (funéraire) pourrie », sans doute une appellation dépréciative due à l'islam. La triplicité n'y paraît plus parce qu'il n'y a plus de rituel pour vérifier s'il y a eu mensonge.

Le bon fonctionnement général de la société suppose la vérité de la parole humaine et celle-ci est placée sous la garantie de l'astre-roi. Le contrôle fut d'abord celui des chamans, puis celui de la royauté. Dans l'espace proprement iranien, au sud de la Caspienne, la royauté alla des Mèdes aux Perses puis aux Parthes avant de revenir aux Perses, la religion passant d'un mazdéisme éclectique à un zoroastrisme strict, sans que cela modifiât le système des trois grands feux fonctionnels. Chez les Scythes le roi a mis la main sur les trois objets symboliques qui représentent les fonctions. C'est donc par son « foyer » qu'on jure parce que lui seul a la responsabilité des trois fonctions qui ne peuvent subsister qu'en vérité et non par faux-semblant. Il n'y a pas serment, assertion solennelle invoquant directement la puissance divine, mais une auto-malédiction conditionnelle. L'énoncé véridique met en jeu toute la structure sociale. Même après l'ascension d'un pouvoir royal, les responsables du rituel de vérification restent les chamans des trois ordres : les menteurs qu'ils détectent sont exécutés par le roi mais si eux-mêmes sont « faux », reconnus comme tels par l'ensemble des « mages » de l'alliance, ils sont brûlés vifs, offerts au feu solaire.

La « vérification » des paroles solennelles était une opération essentielle dans le monde iranien de l'antiquité. Le mensonge mettait en jeu la société toute entière dans les trois fonctions d'élevage, de guérison, et de combat nécessaires à tous les groupes nomades, puisque le soleil punissait le mensonge par la famine, la maladie et la guerre. Les trois magies chamaniques qui soignaient ces maux étaient jadis tout autant celles des éleveurs et des guerriers que des guérisseurs. C'est seulement avec la disparition du chamanisme que guerre et élevage furent désacralisés, laissant

78 Dumézil, « Les trois procédures ossètes contre la vendetta », *CSC* p. 130. Les procédures ne semblent pas liées aux trois fonctions. Les deux premières, pour disculper un accusé de vol ou d'adultère, sont les variantes régionales d'un même rituel. Dans la troisième, *faeldisyn*, « consacré », un peu de sang de l'oreille du meurtrier versé sur la tombe du mort le consacre à sa victime ; le parent qui tire le sang renonce à se venger.

à la seule troisième fonction une activité que nous identifions, par un anachronisme ancien, comme celle des « prêtres ».

Nous pouvons donc entrevoir chez les peuples scythiques un rituel majeur entièrement fondé sur la triplicité fonctionnelle. Il est temps de poser la question : comment celle-ci fonctionnait-elle ?

Le sens premier de la trifonctionnalité rituelle

Lévi-Strauss a montré que ce qui donne à la pensée des sociétés claniques sa solidité et sa permanence, c'est la surimposition de structures homologues. Tentons d'appliquer ici son analyse. Le pivot du système est le soleil dans ses trois stations journalières, son arc dans l'espace. Les trois activités de toute tribu nomade – élevage, guérison des maladies et combat – sont assimilées aux trois stations. C'est la tripartition. Elle n'est pas réelle au sens que nous donnons à ce mot : dans l'alliance, chaque ensemble clanique, qu'il soit à l'Est, au Sud ou à l'Ouest, comporte des guérisseurs, des guerriers et des éleveurs. Mais chacun des trois ensembles a la responsabilité d'une magie qui « soigne » la fonction liée à une station solaire, à un point déterminé de l'espace. Concrètement, cela veut dire qu'il a la garde d'un des trois sanctuaires « fonctionnels » qui assurent à eux trois le fonctionnement équilibré de la société.

Autrement dit, les groupes tribaux « spatialisés » ne sont pas spécialistes de la fonction sociale matérielle – les clans de l'Est élevant seuls les bœufs et ceux de l'Ouest seuls combattant – ; ils sont garants de la fonction idéelle, qui est pour eux plus « réelle » que la fonction matérielle, la seconde n'étant que la manifestation contingente de la première.

Paradoxe apparent, la triple division fonctionnelle fonde l'union. Les fonctions sont, toutes trois ensemble, indispensables au bon fonctionnement de l'alliance tribale. Loin de séparer les groupes tribaux, la distinction des trois fonctions force les groupes à se tenir ensemble dans un espace donné, les fixant autour de chacune d'elles, de son grand sanctuaire. La cohésion de l'alliance est assurée par la spécialisation de cultes dans la vie indissociables.

Une société qui n'est pas encore une société de classes, mais qui est déjà plus large qu'une société segmentaire, refuse la différenciation sociale. Elle constitue un chamanisme unitaire au-dessus des clans. Les trois fonctions ne peuvent être efficaces que toutes trois ensemble. Par sa localisation dans l'espace concret, la division fonctionnelle fonde l'union. On a vu que les feux locaux, renouvelés chaque année, devaient emprunter au grand feu régional et que le système avait été anciennement localisé bien à l'est de la Perse. Les trois sanctuaires majeurs sont véritablement les feux « cardinaux » autour desquels tourne toute la société. En chacun d'eux se regroupaient les « mages », les devins chamans qui apprenaient à combattre un ennemi spécifique, la famine, la peste, l'invasion. Peut-être formaient-ils des sortes d'écoles spécialisées, quitte à exercer ailleurs. Dumézil note que l'âne phallique des Boratae, le troisième groupe fonctionnel des Nartes : « peut être utilisé par les membres de n'importe quelle famille narte, mais il n'en est pas moins toujours appelé l'âne des Boratae »[79]. Si les sanctuaires s'étaient séparés, la protection spécifique assurée par l'un aurait manqué aux autres, l'harmonie sociale se serait déréglée. Le regroupement en fonction empêchait les mages d'être des sorciers tribaux. Mais la division des fonctions les empêchait de former une classe unique. C'était, longtemps avant Montesquieu, une sorte de séparation des pouvoirs.

En même temps le pouvoir des mages obligeait « les porteurs de sceptre » à un minimum de discipline collective. Mais il fallait que les trois collèges magiques gardent la maîtrise de l'arc solaire. Lorsqu'un chef des Scythes occidentaux conquit les terres cimmériennes, il prit l'arc et modifia la version du conte, faisant fabriquer trois objets d'or symboliques pour fonder son pouvoir ; la fonction chamanique fut occupée par des « hommes-femmes ». Les Sarmates et les Sakas de l'Est étaient sans doute plus conformes à l'original archaïque ; chez eux, les femmes jouaient un rôle important, à la fois chasseresses, combattantes et magiciennes. Chez les premiers : « Les femmes des Sauromates … vont à la chasse, à cheval, avec les hommes ou toutes seules ; elles vont à la guerre et elles s'habillent comme des hommes » ; chez les seconds : « Les Issédons sont eux aussi vertueux et les femmes ont chez eux les mêmes droits que les hommes »[80]. Devenus Alains, **Ahlawn,* des « justes » zoroastriens, les Aorsi rejetèrent les sacrifices et les drogues[81]. Mais ils conservèrent l'idée d'une égalité native hostile à la servitude et aux rois : « Ce qu'est l'esclavage, ils l'ignoraient, tous ayant été procréés par une noble semence, et ils élisent aussi leurs juges parmi ceux qui sont connus pour leur longue pratique de la guerre »[82].

S'ils ignoraient l'esclavage, ils allaient l'apprendre. Alains et Sarmates, cédant à la pression des peuples türks, se dispersèrent tant à l'Est qu'à l'Ouest de leurs steppes natales.

---

79 « Les biens propres des familles nartes », *Dumézil*, CSC p. 108.

80 Hérodote, *Histoires*, 4.26. Tombes avec équipement « unisexe » chez les Alains, Bona, p. 101.

81 Les ethnies sont généralement désignées par un singulier collectif. Le pluriel indique ici que les groupes convertis ont été nombreux, *quorum gentes variae … aevi progressu ad unum concessere vocabulum et summatim omnes Halani cognominatur* (Ammien, *Histoire* 31.2.16 ; Halani=Ahlawn) ; Ammien distingue ceux du Don et ceux de l'Est, y incluant « les Massagètes que nous appelons maintenant Alains » (23.5.16) ; *Massagetae Halani et Sargetae (Halani)* (22.8.38 ; Poly, *TFP*, 3.2.24, 3.2.36, p. 68-69). Il y avait à l'Est un « pays des Alains » (23.6.61). Ammien était renseigné par les *comites Alani* de Gratien, recrutés par celui-ci sur le Danube (31.11.6 ; Zosime, *Histoire* 4.35.2, éd. F. Paschoud 1979). Ecu, *supra* n. 66.

82 Mais l'énoncé est à l'imparfait « ils ignoraient » …

La réapparition des trois ordres et l'imaginaire du féodalisme

Au IVe siècle, la pointe avancée des peuples scythiques, les Sarmates de la Tisza, commencèrent à se disloquer. Quelques 300 000 d'entre eux passèrent dans l'empire pour former une trentaine d'établissements, quinze en Italie et une quinzaine d'autres au sud du Bas-Danube. De ceux-ci neuf partirent avec l'empereur Constant en Gaule, huit y restèrent tandis que le neuvième allait en Grande-Bretagne renforcer d'autres là-bas jadis déportés[83].

Il n'est donc pas étonnant que le rituel sarmatique de vérité soit à l'oeuvre en Gaule à la fin du IVe siècle et qu'on retrouve des crânes déformés – ceux des chamans ? – dans des tombes « barbares ». Au IXe, il y a encore en France des sorciers *karagah* qui pratiquent un rituel du feu et de l'envol[84]. Au XIIe siècle, le conte de la mère dragonne – la dame-serpente Mélusine, maternelle et défricheuse – s'attardait autour des anciens établissements sarmates[85]. Et c'est au IXe siècle que reparaît le schéma des trois ordres fonctionnels. Le dossier a été magistralement commenté, mais sans remettre en cause l'anhistoricité du schéma censé indo-européen[86]. Dès lors le rapport entre les deux emplois, antique et médiéval, ne pouvait qu'être vague. En l'état de nos connaissances, le schéma trifonctionnel reparaît d'abord dans le royaume de France à Auxerre puis dans celui d'Angleterre en Wessex. Regardons de près ces commencements.

Auxerre avait été l'un des commandements sarmates de Gaule, celui qui gardait la route entre Paris et Cure, aujourd'hui Saint-Moré. À cette

---

83 Six *praepositurae* de Not. Dign. Oc. 42.65-70 (confirmé par Or. 6.35-36, *catafractarii [curae]* ? et Oc. 6.59) dans la lacune, catafractaires de Bourges (Oc 5.34) et Alains de Bingen (Or. 8.29, confirmé par Ausone, Mos.). En Bretagne, Sarmates *Bremetenraco*, corr. *Bremeten(si) tracto*, le *numerus* de Ribchester (CIL 7.218), dans le Bowland, « le Pays de l'Arc », (V. Watts, *Cambridge Dict. of Engl. Place-names*, 2004, p. 75), p.-e. un ancien **Bwland*, « le haut (pays) », cœur du futur Lancashire.

84 Poly, *TFP* n. 29-30. Têtes des enfants déformées, Meuwese, *op. cit.*, p. 51 ; P. Soto-Heim, « Déformation crânienne artificielle dans l'Iran ancien », *Bull. et Mem. de la Soc. d'Anthrop. de Paris*, 3, 1986, p. 105 ; I. Bona, p. 118. Sidoine Apoll. Carm. 2 v. 243, souvent allégué, ne concerne pas la déformation. En Bourgogne, C. Simon, « La déformation crânienne artificielle dans le bassin du Léman … » ; H. Gaillard de Sémainville *et alii*, « Les découvertes de Beaune … » ; D. Castex *et alii*, « Population indigène, population allogène à Beaune… », H. Gaillard de Sémainville (éd.), *Les Burgondes, apports de l'archéologie*, Dijon 1995, p. 205, 143 et 167 ; aussi à Collegno, près de Turin, préfecture sarmate. La déformation paraît culturelle, mais le rapport avec le chamanisme est conjectural.

85 J. Le Goff, « Mélusine maternelle et défricheuse », in *Pour un autre Moyen Age*, Paris 1977. Le nom pourrait être un ancien **Mrwâzan* (*l* pour *r* ; cf. aussi la forme Merlusine), « femme qui évoque le serpent ».

86 Outre l'œuvre de Georges Duby (*supra* n. 14), on rappellera J. Le Goff, « Les trois fonctions indo-européennes, l'historien et l'Europe féodale », *Annales* 34 1979, p. p. 1187 et M. Rouche, « De l'Orient à l'Occident, les origines de la tripartition fonctionnelle », *Orient-Occident au Xe siècle*, Paris 1979. L'apport d'Haimon (Duby p. 571) a été étudié par E. Ortigues, « L'élaboration de la théorie des trois ordres chez Haimon d'Auxerre », *Francia* 14, 1987, p. 17, et D. Iogna-Prat, « Le baptême du schéma des trois ordres fonctionnels : l'apport de l'école d'Auxerre dans la seconde moitié du IXe siècle », *Annales* 1986, p. 101. Cf. aussi D. Iogna-Prat, C. Jeudy et G. Lobrichon (éd.), *L'école carolingienne d'Auxerre de Murethach à Rémi (830-908)*, Paris 1990.

extrémité se dressait une forteresse édifiée au milieu du IVe siècle pour surveiller un passage dangereux entre Autun et Troyes par les gorges de la Cure[87]. En bas, près du *vicus*, dans un enclos le long de la voie romaine, un *locus* funéraire peu commun : un mur bas circulaire de 3 mètres de diamètre rempli de terre brune, reste possible d'un feu rituel renouvelé, et cinq cercueils de pierre disposés « avec régularité autour de cette construction comme les rayons d'une circonférence ». Les Sarmates reproduisaient en l'adaptant à un espace plus restreint, le rituel des grands feux d'Ukraine, proches des tombes ancestrales, un paganisme solaire toléré par l'empereur Julien[88].

Un siècle après l'établissement des Sarmates à Cure, un Eochari, **Awχaryaw*, « Noble de Vie », commandait les Alains d'Orléans ; un siècle encore et l'évêque de Paris, à l'autre bout de la préfecture de Cure, se nommait Safaracus, **Sahfarah*, « Gloire des Trois », un nom porté par un chef alain du Danube[89]. À la fin de l'époque mérovingienne, ces noms se sont germanisés ou romanisés. À Auxerre, un prince-évêque appelé Savaricus, fort d'une nombreuse cavalerie, tient l'Orléanais et les pays avoisinants sa cité, Avallonais et Nivernais, Tonnerrois et Troiesin. À Orléans avait été évêque son homonyme Suavaricus et lorsqu'en 719 Charles Martel reprend Orléans, il autorise la consécration d'un Eucharius, neveu de Savary d'Orléans. Pas pour longtemps : après la bataille de Poitiers en 732, Charles exile Eucharius et le successeur de Savary d'Auxerre, Ainmar qu'il fait assassiner[90]. Dans la liste épiscopale, Ainmar est honoré du titre de martyr ; dans les *Gesta* des évêques rédigés à l'époque carolingienne, il est « non consacré » (*vocatus*). Les princes-évêques ne sont plus en odeur de sainteté, les *vassi* bavarois des Pippinides tiennent le pays. La forteresse de Cure est abandonnée. Le corps du martyr *Moderatus*, enterré dans l'église que dominait la muraille aux sept tours, est transporté dans la crypte de Saint-

87 Ammien, *Hist.* 16.2.3 ; Julien hésitait entre un itinéraire par *Arborosam* (corr. *robores ac* …, Rouvres sous Meilly) et un autre par Saulieu et *Cora* (puis Auxerre), avec un raccourci par le Morvan. La forteresse dut être construite ensuite. Sermizelles (*Sarmisola* XIIe) pourrait être **Sarmati sala/cella*, devenue N.D. d'Orient.

88 En 1895, on y trouva une fibule et deux bagues : une pierre bleue à intaille antique représentant un homme à la lance et au chien près d'un arbre, Méléagre habilement remployé, et une autre en or (moulages au Musée de St Germain) avec l'inscription *Maena* (possible m.pers. **Mah-ʼynyh, Maheneh*, « similitude de la lune ») ; non loin, d'autres tombes en sarcophages, certaines avec de « grands couteaux », l'une avec un fond sculpté sommairement à la tête d'un crénelé et d'un bonnet mithraïque avec deux ailes évoquant le Mithra en terre cuite trouvé dans la forteresse ; A. Parat, « Glanures archéologiques de Saint-Moré et d'Arcy », *Bull. de la société des sciences hist. et naturelles de l'Yonne* 1897, p. 19. Feux rituels en Scythie, Poly, *TFP* n. 76.

89 Evêque 541/549, déposé en 552, L. Duchesne, *Fastes épiscopaux de l'ancienne Gaule*, Paris 1899, II, p. 466 ; A. H. M. Jones et J. Martindale, *Prosopography of the Late Roman Empire*, h.n.. A la fin du siècle, les Taïfales du Poitou sont conscients de leur ethnie, Grégoire de Tours, *Hist. Franc.* 4.18. Poly, *TFP* n. 31.

90 Y. Sassier, « Les Carolingiens et Auxerre », *Structures du pouvoir, royauté et Res Publica*, Rouen 2004, p. 7.

Germain d'Auxerre, seul saint local admis à la compagnie des reliques de deux papes et des corps des onze premiers évêques de la cité[91].

L'empire carolingien, que l'Église avait cru garant de la paix, ne dura guère. Dès 841, après la mort de l'empereur Louis, ses fils et neveu s'affrontaient à Fontenoy en Puisaye. Les morts se comptaient par milliers. Les gens d'Auxerre avaient été partisans de Lothaire, c'est Charles qui mit la main sur la région, favorisant Saint-Germain.

En ce temps-là le très savant maître de l'abbaye, Haimon, commenta la Révélation de Jean[92]. Le texte était dangereux et peu s'étaient risqués à l'expliquer. Une génération avant Haimon, Alcuin de Tours avait donné la liste des commentaires dont on disposait : celui de Victorin, évêque de Ptuj, martyr en 304, qui avait cru à la fin des temps ; celui de l'Africain Tychonius, un donatiste, lors de la chute de Rome ; un siècle plus tard, dans l'Afrique reconquise par Justinien, celui de l'évêque d'Hadrumète Primasius qui reprit Tychonius en l'épurant. Bède, au nord de l'île de Bretagne, dit s'être inspiré de Tychonius, sans doute dans la version de Primasius, rapportée de Rome par Benoît Biscop. À la fin du VIIIe siècle Ambroise-Autpert, abbé de S. Vincent du Volturno reprend également Primasius[93].

Comme tous les lettrés de son temps, Haimon compile largement les écrits de ses prédécesseurs, Primasius, Bède et Ambroise, en ajoutant ses propres remarques, écho des préoccupations de ses contemporains[94]. Les puissants du siècle sont régulièrement placés parmi les réprouvés, et Haimon songe sûrement à l'été 841 lorsqu'il commente *Ap.* 18.8-9, l'incendie de Babylone : « Cela arrive aussi quand les ennemis d'un royaume attaquent un autre royaume, non seulement ils pillent les villes mais ils dévastent et mettent le feu à tous les bois de la région »[95]. Comme ses prédécesseurs mais plus longuement qu'eux, il attaque les juifs ; on sait la position qu'avait acquise la communauté juive de Lyon et l'ire de l'archevêque de Lyon Agobard, lui aussi du parti de Lothaire, et de son successeur Amolon[96]. En *Ap.* 13.1, où les sept têtes et dix cornes de la Bête représentent les mauvais empereurs, Haimon nomme « Néron, Domitien et tous les autres », mais ajoute « les rois d'Egypte, d'Afrique, d'Ethiopie et autres, qui soumettent les

---

91 Héric, *Miracles de saint Germain* 2.117, PL 124, col.1263. Confondu avec un ermite, *Acta Sanct. Boll., Jul.* I, col. 255. Le nom, parfaitement latin, sonne aussi comme le m.pers. *mâdar-râd*, « généreux pour sa mère ».

92 *Expositionis in Apocalypsin beati Iohannis libri septem*, PL 117, col. 953 ; écrit entre c. 840 et c. 846.

93 Cassiodore, retiré dans sa fondation de *Vivarium*, connaissait Primasius.

94 Possibles gloses africaines à Primasius, à *Ap.* 11, le serment de l'ange, référence aux manichéens : *Quo in loco haereticorum perfidia damnatur qui non verentur asserere quaedam a bono Deo, quaedam vero a principe facta tenebrarum* ; à *Ap.* 13, le nombre de la Bête, après les commentaires de Primasius et de Bède : *Gothico nomine Genserichos, interpretatio autem nominis ejusdem est gentiuum seductor* (!).

95 PL 117, col. 1161.

96 B. Blumenkranz, *Juifs et chrétiens dans le monde occidental (430-1096)*, Paris 1963, p. 111.

chrétiens », une allusion aux réfugiés espagnols chassés par l'Islam. Il conclut, comme de juste, en écartant les identifications historiques : il s'agit des « rois libidineux et ivrognes », « tous les rois du Mal »[97].

Un autre écho spécifique se trouve dans son commentaire d'*Ap.* 20.7-9, les troupes de l'Antéchrist Gog (et) Magog, « nations des quatre coins de la terre … aussi nombreux que les sables de la mer ». Au premier siècle Flavius Josèphe les avait considéré comme Scythes, ce qu'ils sont encore dans le Coran, contenus au nord du Caucase par un mur de fer édifié par Alexandre ou Dhul Qarnayn[98]. Primasius, dans son commentaire, avait identifié Gog et Magog comme les Gètes alias les Goths, et les Massagètes, l'un des groupes alains[99]. Haimon reprend d'abord Primasius en le complétant par Jordanès pour qui les Goths étaient venus de Scandinavie. Puis il note que les Goths et les Massagètes, cela ne ferait pas grand-monde et rappelle alors la légende des peuples contenus par Alexandre, mais dans une tradition inédite : Gog et Magog, au lieu d'être des Scythes d'outre-Caucase, auraient été installés en Macédoine – la localisation convenant à Alexandre – d'où seraient sortis vingt-quatre « royaumes » : le souvenir des vingt-quatre commandements sarmates danubiens passés en Italie, en Bretagne et en Gaule, parmi lesquels celui de Cure où avaient dominé les princes-évêques d'Auxerre[100]. Haimon l'écartera, concluant là encore en s'en tenant à l'explication allégorique : Gog et Magog, c'est la foule des réprouvés[101].

Le schéma des trois ordres fonctionnels apparaît de la même façon. Haimon s'en sert dès le début, pour commenter *Ap.* 2.1-14, les sept églises d'Asie auxquelles était adressée la Révélation. Les commentaires précédents s'accordaient pour y voir une septuple image de l'Église universelle. Dans celui de Primasius s'était glissée une glose qui prétendait traduire en latin

---

97 PL 117, col. 1147.

98 Fl. Josèphe, *Antiquités Juives* 1.6.1 ; Coran, sourates 18.83-98 et 21.95-96. Les portes caspiennes construites par Alexandre, Jordanès, *Getica* 1.50, Procope, *Histoire des guerres*, 1.10.

99 « Certains supposent que ces gens de Gog et Magog sont les *Getae* et les *Massagetae* à cause des premières lettres de leurs noms », Primasius, PL 83, col. 918. Il connaissait les Massagètes, venus combattre en Afrique pour Justinien (Procope, *Guerres* 5.24.30 et 5.10.29, 6.13.14, 7.14.28, 7.30.6). De même, d'après Ambroise, Isidore de Séville, *Etym.* 9.2.27 (éd. M. Reydelet, Paris 1984), 9.2.89, 9.2.63 et 9.2.66.

100 *Praepositurae*, *supra* n. 83. Haimon (PL 117 col. 1206) reprit le commentaire de Bède sur les douze pierres qui ornent les portes de la Jérusalem céleste. Pour l'émeraude, celui-ci avait confectionné une petite notice avec des fragments d'Isidore : la pierre venait de Scythie, région déserte où les griffons, des animaux féroces à corps de lion et pattes, bec et ailes d'aigle, la disputaient aux Arimaspes, des cavaliers à l'oeil unique.

101 *De his gentibus varie quidam loquuntur, aestimantes eas esse gentes aquilonales, id est Getas et Massagetas quae Scaniam insulam habitant ... Dicunt etiam alii has gentes ab Alexandro magno in partibus Macedoniae conclusas ut in tantum sunt multiplicatae ut vinginti quatuor regna de se redidissent, sed neque istae, etiamsi verum esset, omnes mundi partes tenere possent*, PL 117, col. 1187. Plus tard, Rémy repoussera aussi les identifications *corporaliter* de Gog, soit à des *gentes Scythicae* comme le font « les Juifs (Flavius Josèphe ?) et certains des nôtres qui judaïsent », soit, récemment, aux Hongrois ; PL 131, col. 966.

leurs noms et celui de l'Asie[102]. La dernière église était ainsi glosée : *Laodicea interpretatur Tribus amabilis Domino, sive Fuerunt in vomitu.* La seconde interprétation correspondait à un passage où les tièdes de l'église étaient vomis par Dieu. La première, qui renvoyait aux trois vertus spirituelles, n'avait guère inspiré les commentateurs, ainsi Alcuin : « cette interprétation montre que bons et méchants sont mêlés dans l'Église ».

Haimon commente à son tour la glose *tribus amabilis Domino*[103] : « l'Écriture use souvent du mot *tribus*, d'où vient 'Là (Jérusalem) où montent les tribus, les tribus du Seigneur' (*Psal.* 122), c'est-à-dire les trois ordres qu'il y avait peut-être dans le peuple juif comme il y avait chez les Romains, c'est-à-dire les sénateurs, les chevaliers et les paysans. De même aussi l'Église est répartie dans ces trois formes, les prêtres, les chevaliers et les agriculteurs ». Le commentaire rappelait aux « puissants du siècle », dans un Auxerrois où avaient régné les princes-évêques, que l'*ordo* des *sacerdotes* n'était pas celui des *milites*, que cet ordre devait prédominer et que les trois ordres étaient les piliers du royaume voulu par Dieu. Pour étayer cette opinion, Haimon cite l'encyclopédie de son temps, Isidore de Séville, qui rappelait la tripartition des *ordines* romains, *senatores, milites, plebes.* Mais il adapte le schéma : aux *senatores*, il substitue les *sacerdotes,* ce qui assure aux évêques et à l'élite des clercs la première place, et quand Isidore, décrivant des rangs sociaux, avait parlé de « populaires », Haimon introduit « les paysans ». Les trois ordres deviennent fonctionnels[104].

Il y revient à *Ap.* 5.8-9, quand « les quatre vivants et les vingt-quatre vieillards … chantaient un cantique nouveau : … avec les hommes de toute tribu, langue, peuple ou nation, tu as fait pour notre Dieu une royauté de prêtres régnant sur la terre » ; il commente : « de toute tribu, c'est-à-dire de tout ordre, car comme il a été dit plus haut, trois est dit des trois ordres », opposant à cette triple royauté des prêtres l'éparpillement des soixante et douze langues et encore plus des peuples, « puisque de nombreux peuples parlent une seule langue, comme le roman les Italiens, les Français, les Bourguignons, les Aquitains, les Goths »[105].

---

102 Dès Tychonius ? Augustin critiquait son interprétation des anges habitant les corps des sept Eglises ; la glose est absente dans des Homélies pseudo-augustiniennes ; elle a pu être rétablie dans Primasius.

103 Dominique Iogna-Prat, *op. cit.*, y voit un « jeu d'étymologie ». La confusion était peut-être destinée à un auditoire peu latiniste ; elle permettait à Haimon d'alléguer la trifonctionnalité. On notera qu'il a ici négligé le grec qu'avait proposé Bède, ce qu'il n'avait pas fait pour le commentaire de Philadelphie.

104 D. Iogna-Prat, *supra* n. 88 ; *Ordonner et exclure*, Paris 1998, p. 23.

105 *Tribus nomine sacra scriptura saepe utitur unde est 'Illuc enim ascenderunt tribus, tribus Domini' (Psal. 121), a tribus scilicet ordinibus qui forsitan erant in populo Judaeorum sicut fuerunt apud Romanis, in senatoribus scilicet, militibus et agricolis. Ita et Ecclesia eisdem tribus modis partitur in sacerdotibus, militibus et agricultoribus* (PL 117, col. 1020) : *Ex omni tribu id est ex omni ordine quia supradictum est tribus a tribus dicuntur ordinibus,* avec les 72 langues et plus encore de peuples … *cum unam linguam multae gentes loquuntur, sicut Roman(am), Itali, Franci, Burgundiones, Aquitani, Gotthi.* Les Goths sont les émigrés d'Espagne.

La trifonctionnalité se glisse aussi dans son commentaire de la figure des quatre cavaliers. Le dernier, le cavalier pâle, était sans emblème et explicitement identifié comme la mort ; il n'y touche pas. Restent trois cavaliers. Pour le premier, le cavalier blanc muni de l'arc et couronné, il reprend l'identification ancienne qui ne peut que lui convenir : ce sont ceux qui prêchent la doctrine, les prêtres donc. Le cavalier rouge avec l'épée était le diable, il y voit les réprouvés coupables d'homicide qu'ailleurs il identifie régulièrement aux rois, princes, comtes et autres puissants du siècle, les *milites*[106]. La situation l'y incite, dira-t-on. Mais le cavalier noir est aussi commenté fonctionnellement. Il tenait une balance emblème de la famine ; Haimon y voit les « marchands qui ont coutume de porter une balance à la main, marchandant ce qui leur convient et pesant ce qu'ils donnent et ce qu'ils reçoivent »[107]. Il s'agit de la troisième fonction, la balance lui faisant substituer les *mercatores* aux *agricolae*.

À qui s'adresse ici Haimon ? Toute la construction repose sur la surprenante confusion entre le « Pour trois » de la glose et « les tribus » de la Bible. Elle lui permet de légitimer les trois ordres. Leur existence chez les juifs, qui justifie qu'ils soient lus dans la Bible, est, il l'avoue, une hypothèse (*forsitan*). Dominique Iogna-Prat considère à juste titre que la confusion trois/tribus ne peut être une bévue, qu'elle est volontaire, ce serait une subtilité étymologique d'érudit. Il nous semble qu'elle est plutôt la marque d'un argument qui s'adresse à des illettrés qui entendent mal le latin. Bien plus tard, des prédicateurs dualistes justifiaient ainsi l'hérésie ; n'est-il pas dit *beati eritis* (Jean 13.17), « bienheureux les hérétiques »[108] ! C'est aux *milites* de la région qu'Haimon s'adresse, pour qu'ils reconnaissent la primauté des prêtres et leur propre solidarité avec le reste de la société. Il fallait un schéma qui puisse les convaincre parce qu'il était traditionnel chez eux.

Vingt ans après, la situation a empiré. Les Sarrazins attaquent au Sud, les Normands au Nord, les puissants s'arrachent les gouvernements, les armées dévastent le royaume. Au printemps qui suivit la Noël 867 que le roi Charles avait fêtée à Auxerre, les Annales royales notent : « Les hommes du comte Girard attaquent Acfrid dans un domaine et parce qu'Acfrid ne voulait pas sortir d'un manoir dans lequel il s'était réfugié, ils y mettent le feu, font sortir Acfrid, le décapitent et rejettent son corps au brasier. Alors le roi Charles, comme pour venger ce crime, entra au pays de Bourges. Là maint maux furent commis, bris d'églises, oppressions des pauvres, toutes

106 PL 117, col. 1025, 1033, 1047, 1053, 1055, 1058-1059, 1082, 1101. Le dragon rouge est le diable, Haimon glose : « les dragons désignent manifestement les puissances du siècle (*saeculi potestates*) », PL 117 col. 1060.

107 PL 117, col. 1025.

108 Guibert de Nogent, *Autobiographie* 2.17, E. R. Labande (éd.), Paris 1981. Clément de Bucy, note Guibert, ne savait pas le latin ; mais celui qui lui avait lu l'évangile de Jean, chère aux dualistes, lui le savait.

sortes de crimes et de dévastations, plus que la bouche ne peut dire ; témoin la dépopulation, plusieurs milliers d'hommes morts de faim. Il n'y eut aucune vengeance sur Girard et les siens, ils ne furent pas même expulsés du pays de Bourges »[109].

Quatre ans plus tard, à la fin de l'hiver, le roi Charles était de retour à Auxerre. L'élève d'Haimon, Heric, lui dédie sa *Vie de Saint Germain* et les deux livres des miracles du saint. Dans la conclusion de l'œuvre, il s'adresse aux clercs de la cité : « Vous êtes les athlètes de Dieu … Les uns font la guerre, les autres cultivent les champs, et vous, vous êtes le troisième ordre, ceux qu'Il a choisis pour part d'un sort particulier, pour vous occuper exclusivement des fonctions, service d'autant plus grand que vous êtes libérés des choses extérieures. Et puisque d'autres éprouvent à votre place les dures conditions de l'armée ou du labeur, vous, de même vous devez les accompagner sans relâche par les prières et le saint office en persistant à vous astreindre à elles (les fonctions) ». Et il ajoute : « Je vais le démontrer, ce qui est dû à la nature par vos copartageants est une chose, autre chose ce qui est dû à Dieu lui-même … Mais dès lors, puisque dans l'éloge du Chef Suprême on reconnaîtra que ses illustres membres n'ont pas rien en commun avec Lui … vous n'agirez guère sagement si vous jugez qu'il faut retrancher de la gloire d'un Empereur Invaincu les triomphes et les mérites de ses très fidèles soldats … Priez avec toujours plus de passion pour que ceux qui ont choisi ce lieu afin qu'il prospère par la présence et la sainteté de Germain, priez, dis-je, pour qu'après avoir vaincu tous les ennemis sur terre et sur mer et après avoir mis à la porte la terrible tyrannie des démons, ils délivrent ce lieu des massacres, qu'ils l'écartent des ruines, qu'ils le soutiennent par le mérite, qu'ils le protègent par la prière et qu'ils le défendent de la monstruosité multiforme des dangers présents et futurs »[110].

Les miracles qu'Héric relate montrent qu'il ne se faisait aucune illusion sur la bonté des grands[111]. Mais il lui fallait bien être diplomate. Dans sa péroraison, en même temps qu'en bon disciple de Jean Scot il assigne à ses frères une place exaltée dans la société, il leur tient le langage du réalisme : oui, le mal est partout, les pirates, les soldats en campagne, ennemis ou amis, les gouverneurs violents et rapaces ; certains d'entre vous pensent que les puissants – les cavaliers rouges de la Révélation de Jean – sont au diable et que vous, vous êtes à Dieu, ses cavaliers blancs. Mais ceux qui rejettent les grands et se tournent vers le seul amour de Dieu se trompent. Les grands et leurs hommes sont les membres de Dieu – la vieille

109 *Annales de Saint-Bertin* (=royales, par Hincmar de Reims), F. Grat (éd.), Paris 1964, p. 141 et 179.

110 *Miracula sancti Germani*, 2.123, PL 124, col. 1270. Écrits entre 869 (Miracles 2.104) et 877, mort de Charles.

111 Cf. les miracles 1.73-77, col. 1240 : « Qu'ils entendent cela, les puissances séculières et qu'ils apprennent qu'il ne faut pas léser les églises, sachant que Dieu est le vengeur de ses serviteurs ».

image du corps – et les trois ordres tiennent à la nature – l'image des trois fonctions proposée par Haimon –, pour vous les uns travaillent, pour vous les autres se battent. Vous devez les soutenir par vos prières. Charles, les Welfs et les Bavarois soutiennent notre abbaye. Priez pour eux, pour qu'ils abandonnent « la tyrannie des démons », convoitise, arrogance, cruauté. Sans protecteurs nous sommes perdus.

Haimon s'adressait sans doute aux laïcs, Heric s'adresse aux moines. Les trois ordres fonctionnels ne servent pas seulement à exalter les clercs, « la part particulière », mais à faire accepter l'ordre des guerriers, si mal qu'ils se comportent. Il faut prier sans relâche, prier pour les *milites*, qu'ils soient moins mauvais. Prier aussi pour « les pauvres » cela va sans dire. À la fin des temps carolingiens, à Auxerre, la trifonctionnalité est un lieu commun, la nature des choses, et c'est pour cela qu'Héric peut l'invoquer contre la fatigue et le désespoir.

La seconde apparition du motif des trois ordres intervient en Grande-Bretagne. C'est un ajout à la traduction anglaise du *De la consolation de la philosophie*, de Boëce, attribuée au roi Alfred mais qui est plutôt l'œuvre de son maître de latin, le moine Asser de Dyfed[112]. Les trois fonctions sont considérées comme les piliers (*staples*) de la royauté unique, celle que veut Alfred, et leur allégation au profit de la royauté en des temps difficiles, vise à rappeler aux abbés séculiers une séparation pour les rois capitale. Le texte est court, la rémanence sarmatique hypothétique, même si Asser était originaire du sud du Pays de Galles, et s'il avait séjourné un an à Caerwent, non loin de la grande voie de surveillance jadis tenue par le *comes Britanniae* et sa cavalerie sarmatique[113].

Un siècle plus tard, quand commence en France la crise féodale, le schéma trifonctionnel est repris par les deux partis opposés, le « parti des moines » en Bourgogne avec les clunisiens ou en Orléanais avec Abbon de Fleury, et celui des évêques, des lettrés issus de l'école de Reims, Adalbéron de Laon et Gérard de Cambrai[114]. Les clercs énonçaient le schéma des trois ordres – et qui d'autre, en ce temps ? - mais il ne venait pas d'eux : « Dans les contrebas du courant confus, tout de fluctuances et de nodosités, des habitudes mentales et langagières, une forme était donc charriée. Elle fit surface … Les débats tournaient tous autour du problème que posait la

112 Duby, *op. cit.* p. 561 se demande si l'idée est venue du Pays de Galles. Elle sera mise en œuvre en Angleterre à la fin du Xe siècle, Duby, p. 564-566, qui note la variété des termes employés.

113 Sur cette charge, S. Kerneis, *Les Celtiques. Servitude et grandeur des auxiliaires bretons de l'empire romain*, Clermont 1998, p. 211.

114 Ils connaissaient l'ouvrage d'Haimon et vivaient dans des régions où avaient été établis des Alains à Orléans ou en Arcesais et des Parthes en Perthois ; A. Mardirossian, « Fortune et gloire. Les Parthes arsacides de l'armée de Gaule à la fin de l'empire », in *Iran et Occident, hommage à Kasra Vafadari, Droit et Cultures*, 52, 2006, p. 47 ; J-P. Poly, « Le vent des deux mondes. Enquête sur les princes iraniens de la Gaule romaine », *ibidem* p. 27.

désarticulation croissante d'une armature politique vétuste, le problème de la violence, c'est-à-dire de la paix, de la justice, de la loi, de l'*ordo*. Ceux qui redoutaient les effets d'un fléchissement du pouvoir royal chaque jour plus visible s'agrippèrent à ce lieu commun »[115].

Le succès médiéval du schéma des trois ordres atteste qu'il était autre chose qu'une création du discours des lettrés : la reprise d'un motif ancien rappelé par les clercs à la nouvelle aristocratie cavalière. Il confortait une division sociale qui jouait au profit de l'Église et la constituait comme protectrice du troisième ordre face aux violences du deuxième. Elle devint ensuite la justification des privilèges des deux ordres, puis leur défense contre le tiers, au moins sa *divitior etsi sanior pars*.

L'expression première de la théorie des trois fonctions chez les nomades de la steppe, dans une société tribale où le procès de production n'avait pas encore différencié les fonctions sociales, n'était pas la justification de l'inégalité mais, au contraire, un effort pour maintenir l'égalité entre les groupes d'une société déjà développée. Égalité d'autant plus forte que dans cette société les femmes pouvaient être chamanes ou guerrières, assumant ainsi des fonctions considérées ailleurs – et encore aujourd'hui – comme supérieures et donc masculines.

Mais les formes idéelles ne valent que par leurs incarnations : une fois transportés dans l'empire, les cavaliers scythiques devinrent une petite noblesse militaire et quand bien même ils continuaient à penser la société en trois ordres fonctionnels, la figure perdit son sens originel. Quand partout en Europe les sociétés passaient des clans aux classes, le schéma trifonctionnel, sans cesser de parler d'unité et de concorde, glissa de l'égalité à l'inégalité, et de l'unité à la division des classes.

« Dans la salle du Jeu de Paume, en 1789, trois bras se levèrent pour le serment. Ce n'étaient pas des bras de travailleurs. Et les députés du Tiers, ces hommes bien mis qui s'employaient alors à détruire 'la féodalité', n'étaient pas des laboureurs … Ils réclamaient la liberté et l'égalité *naturelles* ; mais ils les réclamaient pour eux, au sein de la classe dominante dont ils n'entendaient nullement que la domination fut abolie. Ainsi demeura béante la fracture primordiale, le fossé par-delà lequel on aperçoit, parquées, comme en surveillance, les 'classes laborieuses' ». Et il ajoutait, non sans une nostalgie ironique : « Je ne vois pas que ce fossé soit aujourd'hui tout à fait comblé. Ni qu'ait cessé de hanter les esprits la très vieille utopie, le mirage : une société que ne diviseraient plus des classes et qui ne cesserait pas pour autant d'être ordonnée »[116].

---

115 Duby, *op. cit.*, p. 570.

116 Duby, *op. cit.*, p. 825.

Bernadette Menu

Maât, ordre social et inégalités dans l'Égypte ancienne
De l'apport égyptien au concept gréco-romain de justice

Résumé : Le principe de *maât*, né à la fin du IVe millénaire dans la vallée du Nil, a non seulement nourri le droit égyptien mais a favorisé l'affinement du concept de justice dans sa dualité et a permis d'encadrer les inégalités structurelles dans l'antiquité pharaonique. La *maât*, enseignée par les prêtres qui étaient considérés comme des philosophes par les Grecs, a nécessairement influencé, par l'intermédiaire de ces derniers, les conceptions abouties de la justice et du droit chez Aristote, puis chez Cicéron, ce que l'article tend à démontrer.

Mots-clés : *Maât*, ordre cosmique, ordre social, justice générale, justice particulière, doctrine juridique, droit, inégalités.

Maât, Social Order and Inequality in Ancient Egypt
The Egyptian Contribution to the Greco-Roman Concept of Justice

Abstract: The principle of *maât*, born at the end of the fourth millennium in the Nile Valley, not only nourished Egyptian law but also refined the concept of justice in its duality and allowed the handling of structural inequalities in pharaonic antiquity. *Maât* was taught by priests, who were regarded as philosophers by the Greeks, through whom they necessarily influenced the polished concepts of justice and law in Aristotle and then Cicero; which is what the article aims to demonstrate.

Keywords: *Maât*, Cosmic Order, Social Order, General Justice, Particular Justice, Legal Doctrine, Law, Social Inequality.

Le magnifique thème retenu par Chantal Kourilsky-Augeven pour faire l'objet du présent volume appelle des réflexions d'ordre fondamental sur le droit et la justice. La tentation est forte de retourner aux sources de la pensée pour encadrer des notions qui relèvent à la fois de la philosophie et du droit.

Les grands philosophes grecs ont consacré d'importants développements à l'idée cardinale de justice, vertu première selon Aristote[1] qui en distingue deux aspects, la justice générale et la justice particulière, constat que les jurisconsultes romains de l'époque de Cicéron et Cicéron lui-même exprimeront pour la première fois sous la forme d'une définition du droit civil[2] dont nous pourrons retrouver les racines dans celle exprimée déjà par les juges égyptiens de l'Ancien Empire (voir *infra*, et notes 64 à 68). Notons dès maintenant, pour la suite des développements, les influences réciproques indéniables entre les courants stoïciens dont l'un est illustré à Rome par Cicéron (106-43) et un autre à Alexandrie par Cheremon (*ca.* 38-95), connaisseur du clergé égyptien dont il était proche, et qui, par l'entremise de Sénèque chargé de l'éducation du jeune Néron, devint le *grammaticos* de l'adolescent puis son conseiller après son accès à l'empire[3], ceci à titre d'exemple tardif illustrant les longs et complexes échanges intellectuels et philosophiques qui eurent lieu entre l'Égypte ancienne et l'Antiquité gréco-romaine et qui, s'ils ont abouti à une idéalisation de l'Égypte chez les philosophes grecs et particulièrement hellénistiques, n'en ont pas moins au départ constitué une réalité très difficile, il est vrai, à cerner et à évaluer.

1 *Éthique à Nicomaque*, V, 1, 15.

2 Voir les développements lumineux de Michel Villey dans *Le droit et les droits de l'homme*, Paris, PUF, 1982, p. 55-68, et *infra*.

3 Sur Cheremon, personnage dont on décèle l'influence, entre autres sur Plutarque, on lira l'étude savante, très fine et approfondie de Sydney H. Aufrère, « Sous le vêtement de lin du prêtre isiaque, le "philosophe" : le "mythe" égyptien comme sagesse barbare chez Plutarque », dans : S. H. Aufrère (éd.) et dir., avec F. Möri (concepteur), *Les sagesses barbares*…, Lausanne, La Baconnière, à paraître ; du même auteur : «Lost Profiles of "Hierogrammats" of the Greco-Roman Epoch: Manetho and Chairemon» in Zlatko Pleše, Rainer Hirsch-Luipold (ed.), *Alexandrian Personnae : Scholarly Culture and Religious Traditions in Ancient Alexandria (1rst ct. BCE-4th ct. CE)*, Tübingen, Mohr Siebeck, à paraître. Porphyre de Tyr (234-*ca.* 305) confirme au sujet de Cheremon la tradition selon laquelle les prêtres égyptiens étaient considérés comme des philosophes : « Le stoïcien Cheremon, dans son exposé sur les prêtres d'Égypte, que les Égyptiens, dit-il, considèrent aussi comme des philosophes, explique qu'ils ont choisi les temples comme lieu approprié à la philosophie. En effet, séjourner auprès des images qui s'y trouvent est étroitement lié à un entier désir de contemplation et cela assure leur sécurité… Ayant donc rejeté toute autre préoccupation et toutes tâches humaines, les prêtres ont consacré leur vie tout entière à la contemplation et à la vision des choses divines… » (Porphyre de Tyr, *De l'abstinence*, 3, 6- 8).

Dans un certain nombre de mes publications depuis 1991[4] j'ai pu mettre en relief, en m'appuyant sur des évidences archéologiques, iconographiques et textuelles, l'aspect duel de la *maât*, et ceci dès les origines, c'est-à-dire lors de la mise en place des structures étatiques par Nârmer, le premier roi de la première dynastie[5].

Ces différentes études développent des traits spécifiques de la *maât* ou des problématiques s'y rapportant et sont indissociables de mon livre de synthèse[6] dans l'introduction duquel j'écrivais : « Par l'intermédiaire de Platon qui, on le sait, a séjourné longuement en Égypte <voir *infra*>, la *maât* idéologique, cosmique, dans ses expressions politiques, et la *maât* sociale, humaine, dans sa traduction particulièrement judiciaire, ont probablement inspiré Aristote et sa lumineuse distinction de l'*Éthique à Nicomaque*, entre justice universelle, générale, et justice individuelle, particulière. Les anciens Égyptiens avaient déjà fait la différence entre, d'une part, une justice générale, cosmique, du ressort de la morale et d'une conduite subjective conforme à l'Ordre garanti par le roi et, d'autre part, une justice particulière, à la fois individuelle et sociale, du ressort du droit et du juge, pour l'objectivité d'un partage équitable des biens »[7]. À l'issue de cette étude je pouvais conclure : « Me démarquant d'une vision « compacte » de la *maât*[8], j'ai tenté de démontrer combien les anciens Égyptiens ont eu au contraire conscience de sa dualité et ont pris soin de distinguer les aspects de sa double nature <céleste et terrestre>, dans des rites, dans des textes, dans une iconographie qui sont à chaque fois appropriés. L'hypothèse selon laquelle Aristote (précepteur d'Alexandre le Grand qui fut un grand admirateur de la civilisation pharaonique) reçut probablement, par l'intermédiaire des philosophes grecs qui le précédèrent, l'héritage de la pensée politique et sacerdotale de l'Égypte antique dont les temples lagides et la ville

---

4 Principalement : Bernadette Menu, « Maât fille de Rê », *DBAT* 12, Heidelberg, 1991, p. 55-60 (= *Recherches sur l'histoire juridique, économique et sociale de l'ancienne Égypte* II, Le Caire, IFAO, 1998, p. 225-229) ; ead., « Le tombeau de Pétosiris (2). Maât, Thot et le droit », *BIFAO* 95, 1995, p. 281-295 ; ead. « Introduction à l'analyse du régime pharaonique : Maât, la Référence », *Droit et Cultures* 42, 2001, p. 127-145 (= *Égypte pharaonique. Nouvelles recherches sur l'histoire juridique, économique et sociale de l'ancienne Égypte*, Paris, L'Harmatttan, 2004, p. 85-99). Voir aussi la n. 10, *infra*.

5 Au sens où l'entend Manéthon dans son découpage historique et chronologique de la succession des rois de l'Égypte ancienne. Notons que Manéthon désigne Nârmer (lecture que je défendrai prochainement contre de récentes propositions) par son épithète Ménès, forme grécisée de Mény, « le Fondateur », épithète d'ailleurs partagée par Nârmer avec son successeur immédiat Âha qui paracheva son œuvre constituante (voir : Bernadette Menu, *Recherches sur l'histoire juridique, économique et sociale de l'ancienne Égypte* II, Le Caire, IFAO, 1998, p. 65-98 ; *Égypte pharaonique. Nouvelles recherches sur l'histoire juridique, économique et sociale de l'ancienne Égypte*, Paris, L'Harmattan, 2004, p. 17-99 ; « La mise en place des structures étatiques dans l'Égypte du IVe millénaire », *BIFAO* 103, 2003, p. 307-326 ; *Maât, l'ordre juste du monde* (*op. cit.* ci-dessous, p. 7-20).

6 B. Menu, *Maât, l'ordre juste du monde,* Paris, Michalon (coll. Le Bien commun), 2005, réimpr. 2010.

7 *Ibidem*, p. 12.

8 Vision soutenue par Jan Assmann, *Maât, l'Égypte pharaonique et l'idée de justice sociale*, Paris, Julliard, 1989.

d'Alexandrie furent plus tard des conservatoires et des relais, acquiert ainsi un caractère entièrement plausible. Elle nous autorise à faire reculer <de plus> de deux millénaires la naissance d'un concept universaliste fondé sur un important distinguo et promis, au cours de notre propre histoire, à de nombreux commentaires savants »[9].

Quelques années plus tard, après de nouvelles investigations et réflexions sur la *maât*[10], ce rapprochement considéré alors comme audacieux par certains lecteurs, me semble aujourd'hui quasi inéluctable ne serait-ce que pour tenter de mesurer les apports égyptiens à la pensée gréco-romaine en matière de droit et de justice.

Retour sur Maât/*maât*, principe et concept

Comme en Mésopotamie[11], l'ordre cosmique du monde, constat résultant de l'observation du ciel, de la configuration des constellations et du mouvement des astres, est étroitement lié à la conception de l'ordre social. Il lui sert même, en quelque sorte, de paradigme.

Maât, fille de Rê le Soleil créateur, préside à l'ordre social consubstantiellement tributaire de l'ordonnancement du cosmos. Sa présence parmi les hommes est une garantie à la fois de l'équilibre cosmique résultant du bon fonctionnement de l'univers céleste et de l'harmonie sociale. Que de graves troubles politiques et sociaux surviennent, entraînant des bouleversements radicaux dans l'organisation du pays, et le mouvement des astres pourrait être perturbé, mettant gravement en péril la survie de l'humanité[12]. Maât retournerait alors auprès de son père Rê en attendant que les hommes restaurent la *maât* sur terre[13]. Nous utilisons à dessein la

---

9 B. Menu, *Maât, l'ordre juste du monde*, 2005, p. 107-108.

10 Principalement : B. Menu, « La notion de *maât* dans l'idéologie pharaonique et dans le droit égyptien », in Barbara Anagnostou-Canas (éd.), *Dire le droit : normes, juges, jurisconsultes*, Paris, Éd. Panthéon-Assas, 2006, p. 33-44 ; ead., « *Ne pas procéder.* Règles éthiques et mesures dissuasives dans l'Égypte pharaonique » in Jacqueline Hoareau-Dodineau *et al. Procéder. Pas d'action, pas de droit ou pas de droit, pas d'action ?*, Limoges, Pulim, 2006, p. 11-22 ; ead., « Maât et le pharaon », in J. Hoareau-Dodineau *et al.* (éd.), *Le prince et la norme. Ce que légiférer veut dire*, Limoges, Pulim, 2007, p. 11-24 ; ead., « Maât au cœur des Justices de l'Invisible : l'état de maâty » in Raymond Verdier *et al.*, *Les Justices de l'Invisible*, Paris, L'Harmattan, 2013, p. 182-196.

11 Cf. le remarquable article de Jean-Jacques Glassner, « Droit et divination : deux manières de rendre la justice. À propos de *DĪNUM, UṢURTUM* et *AWARTUM* », in J. Ellis (dir), *Nippur at the Centenial* (actes de la 35e Rencontre assyriologique internationale, Philadelphie, 1988), Philadelphie, 1992, p. 55-86.

12 Voir par exemple la Prophétie de Néferty : Gustave Lefebvre, *Romans et contes égyptiens de l'époque pharaonique*, Paris, 1976, p. 91-105 ; Georges Posener, *Littérature et politique dans l'Égypte de la XIIe dynastie*, Paris, 1969, p. 145-157 et p. 21-60.

13 Voir *infra* les *Lamentations d'Ipouour* pour une description apocalyptique de l'Égypte lorsque le roi est devenu sourd à la *maât*.

désignation Maât pour évoquer l'entité divine[14], c'est-à-dire le concept divinisé d'ordre cosmique source d'ordre social et de prospérité que le roi a pour mission de maintenir sur terre, et le terme *maât* pour recouvrir la notion de justice/droit, à la fois justice générale et justice particulière (la justice générale englobant la justice particulière tout en en étant distincte) dont se prévalent à la fois les dirigeants du pays dans leurs autobiographies conformément aux préceptes des Sages auteurs d'*Enseignements* (voir *infra*) et les particuliers notamment dans leur déclaration d'innocence lorsqu'ils comparaissent à leur mort devant leurs juges divins.

Rappelons que le chapitre 125 du *Livre des Morts*[15] récité par le défunt devant le tribunal des dieux définit « en creux » le contenu de la *maât* que doit respecter tout un chacun.

> « [Le chapitre 125] contient deux longues listes de péchés[16] que l'on affirme ne pas avoir commis. L'une est adressée au grand dieu présidant le tribunal, l'autre aux quarante-deux assesseurs. [...]. Le principe de composition est le suivant : un thème spécifié dans une liste par plusieurs péchés sera mentionné seulement de façon sommaire dans l'autre liste, et vice versa. On obtient ainsi deux listes dont chacune recouvre tout le champ du mal, sans qu'il y ait pourtant trop de répétitions »[17].

Sous réserve que je récuse vigoureusement le terme de « péché »[18] j'accepte *a priori* cette reconstitution du texte et l'interprétation qu'en donne Assmann, c'est-à-dire qu'une première liste énumère les manquements d'ordre religieux tandis que la seconde « met l'accent sur les règles traditionnelles et générales de la solidarité d'action et de communication »[19]. Cette distinction, toutefois, est loin d'être rigoureuse. On trouve par exemple dans la première liste l'assertion : « Je n'ai pas dépouillé l'orphelin »[20] qui se

14 À laquelle un culte était rendu (cf. B. Menu, « Maât, fille de Rê », cité *supra*). Notons une remarque importante pour notre réflexion : Maât n'eut ni aventures mythologiques, ni animaux sacrés.

15 Le titre égyptien du recueil est plus exactement, dans une traduction littérale : « Livre pour sortir le jour ». Sur le chapitre 125 : Charles Maystre, *Les déclarations d'innocence*, Le Caire, IFAO, 1937.

16 Voir la note 18 ci-dessous.

17 Assmann, *op. cit.*, p. 77.

18 « En niant avoir accompli des actes répréhensibles ou proféré de mauvaises paroles, le défunt se place aux antipodes du pénitent chrétien qui, dans sa confession, avoue ses péchés pour être pardonné. Non seulement l'Égyptien déclare son innocence sans aucune restriction mais, par la puissance convaincante de son verbe, il 'se sépare de ses fautes' selon les termes mêmes de l'intitulé du chap. 125 » (B. Menu, *Maât*, *op. cit.*, p. 90).

19 Assmann, *op. cit.*, p. 80.

20 Voir par exemple un cas de procès suite à une prétendue captation d'héritage dans l'Ancien Empire (P. Berlin 9010) : Alexandra Philip-Stephan, *Dire le droit en Égypte pharaonique,* Bruxelles, 2008, p. 124-128 et doc. n°57, p. 261. Dans l'Ancien Empire l'assertion autobiographique suivant laquelle le magistrat défunt proclame qu'il n'a jamais jugé en privant le fils des biens de son père est probablement inhérente à certaines fonctions notamment judiciaires et ne semble pas encore devenue un « cliché » (voir *infra*, et n. 64 à 68). Une maxime de l'*Enseignement pour Mérikarê* reprend : « Ne prive pas un homme du bien (*i. e.* du patrimoine) de son père » (Pascal Vernus, *Sagesses de l'Égypte ancienne*, Paris, Imprimerie Nationale, 2001, p. 142). Voir plus loin mes développements sur les *Enseignements* : d'après

rattache à la seconde liste énumérant des manquements à la pratique de la *maât*, principalement l'absence de solidarité et le manque d'écoute selon Assmann[21], et qui sont en fait des situations relevant de la justice particulière (voir ci-dessous). *In fine* je pense que l'interprétation de J. Yoyotte[22] selon laquelle chacune des deux listes provient d'une tradition locale différente ne doit pas être abandonnée. Assmann rapproche à juste titre la déclaration d'innocence du défunt des rites initiatiques de purification des prêtres[23]. À la fin de la litanie le défunt proclame lui-même sa pureté. La justification du mort devant le tribunal de l'au-delà débouche sur un satisfecit du dieu Horus qui, conformément au constat de Thot jouant le rôle de greffier, plaide sa rectitude devant Osiris, le président du tribunal : « Son cœur est juste, étant passé sur la balance. Il n'y a aucun crime de sa part, ni contre aucun dieu, ni contre aucune déesse. Thot a mis le jugement par écrit. Ce qu'a dit l'Ennéade[24] à son sujet : 'Juste et exact, grandement ! Qu'on lui donne du pain et de la bière qui sont passés devant Osiris !' »[25].

La plupart des règles édictées en négatif dans la déclaration d'innocence ressortissent en fait à la justice générale. Chacune des deux listes est introduite par une formule globale se référant à l'*isfet* (qui est le contraire exact de la *maât*)[26] : « Je n'ai pas fait l'*isfet*/Je n'ai pas fait *l'isfet* contre les hommes ». Cette déclaration initiale est suivie d'applications spécifiques de la justice générale (à rapprocher de la morale, du droit naturel) : ne pas avoir tué, ne pas avoir volé, ne pas avoir blasphémé, ne pas avoir commis de sacrilèges, ne pas avoir spolié les dieux, ne pas avoir calomnié, ne pas avoir blessé ni affligé, ne pas avoir nui… Certaines prescriptions toutefois évoquent aussi des liens juridiques d'ordre particulier : ne pas avoir utilisé le travail d'autrui à son profit personnel[27], ne pas avoir appauvri le pauvre, ne pas avoir retranché au boisseau, ne pas avoir diminué l'aroure[28], ne pas avoir triché sur le peson de la balance ni sur les poids[29].

---

moi ceux-ci constituent une source importante du droit qui correspond à ce que nous appelons actuellement « la doctrine ».

21 Assmann, *op. cit.*, p. 80.

22 Jean Yoyotte, dans *Le jugement des morts*, Sources orientales IV, Paris, 1961, p. 15-80.

23 Assmann, *op. cit.*, p. 81-84.

24 Les neuf dieux primordiaux.

25 C'est-à-dire : qu'il soit admis auprès des dieux et qu'il reçoive une part des offrandes divines quotidiennes qui leur sont destinées.

26 Voir, par exemple, B. Menu, *Maât. L'ordre juste du monde*, *op. cit.* à la n. 6.

27 Par exemple demander des services gratuits à un relevant du temple ou d'une fonction ou bien détourner une équipe pour des travaux. Le papyrus Turin 1882, verso, en est un bel exemple : Marcella Trapani, « Un cas d'abus de pouvoir dans l'administration rurale », in Bernadette Menu (éd.), *La dépendance rurale dans l'Antiquité égyptienne et proche-orientale*, Le Caire, IFAO, 2004, p. 211-225.

28 Allusion probable au délit de déplacement des bornes d'un champ ; celui qui s'est rendu coupable de ce méfait peut être promis à la vengeance de Sekhmet (s'agirait-il d'un crime passible de la peine de mort avec une exécution sacrificielle ?). L'aroure est une mesure de superficie des terres équivalant à environ

La *maât* est une véritable philosophie du « vivre ensemble » – non pas « compact » mais résultant à la fois d'une justice universelle inspirant le politico-religieux et d'une justice particulière régissant les rapports socio-juridiques et économiques – qui a totalement imprégné les structures et le fonctionnement de l'État pharaonique et jusqu'aux règles gouvernant la société tout entière. Tentons d'abord un rapprochement généalogique mettant en lumière une filiation très vraisemblable, en tout cas une parenté évidente, entre le concept duel de la justice exposé par Aristote et les aspects principaux de la notion de *maât*. Dans le foisonnement des textes de toute nature que nous a légués l'Égypte ancienne nous choisirons ensuite deux exemples qui, au moyen de rhétoriques différentes, dessinent les contours de la *maât* : l'*Enseignement de Ptahhotep*[30] et les *Lamentations d'Ipouour*[31]. Nous essaierons, en conclusion, d'en tirer quelques leçons sur la question des égalités/inégalités dans le droit, en nous interrogeant en particulier sur le statut des travailleurs et sur celui des femmes, beaucoup plus favorables en Égypte où la *maât* est omniprésente que dans d'autres sociétés de l'Antiquité.

L'Égypte et les penseurs grecs

Dès les origines du régime pharaonique la philosophie – ou, d'une manière plus générale, la réflexion sur le monde – est étroitement liée en Égypte à l'astronomie, à la géométrie et au droit. Hordjedef, fils de Khéops, et Chepseskaf, petit-fils de Khéphren (et donc arrière-petit-fils de Khéops, première moitié du IIIe millénaire) sont des figures emblématiques. Hordjedef

---

2756 mètres carrés. Sur les « stèles de donation » qui sont en fait des bornes délimitant les champs, on verra : Dimitri Meeks, « Les donations aux temples dans l'Égypte du Ier millénaire avant J.-C. » in Edward Lipiński (éd.), *State and Temple Economy in the Ancient Near East*, vol. 2, Orientalia Lovaniensia Analecta 6, Louvain, 1979, p. 605-687 ; Bernadette Menu, *Recherches sur l'histoire juridique, économique et sociale de l'ancienne Égypte* II, Le Caire, IFAO, 1998, p. 121-154 et p. 205-207 ; ead., *Égypte pharaonique. Nouvelles recherches sur l'histoire juridique, économique et sociale de l'ancienne Égypte*, Paris, L'Harmattan, 2004, p. 299-319.

29 Fausser la balance et tricher sur les poids constitue une faute très grave – stigmatisée aussi dans les *Enseignements* – dans une société où la distribution des salaires et la perception des taxes et impôts sont effectués en mesures de céréales et où les céréales principalement servent de monnaie dans les échanges ; les étoffes qui étaient pour certaines utilisées aussi comme monnaie étaient également pesées, à l'instar des métaux, précieux ou non : voir, par exemple, B. Menu, « La monnaie des Égyptiens de l'époque pharaonique », in Alain Testart (dir.), *Aux origines de la monnaie*, Paris, Errance, 2001, p. 73-108.

30 Traductions et commentaires récents : Pascal Vernus, *Sagesses de l'Égypte pharaonique*, Paris, Imprimerie Nationale, 2001, p. 63-134 ; Bernard Mathieu, L'*Enseignement de Ptahhotep* in Pierrette Crouzet-Daurat (dir.), *Visions d'Égypte. Emile Prisse d'Avennes (1807-1879)*, Paris, Bibliothèque Nationale de France, 2011, p. 62-95.

31 *Papyrus Leiden* I 344, recto (au verso figure un hymne à Amon datable de la XVIIIe dynastie). Alan H. Gardiner en est le premier éditeur : *The Admonitions of an Egyptian Sage*, Leipzig, 1909. Sa traduction est incomplète. Voir *infra* la n. 85.

est un sage et savant dont la mémoire s'est transmise à travers les millénaires au même titre que celle d'Imhotep, personnalité exemplaire et génial architecte de la pyramide à degrés de Djoser (début du IIIe millénaire). Hordjedef aurait écrit le premier *Enseignement* connu. Or les « enseignements » ne sont pas à mon avis des textes littéraires mais les transcriptions sur un support à lire (papyrus le plus souvent) de ce que nous appelons à l'heure actuelle « la doctrine », une des sources du droit[32]. Quant à Chepseskaf, il fut un réformateur et probablement le premier compilateur[33] des *Textes des Pyramides*, corpus d'écrits fondateurs d'où émergent les trois dogmes sur lesquels repose le régime politique de l'Égypte ancienne :

1° Le principe pharaonique.

2° Le principe de la *maât*.

3° L'immortalité de la personne humaine qui permet aux deux premiers de fonctionner dans la durée pérenne[34].

Selon la tradition, de nombreux poètes et philosophes grecs se rendirent en Égypte pour y être instruits[35]. Les témoignages de ce phénomène sont innombrables et furent transmis de génération en génération pendant de nombreux siècles, rendant d'ailleurs souvent difficile une information certaine et précise. Toutefois les recoupements que l'on peut effectuer entre les différentes *Vies* de personnages illustres de la Grèce, rédigées au cours de l'Antiquité, permettent d'affirmer que, dès le VIIe siècle av. J.-C., ce

---

32 Les *Enseignements* ont pour but de conseiller les futurs dirigeants du pays dans leur pratique de la *maât*. Du fait de l'autorité de leurs auteurs ils constituent pour moi la doctrine juridique, dont la définition actuelle est « l'ensemble des opinions émises par les théoriciens du droit dans leurs ouvrages depuis Rome jusqu'à nos jours ». Elle est considérée par les juristes comme une source secondaire mais très importante du droit, énoncée actuellement par d'éminents enseignants des Facultés de Droit mais ne faisant plus partie aujourd'hui du droit positif. La forme poétique (vers, stances, strophes) que revêtent les « enseignements » sert avant tout à mémoriser le contenu des développements dispensés par les prêtres-philosophes et les théoriciens de l'entourage royal (voir *infra*). Les temples, comme nous le savons et comme nous l'apprennent également les sources grecques (voir *infra*) étaient aussi des centres de réflexion juridique et des conservatoires du droit (B. Menu, « Le tombeau de Pétosiris (2). Maât, Thot et le droit », *BIFAO* 95, 1995, p. 281-295).

33 B. Menu, « Chepseskaf, pharaon intermédiaire ? », *Égypte, Afrique & Orient* 15, 1999, p. 51-56 (= *Égypte pharaonique. Nouvelles recherches…*, Paris, 2004, p. 127-134).

34 Voir : B. Menu, « Maât et le pharaon », *op. cit. supra*, n. 10 *in fine*.

35 La littérature est pléthorique. Voir, par exemple : Erik Hornung, Gilles Roulin, « L'Égypte, la philosophie avant les Grecs » et Luc Brisson, « L'Égypte de Platon », *Les Études philosophiques* 2-3, 1987, respectivement p. 113-125 et p. 153-168 ; Bernard Mathieu, « Le voyage de Platon en Égypte », *Annales du Service des Antiquités de l'Égypte* LXXI, 1987, p. 153-167 ; Luc Brisson, « Platon, Pythagore et les Platoniciens » in M. Dixsant, A. Brancacci (dir.), *Platon, source des présocratiques. Exploration*, Bibliothèque d'Histoire de la Philosophie, Paris, Vrin, 2003, p. 21-66 ; Joachim Friedrich Quack, « Le scribe et le processus de traduction du corpus égyptien » in Charles Méla, Frédéric Möri (éd.), en collaboration avec Sydney H. Aufrère, Gilles Dorival, Alain Le Bolluec, *Alexandrie la Divine*, Genève, La Baconnière, 2014, p. 87-91 ; voir : Christian Froidefond, *Le mirage égyptien dans la littérature grecque d'Homère à Aristote*, Aix-en-Provence, Ophrys, 1971, etc. Dernièrement : Sydney H. Aufrère, « Sous le vêtement de lin du prêtre isiaque, le "philosophe" : le "mythe" égyptien comme sagesse barbare chez Plutarque », sous presse, article substantiel doté d'une copieuse bibliographie, cité ci-dessus à la n. 3.

passage quasi obligé dans le parcours spirituel et intellectuel des penseurs grecs revêtait une réelle importance, qu'il s'agisse de véritable admiration ou de simple curiosité.

À la fin du IVe siècle av. J.-C., sous le règne du souverain lagide Ptolémée Ier, fut dressé au Sérapéum de Memphis[36] l'hémicycle des philosophes et des poètes grecs. Cette œuvre monumentale de facture hellénistique, érigée sur un site marqué par les mythes originels les plus anciens de l'Égypte, peut être interprétée comme un hommage rendu par les Grecs à l'héritage égyptien immémorial reçu par leurs plus grands penseurs. Les statues, mutilées et délabrées par le temps[37], ne permettent pas d'identifier tous les personnages (une dizaine à l'origine) mais l'on peut reconnaître sans ambigüité parmi eux Homère, Pindare et Platon.

Une tradition solide transmise par Hérodote[38] puis Diodore de Sicile[39] attribue à Solon (*ca.* 640-*ca.* 558), archonte et législateur d'Athènes, un des Sept sages de la Grèce antique[40], l'étude des lois en Égypte tant à la cour royale (d'où il aurait ramené en Grèce la pratique de la déclaration de revenus[41] pour la levée périodique de l'impôt ainsi que la remise de dettes au soldat qui part au combat) qu'auprès des prêtres de Saïs, patrie de la déesse Neith considérée par les Grecs comme l'ancêtre d'Athéna.

Platon rapporte dans le *Timée* (22 a-b) un dialogue entre Solon et un des prêtres très âgés de Saïs qui lui fait l'apologie de la transmission orale du savoir et ironise sur « l'enfance » des Grecs : « Jeunes, vous l'êtes tous par l'âme, car vous n'avez en elle aucune vieille opinion transmise depuis l'Antiquité de bouche à oreille ni aucun savoir blanchi par le temps » (*Timée*, 22b). Dans *Phèdre* également (274c-275b) Platon évoque cette idée égyptienne de la supériorité de la tradition orale : quoi qu'il en soit de l'ironie possible d'une telle remarque, le dieu Amon réplique au dieu Thot qui lui présente son invention, l'écriture, que cet art entraînera l'oubli chez ceux qui le pratiqueront parce qu'ils auront cessé d'exercer leur mémoire. L'immense savoir des prêtres égyptiens était enseigné pour la plus grande part

---

36 Découverte effectuée par Auguste Mariette en 1851 sur le site du Sérapéum dont il conduisait les fouilles.

37 Les photographies inédites de Devéria, contemporain de Mariette, ont permis toutefois de conserver une image moins dégradée de ces statues : Clémentine Durand, « Les photographies des statues grecques du Sérapéum de Memphis par Théodule Devéria » in Raphaële Bertho, Jean-Pierre Garric, François Queyrel (dir.), *Patrimoine photographié, patrimoine photographique* (« Actes de colloque »), article mis en ligne le 26 février 2013 (http ://inha.revues.org/3982).

38 Hérodote, *L'Enquête*, I, 29-32 ; 86 ; II, 177 (trad. d'Andrée Barguet, Paris, Gallimard-Folio, 1985).

39 Diodore de Sicile, *Bibliothèque historique*, I, 69, 4 ; 77, 5 ; 79, 4 ; 96, 2 ; 98, 1.

40 La liste des Sept sages a évolué tant du point de vue des personnalités retenues que de leur nombre. En dernier lieu sur les Sept sages : A. Schwab, « Les sept sages grecs et les "barbares" », in Charles Méla, Frédéric Möri *et al.*, *Alexandrie la Divine*, *op. cit. supra* à la n. 35, p. 124-129. La liste établie par Platon dans le *Protagoras* comporte : Thalès, Pittacos, Bias, Solon, Cléobule, Chilon, Myson de Chénée.

41 Cette loi attribuée à Amasis par Hérodote lui est antérieure.

oralement dans les temples, l'écrit venant à l'appui comme un aide-mémoire. Platon, rapportant les propos des prêtres égyptiens, attribue aux meilleures conditions géographiques de l'Égypte (absence de catastrophes dues à l'eau et au feu qui sont à l'origine des mythes du Déluge et de Phaéton) sa mémoire plusieurs fois millénaire de l'histoire[42].

Thalès de Milet (*ca.* 624-*ca.* 547) et Pythagore (*ca.* 580-*ca.* 495) – qui entrera dans une liste des Sept sages de la Grèce antique, élargie au IIIe s. av. J.-C. – se rendirent en Égypte où ils apprirent la géométrie. Anaximandre, élève de Thalès, se fit probablement l'écho dans son enseignement des connaissances apprises par son maître auprès des prêtres égyptiens. Phéricyde de Syros, oncle maternel de Pythagore, lui aussi un des Sept sages d'une liste plus tardive, aurait appris la théologie en Égypte. Selon Diogène Laërce, biographe des philosophes illustres, Phéricyde de Syros (né *ca.* 600 av. J.-C.) aurait été le premier penseur grec à écrire sur l'origine et la nature des dieux. « D'après Flavius Josèphe, Phéricyde, Pythagore et Thalès n'auraient commencé à écrire sur les choses célestes et divines qu'après avoir étudié avec les Égyptiens et les Chaldéens »[43].

Démocrite d'Abdère (*ca.* 460-*ca.* 370) fut un grand admirateur de Pythagore et un des premiers encyclopédistes. Il apprit la géométrie pendant cinq ans auprès des Égyptiens, d'après Clément d'Alexandrie[44] qui ajoute : « On rapporte que Pythagore fut l'élève de Sonchis, grand prophète égyptien, Platon, de Sechnouphis l'Héliopolitain et Eudoxe de Cnide, de Chonouphis, lui aussi égyptien »[45].

D'après Cicéron (*Tusculanes* V, 3, 8) évoquant une anecdote rapportée par Héraclide du Pont, Pythagore fut le premier penseur grec à s'être qualifié lui-même de « philosophe ». Il aurait séjourné pendant plusieurs années en Égypte où il aurait appris la langue dans une école d'interprètes fondée par Psammétique Ier. D'après Hécatée d'Abdère, il s'y rendit dès 547 av. J.-C. et résida à Memphis, puis à Thèbes où il aurait été initié par les prêtres aux mystères osiriens. L'importance de Pythagore et de ses apports égyptiens dans la pensée grecque ne saurait être sous-estimée, ni son autorité ayant donné naissance à un courant de pensée[46], ni sa grande influence sur Platon, le maître d'Aristote. Soulignons qu'ayant séjourné en Égypte à l'époque de la Renaissance saïte, Pythagore a pu encore bénéficier

---

42 Sur ces passages du *Timée* et de *Phèdre* et leur commentaire, voir : Luc Brisson, *Lectures de Platon*, Paris, Vrin, 2000, p. 154-161.

43 A. Schwab, *op. cit.*, p.129.

44 *Stromates* I, XV, 69.

45 *Ibidem.*

46 Pythagore est le « premier maître universel » selon Hegel, *Leçons sur l'histoire de la philosophie*, t. 1, Paris, Vrin, 1971, p. 72-73. Dans son *Éloge de Busiris*, bien qu'il s'agisse là d'un exercice de rhétorique, Isocrate (*ca.* 436-*ca.* 338) affirme que Pythagore a rapporté d'Égypte le complément de la philosophie, étudiant avec soin les sacrifices et les consécrations dans les temples.

des anciens enseignements des prêtres et savants égyptiens, avant qu'une certaine mixité de cultures – ne signifiant pas pour autant compréhension mutuelle – ne brouille l'authentique message de la *maât*.

Le voyage en Égypte de Platon (*ca.* 427-*ca.* 348), mentionné par Diodore de Sicile[47], est sujet à controverse du fait, d'une part, du mythe moderne du « miracle grec », d'autre part des témoignages contradictoires recueillis et transmis par les auteurs classiques[48]. Dans un article très documenté et convaincant[49] Bernard Mathieu évoque et confronte les attestations dans les textes anciens du voyage de Platon en Égypte et conclut à un séjour au pays des pharaons d'une durée de trois ans environ vers 393[50] sur les treize ans qu'ont duré ses pérégrinations hors d'Athènes, suite à la condamnation de son maître Socrate en 399. Cet auteur s'appuie notamment sur les récits d'Hermodore de Syracuse, contemporain et disciple de Platon qui nous a laissé une biographie de son maître, reprise plus tard par Diogène Laërce[51], et sur les travaux de Cicéron qui avait séjourné à Athènes et avait pu disposer de sources sûres.

Les œuvres de Platon évoquent à plusieurs reprises le modèle égyptien, qu'il s'agisse de commenter les mœurs, de critiquer le caractère des Égyptiens ou de louer leur régime politique et de rapporter leurs lois[52]. Les villes égyptiennes évoquées dans l'œuvre de Platon sont Hermopolis (Parva), la ville du dieu savant Thot, Naucratis, ville portuaire très hellénisée située sur la bouche canopique du Nil, et Saïs, la capitale religieuse de la déesse Neith. Ces trois villes sont situées sur la route qui relie le port de Canope à Héliopolis, le but principal de Platon étant de séjourner à Héliopolis, patrie du dieu créateur Rê, centre intellectuel et spirituel de l'Égypte[53].

La liste des grands penseurs grecs ayant été instruits auprès des prêtres égyptiens, qu'il s'agisse de faits avérés ou de traditions véhiculées par

---

47 *Bibliothèque Historique* I, 96, 2-3 ; I, 98, 1.

48 Par exemple : Luc Brisson, « L'Égypte de Platon » in Ch. Méla, F. Möri *et al.*, *Alexandrie la Divine*, *op. cit. supra* n. 35, p. 131-137 ; cet auteur note (p. 137) l'attitude ambiguë de Platon à l'égard de l'Égypte.

49 Bernard Mathieu, « Le voyage de Platon en Égypte », *Annales du Service des Antiquités de l'Égypte* LXXI, 1987, p. 153-167.

50 L'épitomé de la *Géographie* de Strabon lui permet en effet d'avancer cette durée. Quant à la date du voyage, Platon affirme dans la *Politique* qu'« en Égypte un roi ne peut commander sans dignité sacerdotale et, par conséquent, s'il arrive qu'il se soit élevé par la force en venant d'une autre caste, il sera finalement obligé de se rallier à cette dernière ». D'après Bernard Mathieu ce constat fait probablement référence à la prise de pouvoir du pharaon Achoris qui n'était pas l'héritier de Néphéritès. Si Platon a été le témoin de cet événement il aurait été en Égypte vers 393 (*op. cit.*, p. 156-157).

51 Diogène Laërce, *Vies, doctrines et sentences des hommes illustres*, III, 6.

52 D'après Diodore de Sicile, *Bibliothèque Historique* I, 98, 1, aux dires des prêtres égyptiens eux-mêmes, Platon, à l'instar de Lycurgue et Solon, s'était souvent inspiré de leur législation.

53 B. Mathieu, *op. cit.*, p. 158.

des phénomènes de mode, n'est pas close après cette brève évocation, mais venons-en maintenant à l'œuvre d'Aristote qui, semble-t-il, n'est pas allé en Égypte mais fut le disciple de Platon et a nécessairement recueilli à travers lui l'héritage de bien des sages grecs ayant bénéficié d'une initiation dans les temples égyptiens[54].

C'est en effet au Stagirite que l'on doit une analyse claire de la notion de justice sous ses deux principaux aspects, la justice universelle qui s'apparente à la morale, au droit naturel, et la justice particulière traduite par le « droit positif »[55], ce qui correspond parfaitement à l'aspect duel de la *maât*, à la fois ordre universel et justice-équité.

Si l'invention du droit civil s'est faite à Rome sous la République à l'époque de Cicéron[56], dans *De oratore* celui-ci se réfère à la culture grecque avec l'aide de la philosophie d'où découle la dialectique, « art de distinguer et définir les significations précises des termes généraux du langage »[57]. La finalité du droit est ainsi définie par Cicéron (après et avec ses amis les grands jurisconsultes romains, notamment les *veteres* Quintus Mucius Scaevola et Servus Sulpicius) : *Sit ergo in jure civili finis hic : legitimae atque usitatae in rebus causisque civium aequabilitatis conservatio* (« le service d'une juste proportion dans le partage des biens et les procès des citoyens »)[58].

Pour Aristote – dont l'influence décisive sur la construction de la science juridique romaine est indéniable[59] surtout à partir du Livre V de son *Éthique à Nicomaque* – la justice n'est pas seulement un idéal mais une réalité : *dikaiosuné* (justice) a donné *dikaion* (droit). Il y a deux acceptions de *dikaiosuné* : justice générale et justice particulière. La vertu de justice est au service de l'ordre, « valeur suprême pour les Grecs, coïncidant avec le beau, l'harmonieux… La justice ainsi entendue est presque synonyme de moralité ; elle ne sert pas à distinguer, désigner un type de comportement ». La justice particulière est une partie de la justice totale[60]. « Le droit (*to dikaion*) sera donc "l'objet de la justice", écrit Saint Thomas, excellent interprète d'Aristote… Le droit (*dikaion*) ne prend vraiment forme qu'à l'intérieur

54 « De Platon, Aristote a appris le souci des distinctions, des catégorisations, des hiérarchies » (Didier Pralon, « L'universalisme d'Aristote » dans : Ch. Méla, F. Möri, *et al.*, *op. cit.* à la n. 35, p. 154). Comment ne pas évoquer ici la figure du dieu Thot, possesseur de *maât*, maître du discernement, les écrits égyptiens plus ou moins contemporains d'Aristote ou beaucoup plus anciens, tels les *onomastica* ?

55 Si l'on peut se permettre de proposer cette catégorie actuelle du droit qui correspond à l'ensemble des règles applicables à un moment donné dans un espace juridique donné.

56 Michel Villey, *Le droit et les droits de l'homme*, Paris, PUF, 1983, p. 32-33.

57 M. Villey, *op. cit.*, p. 34. Comment ne pas reconnaître ici encore les compétences du dieu Thot, le dieu savant, maître du discernement ?

58 Cité par M. Villey, *op. cit.*, p. 34-35.

59 *Ibidem*, *passim*. De même pour la suite de l'analyse des raisonnements d'Aristote.

60 M. Villey, *op. cit.*, p. 42.

de la justice particulière »[61]. La justice particulière analysée par Aristote « a pour fin que nul ne prenne "plus" ou ne reçoive "moins" que sa part des "biens extérieurs" partagés dans un groupe. Or cet objectif ne peut être atteint sans que d'abord ne soit *mesurée*, déterminée, la proportion entre les biens ou obligations des uns et des autres »[62]. C'est là qu'intervient le rôle du juge. Le droit a trois attributs : un objet, une proportion, un milieu entre deux extrêmes : *méson*, le "juste milieu" qu'il revient au juriste de déterminer. C'est le juge, le *dikastès*, qui va mesurer aux particuliers leurs parts respectives[63]. Dès l'Ancien Empire (IIIe millénaire) les magistrats égyptiens affirment dans leurs autobiographies : « [...] J'ai fait le droit (la *maât*) pour son seigneur <le roi>... J'ai dit le droit, j'ai fait le droit, j'ai dit le bien, j'ai répété le bien... J'ai jugé deux plaideurs de sorte qu'ils fussent satisfaits, etc. »[64]. J. C. Eyre en conclut à juste titre[65] que le juge a pour fonction de mener les négociations entre les deux parties jusqu'à ce que le partage soit équitable et satisfaisant pour chacun des plaideurs. Citons *in extenso* un magnifique exemple datant de la fin du IIIe millénaire :

> J'ai accompli le droit (*maât*) dans ma conduite[66]. J'ai sondé (mon) cœur et j'ai imposé le contribuable selon sa richesse. J'ai fait ce qui était souhaitable pour chacun, connu et inconnu, sans distinction. Je suis l'aimé de son nome. Je ne suis jamais passé outre au besoin d'un requérant. Je suis la demeure agréable de sa parentèle, qui équipe sa maisonnée de sorte qu'elle ne manque de rien. Je suis un fils pour le vieillard, un père pour l'enfant, un protecteur du pauvre en tout lieu. J'ai nourri l'affamé et oint le hirsute. J'ai donné des vêtements à celui qui était nu. J'ai exorcisé le visage affligé et j'ai puni le puant. Je suis aussi celui qui ensevelit le défunt. J'ai jugé l'affaire litigieuse selon son droit (*maât*) et j'ai fait en sorte que les plaideurs s'en aillent satisfaits. J'ai répandu le bien à travers mon nome et j'ai fait ce que mon seigneur désirait[67].

Toutes ces affirmations ne sont pas seulement des « clichés »[68], au moins à cette époque, mais des assertions de conformité à l'ordre juste que le haut fonctionnaire est chargé de respecter et de faire respecter, proclamant ainsi qu'il mérite son statut d'*imakhou*, c'est-à-dire de défunt doté

61 *Ibidem*, p. 43.

62 *Ibidem*, p. 45.

63 *Ibidem*, p. 47-54.

64 Autobiographie de Chéchi, parmi de nombreux exemples : Alessandro Roccati, *La littérature historique sous l'Ancien Empire égyptien*, LAPO 11, Paris, Le Cerf, 1982, p. 144-145.

65 Christopher John Eyre, «Judgement to the Satisfaction of All» in *La fonction de juger. Égypte ancienne et Mésopotamie* (B. Menu, dir.), *Droit et Cultures* 47, 2004, p. 91-107.

66 Le haut magistrat pose l'affirmation générale de conformité de sa conduite à la *maât*, puis il développe et explicite cette assertion par rapport au contenu de la *maât* : justice, équité, bienveillance, charité, bienfaisance, en sont des applications particulières.

67 Graffito Hatnoub, [Anthes] n°12 (début Moyen Empire) : Miriam Lichtheim, *Maât in Egyptian Autobiographies and Related Studies* (OBO 120), Fribourg, 1992, p. 27-28.

68 Selon une opinion largement répandue dans la sphère égyptologique. Voir plus haut la n. 20.

par le roi d'un tombeau équipé et d'un service d'offrandes. Dans sa conformité à la *maât,* le haut fonctionnaire rend la justice équitablement ; il répartit les biens et les charges entre ses administrés en tenant compte de leurs besoins.

Il est très difficile d'imaginer que les philosophes grecs ayant séjourné auprès des prêtres égyptiens n'aient pas été instruits des « lois de Maât »[69].

Les deux aspects de la *maât* dans la doctrine égyptienne

Maât, divinité féminine, incarne l'ordre juste du monde, l'« harmonie cosmique » source de la justice universelle que le roi doit garantir à son peuple ; le concept de *maât* correspond à l'équité que génère la justice générale appliquée à la justice particulière qu'il revient aux représentants de l'autorité publique d'assurer au peuple tout entier.

La *maât* est un principe[70] de vie dont le roi est le garant au moyen à la fois de ses actes de gouvernement et de la stricte observance des rituels. Elle est un principe dynamique qui préside au bon déroulement et au renouvellement des cycles vitaux[71]. Si Maât est à la fois une déesse et un principe, c'est-à-dire une force, c'est à la force de vie qu'il faut l'identifier, force de vie qui ne peut s'épanouir que dans un monde – qu'il soit céleste ou terrestre – guidé par l'ordre que seule une organisation puissante comme la monarchie pharaonique peut faire advenir, conserver et développer mais

69 Les « lois de Maât », « œuvres de Maât », « travaux de Maât », « actes de Maât », etc., sont invoqués tout au long de l'histoire pharaonique mais ne font pas l'objet d'un recueil spécial. On les trouve décrits ou évoqués dans des contextes particuliers ou à portée générale, aussi bien dans les *Enseignements* que dans les hymnes, sur les parois des temples, dans les textes historiques, biographiques ou purement littéraires… mais aucun texte ne les énumère précisément dans une liste : la *maât* fait l'objet d'un enseignement oral permanent dans les temples, elle ne fait pas l'objet d'un « code ». L'*Enseignement* de Ptahhotep s'inscrit dans cette tradition en énumérant les actions conformes à la *maât* que doit accomplir tout haut fonctionnaire (voir *infra*). La « déclaration d'innocence » du défunt devant le tribunal divin la décrit par rapport à l'*isfet*, son antonyme exact (voir *supra*), de même que les *Lamentations d'Ipouour* dont nous donnerons plus loin un aperçu et qui sont d'après moi un traité de la *maât* à l'instar d'autres textes littéraires, tel le *Conte de l'Oasien* utilisé par Assmann dans son étude sur la *maât* (*op. cit. supra* à la n. 8).

70 Antonin Artaud a écrit de très belles pages intitulées : « La guerre des principes » dans *Héliogabale ou l'anarchiste couronné*, Paris, Gallimard, 1979, p. 49-67. Citons par exemple : « Platon parle de la nature des dieux, il les identifie à des principes, sans nous permettre pour cela d'y voir clair dans ces principes qui sont des forces et dans ces forces qui sont des dieux. On a posé à Jamblique <*ca.* 283-*ca.* 325> la question de savoir pourquoi le soleil et la lune qui sont des dieux sont visibles, puisque les dieux n'ont pas de corps. Et voici ce que Jamblique répond dans le *Livre des Mystères* (= *Les Mystères égyptiens*) : "Les dieux ne sont point contenus dans les corps, mais leurs vies et leurs actions divines les contiennent ; ils ne sont point tournés vers les corps, mais les corps qu'ils contiennent sont tournés vers la cause divine" » (*op. cit.*, p. 58).

71 Voir, outre mon livre *Maât. L'ordre juste du monde*, les développements que j'ai consacrés à la *maât* dans mes *Recherches*… II, Le Caire, IFAO, 1998, p. 225-229, dans *Égypte pharaonique. Nouvelles recherches*…, Paris, L'Harmattan, 2004, p. 91-99, et mes articles récents cités *supra* à la n. 10.

dans un souci permanent de la mesure. Maât est un principe qui se situe très au-dessus des autres principes. Elle est le principe d'ordre et de vie qui conditionne la stabilité du monde. Elle est la vie, d'ailleurs lorsqu'elle est représentée sous la forme d'une figure féminine, elle tient souvent dans la main le *ânkh* qui en est le symbole. La vie ne peut toutefois se perpétuer que grâce à des principes d'ordre que seul un pouvoir politique fort peut mettre en œuvre et maintenir : le pharaon est investi de cette charge écrasante. Là nous rejoignons le thème des *Lamentations d'Ipouour*: si le roi faillit à ce devoir essentiel, le désordre s'installe et la vie quitte le monde ; les jeunes gens perdent le goût de vivre et les femmes ne conçoivent plus :

> *Inimaginable*, les femmes sont stériles, on ne conçoit plus,
> Et Khnoum[72] ne façonne plus à cause de l'état du pays !
> [....]
> *Inimaginable*, la population a diminué, celui qui met son frère en terre est partout,
> Et quand parlent les sages, on fuit sans hésiter !
> [...]
> *Inimaginable*, grands et petits <de dire> : « Je voudrais mourir ! »
> Et les jeunes enfants de dire : « C'en est fini de la survie ! »[73]

L'offrande d'une statuette de Maât aux divinités majeures par le roi-prêtre déclenchera les cycles divins qui assurent et renouvellent la vie. Si le roi se dérobe à son rôle essentiel qui est d'assurer et de maintenir sur terre en faveur de son peuple le règne de la *maât* associée au discernement (*sia*) et au verbe créateur (*hou*), le démiurge qui a séparé le ciel de la terre sera ignorant des règles qui gouvernent les humains, avec les conséquences dramatiques ultimes que peut provoquer une telle situation :

> Le seigneur du Tout (le dieu créateur) a fait la séparation du ciel et de la terre,
> mais la crainte reste sur tous les visages quand il vient (?) !
> S'il agit ainsi, susceptible de nous attaquer,
> qui traitera la situation, quand tu (le roi) dédaignes de sauver ?
> Le Verbe (Hou), l'Intellect (Sia) et la *maât* sont avec toi,
> mais c'est le tumulte que tu as répandu à travers le pays,
> avec le bruit et les agitateurs ! [74].

Si le roi est responsable de la justice universelle, l'observance par tout un chacun des préceptes de la *maât* engendre « une dynamique des flux et des reflux de la bienfaisance »[75] dont l'*Enseignement* de Ptahhotep se fait l'écho.

J'ai en effet choisi comme exemples parmi les nombreux textes sapientiaux, didactiques, littéraires, politiques, autobiographiques, religieux

---

72 Le dieu-bélier qui créa les humains sur son tour de potier.

73 *Lamentations d'Ipouour*, traduction de Bernard Mathieu, voir la note 85 ci-dessous.

74 *Lamentations d'Ipouour*, traduction de Bernard Mathieu, voir la n. 85 ci-dessous.

75 B. Menu, *Maât. L'ordre juste du monde*, p. 50.

et funéraires que l'Égypte ancienne nous a légués, *l'Enseignement de Ptahhotep* (fin de l'Ancien Empire/début du Moyen Empire) et les *Lamentations d'Ipouour* (fin de la Deuxième période intermédiaire[76]) car ils présentent, le premier en positif, le second en négatif, l'image de la présence et du rôle de la *maât* parmi les hommes. Le premier décrit la *maât* particulière et le second, la *maât* générale conditionnée par l'ordre cosmique dont le roi est responsable. Le premier énonce des recommandations dans le but de conserver et transmettre les principes de la *maât* particulière. Le second évoque d'une manière dramatique les catastrophes consécutives au retrait de la *maât* universelle suite à l'incapacité de la maintenir sur terre dont le roi se rend coupable.

L'*Enseignement de Ptahhotep*[77] est le texte didactique complet le plus ancien qui nous soit parvenu[78]. Il fut rédigé avec la plus grande vraisemblance sous le roi Djedkarê-Isesi, le dernier souverain de la Ve dynastie[79]. Il a été copié et recopié tout au long de l'histoire pharaonique. Le papyrus principal (Papyrus Prisse) est excellemment conservé. Il nous a transmis une théorie de la *maât* à travers ses maximes. L'auteur est un « vizir » parvenu à un âge très avancé. Il s'adresse d'abord au roi pour lui demander que son fils lui succède dans ses fonctions puis il rédige à l'intention de celui-ci un vade-mecum destiné à faire de lui un haut fonctionnaire impeccable, responsable et soucieux de pratiquer la *maât*. Cette interprétation largement acceptée dans la communauté égyptologique me semble toutefois très au-dessous de la réalité.

Il n'est pas anodin de souligner que le roi autorise préalablement le Sage Ptahhotep (c'est-à-dire le maître) à instruire son fils (c'est-à-dire le disciple) : « Apprends-lui les paroles d'auparavant ! Alors il acquerra le comportement des enfants des hauts dignitaires »[80], ce qui signifie à mon avis qu'enseigner la *maât* et la transmettre à ceux qui en sont dignes est un privilège accordé aux meilleurs interprètes de la *maât* par le roi qui en est le garant. Il n'est sans doute pas exagéré d'affirmer que les « enseignements » de l'Égypte ancienne constituent la doctrine juridique du pays, doctrine

76 Période de troubles imputés à l'exercice du pouvoir pendant un peu plus d'un siècle par des princes étrangers d'origine syro-palestinienne, les Hyksos (XVIIe-XVIe s. av. J.-C.). Sur cet épisode : Claude Vadersleyen, *De la fin de l'Ancien Empire à la fin du Nouvel Empire* (L'Égypte et la vallée du Nil, t. II), Paris, PUF, 1995, p. 163-178.

77 Voir la n. 30 *supra*.

78 L'*Enseignement d'Hordjedef*, le fils philosophe du pharaon Khéops (IVe dynastie, milieu du IIIe millénaire) dont la réputation a traversé les siècles et même les millénaires, à l'instar de celle d'Imhotep, serait la plus ancienne des « Sagesses » égyptiennes (voir *supra*) mais son état est malheureusement très fragmentaire.

79 Bernard Mathieu, dans *Visions d'Égypte*, *op. cit.*, p. 62.

80 P. Vernus, *op. cit.*, p. 74.

élaborée pour une large postérité par les Sages enseignant la *maât* dans les temples et les écoles. Ces enseignements étaient dispensés oralement. L'écrit sert d'aide-mémoire, c'est d'ailleurs certainement la raison pour laquelle ils revêtent une forme poétique en vers, stances, strophes, permettant de mémoriser plus facilement le contenu[81] et de le commenter au cours des leçons qui comportaient certainement aussi de larges développements sur les institutions et sur le droit. « La première partie est formée de trente-six "maximes" qui sont autant d'"actualisations de la *maât*", comme le dit le texte lui-même : "Si tu écoutes les propos que je t'ai tenus, chacun de tes desseins sera porté en avant ; les actualisations de la *maât* qui s'y trouvent, c'est la richesse qu'ils <les propos> t'apportent" »[82].

Les « maximes » de Ptahhotep expriment le contenu de la *maât* ; elles sont en outre rythmées par des rappels à respecter, à maintenir la *maât*, à agir selon elle, à faire la *maât* selon sa conscience, à la faire pour le roi car elle est immémoriale, « imperturbable depuis le temps d'Osiris »[83], c'est-à-dire depuis la royauté mythique qui a donné naissance au régime pharaonique. La *maât* est aussi la garantie d'une survie dans la mémoire des hommes : « La fin venue, seule la *maât* perdure ».

Les maximes développent déjà clairement une théorie du « juste milieu », chère à Aristote, qui définit la justice particulière mais qui procède de la justice générale ; l'enseignement vise par conséquent aussi à développer un traité d'évitement du conflit dont j'ai souligné ailleurs les traits principaux[84].

Quant aux *Lamentations d'Ipouour*[85] elles illustrent parfaitement la dialectique : *maât*, justice générale et *maât*, justice particulière, sous l'égide de Maât, l'ordre juste du monde. Il s'agit en fait d'un discours sur la *maât* sous la forme raffinée d'un long poème se déroulant en stances regroupées en strophes qui se développent de manière dramatique. Le texte offre une description apocalyptique de l'Égypte privée de son principe fondateur et régulateur et donc livrée par là même à l'emprise du principe antinomique destructeur qui reçoit le nom générique d'*isfet*. Ainsi la *maât* est-elle définie à

---

81 D'où la réplique du vieux prêtre de Saïs à Solon, rapportée dans le *Timée* (voir *supra*).

82 B. Mathieu, *ibid.*, p. 63.

83 *Ibid.*, p. 69.

84 Respect de la *maât*, évitement de la querelle, respect des principes éthiques, des règles de l'étiquette, maîtrise de soi, pratique de l'écoute et de l'équité : B. Menu, « Aspects de la fonction de juger », *La fonction de juger. Égypte ancienne et Mésopotamie* (*Droit et Cultures* 47), 2004, p. 130-133 ; ead., « *Ne pas procéder.* Règles éthiques et mesures dissuasives dans l'Égypte pharaonique », in Jacqueline Hoareau-Dodineau *et al.* (éd.), *Procéder. Pas d'action pas de droit ou pas de droit, pas d'action ?*, Limoges, Pulim, 2006, p. 11-22.

85 Bernard Mathieu m'a autorisée à utiliser sa traduction encore inédite, première traduction complète du texte, et je l'en remercie très sincèrement. Celle-ci doit figurer dans *Littérature de l'Égypte ancienne* IV (à paraître, Khéops, Paris).

la fois par son contenu et par son antonyme exact[86]. Elle est évoquée sous ses deux aspects : le principe éternel d'ordre cosmique et social dont le roi est le garant (la justice universelle/générale) et l'aptitude des magistrats à répartir équitablement les biens et à rétablir l'équilibre des prestations entre les membres de la société (la justice particulière). Le sage et poète Ipouour dont l'existence est d'ailleurs attestée[87] nous offre, dans le cadre d'une situation politique inouïe[88], un tableau excessivement sombre de l'Égypte en proie à l'*isfet* qu'il porte à la vue d'un roi qui s'est détourné de la *maât*. Les figures de style utilisées par Ipouour rendent compte des différentes manières de décrire et définir la *maât* par opposition à l'*isfet* : exclamations incrédules, constats du désastre, lamentations devant les œuvres délétères de l'*isfet*, puis évocations des douceurs de l'Égypte lorsqu'elle est gouvernée par des actions conformes à la *maât*, que chaque chose est à sa place et que chacun exerce sa fonction pour la plus grande prospérité du pays, enfin injonctions proférées à l'encontre du roi sourd à la *maât* pour qu'il revienne à son rôle de garant des conditions d'existence et de conservation de celles-ci pour le plus grand bonheur de son peuple. Les conséquences du primat de l'*isfet* sont innombrables. On assiste à un retournement total de la société suite à des catastrophes inédites : « Le crime est partout, il n'est plus d'homme d'hier »[89]. Tout est sens dessus dessous. Les fonctions sont remplies par des incapables. Celui qui n'avait rien possède des fortunes, les nobles dames sont devenues des servantes et les domestiques sont arrogants. C'est le règne du crime, des épidémies et de tous les maux : pillages, absences de sépultures, actions blasphématoires, incendies, ruines et destructions de toutes sortes. Le commerce est au point mort et l'économie du pays, dévastée. Les ressources sont taries, le travail a cessé, le Trésor est privé de ses redevances car la *maât* s'est écartée du roi. Devant la cacophonie les magistrats sont impuissants, les sentences des juges, les écrits juridiques, les rituels, les

---

86 Voir : Bernadette Menu, *Maât, l'ordre juste du monde*, *op. cit.* n. 6 *supra*.

87 Jean Yoyotte, « À propos d'un monument copié par G. Daressy (Contribution à l'histoire littéraire) », *Bulletin de la Société Française d'Egyptologie* 11, 1952, p. 67-72. Ce petit monument aujourd'hui perdu comportait une liste de noms d'hommes illustres de l'Antiquité égyptienne.

88 Sur plusieurs critères notamment linguistiques, d'après Bernard Mathieu, le texte fut écrit au début de la XVIIIe dynastie. Il fait en effet allusion à une situation qui évoque singulièrement l'occupation de l'Égypte par les Hyksos (« Deuxième période intermédiaire », voir *supra*, n. 76). Dès lors, ne peut-on imaginer une commande faite à Ipouour par les restaurateurs de l'ordre sous la XVIIe dynastie et notamment Kamosis, dans le but de fustiger la sujétion de leurs prédécesseurs au pouvoir hyksos et de rappeler les principes fondamentaux du régime pharaonique et les conséquences mortelles de leur non-observance ? De toute manière le contexte historique véritable me semble de peu d'importance, c'est sans doute un simple prétexte pour l'auteur de développer ce qui se présente à mon avis comme un traité de la *maât*.

89 « Oublier hier » c'est ne pas agir pour celui qui a agi, c'est rompre la chaîne de la solidarité sociale : Jan Assmann, *op. cit. supra*, à la n. 8.

cadastres ont été détruits ou emportés, les sépultures royales ont été violées et vidées. La *maât* est devenue un mot vide de sens et même on accomplit l'*isfet* en se fondant sur elle !! Le sage en vient à souhaiter la fin de l'humanité mais dans un sursaut d'espoir et de courage il ose sermonner le roi et le rappeler à l'ordre.

Le texte dans son ensemble, aussi bien dans son horreur de l'*isfet* complaisamment développée que dans son éloge de la *maât*, se présente comme un véritable traité de la *maât*. Il ne nous en est parvenu qu'une seule version complète mais on sait qu'il fut longtemps enseigné car il en existe de nombreuses copies partielles, notamment sur des *ostraca*[90] qui gardent le souvenir du travail des élèves dans les temples et dans les écoles.

Conclusion : la question des inégalités dans le droit de l'Égypte pharaonique

Les textes de « propagande royale » de l'Égypte pharaonique énumèrent à l'envi les qualités du pharaon parfait, le bon berger qui, même pendant la nuit, veille au bien-être de son troupeau et fait régner la *maât* dans le pays : il fait venir la *maât*, c'est-à-dire « l'ensemble des conditions qui font naître et maintiennent la vie » (*in maât* en égyptien) selon la définition que j'en ai donné dans *Droit et Cultures* 42[91]; il repousse l'*isfet* qui englobe tout ce qui est contraire à la *maât* et conduit à la mort comme le développe dramatiquement Ipouour (*der isfet* en égyptien).

Est-ce à dire que l'Égypte ancienne n'a pas connu d'inégalités dans ses pratiques juridiques ou judiciaires ? Ne soyons pas assez naïfs pour le croire ! La nature humaine n'est pas parfaite, tant s'en faut ! D'autres « Enseignements » postérieurs (XIIe dynastie, début du IIe millénaire)[92] recommandent aux plus hauts fonctionnaires de l'État la mansuétude et la sollicitude envers les inférieurs hiérarchiques et les dépendants ; la plupart, surtout de plus tardifs (par exemple l'*Enseignement d'Aménemopé*, deuxième moitié du IIe millénaire) mettent en garde contre la tentation de la partialité, de l'avidité ou de l'improbité. Tant qu'un roi fort et donc capable de faire régner la *maât* gouverne l'Égypte, le droit est respecté et la justice est rendue équitablement[93]. Que des désordres majeurs surviennent, que la *maât* ne soit

90 Éclats de calcaire ou tessons de poteries selon les époques.

91 Article repris dans : *Égypte pharaonique. Nouvelles recherches*..., p. 85-99 ; voir en particulier p. 87 pour cette définition de base que j'ai affinée dans mes différentes études ultérieures (notes 4 et 10, *supra*).

92 Par exemple : Georges Posener, *L'Enseignement loyaliste. Sagesse égyptienne du Moyen Empire*, Paris, EPHE, 1976.

93 Platon, Aristote et bien d'autres philosophes grecs font l'éloge de la royauté égyptienne qui est le contraire de la tyrannie.

plus garantie par le roi et surgissent les cataclysmes qui font l'objet de la tragique description d'Ipouour.

Si le régime pharaonique a vécu pendant trois millénaires, c'est bien grâce à sa philosophie de la *maât*, l'ordre cosmique porteur à la fois d'une justice universelle et d'une justice individuelle garantes de l'application du droit[94].

Contrairement à la Grèce dont les philosophes admettaient l'existence nécessaire de l'esclavage tout en recommandant de réserver un sort favorable aux esclaves, l'Égypte des pharaons n'a pas connu cette pratique, remplacée par la dépendance salariée et le travail obligatoire rémunéré[95]. Le respect de la hiérarchie est un facteur d'ordre. Chacun doit être à sa place pour exécuter la tâche pour laquelle le prédisposent ses capacités. La conscience professionnelle, quel que soit le rang de chacun, est une qualité essentielle et même un devoir dont le non-respect entraîne la sanction. On peut toutefois sortir de sa condition de dépendant, on peut gravir les échelons dans une administration, dans une exploitation agricole, dans un temple, dans un atelier, à condition que l'on montre les qualités nécessaires à l'exercice de la profession ou du métier. Ptahhotep fait des recommandations sur la conduite à tenir à la fois vis-à-vis d'un inférieur et d'un supérieur hiérarchique qui tous deux doivent être respectés selon leur rang. Le désordre qui est l'inversion de l'ordre, l'*isfet* qui est l'inversion de la *maât* sont détestables et renferment l'abomination. Dans la situation paroxystique décrite par Ipouour, l'ordre social est renversé, les servantes sont à la place de leurs maîtresses, les riches sont devenus des mendiants, les débiteurs sont devenus des prêteurs, les momies royales sont sorties de leurs tombeaux et jetées sur la rive, les rites ne sont plus observés, on blasphème contre les dieux, la populace piétine les écrits issus de la *maât*, etc. Il existe donc des inégalités structurelles qui participent de l'ordre et qui doivent être respectées.

La condition des femmes était, par comparaison aux autres cultures de l'Antiquité méditerranéenne, particulièrement favorable tant du point

---

94 Rappelons que Maât, déesse cosmique et morale, n'eut ni aventures mythologiques ni animaux sacrés (n. 14, *supra*).

95 Voir mes nombreuses démonstrations, principalement : Bernadette Menu, *Recherches sur l'histoire juridique, économique et sociale de l'ancienne Égypte*, Versailles, Chez l'Auteur, 1982, p. 114-199 ; ead., *Recherches sur l'histoire juridique, économique et sociale de l'ancienne Égypte II*, Le Caire, IFAO, 1998, p. 209-223 et 369-383 ; ead., *Égypte pharaonique. Nouvelles recherches sur l'histoire juridique, économique et sociale de l'ancienne Égypte*, Paris, L'Harmattan, 2004, p. 321-364 ; ead., « Captifs de guerre et dépendance rurale dans l'Égypte du Nouvel Empire » in B. Menu (éd.), *La dépendance rurale dans l'antiquité égyptienne et proche-orientale*, Le Caire, IFAO, 2004, p. 187-207 ; ead., « Quelques aspects du recrutement des travailleurs dans l'Égypte du deuxième millénaire av. J.-C. » in B. Menu (éd.), *L'organisation du travail en Égypte ancienne et en Mésopotamie*, Le Caire, IFAO, 2010, p. 171-181, etc. Ces ouvrages contiennent toutes les références utiles. Mes toutes dernières recherches – dont certains résultats sont sous presse – m'ont conduite à douter sérieusement de l'existence de la corvée dans l'Égypte pharaonique : seul est attesté avec sûreté le travail obligatoire rémunéré.

de vue du mariage, du divorce et de l'éducation des enfants que de l'administration des biens, de l'exercice d'un métier ou de la pratique du commerce[96], de la capacité d'ester et de tester en justice ou de rédiger un testament[97]. Certes le domaine d'action de la femme était la maison (au sens large) et celui de l'homme, l'exercice de ses activités à l'extérieur, mais en cas d'indisponibilité du mari la femme pouvait le remplacer sans autorisation dans son métier ou sa profession. Mieux, devant la menace pressante de l'ennemi les femmes pouvaient exceptionnellement prendre les armes[98]. Des reliefs de l'Ancien Empire montrent aussi des femmes au gouvernail d'un bateau[99]. Les femmes pouvaient exercer la prêtrise : dans l'Ancien Empire le clergé de la déesse Hathor était féminin et, à la Basse Époque, la fonction éminente de Divine Adoratrice d'Amon était dévolue à une fille royale, ce qui lui conférait sur la Haute-Égypte un pouvoir quasiment égal à celui du pharaon. On rencontre, surtout dans l'Ancien Empire, des femmes exerçant toutes sortes de professions, y compris la médecine (l'une d'elles est même « directeur des médecins ») mais il s'agit de situations assez exceptionnelles ; les femmes ont leur place dans la sphère domestique quel que soit leur rang : éducation des enfants, occupations à caractère économique (boulangerie, brasserie, tissage, habillement, perruquerie, etc.) mais aussi activités artistiques (danse, musique, chant, notamment).

La femme, tout au long de l'histoire pharaonique, avait une pleine capacité juridique qui la dispensait de toute tutelle ou curatelle et, nous venons de le voir, lui permettait d'accéder à tous les postes de la société[100]. J. Mélèze-Modrzejewski attribue à juste titre l'évolution favorable de la condition des femmes dans le droit grec de l'époque hellénistique à l'influence du droit égyptien[101]. Les papyrus araméens d'Éléphantine montrent que dans la communauté juive d'où ils émanent, la femme prend l'initiative du divorce comme toute égyptienne, ceci « en contradiction formelle avec le principe

---

96 Sur les activités commerciales des femmes : N. Grimal, B. Menu (éd.), *Le commerce en Égypte ancienne*, Le Caire, IFAO, 1998, deuxième partie du volume et spécialement l'article de C. J. Eyre, «The Market Women of Pharaonic Egypt», *op. cit.*, p. 173-191.

97 Voir sur ces questions les nombreux travaux de Schafik Allam, d'Aristide Théodoridès, de P. W. Pestman et, plus récemment : B. Menu, *Recherches*… II, Le Caire, IFAO, 1998, p. 43-61.

98 Voir le relief de Deshasheh, de l'époque héracléopolitaine (Première Période intermédiaire) représentant une ville assiégée défendue par des femmes armées : W. M. F. Petrie, *Deshasheh*, Londres, 1897, fig. 30, et le commentaire de Henry George Fischer, in Barbara S. Lesko (éd.), *Women's Earliest Records From Ancient Egypt and Western Asia* (Brown Judaic Studies 166), Providence, 1989, p. 23-24.

99 *Ibidem*, p. 14.

100 Il y eut, on le sait, plusieurs femmes pharaons dont la plus connue est Hatchepsout (XVIIIe dynastie) ; là encore il s'agit de situations exceptionnelles.

101 Joseph Mélèze-Modrzejewski, *Le droit grec après Alexandre*, Paris, 2012, p. 47-49.

de répudiation unilatérale de la femme par le mari qui régit la matière du divorce en droit biblique » (*Deutéronome* 24, 1-4)[102].

Terminons sur ces jolis vers extraits de la première maxime de Ptahhotep[103] :

> Ne t'enorgueillis pas de ton savoir.
> Discute donc avec l'ignorant comme avec le savant.
> On n'atteint jamais les limites de la compétence.
> Il n'y a pas d'expert qui soit pourvu de sa totale capacité.
> Une belle parole est plus cachée que l'émeraude,
> On la trouve chez les servantes occupées aux meules[104].

Cette belle leçon d'humilité, au seuil des recommandations dispensées par le maître au disciple, situent d'emblée l'« enseignement » très haut sur l'échelle de la valeur didactique et morale de ce qui correspond très vraisemblablement à une doctrine de la *maât* dans un cadre proche de l'entourage du roi qui en est le garant. Les « Enseignements » d'un roi à son fils en sont des preuves complémentaires : L'*Enseignement pour Mérikarê*[105] et l'*Enseignement d'Amenemhat*[106] montrent que la transmission générationnelle cherche à porter remède aux atteintes à la royauté et par conséquent à la *maât*, lorsque celles-ci sont analysées avec perspicacité. Le premier est bien un « traité de la monarchie »[107] mais, plus que cela encore, c'est un rappel de l'efficacité et de l'éternité de la *maât* auquel l'auteur royal ou prétendu tel ajoute des conseils sur la conduite à tenir dans un contexte politique particulièrement difficile résultant de causes récurrentes qui concernent principalement la politique extérieure. Le second, œuvre posthume attribuée à Amenemhat Ier, le fondateur assassiné de la XIIe dynastie, insiste sur la

---

102 J. Mélèze-Modrzejewski, in Ch. Méla, F. Möri *et al.*, *Alexandrie la Divine*, *op. cit.*, p. 98.

103 Traductions empruntées à Bernard Mathieu et à Pascal Vernus (plus haut, n. 30).

104 Dans l'Égypte pharaonique le pain quotidien et les gâteaux étaient fabriqués à la maison par les femmes : la mère de famille dans les milieux modestes et les servantes dans le cadre des maisons plus fortunées. En revanche, ce sont les hommes qui faisaient la lessive ainsi que l'attestent les « satires des métiers » (cf. P. Vernus, *Sagesses…*, *op. cit.*, p. 179-203). Ces écrits destinés aux jeunes gens des classes moyennes noircissent une vingtaine de métiers militaires et manuels afin de valoriser la profession de scribe. Sur les blanchisseurs, voir : Bernard Mathieu, « Techniques, culture et idéologie. Deux exemples égyptiens : les navires de Kaïemânkh et la toise du foulon », in Bernard Mathieu, Dimitri Meeks, Myriam Wissa (éd.), *L'apport de l'Égypte à l'histoire des techniques*, Le Caire, IFAO, 2006, p. 155-167. Les maîtresses de maison confiaient leur ballot de linge sale, accompagné d'une liste, au blanchisseur qui était chargé aussi de recoudre et de rapiécer les vêtements usagés (*ibid.*, p. 160). Le métier de blanchisseur, fort peu considéré, est ainsi brocardé dans la *Satire des métiers* : « *Le blanchisseur lave sur la berge / Avec le crocodile pour voisin. / "Sors du courant, père !" / disent son fils et sa fille. / Ce n'est pas un bon métier pour cette raison, / ni préférable à aucun autre métier. / Sa nourriture se mêle à la crasse. / Et il n'est pas une partie de son corps qui soit propre. / Il vit dans le linge des femmes. / Et se retrouve dans leurs menstrues.* (traduction de B. Mathieu, *ibid.*, p. 163).

105 P. Vernus, *Sagesses…*, *op. cit.*, p. 135-160.

106 *Ibidem*, p. 161-177.

107 *Ibid.*, p. 137.

pratique exemplaire de la *maât* par le souverain défunt qui délivre en outre à son fils des conseils de prudence vis-à-vis de situations dans lesquelles peuvent naître les intrigues de palais et les projets de complots.

Au terme de cette étude il ne semble guère outrancier d'affirmer que le droit tel que nous l'entendons est né dans la vallée du Nil. Les prêtres égyptiens, que les Grecs considéraient comme des philosophes, figuraient certainement parmi les principaux artisans d'une doctrine de la *maât* qui fut transmise oralement dans les plus hautes sphères intellectuelles du pays et qui influença la civilisation dont nous sommes les héritiers par l'intermédiaire d'une chaîne de transmission dont la philosophie grecque pré-aristotélicienne, Aristote, puis le droit romain, sont les principaux chaînons.

Sophie Démare-Lafont

Les inégalités sociales en Mésopotamie : quelques précautions de vocabulaire

Résumé : Les textes législatifs de Babylonie et d'Assyrie sont longtemps restés notre principale source d'information sur les divers groupes sociaux en Mésopotamie. Plusieurs paragraphes du Code de Hammurabi et des Lois d'Eshnunna (XVIIIe s. av. n. è.) ainsi que du recueil des Lois médio-assyriennes (XIIe s. av. n. è.) détaillent en effet les peines ou les indemnisations prévues à raison de certains délits ou actes dommageables. L'intensité des châtiments ou le montant des réparations à verser varient en fonction du rang ou du statut des protagonistes. Classiquement, les lois distinguent entre les libres et les esclaves pour évaluer la nature du préjudice et déterminer sa sanction et/ou son dédommagement. Mais une troisième catégorie est parfois ajoutée, désignée par le babylonien *muškēnum* et l'assyrien *aššurāiau*, termes qui ont été compris en référence à une classe intermédiaire de semi-libres. Leur condition juridique et leur position sociale ont fait l'objet de conjectures reposant sur les données fournies par les sources législatives elles-mêmes, sur la comparaison avec des modèles antiques et enfin sur la valeur dépréciative attachée à l'un de ces deux mots, *muškēnum*, qui a donné l'adjectif français « mesquin ». Les doutes émis par certains spécialistes à propos de ces interprétations, ont été confirmés par de nouveaux textes, qui ont permis de corriger la traduction de ces substantifs et ont conduit à abandonner l'hypothèse de sociétés tripartites en Mésopotamie.

Mots-clés : divisions sociales, inégalités, libres, esclaves, semi-libres.

Social Inequalities: Some Vocabulary Precautions

Abstract: The Babylonian and Assyrian law collections have long been our only sources of information about the various Mesopotamian social groups. Several provisions from the Code of Hammurabi, the Laws of Eshnunna (18th century BCE) and the Middle Assyrian laws (12th century BCE) provide for punishments or damages in case of various offenses, the intensity of which varies according to the status or rank of the protagonists. Along with the classic distinction between free people and slaves as a basis for an assessement of the damage and of its sanction, a third and intermediate category has been added, formed by the so-called half-free persons named *muškēnum* in Babylonia and *aššurāiau* in Assyria. Their legal status and social condition have been analyzed in the light of the law collections, of other examples in Antiquity and of the slighting value of the French «mesquin», derived from the Babylonian *muškēnum*. Thanks to the new material published in the last twenty years, the hypothesis of a tripartite organization of the Babylonian and Assyrian societies has been dropped.

Keywords: Social divisions, Inequalities, Free people, Slaves, Half-free people.

Si Rousseau avait eu sous les yeux une traduction du Code de Hammurabi lorsqu'il a rédigé son *Discours sur l'origine et les fondements de l'inégalité parmi les hommes*, en 1755, il y aurait assurément trouvé une confirmation de sa théorie sur les méfaits de la socialisation et de la civilisation, puisque déjà la culture babylonienne avait produit des discriminations et des injustices que l'état de nature ignorait.

L'œuvre du grand roi de Babylone[1], composée sans doute vers 1750 av. n.è., expose en effet les principes d'un droit urbain construit sur une société hiérarchisée et inégalitaire. L'image qui ressort du Code n'est pas fondamentalement différente de celle qui est donnée par les sources cunéiformes antérieures et postérieures. Les divisions sociales apparaissent presque en même temps que l'écriture en Mésopotamie, peut-être parce qu'elles sont liées à la naissance des villes au IVe millénaire av. n.è. C'est en effet dans le contexte urbain que se sont développées les grandes lignes de l'organisation politique et sociale qui traverse les trois millénaires de l'histoire mésopotamienne. Et c'est dans les villes qu'on rédige des contrats, qu'on distribue le travail, qu'on échange des biens et des idées, qu'on exerce le pouvoir[2].

Pourtant, les Mésopotamiens eux-mêmes s'évertuaient à donner de leur monde une vision unifiée : dans la littérature, les humains sont des « têtes noires » créées par les dieux pour les entretenir ; les communautés humaines sont comparées à des troupeaux d'ovins auxquels le souverain garantit des pâtures paisibles et toujours vertes[3].

Ces approches littéraires idéalisées contrastent avec l'existence de différenciations sociales dès les débuts de l'urbanisation. Et le thème même de l'inégalité est utilisé dès le milieu du IIIe millénaire dans la rhétorique royale pour dénoncer et corriger l'oppression des puissants sur les faibles. Le roi sumérien Ur-Namma, vers 2100 av. n.è., déclare ainsi dans le prologue de son Code : « Je n'ai pas livré l'orphelin à la merci du riche. Je n'ai pas

---

1 Les traductions du Code de Hammurabi sont nombreuses. On a utilisé ici celle de M. Roth, *Law Collections from Mesopotamia and Asia Minor*, 2e éd., Writings of the Ancient World – Society for Biblical Literature 6, Atlanta, 1997, p. 76-140.

2 Sur la ville en Mésopotamie, voir notamment M. Van de Mieroop, *The Ancient Mesopotamian City*, Oxford, 1999, et J. Margueron, *Cités invisibles. Naissance de l'urbanisme au Proche-Orient ancien*, Paris, 2013.

3 Voir notamment le prologue de la tenson entre l'oiseau et le poisson : « Le dieu Enki (…) institua, dans le territoire, et villes et hameaux, et y multiplia les têtes noires. Pour pasteur, il leur octroya un roi qu'il promut à leur tête, en qualité de Prince » ; cf. J. Bottéro et S. N. Kramer, *Lorsque les dieux faisaient l'homme. Mythologie mésopotamienne*, Paris, 1989, p. 518.

livré la veuve à la merci du puissant. Je n'ai pas livré l'homme d'un sicle à la merci de l'homme d'une mine. Je n'ai pas livré l'homme d'un mouton à la merci de l'homme d'un bœuf »[4].

L'anaphore, reprise avec des variantes par tous les rois mésopotamiens, est intéressante pour deux raisons. Tout d'abord, elle met l'accent sur les différences économiques comme source principale d'inégalités souvent profondes, qui justifient l'intervention sporadique du souverain pour annuler rétroactivement les dettes non commerciales de ses sujets[5] ; l'idée qu'on puisse revenir à un état antérieur, une sorte de virginité économique originelle, participe d'une conception idéalisée – et finalement assez « rousseauiste » – du passé où tous les hommes seraient égaux.

L'autre intérêt de cette rhétorique est de montrer que ces injustices, que le roi a pour mission de redresser, sont perçues comme inévitables, presque inhérentes à la société. La hiérarchie sociale est un fait structurel, dont seuls les effets négatifs sont épisodiquement combattus sans que le principe lui-même soit remis en question.

Et de fait, la société mésopotamienne est fondamentalement inégalitaire. Toute la difficulté est de savoir à quoi correspondent les diverses dénominations sociales attestées dans les sources et comment s'articulent les divers groupes sociaux entre eux.

Pour le IIe millénaire, la discussion a tourné essentiellement autour de l'existence ou non de catégories intermédiaires entre les libres et les esclaves. Deux termes akkadiens semblaient en effet désigner des semi-libres ou des citoyens de seconde catégorie : le babylonien *muškēnum*, qui a donné le français « mesquin », et l'assyrien *aššurāiau*, qui signifie littéralement « Assyrien ».

Pour comprendre les enjeux de cette discussion, il faut d'abord replacer ces deux termes dans le contexte social de la Mésopotamie du IIe millénaire. Ensuite, on s'arrêtera sur la signification de ces deux mots, en insistant sur le premier (*muškēnum*), pour lequel la documentation est plus abondante.

Les divisions sociales au IIe millénaire

Comme dans toutes les sociétés antiques, la distinction essentielle oppose principalement les libres aux esclaves.

Encore faut-il souligner que le vocabulaire de la servitude a un sémantisme très large. Par exemple, au Ier millénaire assyrien, tous les sujets

---

4 Prologue du Code d'Ur-Namma (AO 5473 iv 162-168) ; cf. M. Roth, *Law Collections…* (*op. cit.*, n. 1), p. 16.

5 Sur les édits de restauration des rois mésopotamiens, voir F. R. Kraus, *Königliche Verfügungen in altbabylonischer Zeit*, Studia et Documenta ad iura Orientis antique pertinentia, 11, Leiden, 1984 ; D. Charpin, « Les édits de 'restauration' des rois babyloniens et leur application », dans Cl. Nicolet (éd.), *Du pouvoir dans l'Antiquité: mots et réalités*, Cahiers du Centre Glotz 1, Genève, 1990, p. 13-24.

du roi sont ses « esclaves » (*ardu*), quel que soit leur rang ; et les usages épistolaires du IIe millénaire amorrite montrent qu'on s'adresse toujours au souverain en se disant son serviteur, même lorsqu'on est gouverneur de province ou dignitaire religieux. Le roi lui-même est un « serviteur » par rapport à une divinité. Dans toutes ces occurrences du mot akkadien *(w)ardu(m)*, le sens fondamental est celui d'« inférieur »[6]. Mais le terme désigne aussi, dans un sens plus restreint, le véritable esclave, permanent ou temporaire. À l'intérieur de cette catégorie, les situations individuelles sont très diverses : il y a des esclaves de naissance, des prisonniers de guerre, des débiteurs insolvables, des personnes libres qui ont été enlevées et vendues loin de chez elles. Si tous sont théoriquement assimilés à des biens meubles, certains remplissent parfois des fonctions honorables comme précepteur ou comptable, d'autres sont au contraire de simples domestiques ou travaillent dans les ateliers du palais ou du temple. Derrière l'unicité du terme se cachent, en Mésopotamie comme à Rome, des réalités sociales fort complexes.

À l'autre bout de la pyramide sociale se trouvent les hommes libres, catégorie appelée en babylonien *awīlu(m)* et en assyrien *amēlu(m)*. Le mot a lui aussi un champ très large : il signifie parfois « quelqu'un » sans considération de statut, ou bien « homme libre » par opposition à esclave, ou même « aristocrate » ou « noble » au sens non pas d'une noblesse de sang (qui n'existe pas en Mésopotamie) mais de fonction[7]. Au Ier millénaire, on les appellera les *mār banî*, littéralement « les gens de bien », qui cumulent aisance matérielle et honorabilité sociale[8]. La meilleure illustration de leur réussite est leur statut de propriétaire foncier : être à la tête d'un grand domaine, qu'on évite de partager au fil des générations, ou qu'on remembre par des stratégies matrimoniales très élaborées[9], manifeste un rang élevé dans la société ; les marchands investissent quant à eux dans de belles demeures, de véritables hôtels particuliers qu'ils construisent dans des quartiers huppés, proches des résidences royales[10]. Ces élites urbaines fortunées constituent,

6 Voir F. Joannès, v° « Esclave », *Dictionnaire de la civilisation mésopotamienne*, F. Joannès (éd.), Paris, 2001, p. 310.

7 Sur la signification de *awīlum* à l'époque paléo-babylonienne, cf. F. R. Kraus, *Vom mesopotamischen Menschen der altbabylonischer Zeit und seiner Welt, Eine Reihe Vorlesung*, Amsterdam & Londres, 1973, p. 92-125.

8 Sur cette expression et ses multiples sens, cf. M. Jursa, *Neo-Babylonian Legal and Administrative Documents. Typology, Contents and Archives*, Guides to the Mesopotamian Textual Record, 1, Münster, 2005, p. 9-10.

9 Voir par exemple l'étude de D. Charpin, *Archives familiales et propriété privée en Babylonie ancienne. Étude des documents de Tell Sifr*, Hautes Études Orientales, 12, Genève, 1980.

10 Voir, pour le sud mésopotamien, D. Charpin, « La politique immobilière des marchands de Larsa à la lumière des découvertes épigraphiques de 1987 et 1989 », dans J.-L. Huot (éd.), *Larsa, Travaux de 1987 et 1989*, Beyrouth, 2003, p. 311-322.

au IIe millénaire, un réservoir pour le personnel politique et sont même, en Assyrie, le socle sur lequel se fonde la royauté à partir du XIVe siècle av. n.è.

De ce tableau rapidement brossé, on retiendra que les deux notions apparemment antagonistes que sont la servitude et la liberté ont des frontières assez poreuses. Au-delà des usages idiomatiques de la servitude pour exprimer la soumission et la déférence, qu'on connaît dans beaucoup de langues, la variété des emplois du mot *(w)ardu(m)* « esclave » reflète une grande familiarité avec l'idée de dépendance et de sujétion. Il est admis que tout homme libre risque d'être asservi au moins temporairement. Chacun étant potentiellement esclave, la liberté devient un état flottant, aléatoire et parfois même relatif.

Mais d'un autre côté, le langage courant qu'on trouve notamment dans les lettres montre que l'appartenance au groupe des hommes libres implique une forme d'honorabilité et d'autorité morale. En ce sens, *awīlu(m)* équivaut à notre « Monsieur » français ou au « gentleman » anglais. Par exemple, un marchand assyrien adresse des reproches à l'un de ses partenaires commerciaux en lui disant : « Tu m'as fait passer pour quelqu'un qui ne se conduit pas en gentleman ! »[11]. Toujours dans les formules épistolaires, l'adresse souligne parfois le respect attaché à une fonction ou à un groupe d'individus à travers des expressions comme « À ces Messieurs » (*ana awīlī annūti*) ou « Messieurs les juges » (*awīlū dayyānū*). Plus généralement, un acte répréhensible sera dit *ša lā awīli*, littéralement « qui n'est pas (digne) d'un Monsieur ». Enfin, pour marquer l'appartenance de classe, on utilise volontiers l'expression « fils d'*awīlu(m)* » (dumu/*mār awīli*), qui a une valeur discriminante et s'oppose au reste de la population libre[12].

Parce qu'il y a des différences de rang social à l'intérieur de la catégorie des libres, on s'est demandé s'il n'y avait pas, corrélativement, des statuts juridiques distincts, en particulier des sortes de semi-libres ou de citoyens de second ordre.

C'est en tout cas de cette manière qu'on a interprété pendant longtemps les termes *muškēnum* et *aššuraiau*, qu'il faut examiner maintenant.

L'*aššuraiau*, « Assyrien »

Le mot est attesté dans les textes médio-assyriens (XIVe-XIe s. av. n.è.), principalement dans les Lois assyriennes[13] et dans quelques actes de la

---

11 S. Smith, *Cuneiform Texts from Cappadocian Tablets* (CCT) t. 2, Londres, 1924, n° 21b :14, *ana lā awīlim taškunima*.

12 Voir les occurrences rassemblées par le dictionnaire assyrien de Chicago (CAD), v° *awīlu*, p. 55-56.

13 Voir la traduction et l'analyse de G. Cardascia, *Les lois assyriennes*, Littératures Anciennes du Proche-Orient, 2, Paris, 1969.

pratique. À la suite de Driver et Miles, qui ont édité et commenté le recueil des lois dans les années 1930[14], les assyriologues ont compris ce mot en référence à une personne libre de condition inférieure[15]. Cette conclusion se fondait en partie sur un acte d'affranchissement[16] concernant une femme dite *aššura'ītu* « Assyrienne », manifestement esclave puisqu'elle était affranchie, mais qui portait cependant un nom patronymique, contrairement à l'usage. Cette contradiction a suggéré à Driver et Miles l'idée qu'il y aurait un statut intermédiaire entre liberté et servitude, un état de semi-liberté.

Deux autres textes, législatifs cette fois, ont été également invoqués :

D'abord un paragraphe des Lois assyriennes (§ 3 tabl. C+G) qui s'intéresse aux conditions de la vente du gage à l'étranger :

> [Si un homme] a vendu dans un autre pays [soit un fils] soit une fille d'*awīlu* qui [habitait dans sa maison] pour de l'argent ou à titre de gage, [et si on a produit contre lui des charges et des pr]euves, il perdra son argent ; il payera [...] au maître du bien ; on le frappera de [x coups de bâton] ; il fera 40 jours de corvée royale. [Si l'homme qui a été ven]du meurt en pays étranger, [il compen]sera [vie pour vie]. Un Assyrien ou une Assyrienne qui a été pris [pour un prix en]tier peut être vendu en pays étranger.

Un créancier a abusé de son droit en vendant à l'étranger une personne libre qu'il détenait comme gage antichrétique. Il est alors déchu de sa créance et puni d'une peine corporelle assortie d'une corvée de quarante jours. La fin du texte semble mettre l'Assyrien(ne) dans une situation plus défavorable puisqu'ils peuvent être vendus à l'étranger sans risque pour le créancier.

En réalité, ce passage envisage une situation juridique différente : l'Assyrien(ne) a été « pris pour un prix entier », ce qui signifie que le créancier a conclu avec le débiteur un pacte commissoire, c'est-à-dire un contrat par lequel, si le prêt n'est pas remboursé à l'échéance, le créancier obtiendra la propriété complète du gage, sans faculté de rachat par le débiteur. En pareil cas, dit le texte, le gage change de condition et perd sa liberté ; étant définitivement acquis au créancier, il peut être vendu à l'étranger. La dénomination Assyrien est prise ici comme une désignation ethnique, pour parler d'un individu qui ne sera plus protégé par son appartenance lorsqu'il sera hors de son pays[17].

C'est justement le cas de l'Assyrienne affranchie dont on vient de parler : elle a été vendue à l'étranger pour une dette, puis affranchie par son maître. Qu'elle porte un nom tout en étant esclave, ce qui avait tant gêné

---

14 G. R. Driver et J. C. Miles, *The Assyrian Laws*, Oxford, 1935, p. 284-286.

15 Voir par exemple G. Cardascia, *Lois*... (*op. cit.*, n. 13), p. 53 ; C. Saporetti, *Le leggi medioassire*, Cybernetica Mesopotamica Data Sets, 2, Malibu, 1979, p. 51.

16 M. David et E. Ebeling, *Assyrische Rechtsurkunden*, Stuttgart, 1929, n° 7.

17 Pour cette interprétation, voir R. Westbrook, «Slave and Master in Ancient Near Eastern Law», *Chicago-Kent Law Review* 70/4, 1995, p. 1631-1676, spécial. 1661-1662.

Driver et Miles, s'explique par le fait qu'elle était née libre mais avait perdu sa condition à cause de la dette.

L'autre texte législatif mentionnant le statut apparemment inférieur de l'Assyrien est un paragraphe extrait de la tablette dite « Des femmes » (§ 44 tabl. A) :

> Si un Assyrien ou une Assyrienne qui habite dans la maison d'un homme comme gage pour sa valeur a été pris pour la pleine valeur (de la dette), il (le gagiste) peut le fouetter, tirer (ses cheveux), écraser et percer ses oreilles.

Là encore, l'objet de ce texte sur les mauvais traitements infligés au gage ne montre pas l'infériorité de l'*aššuraiau* mais décrit les actes que le créancier peut commettre s'il détient le gage pour la totalité de la dette, dans le cadre d'un pacte commissoire. D'ailleurs, les pouvoirs du créancier décrits ici sont identiques à ceux du mari sur son épouse, laquelle n'est pas une semi-libre ou une personne juridiquement inférieure, même si sa position sociale est souvent subalterne.

Le mot « Assyrien(ne) » dénote donc l'origine géographique d'un individu et le droit qui lui est applicable[18], sans connotation d'infériorité juridique ou sociale. On s'expliquerait d'ailleurs mal comment un terme manifestement ethnique aurait glissé sémantiquement vers la désignation d'une classe défavorisée. Il exprime au contraire la condition commune : l'Assyrien est le ressortissant d'Aššur, une personne pleinement libre, qui peut être éventuellement asservie pour une dette impayée comme n'importe quel autre citoyen.

Reste à expliquer pourquoi le terme est utilisé si rarement, s'il renvoie à une condition ordinaire. Une hypothèse serait que par attraction des modèles législatifs antérieurs, surtout babyloniens, utilisant de préférence le mot *awīlu(m)*, les rédacteurs des Lois assyriennes aient voulu s'adresser eux aussi prioritairement aux *amēlū* plutôt qu'aux *aššuraiaū*, abandonnant la référence locale au profit d'une dénomination générique.

C'est justement dans la culture babylonienne qu'on voit se développer les références à une autre catégorie sociale difficile à cerner, celle des *muškēnū*, dont il va être question maintenant.

Le muškēnum

En dépit de la remarquable longévité du terme jusque dans notre vocabulaire moderne, il est frappant de constater que son équivalent exact en français, « mesquin », est rarement utilisé dans les traductions de sources. Le plus souvent, le terme est laissé en akkadien – peut-être parce qu'il a

---

18 Cf. P. Koschaker, *Quellenkritische Untersuchungen zu den « altassyrischen Gesetzen »*, Mitteilungen der Vorderasiatisch-Aegyptischen Gesellschaft 26/3, Leipzig, 1921, p. 75-76.

changé de statut grammatical pour devenir un adjectif, mais aussi parce que sa signification a beaucoup évolué au fil de ses nombreuses transmissions d'une civilisation à l'autre[19]. Et de fait, le *muškēnum* est attesté sous sa forme sumérienne maš-en-kak dès l'époque de Fara (vers 2500 av. n.è.)[20], dans un contexte social et culturel qui a forcément changé lorsque les Babyloniens du XVIIIe s. av. n.è. le reprennent sous sa forme sémitique.

L'étymologie n'aide guère à se faire une idée du contenu sémantique du mot : on a coutume de rattacher *muškēnum* à une racine *šukēnum* « se courber, se prosterner ». Le mesquin serait donc « celui qui se courbe », d'où la connotation servile et étriquée du terme dans ses acceptions modernes. Mais à côté de l'idée de soumission, induite par la prosternation[21], on pourrait aussi comprendre que le *muškēnum* est celui qui se penche sur sa charrue ou son instrument agricole, l'humble travailleur agricole[22]. L'ambivalence du geste consistant à s'incliner montre qu'on ne peut rien conclure de l'étymologie.

Par ailleurs, on a aussi relevé que, dans les tablettes syriennes (et non plus seulement irakiennes), une autre graphie, plus rare, est utilisée, qui indiquerait une prononciation *muskēnum* (et non pas *muškēnum*), sur une racine *sakānum* « habiter, s'installer »[23]. En ce sens, les mesquins seraient les habitants du pays, les natifs. Cette étymologie populaire et minoritaire dans les sources, est un nouvel exemple de remotivation sémantique du mot, apparemment limitée régionalement et sans grande postérité.

Si l'étymologie ne nous est donc pas d'un grand secours, les sources ne nous aident pas davantage à y voir plus clair.

Le mot est assez bien documenté dans toutes sortes de textes, administratifs, juridiques et épistolaires. Là encore, l'image qui ressort de l'ensemble des occurrences est assez changeante.

Dans les lettres administratives de Mari par exemple, on voit que les *muškēnū* possèdent des terres de manière indépendante, qu'ils effectuent sporadiquement des travaux agricoles ou textiles pour le compte du palais à titre de main-d'œuvre occasionnelle, et qu'il faut un ordre du roi pour

---

19 Pour une synthèse sur les occurrences de ce terme, voir M. Stol v°, *Muškēnu*, *Reallexikon der Assyriologie* 8, Berlin, 1997, p. 492-493.

20 Cf. W. von Soden, « *muškenum* und die Mawālī des frühen Islam », *Zeitschrift für Assyriologie* 56, 1964, p. 133-141, spécial. p. 134.

21 En ce sens W. von Soden, *ibid.*, pour qui le citoyen normal, à l'époque paléo-babylonienne, est celui qui doit continuellement se prosterner.

22 Cf. G. Buccellati, «A Note on the *mushkenum* as a 'Homesteader'», *MAARAV* 7, 1991, p. 91-100 ; D. Bonneterre, « L'individu, la hiérarchie et l'État », dans J. Bouineau (éd.), *Personne et res publica* I, *Méditerranées* 4, 2008, p. 37-69, spécial. p. 62-63.

23 L'idée a été proposée par B. Alexandrov, «Мушкенумы по данным текстов из архивов Мари (*Muškēnum* according to the data of the texts from Mari)», *Vestnik drevneĭ istorii* 2012/2, p. 119-141. Je remercie l'auteur de m'avoir traduit son texte pour que je puisse bénéficier des recherches très précises et éclairantes qu'il a faites à partir de la documentation de Mari.

réquisitionner leurs bœufs[24]. Ils sont donc libres, économiquement indépendants, propriétaires fonciers, et ne sont pas astreints aux services demandés aux dépendants du palais. Leur situation s'apparente à celle d'alleutiers souvent modestes, qui vivent en dehors du monde urbain et ne sont pas directement soumis à l'autorité du gouverneur local mais relèvent directement du roi pour les prestations ponctuelles et le système fiscal. Sur ce dernier point, les documents comptables de la fin de l'époque paléo-babylonienne montrent qu'ils sont astreints au paiement de certaines taxes sur l'orge, payables au palais[25]. On voit par ailleurs qu'ils ont des droits politiques puisqu'ils participent aux assemblées populaires et qu'ils élisent le roi dans certaines villes[26].

D'un point de vue administratif donc, le *muškēnum* est un individu qui n'appartient pas à l'administration palatiale. Il peut être riche ou pauvre, mais ne gagne pas sa vie en étant appointé par l'État, même s'il loue parfois sa force de travail ou ses équipements aux grands organismes.

Dans cette documentation administrative, l'*awīlum* est au contraire celui qui vit dans l'entourage royal, donc dans la ville, et qui est au service du souverain. Ce service n'est pas nécessairement prestigieux : on sait par exemple qu'une bonne partie de l'armée babylonienne était constituée de soldats rémunérés par le palais sous forme de terres (*ilkum*) qui leur étaient concédées dans leur ville de garnison, et dont l'exploitation leur permettait de vivre – ou de survivre. D'autres exercent des responsabilités plus élevées comme chef d'atelier ou officier militaire, quand ils ne sont pas des dignitaires politiques ou religieux. Là aussi, les disparités économiques sont grandes entre tous ces individus, qui n'ont en commun que leur dépendance envers le pouvoir.

Au fond, si l'on s'en tient à ces données principalement administratives, *awīlum* et *muškēnum* sont deux catégories qui ne s'opposent pas mais se complètent, et se distinguent par leur statut économique plutôt que social ou juridique.

Mais cette conclusion est remise en cause par d'autres types de sources, qui donnent l'impression d'une hiérarchie entre ces deux groupes sociaux.

Il y a tout d'abord des lettres, dont certaines sont assez éloquentes sur les représentations sociales attachées à ces deux dénominations. Dans l'une d'elles par exemple, sans doute adressée à un officier administratif, un

---

24 Voir les textes de Mari cités par B. Alexandrov, *ibid.*

25 Cf. S. Dalley, *Babylonian Tablets from the First Sealand Dynasty in the Schøyen Collection*, Cornell University Studies in Assyriology and Sumerology 9, 2009, n° 426, 429, 431-432, 434, 442-443, 446, 448.

26 Cf. M. Guichard, « Šuduhum, un royaume d'Ida-Mara et ses rois », dans E. Cancik-Kirschbaum et N. Ziegler (éd.), *Entre les fleuves – I. Untersuchungen zur historischen Geographie Obermesopotamiens im 2. Jahrtausend v. Chr.*, Berliner Beiträge zum Vorderen Orient 20, 2009, p. 75-120, spécial. p. 101-103 (texte n° 1 A.3575: 12'-13') et p. 108-111 (texte n° 3 A.1151+M.7105: 57-60).

homme écrit pour se plaindre qu'il n'a pas reçu les cinq charrues qu'il attendait :

> À Nabium-malik, l'homme bon dont les dieux Marduk et Nabu guident droitement la main, dis : ainsi parle Awil-Ninsianna. Que les dieux Šamaš et Marduk te gardent longtemps en vie par amour pour moi.
>
> Si je n'avais eu besoin de rien, t'aurais-je écrit ? Tu te montres très dispendieux (mais) pour moi, tu ne gardes rien et tu ne m'as (toujours) pas fait porter les cinq charrues.
>
> Chaque fois, depuis que tu m'as promis quelque chose et que tu me l'as envoyé, je l'ai su dans mon cœur : au contraire de l'un ou l'autre à qui tu as donné quelque chose, je ne te suis pas agréable.
>
> Tu as dû te dire dans ton for intérieur : « Comment vas-tu récompenser mon amitié ? Je suis un patricien (*mār awīlim*), il est un homme ordinaire (*mār muškēnim*). Comment pourra-t-il récompenser mon amitié ? » Un homme en bonne santé récompensera celui qui lui a témoigné de l'amitié. Si je reste en bonne santé, je récompenserai ton amitié.
>
> Va vite et choisis et coupe deux beaux bâtons et fais-les porter à Père pour notre propre maison. Fais m'en porter un[27].

Awil-Ninsianna, l'expéditeur, commence par flatter assez servilement Nabium-malik, le destinataire, en le qualifiant, dans l'adresse, d'homme bon dont les dieux Marduk et Nabu guident la main, puis il continue sur le même registre en se lançant dans un couplet sur l'amitié, non sans avoir récriminé contre la négligence dont il est victime. Mais comme il n'est manifestement pas du même rang que son correspondant, il lui glisse une allusion à ce sujet : la différence qui oppose le patricien (*mār awīlim*) à l'homme ordinaire (*muškēnum*) fait du second l'éternel obligé du premier (« Si je reste en bonne santé, je récompenserai ton amitié »). Le rapport qui s'instaure ainsi rappelle celui qui existe entre patrons et clients dans l'Antiquité classique.

Mais ce sont surtout les textes législatifs qui introduisent clairement une discrimination juridique entre *awīlū* et *muškēnū*.

L'exemple le plus éclairant figure dans le Code de Hammurabi, aux §§ 196-205 consacrés aux coups et blessures :

> § 196 Si un homme (*awīlum*) crève l'œil d'un autre homme (*awīlum*), on crèvera son œil.
>
> § 197 Si il casse l'os d'un autre homme (*awīlum*), on lui cassera un os.
>
> § 198 Si il crève l'œil d'un homme ordinaire (*muškēnum*) ou casse l'os d'un homme ordinaire (*muškēnum*), il payera 60 sicles d'argent.

27 R. Frankena, *Briefe aus der Leidener Sammlung (TLB IV)*, Altbabylonische Briefe, 3, Leiden, 1968, n° 33 p. 24-25.

§ 199 Si il crève l'œil de l'esclave (*wardum*) d'un homme (*awīlum*) ou casse l'os de l'esclave (*wardum*) d'un homme (*awīlum*), il payera la moitié de sa valeur.

§200 Si un homme (*awīlum*) casse la dent d'un autre homme (*awīlum*) de son rang, on lui cassera une dent

§ 201 Si il casse la dent d'un homme ordinaire (*muškēnum*), il payera 20 sicles d'argent.

§ 202 Si un homme (*awīlum*) gifle un homme (*awīlum*) qui est d'un statut supérieur au sien, il sera fouetté dans l'assemblée de 60 coups de nerf de bœuf.

§ 203 Si un patricien (*mār awīlim*) gifle un autre patricien (*mār awīlim*) qui est son égal, il payera 60 sicles d'argent.

§ 204 Si un homme ordinaire (*muškēnum*) gifle un autre homme ordinaire (*muškēnum*), il payera 10 sicles d'argent.

§ 205 Si l'esclave (*wardum*) d'un homme (*awīlum*) gifle un patricien (*mār awīlim*), on coupera son oreille.

On voit bien ici, à travers les variations des amendes prévues en cas de blessures et de mutilations, que les mêmes faits donnent lieu à des peines différentes en fonction du rang social. Le *muškēnum* « vaut » moins que l'*awīlum* mais plus que l'esclave.

C'est sur la base de ce type de texte qu'on a pu élaborer la théorie d'une société babylonienne tripartite, constituée de trois strates correspondant à trois degrés de liberté : tout en haut les hommes libres, *awīlū* ; en-dessous les semi-libres ou citoyens de rang inférieur, *muškēnū* ; et enfin les non-libres ou esclaves, *wardū*.

Les autres occurrences de ces différenciations sociales dans le Code de Hammurabi, mais aussi dans les Lois d'Ešnunna (antérieures de quelques dizaines d'années au Code)[28], ont conforté la vision d'une classe intermédiaire, protégée par le droit mais néanmoins discriminée juridiquement. Comme la documentation administrative de Babylone et de Mari, qui a permis de contextualiser tout ce vocabulaire, était encore mal connue et peu étudiée, l'image renvoyée par les lois a été prise pour le reflet d'une hiérarchie sociale rigide.

Ce faisant, on a considérablement simplifié la situation décrite par les recueils législatifs, en présentant chaque classe comme homogène et unifiée. Or, le Code montre qu'il peut y avoir des différences de rang social entre les

---

28 §§ 12-13, 24, 34, 50; cf. R. Yaron, *The Laws of Eshnunna*, 2e éd., Jérusalem, 1988, p. 50-51, 56-57, 64-65 et 74-75, ainsi que les commentaires, p. 132-146.

awīlū (§§ 200, 202 et 203). Quant aux esclaves, ils ne constituent pas du tout un groupe homogène en Mésopotamie[29].

L'hypothèse d'une société strictement organisée en classes et surtout d'un statut de semi-libre, à mi-chemin entre les esclaves et les citoyens, a dû être révisée quand on a découvert dans les tablettes de Mari qu'un *muškēnum* pouvait devenir roi !

C'est en effet ce que nous apprend une lettre de ce royaume syrien du XVIIIe s. av. n.è.[30], dans laquelle un dignitaire en poste à Ešnunna, la grande ville de l'est mésopotamien, raconte à son souverain que la ville a été pillée par les Élamites et que, dans ce contexte de crise, la troupe a choisi un nouveau roi en la personne d'un nommé Ṣilli-Sin, qui est un *muškēnum*. Le ton de la lettre est clairement scandalisé puisque l'expéditeur déclare (ll. 10-17) : « L'homme qu'elle (la troupe) a choisi comme roi, cet homme c'est un simple particulier (*muškēnum*), ce n'est pas un homme haut placé (*mār madarim*). Ce nommé Ṣilli-Sin exerçait la charge de chef de section. J'ai entendu dire : 'Cet homme doit devenir le maître du trône ; qu'il gouverne notre pays !' ».

Même si la situation décrite ici est tout à fait exceptionnelle, voire anormale d'après les accents indignés de l'expéditeur, le texte met en avant deux éléments importants : d'un côté, il est clair que le *muškēnum* ne peut pas être un semi-libre ou un citoyen aux droits limités, sinon il ne pourrait pas devenir roi ; mais en même temps, il est apparemment choquant qu'un tel individu puisse accéder au pouvoir politique, ce qui laisse supposer qu'il est de condition ordinaire voire modeste. Toute l'ambiguïté de la situation du *muškēnum* se trouve résumée ici.

Comment alors comprendre son statut ?

On a supposé que les deux termes auraient des sens relatifs : vis-à-vis du palais, tout le monde serait *muškēnum*, c'est-à-dire « sujet », mais les citoyens entre eux se définiraient comme *awīlū* « hommes libres »[31]. Cette hypothèse mériterait cependant d'être confirmée par une étude statistique de cette double terminologie dans les textes issus du palais[32]. Par ailleurs, elle est affaiblie par les occurrences d'une expression combinant l'équivalent sumérien d'*awīlum* (lú) avec le terme *muškēnum*[33].

---

29 Sur la condition servile en Mésopotamie, voir R. Westbrook, *Slave and Master… op. cit.* n. 17.

30 ARM 26/2 377, consultable sur http://www.archibab.fr/4DCGI/listestextes3.htm? WebUniqueID =409026805.

31 E. von Dassow, «Freedom in Ancient Near Eastern Societies», dans K. Radner et E. Robson (éd.), *The Oxford Handbook of Cuneiform Culture*, Oxford, 2011, p. 205-224, spécial. p. 214-216.

32 Une telle étude paraît encore prématurée pour l'ensemble de la période paléo-babylonienne mais pourrait être effectuée au moins par sondages.

33 Voir les exemples de Mari répertoriés sur www.archibab.fr.

Une autre approche, plus convaincante, qui combine les informations tirées des lois, des textes administratifs et des lettres, consiste à distinguer les proches du palais constituant l'élite sociale (*awīlū*) des individus ordinaires formant la masse des simples particuliers (*muškēnū*)[34].

Le Code de Hammurabi a sûrement cristallisé une évolution sémantique du terme déjà entamée dans le courant du XVIIIe siècle av. n.è. La valeur presque péjorative du mot a été en quelque sorte entérinée et figée par la minoration des amendes dues pour les dommages causés aux *muškēnū*. On peut alors se demander si l'objectif du souverain n'était pas d'introduire une discrimination juridique là où n'existait qu'une déconsidération sociale. On sait que le Code a été rédigé à la fin du règne de Hammurabi, après des conquêtes parfois difficiles notamment dans le Sud, et au moment de l'extension maximale de son royaume, qui couvre l'ensemble de la Mésopotamie.

Dans cette perspective, l'*awīlum* ne serait plus seulement l'aristocrate proche du palais, mais le Babylonien, le ressortissant de la capitale ou de la Babylonie (cœur historique du régime), qui transporte partout avec lui le droit qui lui est applicable, y compris contre les usages locaux. Au contraire, le *muškēnum* serait l'homme libre, ressortissant de n'importe quelle autre ville, qui relève prioritairement de son droit local mais qui, quand il invoque l'application du Code, est traité comme un non Babylonien[35].

Quel qu'ait pu être le projet de Hammurabi, il n'a pas duré. Les actes de la pratique postérieurs au Code ne reproduisent pas la distinction qu'il avait introduite. À partir du milieu du IIe millénaire, les deux termes changent de signification. La connotation de prestige attachée à *awīlum* disparaît et *muškēnum* prend le sens dépréciatif de « pauvre, misérable », qui est passé finalement dans nos langues européennes. On a peut-être ici un exemple de ces évidences implicites évoquées par Chantal Kourilsky-Augeven, qui sont devenues familières au point d'être incorporées dans notre langage et dans nos comportements sociaux.

---

34 En ce sens, J.-M. Durand, *Archives épistolaires de Mari* I/1, Archives royales de Mari XVI/1, Paris, 1988, p. 186 note 25 ; du même auteur, « Précurseurs syriens aux protocoles néo-assyriens. Considérations sur la vie politique aux Bords-de-l'Euphrate », dans D. Charpin et F. Joannès (éds.), *Marchands, diplomates et empereurs. Études sur la civilisation mésopotamienne offertes à Paul Garelli*, Paris, 1991, p. 13-71, spécial. p. 21 et note 18.

35 Sur cette conception discriminante du droit législatif, voir ma contribution «Law Collections and Legal Documents», à paraître dans G. Rubio (ed.), *A Handbook of Ancient Mesopotamia*, vol. 2, ch. 7.1.

Élisabeth Schneider

L'interprétation des termes d'homme ou de personne en droit savant, source d'inégalité[1]

Résumé : À partir du XIIIe siècle, le terme de *persona* est employé fréquemment par les civilistes et les canonistes pour désigner les êtres humains, les *universitates* ou une fonction temporelle ou spirituelle. Les nouvelles expressions de *persona vera, persona repraesentata* ou *persona ficta* permettent de déterminer le type de personne dont il est question. Mais en l'absence d'adjectifs qualificatifs ajoutés à persona, les juristes médiévaux sont amenés à interpréter les termes *persona, homo, quis* et se demandent s'ils doivent comprendre ces termes comme synonymes d'homme, de femme, d'homme libre ou d'esclave ou même une *universitas*. Il s'agit d'une question importante car en fonction de la qualification retenue, des droits et des obligations différents sont reconnus. Tout d'abord, nous proposons d'examiner les principes d'interprétation en droit savant en montrant que le droit lui-même est compris comme une personne composée d'un corps et d'un esprit, puis, d'analyser la casuistique de l'inégalité des droits et des obligations reconnus aux personnes.

Mots-clés : interprétation, personne, *persona vera, persona ficta,* homme libre, esclave, *universitas.*

The Interpretation of the Terms *Homo* and *Persona* in Medieval Law. A Source of Inequality

Abstract: Since the XIIIth century, the term *persona* is frequently used by the jurists of the civil law and the canonists to indicate human beings, *universitates* or a temporal or spiritual office.
The new expressions *persona vera, persona repraesentata* or *persona ficta* make it possible to determine the type of person which is the object of discussion.
But in absence of adjectives added to *persona*, the medieval jurists are brought to interpret the terms *persona, homo, quis* and they wonder if they have to include these terms as synonyms of 'man', 'woman', of 'free man' or of 'slave' or even of *universitas.*
This is a very important question because according to the reserved qualification, different rights and obligations are recognized.
First of all, we suggest to examine the principles of interpretation in medieval law by showing that the law itself is understood as a person consisting of a body and a spirit, then we proceed to analyse the casuistry of the disparity of rights and obligations awarded to the respective persons.

Keywords: Interpretation, Person, *Persona vera, Persona ficta,* Free Man, Slave, *universitas.*

1 Nous tenons à remercier très chaleureusement Mme Chantal Kourilsky-Augeven, directrice de recherche honoraire au CNRS, et Mme le Professeur Soazick Kerneis, directrice du CHAD, qui nous ont permis de participer à la Journée d'histoire et anthropologie du droit portant sur le thème « De la traduction dans le droit des idées d'égalité /inégalité ». Nos vifs remerciements s'adressent aussi à M. le Professeur Wolfgang Kaiser qui nous accueille en tant que chercheur invitée à l'Institut d'Histoire du Droit à l'Albert-Ludwigs-Universität de Fribourg en Brisgau dans le cadre duquel nous avons préparé cet article.

Lors de la célébration du soixantième anniversaire de la Déclaration universelle des droits de l'homme à l'Élysée le 8 décembre 2008, l'ancienne présidente irlandaise Mary Robinson affirma que : « Je dois avouer que je préfère l'expression, 'droits humains', c'est plus moderne »[2]. Si les invités français étaient interloqués en raison de leur attachement à l'expression de « droits de l'homme », en revanche, Pierre Sané, sous-directeur général de l'Unesco, déclarait : « Ce n'est pas anecdotique ! Les mots ont un sens, une valeur, une histoire ». Il y a des mots qui ont le pouvoir d'inclure, d'autres d'exclure. Le mot « homme » fait partie de cette dernière catégorie. Une part de l'humanité ne se reconnaît pas dans ce mot auquel les révolutionnaires de 1789, au fond, ne donnaient pas un sens universel. Les femmes en étaient exclues car « non douées de raison », ainsi d'ailleurs que les peuples « colonisés ». Ainsi, il paraît nécessaire d'abandonner ce terme au profit de « droits humains » qui permettent « d'intégrer la diversité de l'humanité »[3].

En raison de la lutte contre les discriminations liées au sexisme ou aux violences domestiques et conjugales, des institutions internationales et des organisations non gouvernementales telles qu'Amnesty International préfèrent utiliser les expressions de « droits humains », « droits de la personne » ou « droits des êtres humains ». Ces débats terminologiques démontrent l'importance de l'interprétation des termes d'homme et de personne qui peut être génératrice d'inégalités entre les hommes et les femmes ou entre les hommes libres et les esclaves.

La discussion continue d'être vive tant chez les politiques que chez les intellectuels travaillant notamment dans le cadre des *gender studies,* l'« homme augmenté » ou le transhumanisme[4]. L'incompréhension entre les protagonistes provient en partie de la profusion des termes tels que « personne physique », « personne morale », « personne humaine » auxquels ces derniers attribuent des sens différents. Celle-ci découle également, d'une part, de la remise en cause de la distinction fondamentale des deux catégories de personnes sujets de droit à savoir les personnes physiques et les personnes morales due aux

2 A. Cojean, « Droits humains, c'est plus moderne » in *Le Monde*, 11.12.2008, p. 3.

3 A. Cojean, *ibid.*

4 Sur « l'homme augmenté » et les techniques de « neuro-amélioration » de l'homme, voir notamment la recommandation du Comité consultatif national d'éthique, Avis N°122 Recours aux techniques biomédicales en vue de « neuro-amélioration » chez la personne non malade : enjeux éthiques in http://www.ccne-ethique.fr/fr/publications/recours-aux-techniques-biomedicales-en-vue-de-neuro-amelioration-chez-la-personne-non.

progrès biotechnologiques[5] et, d'autre part, le flou entourant le terme d'homme dans les textes juridiques français et européens[6].

Or, force est de constater que les termes d'homme et de personne constituent des notions fondamentales discutées abondamment dans le *ius commune* c'est-à-dire le droit romain et le droit canonique au Moyen Âge, creuset de l'actuel droit européen[7]. L'absence de définition de la personne en droit romain a permis aux théologiens et aux juristes médiévaux de forger de nouvelles théories de la personne et de développer différents cas dans lesquels l'homme se distingue de la personne. Comme nous proposons de le voir à présent, l'interprétation des expressions d'homme et de personne entraîne l'application de droits différents[8]. Nous nous limiterons ici à mettre en valeur deux sortes d'inégalités présentes en droit savant : premièrement, les inégalités entre l'homme et la femme et, deuxièmement, celles entre l'homme libre et l'esclave. Mais, auparavant, il faut indiquer que les inégalités proviennent de l'interprétation du droit lui-même et des termes de *persona* et d'*homo*.

L'interprétation, source d'inégalités

Avant de nous pencher sur l'interprétation des termes de *persona* et d'*homo* par les juristes médiévaux, source d'inégalités, il s'agit de mettre en lumière la norme juridique assimilée à une personne.

---

5 Une biobanque c'est-à-dire une personne morale peut désormais posséder toutes les composantes d'un être humain sans que celles-ci soient soumises aux règles biologiques et à la mort. C'est pour cette raison que de nombreux textes juridiques internationaux emploient souvent le terme de « personne humaine » c'est-à-dire une « personne physique » sujet de droit composée d'un être humain. Cf. X. Bioy, *Le concept de personne humaine en droit public. Recherche sur le sujet des droits fondamentaux*, Paris, Dalloz, 2003.

6 Notons que le Conseil constitutionnel reconnaît l'application de l'article 17 de la Déclaration des Droits de l'Homme et du Citoyen de 1789 aux personnes morales soit pour la nationalisation de certains biens (Décision du 16 janvier 1982) soit pour la privatisation d'une partie d'entre eux (Décision du 25-26 juin 1986). Cf. A.-M. Patault, « La personne morale d'une nationalisation à une autre, naissance et mort d'une théorie », *Droits*, 1993, p. 79-89. Par ailleurs, le recours et la rémunération de mères porteuses par des couples pose sous un jour nouveau la question du statut du corps humain indisponible ou au contraire ayant une valeur marchande présente déjà dans l'Antiquité romaine. Cf. C. Lafontaine, *Le Corps-marché. La marchandisation de la vie humaine à l'ère de la bioéconomie*, Paris, Seuil, 2014.

7 F. Ranieri, «Eine Dogmengeschichte des europäischen Zivilrechts ? Einige Thesen zum Beitrag der Rechtsgeschichte zu einer europäischen Zivilrechtswissenschaft», *Europäische Rechts- und Verfassungsgeschichte Ergebnisse und Perspektiven der Forschung*, éd. R. Schulze, Berlin, 1991, p. 89-101 ; R. Schulze, «Un nouveau domaine de recherche en Allemagne : l'histoire du droit européen », *RHD*, t. 69, 1992, p. 29-48.

8 E. C. C. Coppens, « L'interprétation analogique des termes de droit romain en droit canonique médiéval » in *Actes du colloque Terminologie de la vie intellectuelle au moyen âge, Leyde / La Haye, 20-21 septembre 1985*, éd. O. Weijens (Études sur le vocabulaire intellectuel du moyen âge, Bd 1), Turnhout, Brepols, 1988, p. 54-64.

Les règles d'interprétation : le droit considéré comme une personne

L'interprétation constitue une question ancienne pour les juristes dans l'Antiquité transmise aux civilistes et canonistes médiévaux ainsi qu'aux théologiens scolastiques.

Au IIe siècle avant Jésus-Christ, Hermagoras de Temnos avait élaboré la théorie des statuts d'après laquelle la question de fait doit être posée (*status coniecturae*) et les moyens de preuve examinés[9]. Puis, il faut rechercher sous quels éléments de fait le cas peut convenir (*status definitivus*) et si l'existence de circonstances particulières pourrait exclure l'application de la loi (*status qualitatis*) et, enfin, soulever le problème au tribunal compétent. De ces quatre statuts, il résulte un genre rationnel (*genus rationale*) qui, une fois établi, permet d'envisager ensuite la question de l'interprétation. En effet, les questions d'interprétation sont contenues dans un deuxième genre appelé le genre légal (*genus legale*) comprenant également quatre *status* : le premier est le mot écrit de la loi et son sens propre, l'intention de l'auteur de la loi, le deuxième est l'antinomie qui correspond à la réfutation du cas en présence, le troisième est l'ambiguïté de la loi et, enfin, le quatrième est le problème devant être réglé par la loi. Cette théorie d'interprétation a été reprise dans le *De inventione* de Cicéron et dans la *Rhetorica ad Herennium* dont l'auteur est inconnu[10]. Cette théorie nous montre l'importance du recours à la raison dans la rhétorique gréco-romaine pour analyser un cas juridique. À partir du IVe siècle, les Pères de l'Église vont attribuer un rôle encore plus important à la raison[11].

En effet, saint Jérôme[12] (v. 347-426) célèbre pour sa traduction latine de la *Bible* à Bethléem (390-405)[13] critique la lecture littérale de l'Évangile par les hérétiques Marcion et Basilides. En effet, l'Évangile doit être lu et enseigné en recourant à l'Esprit Saint c'est-à-dire au sens des Écritures et, par conséquent, poursuit Jérôme, il ne faut pas rester à la superficie mais aller au cœur ou la substance même des Écritures (*in medulla*) et ne pas rester

---

9 Nous reprenons ici les explications de la théorie des statuts étudiée par J. Schröder. Cf. J. Schröder, «Rhetorik und juristische Hermeneutik in der frühen Neuzeit» in *Grundlagen des Rechts. Festschrift für Peter Landau zum 65. Geburtstag*, Paderborn, München, Wien, Zürich, Ferdinand Schöningh, 2000, p. 677-696.

10 Cicero, *De inventione*, 365 note 7 (éd. Th. Nüßlein, Düsseldorf, Zürich, 1998) et *Ad C. Herennium. De ratione dicendi*, XXVI (=Cicero in 28 volumes, I, Cambridge, Massachusetts, 1989) cités par J. Schröder, *op. cit.*, p. 679.

11 Sur cette question de l'interprétation, nous avons tiré un grand profit des études de M. Kriechbaum, «Zur juristischen Interpretationslehre im Mittelalter» in *Festschrift für Sten Gagnér*, Ebelsbach, Aktiv Druck und Verlag, 1996, p. 73-109 et H. Lange et M. Kriechbaum, *Römisches Recht im Mittelalter. Bd 2. Die Kommentatoren*, München, Beck, 2007, p. 335-350.

12 Hieronymus, *Commentariorum in Epistolam ad Galatas Livri Tres*, in PL., t. 26, col. 322.

13 En 1546, le concile de Trente a reconnu la Vulgate comme la version officielle de la Bible catholique et son texte fut fixé par Sixte Quint (Vulgate sixtine, 1590).

limité aux pages des sermons mais se référer à la racine de la raison (*in radice rationis*). Ainsi, la clé de lecture des Évangiles réside dans l'Esprit Saint qui constitue une personne divine fondée sur la substance[14]. L'interprétation ne doit pas se limiter à la superficie des mots mais à la substance et à l'esprit du texte. Selon saint Augustin[15] (354-430), les clercs qui commettent des barbarismes et des solécismes par ignorance de la grammaire lors des offices liturgiques ne doivent pas être condamnés parce que l'intention prime sur les mots de la même manière que l'esprit domine le corps. Enfin, le pape Grégoire le Grand[16] (540-604) rappelle que le sens doit primer sur les mots.

Les Pères de l'Église vont jouer un rôle fondamental au Moyen Âge car ces trois autorités théologiques sont reprises dans le *Décret* de Gratien[17] et dans le *Liber extra*[18] et vont exercer une influence sur les civilistes[19]. De plus, le pape Urbain II décrète que la loi privée qui est inscrite dans le cœur de l'homme par l'Esprit Saint est plus digne que la loi publique confirmée par les saints pères et les canons et en déduit la liberté pour un clerc d'entrer au monastère contre l'avis de l'évêque[20].

Au Moyen Âge, les théologiens scolastiques établissent la théorie des trois ou quatre sens de la vérité dans le but de rechercher la vérité des mots. Dans le *Didascalicon*[21], Hugues de Saint Victor traite de la triple intelligence des Écritures. Quant à Thomas d'Aquin[22], il distingue d'une part entre le sens spirituel et le sens littéral des Écritures et subdivise le sens spirituel en différentes sortes à savoir le sens allégorique, le sens moral et le sens anagogique. D'autre part, le docteur angélique oppose[23] la conception de l'esprit (*conceptus mentis*) et la voix significative de la conception intérieure (*vox interioris conceptus significativa*) et dans son commentaire au *Peri Hermeneias* d'Aristote, Thomas d'Aquin affirme que « ... il fut nécessaire de dire avec

14 Les trois personnes divines du Père, du Fils et du Saint Esprit sont consubstantielles. Cf. *Concile de Nicée* (325) in *Conciliorum oecumenicorum decreta (curantibus J. Alberigo et alii)*, editio tertia, Bologna, edit. Istituto per le scienze religiose, 1973, p. 5.

15 Augustinus, *De Catechizandis Rudibus Liber Unus*, Cap. IX, in PL, t. 40, col. 319-320.

16 Gregorii Magni, Reg. I, 28 (*Registrum Epmistularum Libri I-VII*, éd. D. Norberg, Turnholti, Brepols, p. 36).

17 Decr. Grat. C.1 q.1 c.64 éd. Friedberg col. 381 ; Decr. Grat. D.38 c.12 éd. Friedberg col. 143.

18 X 5.40.8 éd. Friedberg col. 913-914.

19 Sur la reprise de ces canons par les civilistes, voir les notes 23, 24, 25.

20 Decr. Grat. C.19 q.2 c.2 éd. Friedberg col. 839-840.

21 Hugonis de S. Victore, *Eruditionis Didascalicae Libri Septem*, Lib. V, Cap. II in PL t. 176 col. 789-790 ; *De scripturis et scriptoribus sacris praenotatiunculae*, Cap. III. De triplici intelligentia sacrae Scripturae in PL t. 175, col. 11.

22 Thomas Aquinas, *Quaestiones de Quodlibet, cura et studio Fratrum Praedicatorum*, Commission Leonina, Les Editions du Cerf, Roma, Paris, 1996, Quodlibet VII, Q. 6, a. 2 [15], p. 30; Thomas Aquinas, *Summa theologiae*, Ia q.1 a.10.

23 Thomas Aquinas, *Summa theologiae*, Ia q. 34 a. 1 ; M. Kriechbaum, «Zur juristischen Interpretationslehre im Mittelalter», *op. cit.*, 1996, p. 84 n. 40.

Aristote que les voix signifient les conceptions de l'intellect immédiatement et les choses par leur intermédiaire »[24].

Dans leurs commentaires au fragment D.1.3.17[25], Accurse[26], Odofredus[27] et Albericus de Rosate[28] se réfèrent au canon *Marcion* (C.1 q.1 c.64) et distinguent entre les *verba* et le *sensus*.

Une autre question agite les civilistes : quelles règles d'interprétation doit-on suivre en cas d'opposition entre les termes (*verba*) et l'esprit de la loi (*mens*) ? Selon Jean Bassien, l'esprit doit l'emporter sur le mot alors que pour Placentin, il faut se tenir au texte. Par la suite, Balde va être à l'origine d'une véritable théorie de l'interprétation qui intègre tant les idées des canonistes et des civilistes que celles des théologiens et des philosophes[29]. Dans son commentaire à D.1.3.17, Balde s'attache à la relation entre la science, la vérité et la raison et affirme que la « science consiste dans la moelle de la raison et non pas dans les vertèbres des écritures » et distingue trois types d'argumentation : une argumentation pleine et matérielle par laquelle les mots sont parlés, une argumentation subtile et intellectuelle d'après la force du discours[30] et, enfin, une argumentation la plus subtile et conjecturale par laquelle l'intelligence prime sur le discours. Par ailleurs, il réfléchit aux situations dans lesquelles il convient de procéder à une interprétation extensive ou au contraire restrictive[31]. Dans son commentaire à C.5.12.8[32], Balde énonce les trois sortes de sens du discours à savoir la volonté, la raison et l'action d'éviter l'absurde et qualifie l'esprit de la loi comme la raison de la

24 Thomae Aquinitatis, *In Libros Peri Hermeneias Expositio*, Romae, Ex Typographia Polyglotta S.C. De Propaganda Fide, 1882, Lib. 1, Lect. 2,5, p. 12.

25 D.1.3.17 (Celsus libro XXVI digestorum) : «Scire leges non hoc est verba earum tenere, sed vim ac potestatem».

26 Accursius, Glos. ord. ad D.1.3.17 v° Scire leges (*Glossa in Digestum vetus* réimpr. anast. Augustae Taurinorum 1969 [CGJC t. VII], f. 8v°).

27 Odofredus de Denariis, Com. ad D.1.3.17 n. 1 (*Repetita in undecimum primos Pandectarum libros*, Lugduni, 1550, réimpr. anast. Lectura super Digesto veteri I, Bologna, 1967 [OJR, t. II/1], f. 12 r°) : «sed ille dicitur scire legem qui servat sententiam : quia sensum et non verba spectamus».

28 Albericus de Rosate, Com. ad D.1.3.17 pr. (*In primam Digesti veteris partem commentaria*, [OJR, 1974, t. XXI], f. 29 v°) : «Ibi, sed vim. i. verum sensum, et proprium intellectum».

29 Sur l'étude de Balde en tant que philosophe Cf. N. Horn, «Philosophie in der Jurisprudenz der Kommentatoren : Baldus philosophus» in *Ius Commune (hrsg. H. Coing)*, Frankfurt am Main, Vittorio Klostermann, 1967, p. 104-149.

30 Baldus de Ubaldis, Com. ad D.1.3.17 n.1-5 (*In primam Digesti Veteris partem Commentaria*, vol. 1, Venetiis, 1577, f. 20 r°) : «Veritas autem est vera entitas. Opinio est motus animi elicientis sibi aliquam conclusionem ex aliquib. principiis … Et no. quod scientia consistit in medula rationis, et non in cortice scripturarum».

31 Baldus de Ubaldis, Com. ad C.1.14.5. n.6-7 (*In Primum, Secundum et Tertium Codicis libros Commentaria*, Venetiis, 1577, f. 66 v° - f. 67 r°).

32 Baldus de Ubaldis, Com. ad C.5.12.8 n.1 (*In Quartum et Quintum Codicis libros Commentaria*, Venetiis, 1577, f. 182 r°); H. Lange et M. Kriechbaum, *op. cit.*, p. 345.

loi[33]. Les termes de « raison de la loi » (*ratio legis*) et de « raison juridique » (*ratio iuris*) sont déjà présents dans le *Digeste* mais les jurisconsultes romains ne les ont pas définis[34]. Selon Balde, « La raison est le mouvement de l'intellect procédant par des causes sensitives ou intellectives selon la matière sujette pour conclure quelque chose par nécessité … ou la raison est une certaine démonstration de la vérité et ainsi la raison doit conclure par nécessité »[35] et il faut souligner le lien entre la raison et la notion de cause.

Balde met d'ailleurs sur le même plan la raison et la fin et la cause finale. À l'instar des autres civilistes, Balde adopte la phrase selon laquelle « où il y a la même raison, là se trouve le même droit » (*ubi eadem ratio, ibi eadem ius*)[36] permettant d'attribuer des droits identiques à un autre cas. Cependant, au sein de la raison existe une hiérarchie d'après laquelle la raison naturelle provenant du droit naturel et du droit des gens prime sur la raison civile[37] parce que le droit naturel est immuable contrairement aux autres branches du droit[38].

De ce qui précède, nous pouvons déduire la substance rationnelle de la science juridique fondée sur la comparaison avec la personne composée d'une âme et d'un corps[39]. Balde reprend cette idée lorsqu'il affirme que la loi est une invention et un don de Dieu et doit être semblable à l'homme car l'homme est un animal civil selon la nature et le droit[40]. On peut voir ici une

---

33 Baldus de Ubaldis, Com. ad C.1.14.5. n. 8 (*In Primum, Secundum et Tertium Codicis libros Commentaria op. cit.*, f. 67 r°) : «...ratio legis est mens legis».

34 D.1.3.14 ; D.1.3.20 ; D.1.3.21 ; D.1.3.39.

35 Baldus de Ubaldis, Com. ad D.1.3.19 n. 3 (*In primam Digesti Veteris partem Commentaria*, 2 vol., Venetiis, 1577, f. 20 v°).

36 Cynus de Pistoriensis, Com. ad D.1.7.22 n. 3 (*In Digesti veteris libros Commentaria*, Francoforti-ad-Moenum, 1578, réimpr. anast., Torino, 1964, f. 11 r°) ; Albericus de Rosate, Com. ad C.4.18.3 n.1 (*In primam Codicis partem commentarii*, Venetiis, 1586, réimpr. anast. Bologna, 1979 [OJR, t. XXVII], f. 192 r°) ; Baldus de Ubaldis, Com. ad C.5.12.29 n. 44 (*In Quartum et Quintum Codicis libros Commentaria*, Venetiis, 1577, f. 187 r°) et Idem, Com. ad D.9.2.32 pr. et n. 1-2 Additio (*In secundam Digesti Veteris partem Commentaria*, vol. 2, Venetiis, 1577, f. 335 v° - f. 336 r°) ; Références citées par H. Lange et M. Kriechbaum, *op. cit.*, p. 310. L'auteur de cette phrase est Cicéron. Cf. Cicéron, *Topica in Divisiones de l'Art oratoire. Topiques (Texte établi et traduit par H. Bornecque)*, 2e édition, Paris, Société d'Édition Les Belles Lettres, 1960, X, 41-42, p. 79-80 ; P. Stein, *Regulae iuris. From juristic rules to legal maxims*, Edinburgh Univ. Pr., 1966, p. 41.

37 Baldus de Ubaldis, Com. ad C.1.14.5. n.9 (*In Primum, Secundum et Tertium Codicis libros Commentaria*, Venetiis, 1577, f. 67 r°) ; Cynus de Pistoriensis, Com. ad C.1.14.5 n.12 (*In Codicem et aliquot titulos primi Pandectarum tomi, id est Digesti veteris, doctissima commentaria*, 2 part. en 1 vol., Francoforti-ad-Moenum, 1578, réimpr. anast., Torino, 1964, f. 25 r° - 25 v°).

38 R. Weigand, *Die Naturrechtslehre der Legisten und Dekretisten von Irnerius bis Accursius und von Gratian bis Johannes Teutonicus*, München, Max Hueber Verlag, 1967.

39 L'assimilation du droit à une personne s'exprime par exemple dans la métaphore de « l'oeil de la loi ». Cf. M. Stolleis, *Das Auge des Gesetzes. Geschichte einer Metapher*, München, Verlag C. H. Beck.

40 Baldus de Ubaldis, Com. ad D.1.3.2 n.1-5 (*In primam Digesti Veteris partem Commentaria*, 2 vol., Venetiis, 1577, f. 18 r°); Laurentius Calcaneus, Consilia, Mediolan, 1509, cons. 1 f. 5 r° : «et sicut ex anima et corpore ita lex consistit ex anima et verbis et ideo magis attenditur ratio quam verba et per consequens etiam mens ».

application de la maxime aristotélicienne selon laquelle l'art doit imiter la nature. Le roi étant assimilé au droit peut donc être appelé *lex animata* c'est-à-dire la loi vivante[41]. Représentant l'esprit de la loi, le roi a un rôle particulier pour interpréter le droit à l'instar des juges et des docteurs en droit dans le cadre de leurs consultations juridiques.

Interprétation par les juristes de **persona** *et d'***homo**

Comment interpréter les termes de *persona* et d'*homo* dans les textes juridiques ? La réponse à cette question est essentielle car elle conditionne l'octroi de droits et d'obligations différents. Tout d'abord, on peut constater que les juristes médiévaux héritent des divisions du droit des personnes provenant du droit romain.

Les personnes peuvent dépendre soit du droit public soit du droit privé comprenant le droit naturel, le droit des gens et enfin le droit civil. En raison du développement de l'administration royale mais aussi de l'Église, la distinction entre les personnes publiques et les personnes privées retrouve de la vitalité à partir du XIIe siècle. Dans le *Speculum,* Guillaume Durand désigne comme étant des personnes publiques « les tabellions qui ont un office public, l'évêque et n'importe lequel qui est en dignité ou constitué dans un office comme par exemple, l'archidiacre, le doyen et d'une certaine manière ceux ayant une juridiction »[42]. La distinction entre la personne privée et la personne publique permet de distinguer les actes accomplis dans la sphère privée et ceux dans le cadre d'un office public[43].

Selon le jurisconsulte Ulpien[44], le droit naturel n'est pas propre au genre humain mais s'applique à tous les animaux qui naissent sur la terre et dans la mer et régit l'union de l'homme et de la femme appelée aussi mariage, la procréation et l'éducation des enfants.

Si le terme de personne n'est pas défini en droit romain, en revanche, les jurisconsultes distinguent dans le *status hominum* les êtres humains en

---

41 L. Mayali, « Lex animata, rationalisation du pouvoir politique et science juridique (XIIe-XIVe siècles) », in *Renaissance du pouvoir législatif et genèse de l'État,* éd. A. Gouron et A. Rigaudière, Montpellier, 1988 (Publications de la Société d'Histoire du Droit et des Institutions des Anciens Pays de Droit Écrit, III), p. 155-164.

42 Guillelmus Durandi, *Speculum Iuris,* Francofurti, Sumtibus heredum Andreae Wecheli, et Ioannis Gymnici, 1592, Lib. II Partic. I De Primo decreto 5 §. Iam n. 29, p. 124.

43 Sur la construction de la théorie de la double personne par les civilistes en droit savant, voir E. Schneider, « Persona publica dans le droit savant médiéval : l'exemple du notaire comme personne publique » in J. Bouineau (sous la direction), *Personne et Res Publica,* Vol. 1, Paris, L'Harmattan, Collection « Méditerranées », 2008, p. 161-193 ; G. Chevrier, « Les critères de la distinction du droit privé et du droit public dans la pensée savante médiévale » in *Etudes d'histoire du droit canonique dédiées à G. Le Bras,* t.2, Paris, Sirey, 1965, p. 841-859.

44 D.1.1.1.3.

fonction de leur sexe à savoir les hommes, les femmes et les hermaphrodites[45]. Le foetus est considéré déjà comme faisant partie des choses humaines[46] distinctes des autres choses et Pomponius définit l'homme comme un corps animé par un esprit[47].

Les hommes se distinguent des animaux par leurs corps animés par la raison, par la parole et l'habitation dans une maison[48] et eux seuls peuvent être des personnes. Dans la nature, tous les hommes sont égaux et libres parce que la liberté est la faculté naturelle[49]. Toutefois, l'esclave découlant des guerres a entraîné une division des personnes entre les hommes libres et les esclaves[50]. La distinction entre les hommes libres et les esclaves entraîne une conséquence importante sur le statut du corps humain considéré soit sans valeur soit au contraire aliénable. En vertu du principe de dignité humaine, les jurisconsultes romains refusent l'intégration d'un homme dans la catégorie des choses purement matérielles et notamment l'assimilation de l'enfant d'une esclave enceinte à un fruit[51]. De même, les édiles ont interdit qu'un esclave puisse être regardé comme l'accessoire d'une chose de moindre valeur que lui pour éviter les fraudes[52].

Il existe une deuxième division des personnes au sein de la famille entre les *personae sui iuris* et les *personae alieni iuris*[53]. Le père de famille constitue une *persona sui iuris* à laquelle sont soumises les *personae alieni iuris* appelées dans certains cas *personae coniunctae*.

Pour être père de famille, il faut être orphelin du père de famille sous l'autorité duquel on était placé, un homme libre et un citoyen romain[54].

Contrairement à de nombreux Codes civils actuels, les collectivités ne font pas partie de la division des personnes en droit romain et ne sont pas qualifiées de « personnes morales » ou de « personnes juridiques ». Si la notion de personne morale a été élaborée par les théologiens scolastiques

---

45 D.50.16.152 (Gaius libro decimo ad legem Iuliam et Papiam) : «'*Hominis*' appellatione tam feminam quam masculum contineri non dubitatur» ; D.1.5.10 (Ulpianus libro ad Sabinum) : «Quaeritur : hermaphroditum cui comparamus ? et magis puto eius sexus aestimandum, qui in eo praevalet».

46 D.37.9.1 («in rebus humanis») et D.1.5.26 («in rerum natura»).

47 D.41.3.30 (Pomponius libro trigensimo ad Sabinum) : «Rerum mixtura facta an usucapionem cuiusque praecedentem interrumpit, quaeritur. tria autem genera sunt corporum, unum, quod continetur uno spiritu et Graece ... vocatur, ut homo».

48 J.-P. Baud, *Le droit de vie et de mort. Archéologie de la bioéthique*, Paris, Alto Aubier, 2001, p. 12-14.

49 D.50.17.32 ; D.1.5.4 pr. ; D.12.6.64.

50 D.1.5.3 ; D.1.1.4.

51 D.5.3.27 pr. ; D.7.1.68 pr. ; D.22.1.28.1 ; Inst. 2.1.37.

52 D.21.1.44.

53 D.1.6.1.

54 Y. Thomas, « Remarques sur la juridiction domestique à Rome » in *Parenté et stratégies familiales dans l'Antiquité romaine. Actes de la table ronde des 2-4 octobre 1986 (Paris, Maison des sciences de l'homme)*, École française de Rome, Palais Farnèse, 1990, p. 449-474.

lors des controverses christologiques[55], la théorie de la « personnalité juridique » d'une collectivité appelée aussi *universitas* a été construite par les civilistes et les canonistes de manière casuistique en répondant à des questions juridiques : l'*universitas* peut-elle comprendre une seule personne individuelle (*persona singularis*) ou même personne et l'*universitas* peut-elle être reconnue coupable et subir des peines ? Dans le cadre de ces controverses, les civilistes et les canonistes ont employé les expressions à savoir personne vraie (*persona vera*) et personne représentative (*persona repraesentata*), personne fictive (*persona ficta*) pour désigner respectivement l'être humain constitué d'une âme et d'un corps et les *universitates*[56].

Ainsi, les collectivités font désormais partie de la catégorie des personnes. Notons que cette nouvelle acception de la personne en droit avait été préparée de longue date par les Pères de l'Église qui définissaient l'Église comme une personne dont la tête était le Christ[57].

Comme nous venons de le voir, les juristes médiévaux classent dans la catégorie de personnes tous les êtres humains dotés d'un corps et d'une âme et les *universitates* mais aussi les *personae sui iuris* et *alieni iuris* au sein de la famille, les hommes libres et les esclaves, les personnes privées et personnes publiques dans la cité.

À partir du XIIIe siècle, le droit statutaire provenant des villes italiennes, des corporations, des fraternités, des communautés de familles[58] se développe et porte aussi bien sur l'administration de la commune, le droit civil, le droit pénal, la procédure civile, le respect des règles d'ordre public dans la ville ou la province. Or, en l'absence d'adjectifs qualificatifs précisant la personne dont il s'agit (par exemple, *persona repraesentata* pour indiquer l'*universitas*) ou les expressions comme « n'importe lequel » ou « n'importe quelle personne », les juristes médiévaux s'interrogent sur les règles d'interprétation permettant de savoir quel droit s'applique.

---

55 La notion de « personne morale » est liée à la théorie des trois *esse* du Christ (*l'esse naturale, l'esse rationale* et *l'esse morale* du théologien franciscain Alexandre de Halès. Cf. Magistri Alexandri De Hales, *Glossa in quatuor Libros Sententiarum Petri Lombardi*, Lib. III, Dist. VI (AE), 18, Florentiae collegiums-Bonaventurae, éd. Quaracchi 1954, p. 80.

56 Y. Thomas, « Un expédient interprétatif à l'origine de la personne morale » in *L'architecture du droit. Mélanges en l'honneur de Michel Troper*, Paris, Economica, 2006, p. 951-960 ; P. Michaud-Quantin, *Expressions du mouvement communautaire dans le Moyen-Age latin*, Paris, Librairie philosophique J. Vrin, 1970.

57 Dans *De la mort des persécuteurs*, Lactance parle du « corps des chrétiens » et de la « personne des chrétiens ». Ici, *persona* désigne les chrétiens en qualité de propriétaires et peut être rattachée à la *persona* de l'hérédité jacente réunissant les héritiers du *de cujus*. Cf. L. C. F. Lactantius, *De la mort des persécuteurs*, vol. 1. Introduction, texte critique et traduction de J. Moreau, Paris, Edition du Cerf, 1954, XLVIII, 7-9, p. 133-134. En revanche, saint Augustin désigne le Christ et l'Église de *caput* et de *corpus* unis en une seule personne dans plusieurs commentaires bibliques. Cf. Augustinus, *Enarrationes in Psalmos*, In Psalmum XXX, Enarratio II, 4 in PL t. 36 col. 232.

58 G. Chittolini et D. Willoweit (Hrsg), *Statuten, Städte und Territorien zwischen Mittelalter und Neuzeit in Italien und Deutschland*, Berlin, Duncker und Humblot, 1992.

D'après une interprétation au sens strict, le terme de *persona* désigne un homme ou une femme et non pas une *universitas.* Dans un *consilium*[59], Balde donne l'exemple d'un statut disposant que quelqu'un ne peut aliéner une chose immobilière à une personne qui ne paie pas d'impôts en précisant que cette interdiction ne s'applique pas à quelqu'un qui veut léguer à un monastère. En effet, un monastère ou un lieu pieux n'est pas inclus sous un tel statut et, par conséquent, il n'est pas tenu d'honorer les charges. Pour justifier sa solution, Balde invoque notamment la raison selon laquelle un legs fait à une personne est différent de celui à un lieu. En effet, la personne est définie comme une substance animée (*persona enim est animata substantia*) et le lieu n'est pas une personne mais il possède par l'intellect de droit (*intellectu iuris*).

De plus, les civilistes et les canonistes interprètent également de manière restrictive le terme de « personne » ou « quelqu'un » en droit pénal, ou dans une « matière odieuse » ou dans une matière exorbitante ou correctrice[60]. En effet, la bienveillance doit primer par rapport à la sévérité de la loi en droit pénal car celui-ci a pour but de corriger et de punir l'âme et le corps. D'ailleurs, le pape Boniface VIII conforte cette idée et promulgue la règle selon laquelle les choses odieuses doivent être restreintes alors que les choses favorables doivent être étendues[61].

En revanche, d'après une interprétation au sens large ou dans les matières favorables, les différents types de collectivités telles que les collèges ou les cités peuvent être comprises sous le terme de *persona*[62]. De même, il est possible d'étendre les droits prévus pour la *persona vera* aux *universitates* en vertu du principe d'après lequel *ubi eadem ratio, ibi eadem ius* c'est-à-dire par la similitude de l'identité de raison (*rationis identitas*)[63].

---

59 Baldus de Ubaldis, *Consilia sive responsa,* Consilium CXXXII (Francofurt-ad-Moenum, 1589, Volum. III., f. 34 r°).

60 Johannes Andreae, ad VI 3. 4. 16 (*Novella in Sextum*, Venedig, 1499, réimpr. anast. Akademischen Druck- u. Verlagsanstalt Graz, 1963, f. 179) ; Antonius de Butrio, ad X 3.5.29 (*In librum tertium Decretalium commentarii*, Venetiis, 1578, f.41 r°). Sur le droit statutaire en matière de droit pénal, voir J. Kohler, *Das Strafrecht der italienischen Statuten vom 12.-16. Jahrhundert. Heft 2 – 6 der Studien aus dem Strafrecht*, Mannheim, J. Bensheimer, 1897 et G. Dahm, *Das Strafrecht Italiens im ausgehenden Mittelalter*, Berlin, Leipzig, de Gruyter, 1931.

61 *Liber Sextus,* VI 5.12. Reg. XV éd. Friedberg col. 1122 : «Odia restringi, et favores convenit ampliari».

62 Albericus de Rosate, *Dictionarium*, Moylimalus, Lugduni, 1539, v° Persona ; Johannes Bertachinus de Firmo, *Repertorium Iuris Utrisque Doctoris Praestantissimi*, Basilae, 1573, v° Persona, f. 251 v° ; Ludovicus Pontanus Romanus, Consilium 195 (*Consilia*, Francofurti, 1577).

63 Glos. ord. ad Extrav. Io. XXII. 3,1 v° Personae ; Philippus Decius, Com. ad D. 2.1.9 n. 9-12 (*In Digestum vetus et Codicem commentarii*, Venetiis, Junta, 1596, f. 31 v°) ; Laurentius Calcaneus, *Consilia*, Consilium 1 (Mediolan, 1509, f. 5 r°).

En vertu de la « personnalité juridique », il faut distinguer entre l'*universitas* et les *singuli* membres de cette dernière[64]. *A priori*, le sexe des personnes faisant partie de l'*universitas* ne devrait donc pas avoir d'influence sur le groupe. Or, on peut relever la division entre les *universitates* masculines, féminines ou mixtes décrites par Balde. En effet, il pose la question de savoir si, en présence de la mention des frères mineurs, les sœurs clarisses peuvent également être comprises. Le célèbre docteur *utriusque iuris* répond que les sœurs de sainte Claire ne sont pas contenues parce qu'elles vivent selon un autre droit, et sont différentes par le sexe, sont soumises à une autre règle[65]. Malgré des vœux communs de pauvreté, de chasteté et d'obéissance, on peut remarquer l'inégalité de statut entre les clarisses et les franciscains[66].

Après avoir examiné l'interprétation des termes de personne et d'homme, nous proposons maintenant d'aborder la casuistique de l'inégalité et de l'égalité.

La casuistique de l'inégalité et de l'égalité

On peut parler de casuistique en droit savant dans la mesure où certains principes sont posés par les juristes médiévaux dans le cadre de réponse à des questions pratiques ou des sources juridiques contenues dans plusieurs parties du *corpus juris civilis* ou du *corpus juris canonici*.

En raison de l'étendue de ce sujet, nous limiterons notre étude à la casuistique de l'inégalité et de l'égalité, d'une part, entre l'homme et la femme principalement chez Guillaume Durand et, d'autre part, entre l'homme libre et l'esclave en examinant la question de l'accès au sacrement du mariage de ce dernier.

---

64 D.3.4.7.1 : «Si quid universitati debetur, singulis non debetur : nec quod debet universitas singuli debent».

65 Sur les voeux en droit médiéval, voir R. Eckert, « Les voeux religieux dans la doctrine canonique latine médiévale » in M. Aoun et J.-M. Tufféry-Andrieu (dir.), « Les voeux religieux. Histoire et actualité » (Colloque du lundi 19-mardi 20 mai 2014, Université de Strasbourg, publication à paraître dans la *Revue de Droit Canonique*).

66 Les religieuses sont soumises à l'obligation de la clôture en vertu de la décrétale *Periculoso* du pape Boniface VIII : E. Makowski, *Canon Law and Cloistered Women. Periculoso and Its Commentators 1298-1545 (Studies in Medieval and Early Modern Canon Law 5)*, Washington DC, Catholic University of America Press, 1997 ; Idem, *«A pernicious sort of woman» : quasi-religious women and canon lawyers in the later Middle Ages (Studies in Medieval and Early Modern Canon Law 6)*, Washington DC, Catholic University of America Press, 2005.

Entre l'homme et la femme

D'après notre enquête, nous avons pu relever l'ancienneté du principe d'inégalité des femmes vis-à-vis des hommes. En effet, dans le *Digeste*, le jurisconsulte Papianus affirme que « dans de nombreux articles de notre droit, la condition des femmes est plus mauvaise que celle des hommes »[67]. Au Moyen Âge, les glossateurs et les postglossateurs commentent ce fragment en citant une liste d'exemples dans lesquels la femme possède une situation juridique inférieure par rapport à celle de l'homme. En suivant la méthode dialectique, ils ajoutent également les cas dans lesquels la condition juridique de la femme est meilleure que celle de l'homme mais ceux-ci sont moins nombreux et considérés comme des exceptions.

Célèbre canoniste et liturgiste de la seconde moitié du XIIIe siècle, Guillaume Durand[68] analyse de manière détaillée dans le *Speculum iuris*[69] les cas d'infériorité puis de supériorité de la femme vis-à-vis de l'homme puis ceux dans lesquels ils sont égaux, ce que nous allons voir successivement.

Il commence par énumérer les cas d'inégalité de la femme par rapport au sexe masculin en indiquant les dérogations. En principe, une femme ne peut pas exercer la fonction de procurateur. Mais il existe de nombreuses exceptions en présence de l'autorisation du pape ou d'une abbesse dans le cadre de son monastère. De même, une femme peut être procuratrice si elle est constituée dans cette affaire ou bien en faveur de ses parents, d'un malade, ou quelqu'un empêché par son état, pour la gestion de la tutelle de ses fils, pour la défense de la liberté de son fils, de son père, de son frère, de son mari ou d'un autre membre de sa famille lié par la consanguinité. La femme pourra également agir dans la cause de son fils, dans la sentence du condamné et, enfin, en faveur de n'importe quel consanguin[70].

Selon le Spéculateur, il existe également une inégalité en défaveur des femmes en matière de juridiction parce qu'elles ne peuvent pas être juges, ni arbitres. Les femmes possèdent moins de droits que les hommes en cas de demande de poursuite en justice, en matière d'adoption, en matière

---

67 D.1.5.9 (Papinianus libro trigensimo primo quaestionum) : «In multis iuris nostri articulis deterior est condicio feminarum quam masculorum».

68 K.-N. Nörr, « A propos du Speculum iudiciale de Guillaume Durand » in P.-M. Gy (Hrsg), *Guillaume Durand. Evêque de Mende (v. 1230-1296). Canoniste, liturgiste et homme politique*, Paris, Editions du CNRS, 1992, p. 63-71 ; L. Falletti, « Guillaume Durand » in *Dictionnaire de Droit Canonique* (sous dir. de R. Naz), Tome 5, Duacensis (Collectio)-Intérêt et Usure, Paris, Librairie Letouzey et Ané, 1953, col. 1014 -1075.

69 Guillelmus Durandi, *Speculum Iuris*, Francofurti, Sumtibus heredum Andreae Wecheli, et Ioannis Gymnici, 1592, Lib. I Partic. III., 1 §. Ratione, p. 194-196.

70 Guillelmus Durandi, *op. cit.*, Lib. I Partic. III. n.1, p. 195.

d'*intercessio*, en cas de preuve par témoignage testamentaire ou de témoignage criminel[71].

Guillaume Durand constate l'inégalité des femmes pour la déposition devant un notaire, en matière de tutelle ou dans la prise en charge de soin, dans l'accusation publique, en cas de délation au fisc, dans l'action populaire, en matière de pouvoir paternel qu'elle n'a pas, dans la magistrature, en matière de substitution pupillaire faite au fils[72].

L'inégalité des femmes par rapport aux hommes se rencontre aussi dans le choix d'un tuteur, en matière de succession du fils. En effet, lorsque la mère succède au fils *ab intestat* dans les biens paternels et à l'usufruit, elle perd celui-ci si elle convole en secondes noces, ce qui n'arrive pas au père. De même, en matière de poursuite judiciaire, l'homme peut poursuivre sa femme mais non pas le contraire. L'évêque de Mende note l'inégalité des femmes dans l'exécution de la peine paternelle parce que tous les biens du père condamné membre de la curie reviennent aux fils mais la moitié seulement aux filles[73].

Guillaume Durand remarque l'inégalité des femmes en matière d'accusation d'adultère en droit civil mais pas en droit canonique. De même, l'inégalité des femmes est présente en matière de dénonciation et l'action de prendre un honneur, dans la solennité des pleurs, parce que sous le nom d'homme est compris celui de la femme et non pas le contraire. En matière de présomption, la femme est présumée mourir avant l'homme. Dans la succession des honneurs, le fils suit son père et non pas sa mère sauf si des statuts stipulent autrement et lorsqu'il s'agit des vertus de l'âme[74].

Guillaume Durand note que si quelqu'un était décédé avec une mère survivante et des sœurs alors la mère aurait la moitié. En présence d'une fille prédécédée, les petits-fils succèdent au grand-père avec la diminution du tiers de leur père que la mère de ceux-ci aurait eu si celle-ci avait vécu avec les biens de ce dernier. On peut observer l'infériorité de la femme par rapport au pouvoir des clés parce qu'elle ne peut pas lier ou délier, en matière de doctrine en raison de l'interdiction d'enseigner. La femme ne doit pas exercer la fonction de banquier.

Enfin, la femme est écartée des choses sacrées dans la mesure où elle n'a pas le droit de toucher des choses sacrées comme les nappes d'autel (*vestimenta altaris*) et les vases sacrés, ni se tenir à proximité de l'autel lors de la célébration des offices[75].

---

71 Guillelmus Durandi, *op. cit.*, Lib. I Partic. III. n.2, 1-7, p. 195.

72 Guillelmus Durandi, *op. cit.*, Lib. I Partic. III. n.2, 8-15, p. 195.

73 Guillelmus Durandi, *op. cit.*, Lib. I Partic. III. n.2, 17-20, p. 195.

74 Guillelmus Durandi, *op. cit.*, Lib. I Partic. III. n.2, 21-26, p. 195.

75 Guillelmus Durandi, *op. cit.*, Lib. I Partic. III. n.2, 27-37, p. 195-196.

Ainsi, Guillaume Durand souligne de manière générale la sujétion de la femme par rapport à l'homme.

Dans un second temps, Guillaume Durand cite au contraire des exemples dans lesquels les femmes sont privilégiées par rapport aux hommes :

– Premièrement, la femme possède une condition meilleure par rapport à la bienveillance due à son état.

– Deuxièmement, dans la présomption de naissance.

– Troisièmement, dans la division commune d'une chose avec le fisc parce que la femme dispose d'une option.

– Quatrièmement, dans la condition des fils qui suivent la condition de la mère et non du père dans certains cas. Par exemple, le fils né d'un décurion et d'une habitante suit la condition de la mère et non du père.

– Cinquièmement, dans l'exemption de travaux à accomplir, par exemple si un patron consent au mariage d'une affranchie, il est censé aussi accomplir l'exemption des travaux, ce qui n'est pas le cas d'une patronne ou d'une fille et d'un petit-fils du patron.

– Sixièmement, dans la répétition du commodat c'est-à-dire une chose prêtée.

– Septièmement, à propos de la succession des biens d'un condamné en cas de crime de lèse-majesté.

– Huitièmement, dans la possession des biens contre la dénonciation des testaments.

– Neuvièmement, la femme possède une condition meilleure en matière de détention parce qu'une femme n'est pas incarcérée pour une cause civile.

– Dixièmement, les femmes sont privilégiées en matière d'excommunication parce qu'elles ne sont pas envoyées au siège apostolique[76].

Dans un troisième temps, Guillaume Durand conclut en évoquant des cas dans lesquels l'homme et la femme possèdent une condition semblable. Il cite plusieurs fragments du *corpus iuris civilis* d'après lequels l'homme et la femme sont égaux en droit notamment dans le domaine du droit de succession, en matière de donation entre époux et de possession des biens, dans la dissolution du mariage, dans le droit d'être enseveli, dans l'obligation de fidélité entre les époux en droit canonique. Enfin, le Spéculateur note que les esclaves fugitifs, tant les hommes que les femmes sont censés rentrer chez leurs maîtres[77].

Après avoir envisagé la casuistique de l'inégalité et de l'égalité entre l'homme et la femme chez Guillaume Durand, nous voudrions maintenant mettre en exergue le rôle du sacrement du mariage de l'esclave qui montre

---

76 Guillelmus Durandi, *op. cit.*, Lib. I Partic. III. n.3, p. 196.

77 Guillelmus Durandi, *op. cit.*, Lib. I Partic. III. n.3, 1-13, p. 196.

sous un jour nouveau les rapports entre l'homme libre et l'esclave mais aussi entre l'homme et la femme[78].

Entre l'homme libre et l'esclave

L'interdiction de l'acception des personnes (*acceptio personarum*)[79] en matière sacramentelle constitue un élément majeur du droit des personnes à partir du XIIe siècle et va favoriser l'égalité entre l'homme libre et l'esclave.

Dans le canon *Nec quemquam*[80] fondé sur l'autorité de Cyprien, le *Décret* de Gratien affirme le principe d'interdiction de l'acception des personnes en matière sacramentelle. À l'instar de la lumière du jour et du soleil qui brillent sur tous les hommes de manière égale, la grâce céleste est divisée sur tout le peuple de Dieu sans variation en fonction du sexe, sans discrimination d'âge, ni acception de personne. Il s'agit d'un principe ancien déjà présent dans l'Ancien Testament[81] repris ensuite par les apôtres Pierre, Paul et surtout Jacques[82], les Pères de l'Église[83] et l'empereur Justinien[84].

On peut constater que les sacrements[85] jouent un rôle important dans la société médiévale et viennent bousculer notamment les rapports entre les hommes libres et les esclaves et le droit matrimonial. En effet, le jurisconsulte Ulpien[86] affirme que l'homme et la femme s'unissent pour procréer et éduquer des enfants à l'instar des autres animaux d'après le droit

78 Nous nous référons ici aux résultats de notre thèse portant sur *La personne dans le droit savant du 12e au 15e siècle* soutenue à l'Université Paris Ouest Nanterre La Défense le 16 juillet 2013 (publication en préparation).

79 Sur la notion *d'acceptio personarum*, voir notamment J. Van Engen, «'God is no Respecter of Persons': Sacred Texts and Social Realities» in *Intellectual Life in the Middle Ages. Essays presented to Margaret Gibson (edited by L. Smith and B. Ward)*, London and Rio Grande, The Hambledon Press, 1992, p. 243-264.

80 Decr. Grat. De cons. D.4 c.127 éd. Friedberg col. 1400-1401 : «… Cuius equalitatis sacramentum videmus... Unde apparebat, Christi indulgentiam et celestem gratiam postmodum secuturam equaliter omnibus dividi, sine sexus varietate, sine annorum discrimine, sine acceptione personae super omnem Dei populum spiritualis gratiae munus infundi. ..» Cyprianus, Ep-69 (*Opera Pars 3,2 Sancti Cypriani Episcopi Epistularium. Epistulae 58-81,* éd. G. F. Diercks, Turnholti, Brepols, 1996, [(CSL III C)], p. 491-492).

81 Plusieurs versets de l'Ancien Testament ordonnent aux juges de rendre la justice de manière impartiale sans faire de distinction entre les personnes d'après leurs richesses, ou leur statut social à l'exemple de Dieu. Cf. Deut. 1, 17 ; Deut. 16, 18-19 ; Prov. 18, 5 ; Prov. 18, 5 ; Job 34, 19.

82 Jac. 2,1-9 ; Ephes. 6,9 ; Act. 10,34 ; Rom. 2,10-11.

83 Augustinus, *De Sententia Jacobi Liber, seu Epistola CLXVII* in PL., t. 33, col. 740, n. 18.

84 Nov. 5 = A. 1.5.2 (de monachis).

85 La liste des sept sacrements est fixée par Pierre Lombard et officialisée lors du IIe concile de Lyon (1274) dans la profession de foi de Michel Paléologue. Cf. IIe Concile de Lyon, 4e session, 6 juillet 1274, lettre de l'empereur Michel au pape Grégoire X in H. Denzinger, *Symboles et définitions de la foi catholique*, Paris, Cerf, 2001, p. 312-313 ; J. Gaudemet, « L'évolution de la notion de sacramentum en matière de mariage » in *RDC* 41, 1991, p. 79.

86 D.1.1.3.

naturel. Toutefois, l'esclave est frappé d'un empêchement de se marier car il est dépourvu de liberté et du *conubium*[87].

Au Moyen Âge, le mariage est conçu à la fois comme un sacrement unissant le mari et la femme de manière indissoluble à l'exemple du mystère (*sacramentum*) entre le Christ et l'Église[88] et comme un contrat capable d'être dissous en présence d'une nullité[89].

Le *Décret* de Gratien oppose l'institution du mariage au paradis qualifié de noces et le mariage après la chute d'Adam compris comme un remède à la concupiscence mais qui comporte trois biens : la foi, la descendance et un sacrement c'est-à-dire l'indissolubilité du lien matrimonial[90]. Par ailleurs, il reconnaît pour la première fois le droit de se marier à l'esclave en vertu du verset aux Galates selon lequel dans le Christ Jésus, il n'y a ni Juif ni Grec ni esclave ni homme libre[91] et du principe d'interdiction de l'acception des personnes pour le mariage[92]. Par conséquent, on pourrait penser qu'il existe une égalité complète entre l'esclave et l'homme libre. Or, Gratien et les autres canonistes prennent en compte, d'une part, deux catégories de personnes dans le cas du mariage d'un esclave avec une femme libre à savoir la personne en droit naturel composée d'un corps humain et d'une âme et la personne en droit civil (homme libre et esclave) et, d'autre part, distinguent plusieurs catégories d'erreurs :

> Il y a erreur sur la personne quand on pense qu'untel est Virgile et qu'il s'agit de Platon. Il y a erreur sur la fortune quand on croit quelqu'un riche alors qu'il est pauvre, ou inversement. Il y a erreur sur la condition quand on croit libre quelqu'un qui est de condition servile. Il y a erreur sur la qualité quand on croit bon quelqu'un de mauvais. L'erreur sur la fortune ou sur la qualité n'exclut pas le consentement matrimonial. Mais l'erreur sur la personne ou sur sa condition ne permet pas le consentement matrimonial[93].

---

87 J.-Ph. Lévy et A. Castaldo, *Histoire du droit civil*, Paris, Dalloz, p. 89.

88 Eph. 5, 31-32.

89 J. Werckmeister, « L'apparition de la doctrine du mariage contrat dans le droit canonique du 12e siècle » in *RDC*, 53,1,2003, p. 5-25.

90 Decr. Grat., C.32 q.2 d. p. c. 2 éd. Friedberg col. 1120.

91 Gal. 3, 28.

92 Decr. Grat., Cause 29 Q. 2 d. a. c.1 et Decr. Grat., Cause 29 Q.2 c.1 traduite par J. Werckmeister, *Décret de Gratien : causes 27 à 36 (Edition, traduction, introduction et notes par J. Werckmeister)*, Paris, Cerf, 2011, p. 262-263. D'origine inconnue, Burchard de Worms cite pour la première fois ce canon ; P. Landau, «Die Eheschliessung von Freien mit Unfreien bei Burchard von Worms und Gratian. Ein Beitrag zur Textkritik der Quellen des kanonischen Rechts und zur Geschichte christlicher Umformung des Eherechts» in *Cristianità ed Europa. Miscellanea di studi in onore di Luigi Prosdocimi*, Vol. 1, Tome 2 (a cura di C. Alzati), Roma, Freiburg, Wien, Herder, 1994, p. 453-495. Notons que le *Casus* du canon *Omnibus* contenu dans la glose ordinaire au *Décret* de Gratien se réfère explicitement à *l'acceptio personarum.* Cf. Johannes Teutonicus, Glos. ord. C.29 q.2 c.1 col. 1554 : «Casus. Cum apud Deum non sit acceptio personarum, sed unus sit pater omnibus, et una lex : sicut ingenus dimitti non potest, ita servus scienter semel coniugio copulatus dimitti non potest. Sequens §. patet».

93 Decr. Grat., Cause 29 Q.1 § 2 traduite par J. Werckmeister, *Décret de Gratien : causes 27 à 36 (édition, traduction, introduction et notes par Jean Werckmeister)*, Paris, Cerf, 2011, p. 255-257.

Par conséquent, seules les erreurs sur la personne et la condition invalident le mariage contrairement à l'erreur sur la qualité ou la fortune. Pour justifier l'erreur sur la personne, Gratien[94] compare le mariage à une vente dans laquelle soit un vendeur se fait passer pour un autre, soit il y a eu une erreur sur la matière et cite plusieurs exemples d'erreur sur la personne tels que le mariage de Jacob avec Léa qu'il épousée par ignorance à la place de Rachel ou l'erreur due à des « personnes fictives » c'est-à-dire ne reposant pas sur la vérité de la substance tel qu'un mariage avec un hérétique.

Dans leurs commentaires sur l'erreur sur la personne et la condition, les décrétistes distinguent entre la personne fondée sur la substance et la personne reposant sur la dignité. Ainsi, Huguccio et Laurent d'Espagne[95] affirment que si quelqu'un se présente sous le nom du roi de France à une jeune fille qui n'en a jamais entendu parler ni eu connaissance de lui par sa réputation, alors il y a une erreur sur la fortune ou la qualité. En revanche, si la jeune fille a entendu parler du roi de France, celle-ci consent non à l'homme présent devant elle mais au roi de France lui-même, et par conséquent, le mariage est nul parce qu'il y a erreur sur la personne. Jean le Teutonique précise que l'erreur sur la personne concerne la personne définie par Boèce comme une « créature raisonnable d'une essence individuelle »[96]. Il s'agit de la définition de Boèce[97] modifiée : premièrement, le terme « nature » a été remplacé par celui de « créature » afin d'indiquer qu'il s'agit d'un être humain et non pas de Dieu et, deuxièmement, celui de « substance » par celui d'« essence » choisi pour montrer qu'il s'agit de la nature humaine et non pas de la substance matérielle[98].

---

94 Decr. Grat., Cause 29 Q.1 § 2 traduite par J. Werckmeister, *op. cit.*, p. 257 : « Si quelqu'un s'engageait à vendre un champ à Marcel et qu'ensuite arrivait Paul, et que ce dernier achetait le champ en se faisant passer pour Marcel, est-ce que Marcel conviendrait d'un prix avec Paul ou est-ce qu'il devrait dire que c'est à lui que le champ avait été vendu ? De même, si quelqu'un promettait de me vendre de l'or et à la place de l'or me donnait du cuivre et ainsi me trompait, est-ce que je dirais que j'ai consenti au cuivre ? Jamais je n'ai voulu acheter du cuivre et je n'ai donc d'aucune façon donné mon consentement, puisqu'il n'y a pas de consentement sans volonté. Donc, de même que l'erreur sur la matière exclut dans ce cas le consentement, l'erreur sur la personne l'exclut dans le mariage. Car elle n'a pas consenti à cet homme-ci, mais à celui-là pour lequel elle l'a pris ».

95 Johannes Teutonicus, Glos. ord. ad C. 29 q. 1 v° Quod autem (*Decretum Gratiani, emendatum et notationibuq illustratum : Una cum glossis, Gregorii XIII Pont. Max. Iussu editum,* Lugduni, Sumtibus Ioannis Pillehotte, 1613, col. 1551-1552) ; J. Dauvillier, *Le mariage dans le droit classique de l'église depuis le Décret de Gratien (1140) jusqu'à la mort de Clément V (1314)*, Paris, Librairie du Recueil Sirey, 1933, p. 92-93.

96 Johannes Teutonicus, Glos. ord. ad C. 29 q. 1 v° Persona (*Decretum Gratiani op. cit.* col. 1552) : *rationabilis creatura individua essentia.*

97 La définition de Boèce d'après laquelle la personne est « la substance individuelle d'une nature rationnelle » s'applique à Dieu, aux anges et aux hommes. Cf. Sur la définition de Boèce utilisée en droit et en théologie, voir E. Schneider, «Naturae rationalis individua substantia. Eine theologische oder juristische Definition der Person ?» in *Boethius as a Paradigm of Late Ancient Thought. (Hrsg Th. Böhm, Th. Jürgasch, A. Kirchner),* Berlin, Boston, Walter De Gruyter, 2014, p. 245-269.

98 J. Gaudemet observe que Guillaume de Champeaux ne traite pas de l'erreur sur la personne dans le chapitre consacré au mariage dans ses *Sententiae vel Quaestiones XLVI* mais au début de son Traité à

Parmi les décrétistes, le maître Roland vient préciser trois éléments nécessaires au mariage : le consentement, le pacte conjugal et l'idonéité des personnes[99]. Quant à Guido de Baysio[100], il appelle l'erreur sur la personne comme erreur sur la qualité substantielle.

À côté de l'erreur sur la personne, le mariage peut être rendu invalide en raison de l'erreur sur la condition de libre ou d'esclave dans la mesure où il fait tomber l'époux libre en esclavage ou en servage. Si l'Église suit le principe d'interdiction d'acception des personnes en matière de sacrement, en revanche, elle ne remet pas en cause la distinction entre les hommes libres et les esclaves dans l'ordre temporel. Dans la pratique, il paraît préférable que les mariages soient conclus entre des personnes possédant un statut équivalent.

C'est également en vertu du principe de prohibition de l'acception des personnes chez Dieu que le pape Adrien IV proclame dans la décrétale *Dignum*[101] que l'esclave peut se marier sans l'accord de son maître mais doit continuer à servir son maître.

Dans leurs commentaires à cette décrétale, les décrétalistes débattent du conflit à propos du droit sur le corps de l'esclave entre d'un côté le maître en vertu du *dominium* qu'il possède sur la *persona alieni iuris* de l'esclave assimilé à un instrument de travail au service du maître (*servitium*), et d'un autre côté, l'épouse qui peut exiger le devoir conjugal de son mari (*officium conjugale*)[102]. Les canonistes et les théologiens[103] en concluent que l'esclave doit obéir à son maître sauf si sa femme risque de commettre un adultère[104]

---

propos du problème de l'identité de la personne dans ses explications sur la Trinité. Cf. J. Gaudemet, « Droit canonique et droit romain. À propos de l'erreur sur la personne en matière de mariage (C. XXIX qu. 1) » in *Studia Gratiana*, 1966, p. 53.

99 L'idonéité de la personne est fixée en fonction du vœu, du lien, de la différence de la foi, de l'erreur, de la condition, de la proximité spirituelle, de l'état, de l'énormité du délit, de l'impossibilité de s'unir, de la consanguinité et de l'affinité, de l'absence de violence ou de rapt. Cf. Rolandus, *ad De coniugio* (*Summa [super Decretum Gratiani]*, éd. F. Thaner, Innsbruck, 1874, réimpr. anast. Aalen, 1962, p. 114-115). Notons que les canonistes reprennent la condition de l'idonéité de la personne lors de l'élection des clercs.

100 Guido de Baysio, ad Causa 29 (*Rosarium decretorum*, Venetiis, 1481).

101 X 4.9.1 éd. Friedberg col. 691-692 : «... sicut in christo Iesu neque liber, neque servus ... nec inter servos matrimonia debent ullatenus prohiberi ...» ; P. Landau, «Hadrians IV. Dekretale 'Dignum est' (X.4.9.1) und die Eheschliessung unfreier in der Diskussion von Kanonisten und Theologen des 12. und 13. Jahrhunderts» in *Studia Gratiana* 12, 1967, p. 511-553. Le pape Adrien IV se réfère au verset de l'Épître aux Galates 3, 28.

102 Bernardus Parmensis, *Glos. ord. ad* X 4.9.1 v° Servitia (*Decretales D. Gregorii Papae IX suae integritati una cum glossis restituae*, Ad exemplar Romanum diligenter recognitae, Lugduni, Sumptibus Ioannis Pillehotte, 1613, col. 1488)

103 Les canonistes n'hésitent pas à se référer aux théologiens et vice versa sur la question du mariage de l'esclave. Cf. Henricus Boich, ad X 4.9.2 n. 4-6 (*In quinque Decretalium libros commentaria*, 1576, p. 47).

104 C'est le cas de Johannes de Turrecremata qui se fonde sur l'autorité de Thomas d'Aquin. Cf. Johannes a Turrecremata, ad C.29 q.2 c.2 (*In Gratiani Decretorum secundam doctissimi commentarii*, Venetiis, Apud Haeredem Hieronymi Scoti, 1578, Tomus Tertius, p. 377).

et ne doit pas être séparé de celle-ci par une vente. Lorsque l'esclave est envoyé travailler dans une région éloignée, sa femme doit donc pouvoir le suivre.

De ce qui précède, nous pouvons remarquer la proclamation de l'égalité de tous les hommes, libres ou esclaves, par rapport au sacrement du mariage en vertu du principe d'interdiction d'*acceptio personarum* et la reconnaissance d'un droit sur son corps à l'esclave en matière de sexualité et le droit de contracter un mariage indissoluble et à mener une vie commune avec son épouse. Toutefois, les esclaves continuent d'être soumis à leur condition servile et de servir leur maître. Ils doivent informer leur futur conjoint de leur état sous peine de nullité du mariage.

Pour conclure, nous avons montré que le droit peut être interprété comme une personne composée d'un corps et d'une âme. Les termes de *persona* et d'*homo* signifient l'homme ou la femme voire une *universitas* ou une fonction spirituelle ou temporelle. À travers l'étude de la casuistique de l'inégalité et de l'égalité entre l'homme et la femme et de l'homme libre et de l'esclave, nous avons pu mettre en lumière les conséquences juridiques du pouvoir des mots.

Bibliographie

ACCURSIUS, *Glossa in Digestum vetus*, réimpr. anast. Augustae Taurinorum 1969 [CGJC t. VII].

ALBERICUS DE ROSATE, *Dictionarium*, Moylimalus, Lugduni, 1539, v° Persona.

ALBERICUS DE ROSATE, *In primam Digesti veteris partem commentaria*, Venetiis, 1585, réimpr. anast. Bologna, 1974 [OJR, t. XXI].

ALBERICUS DE ROSATE, *In primam Codicis partem commentarii*, Venetiis, 1586, réimpr. anast. Bologna, 1979 [OJR, t. XXVII].

ANTONIUS DE BUTRIO, *In librum tertium Decretalium commentarii*, Venetiis, 1578.

AUGUSTINUS, *Enarrationes in Psalmos* in PL t. 36 col. 67-1028.

AUGUSTINUS, *De Catechizandis Rudibus Liber unus*, in PL t. 40, cd. 309-372

AUGUSTINUS, *De Sententia Jacobi Liber, seu Epistola CLXVII*, in PL t. 33, col. 733-741.

BALDUS DE UBALDIS, *In primam Digesti Veteris partem Commentaria*, 2 vol., Venetiis, 1577.

BALDUS DE UBALDIS, *In secundam Digesti Veteris partem Commentaria*, 2 vol., Venetiis, 1577.

BALDUS DE UBALDIS, *In Primum, Secundum et Tertium Codicis libros Commentaria*, Venetiis, 1577.

BALDUS DE UBALDIS, *In Quartum et Quintum Codicis libros Commentaria*, Venetiis, 1577.

BALDUS DE UBALDIS, *In sextum Codicis Librum Commentaria*, Venetiis, 1577.

BAUD (J.-P.), *Le droit de vie et de mort. Archéologie de la bioéthique*, Paris, Alto – Aubier, 2001, 339 p.

BIOY (X.), *Le concept de personne humaine en droit public. Recherche sur le sujet des droits fondamentaux*, Paris, Dalloz, 2003, 913 p.

CHEVRIER (G.), « Les critères de la distinction du droit privé et du droit public dans la pensée savante médiévale » in *Etudes d'histoire du droit canonique dédiées à G. Le Bras*, t.2, Paris, Sirey, 1965, p. 841-859.

CHITTOLINI (G.) et WILLOWEIT (D.) (Hrsg), *Statuten, Städte und Territorien zwischen Mittelalter und Neuzeit in Italien und Deutschland*, Berlin, Duncker und Humblot, 1992, 386 p.

CICERON, *Topica in Divisiones de l'Art oratoire. Topiques* (Texte établi et traduit par H. BORNECQUE), 2e édition, Paris, Société d'Edition Les Belles Lettres, 1960, 117 p.

COJEAN (A.), « Droits humains, c'est plus moderne » in *Le Monde*, 11.12.2008, p. 3.

COMITE CONSULTATIF NATIONAL D'ÉTHIQUE, *Avis N°122 Recours aux techniques biomédicales en vue de « neuro-amélioration » chez la personne non malade : enjeux éthiques* in http://www.ccne-ethique.fr/fr/publications/recours-aux-techniques-biomedicales-en-vue-de-neuro-amelioration-chez-la-personne-non.

Conciliorum oecumenicorum decreta (curantibus J. ALBERIGO *et alii*), editio tertia, Bologna, edidit Istituto per le Scienze Religiose, 1973, 169 p.

COPPENS (E. C. C.), « L'interprétation analogique des termes de droit romain en droit canonique médiéval » in *Actes du colloque 'Terminologie de la vie intellectuelle au moyen âge*, Leyde/La Haye, 20-21 septembre 1985, éd. O. WEIJENS (*Études sur le vocabulaire intellectuel du moyen âge, Bd 1*), Turnhout, Brepols, 1988, p. 54-64.

CYNUS DE PISTORIENSIS, *In Digesti veteris libros Commentaria*, Francoforti-ad-Moenum, 1578, réimpr. anast., Torino, 1964.

CYNUS DE PISTORIENSIS, *In Codicem et aliquot titulos primi Pandectarum tomi, id est Digesti veteris, doctissima commentaria*, 2 part. en 1 vol., Francoforti-ad-Moenum, 1578, réimpr. anast., Torino, 1964.

CYPRIANUS, *Opera Pars 3,2. Sancti Cypriani Episcopi Epistularium, Epintulae 58-81*, éd. G. F. Dierks, Turnholti, Brepols, 1996, [(CSL III C)], 672 p.

DAHM (G.), *Das Strafrecht Italiens im ausgehenden Mittelalter*, Berlin, Leipzig, de Gruyter, 1931, 555 p.

DAUVILLIER (J.), *Le mariage dans le droit classique de l'église depuis le Décret de Gratien (1140) jusqu'à la mort de Clément V (1314)*, Paris, Librairie du Recueil Sirey, 1933, 517 p.

Decretales Gregorii P. IX, éd. E. FRIEDBERG, *Corpus Iuris Canonici, Pars secunda. Decretalium collectiones*, Leipzig, 1879 (réimpression Graz, 1959).

Decretales D. Gregorii Papae IX suae integritati una cum glossis restituae, Ad exemplar Romanum diligenter recognitae, Lugduni, Sumptibus Ioannis Pillehotte, 1613.

Decretum Magistri Gratiani, éd. E. FRIEDBERG, *Corpus Iuris Canonici, Pars prior*, Leipzig, 1879 (réimpression Graz, 1959).

Decretum Gratiani, emendatum et notationibus illustratum : Una cum glossis, Gregorii XIII Pont. Max. Iussu editum, Lugduni, Sumtibus Ioannis Pillehotte, 1613.

DENZINGER (H.), *Symboles et définitions de la foi catholique*, Paris, Cerf, 2001, 1283 p.

ECKERT (R.), « Les vœux religieux dans la doctrine canonique latine médiévale » in M. AOUN et J.-M. TUFFERY-ANDRIEU (dir.), Colloque *Les vœux religieux. Histoire et actualité* (lundi 19-mardi 20 mai 2014, Université de Strasbourg, publication à paraître dans la *Revue de Droit Canonique*).

FALLETTI (L.), « Guillaume Durand » in *Dictionnaire de Droit Canonique* (sous la dir. de R. NAZ), Tome 5, Duacensis (Collectio)-Intérêt et Usure, Paris, Librairie Letouzey et Ané, 1953, col. 1014 -1075.

GAUDEMET (J.), « Droit canonique et droit romain. À propos de l'erreur sur la personne en matière de mariage (C. XXIX qu. 1) » in *Studia Gratiana* 9, 1966, p. 45-64.

GUIDO DE BAYSIO, *Rosarium decretorum,* Venetiis, 1481.

GUILLELMUS DURANDI, *Speculum Iuris*, Francofurti, Sumtibus heredum Andreae Wecheli, et Ioannis Gymnici, 1592.

HENRICUS BOICH, *In quinque Decretalium libros commentaria*, 1576.

HIERONYMUS, *Commentariorum in Epistolam ad galatas Libri Tres*, in PL t. 26, col. 307-438.

HORN (N.), «Philosophie in der Jurisprudenz der Kommentatoren : Baldus philosophus» in *Ius Commune* (hrsg. H. COING), Frankfurt am Main, Vittorio Klostermann, 1967, p. 104-149.

HUGONIS DE S. VICTORE, *Eruditionis Didascalicae Libri Septem* in PL t. 176, col. 739-838.

HUGONIS DE S. VICTORE, *De scripturis et scriptoribus sacris praenotatiunculae* in PL t. 175, col. 9-28.

JOHANNES ANDREAE, *Novella in Sextum*, Venedig, 1499, réimpr. anast. Akademischen Druck- u. Verlagsanstalt Graz, 1963.

JOHANNES BERTACHINUS DE FIRMO, *Repertorium Iuris Utrisque Doctoris Praestantissimi*, Basilae, 1573, v° Persona.

JOHANNES A TURRECREMATA, *In Gratiani Decretorum secundam doctissimi commentarii*, Venetiis, Apud Haeredem Hieronymi Scoti, 1578, Tomus Tertius.

KOHLER (J.), *Das Strafrecht der italienischen Statuten vom 12.-16. Jahrhundert. Heft 2 – 6 der Studien aus dem Strafrecht*, Mannheim, J. Bensheimer, 1897, 742 p.

KRIECHBAUM (M.), «Zur juristischen Interpretationslehre im Mittelalter» in *Festschrift für Sten Gagnér*, Ebelsbach, Aktiv Druck und Verlag GMBH, 1996, p. 73-109

LACTANTIUS, *De la mort des persécuteurs*, vol. 1. Introduction, texte critique et traduction de J. MOREAU, Paris, Edition du Cerf, 1954, 176 p.

LAFONTAINE (C.), *Le Corps-marché. La marchandisation de la vie humaine à l'ère de la bioéconomie*, Paris, Seuil, 2014, 288 p.

LANDAU (P.), «Hadrians IV. Dekretale « Dignum est » (X.4.9.1) und die Eheschliessung unfreier in der Diskussion von Kanonisten und Theologen des 12. und 13. Jahrhunderts» in *Studia Gratiana* 12, 1967, p. 511-553.

LANDAU (P.), «Die Eheschliessung von Freien mit Unfreien bei Burchard von Worms und Gratian. Ein Beitrag zur Textkritik der Quellen des kanonischen Rechts und zur Geschichte christlicher Umformung des Eherechts» in *Cristianità ed Europa. Miscellanea di studi in onore di Luigi Prosdocimi, Vol. 1, Tome 2 (a cura di C. ALZATI)*, Roma, Freiburg, Wien, Herder, 1994, p. 453-495.

LANGE (H.) et KRIECHBAUM (M.), *Römisches Recht im Mittelalter. Bd 2. Die Kommentatoren*, München, Beck, 2007, p. 335-350.

LAURENTIUS CALCANEUS, *Consilia*, Mediolan, 1509.

LEVY (J.-Ph.) et CASTALDO (A.), *Histoire du droit civil,* Paris, Dalloz, 1554 p.

LUDOVICUS PONTANUS ROMANUS, *Consilia*, Francofurti, 1577.

MAGISTRI ALEXANDRI DE HALES, *Glossa in quatuor Libros Sententiarum Petri Lombardi*, Florientiae Collegiums-Bonaventurae, éd. Quaracchi 1954.

MAKOWSKI (E.), *Canon Law and Cloistered Women. Periculoso and Its Commentators 1298-1545 (Studies in Medieval and Early Modern Canon Law 5)*, Washington DC, Catholic University of America Press, 1997, 149 p.

MAKOWSKI (E.), *«A pernicious sort of woman»: quasi-religious women and canon lawyers in the later Middle Ages* (Studies in Medieval and Early Modern Canon Law 6), Washington DC, Catholic University of America Press, 2005, 170 p.

MAYALI (L.), « Lex animata, rationalisation du pouvoir politique et science juridique (XIIe-XIVe siècles) », in *Renaissance du pouvoir législatif et genèse de l'État*, éd. A. GOURON et A. RIGAUDIÈRE, Montpellier, 1988 (Publications de la Société d'Histoire du Droit et des Institutions des Anciens Pays de Droit Écrit, III), p. 155-164.

MICHAUD-QUANTIN (P.), *Expressions du mouvement communautaire dans le Moyen-Age latin*, Paris, Librairie philosophique J. Vrin, 1970, 358 p.

NÖRR (K.-N.), « A propos du *Speculum iudiciale* de Guillaume Durand » in GY (P.-M.) (Hrsg), *Guillaume Durand. Evêque de Mende (v. 1230-1296). Canoniste, liturgiste et homme politique*, Paris, Éditions du Centre National de la Recherche Scientifique, 1992, p. 63-71.

ODOFREDUS DE DENARIIS, *Repetita in undecimum primos Pandectarum libros*, Lugduni, 1550, réimpr. anast. *Lectura super Digesto veteri I*, Bologna, 1967 [OJR, t. II/1].

PATAULT (A.-M.), « La personne morale d'une nationalisation à une autre, naissance et mort d'une théorie » in *Droits,* 1993, p. 79-89.

PHILIPPUS DECIUS, *In Digestum vetus et Codicem commentarii*, Venetiis, Junta, 1596.

RANIERI (F.), «Eine Dogmengeschichte des europäischen Zivilrechts ? Einige Thesen zum Beitrag der Rechtsgeschichte zu einer europäischen Zivilrechtswissenschaft» in *Europäische Rechts- und Verfassungsgeschichte Ergebnisse und Perspektiven der Forschung,* éd. R. SCHULZE, Berlin, 1991, p. 89-101.

ROLANDUS, *Summa [super Decretum Gratiani]*, éd. F. THANER, Innsbruck, 1874, réimpr. Anast. Aalen, 1962.

SCHNEIDER (E.), « Persona publica dans le droit savant médiéval : l'exemple du notaire comme personne publique » in J. BOUINEAU (dir.), *Personne et Res Publica,* Vol. 1, Paris, L'Harmattan, Collection « Méditerranées », 2008, p. 161-193.

SCHNEIDER (E.), *La personne dans le droit savant du 12e au 15e siècle,* Thèse Université Paris X (sous la direction de Mme le Professeur M. BEGOU-DAVIA), 16 juillet 2013, 836 p.

SCHNEIDER (E.), «Naturae rationalis individua substantia. Eine theologische oder juristische Definition der Person?» in *Boethius as a Paradigm of Late Ancient Thought. (Hrsg Th. BÖHM, Th. JÜRGASCH, A. KIRCHNER)*, Berlin, Boston, Walter de Gruyter, 2014, p. 245-269.

SCHRÖDER (J.), «Rhetorik und juristische Hermeneutik in der frühen Neuzeit» in *Grundlagen des Rechts. Festschrift für Peter Landau zum 65. Geburtstag,* Paderborn, München, Wien, Zürich, Ferdinand Schöningh, 2000, p. 677-696.

SCHULZE (R.), « Un nouveau domaine de recherche en Allemagne : l'histoire du droit européen », *RHD*, t. 69, 1992, p. 29-48.

STEIN (P.), *Regulae iuris. From juristic rules to legal maxims*, Edinburgh Univ. Pr., 1966, 206 p.

STOLLEIS (M.), *Das Auge des Gesetzes. Geschichte einer Metapher,* München, Verlag C.H. Beck, 88 p.

THOMAS (Y.), « Remarques sur la juridiction domestique à Rome » in *Parenté et stratégies familiales dans l'Antiquité romaine. Actes de la table ronde des 2-4 octobre 1986 (Paris, Maison des sciences de l'homme)*, École française de Rome, Palais Farnèse, 1990, p. 449-474.

THOMAS (Y.), « Un expédient interprétatif à l'origine de la personne morale » in *L'architecture du droit. Mélanges en l'honneur de Michel Troper*, Paris, Economica, 2006, p. 951-960.

THOMAS AQUINAS, *Quaestiones de Quodlibet, cura et studio Fratrum Praedicatorum*, Commission Leonina, Les Éditions du Cerf, Roma, Paris, 1996.

THOMAS AQUINAS, *Summa theologiae* in http://www.corpusthomisticum.org/.

THOMAE AQUINITATIS, *In Libros Peri Hermeneias Expositio, Romae,* Ex Typographia Polyglotta S.C. De Propaganda Fide, 1882.

VAN ENGEN (J.), «'God is no Respecter of Persons': Sacred Texts and Social Realities» in *Intellectual Life in the Middle Ages. Essays presented to Margaret Gibson* (edited by L. SMITH & B. WARD), London and Rio Grande, The Hambledon Press, 1992, p. 243-264.

WEIGAND (R.), *Die Naturrechtslehre der Legisten und Dekretisten von Irnerius bis Accursius und von Gratian bis Johannes Teutonicus*, München, Max Hueber Verlag, 1967, 475 p.

WERCKMEISTER (J.), « L'apparition de la doctrine du mariage contrat dans le droit canonique du 12e siècle », *Revue de Droit Canonique*, 53, 1, 2003, p. 5-25.

WERCKMEISTER (J.), *Décret de Gratien : causes 27 à 36 (Édition, traduction, introduction et notes par J. WERCKMEISTER)*, Paris, Cerf, 2011, 768 p.

Isabelle Carles-Berkowitz

Ce que le droit fait au genre : les femmes migrantes dans la législation européenne

Résumé : Sous la double influence de l'augmentation de la migration féminine et de l'obligation faite aux institutions européennes d'introduire une dimension de genre dans l'ensemble de leurs politiques, les femmes migrantes sont de plus en plus visibles en tant que catégorie dans les discours et les politiques européennes.
Cependant le droit européen ne reconnaît pas la singularité des besoins et des expériences vécues par les femmes migrantes et peine à appréhender la diversité de la migration féminine. La perception dominante des femmes migrantes en Europe demeure celle de femmes pas ou peu qualifiées, vues comme dépendantes et victimes à protéger.
L'objectif de cet article est de montrer comment le droit européen en matière de migration et d'asile, apparemment neutre, se construit sur la base d'une vision idéologique implicite des femmes et des hommes migrants qui, elle-même, va avoir une influence sur l'égalité de traitement. L'article porte sur l'analyse des lois européennes relatives à l'immigration et l'asile.

Mots-clés : Droit, genre, migration, asile, égalité, Union européenne.

What Does the Law Do for Gender: Migrant Women in the European Legislation

Abstract: Migrant women are increasingly visible as a category in public discourse and European policies due to an increase in female migration and the obligation on European institutions to introduce a gender perspective in all policies.
However, EU law does not recognise the specific needs and experiences of migrant women. Despite the diversity of female migration, the dominant perception of migrant women in Europe remains low qualified and dependent women needing protection.
The purpose of this article is to show how European law on migration and asylum, although supposedly gender-blind, is built on implicit ideological representations of female and male migrants. These representations in turn have an impact on the approach to equal treatment, as demonstrated through an analysis of European legislation on immigration and asylum.

Keywords: Law, Gender, Migration, Asylum, Equality, European Union.

Introduction

Alors que les domaines croisés du genre et de la migration sont restés longtemps inexplorés dans le monde académique, l'on assiste depuis le début des années 2000 au développement d'une littérature abondante sur ce thème. Les femmes immigrées, bien que présentes sur le territoire européen, sont restées en effet invisibles, tant dans la recherche sur les migrations que sur le genre[1]. Dans les études sur la migration, le référent universel était celui de l'homme tandis que les études sur les femmes ont privilégié les femmes dans leur universalité, sans se préoccuper des expériences spécifiques vécues par certaines d'entre elles, telles que les femmes migrantes ou issues de familles immigrées.

L'introduction d'une perspective de genre dans les travaux sur l'immigration offre un nouvel éclairage sur la diversité sexuée croissante des flux migratoires[2], sur les effets différenciés sur les femmes et sur les hommes de la globalisation et du transnationalisme[3] et sur les conséquences genrées de l'immigration irrégulière et du travail au noir[4].

Mais cette somme de connaissances semble avoir peu d'effet sur la perception des femmes migrantes qui continuent à être vues majoritairement comme peu qualifiées et comme accompagnant un conjoint. La représentation différenciée des femmes et des hommes migrants est due, selon Christine Delphy (2006), à une comparaison entre les hommes et les femmes de manière à légitimer un traitement différentiel des membres « blancs » et des membres « noirs » de la population. De la même façon, Hamel (2005) souligne que les représentations des femmes immigrées ou appartenant à des minorités ethniques sont déterminées par leur subordination supposée aux hommes de leur communauté, vus comme plus sexistes que les hommes « blancs ». Ces femmes sont définies par comparaison avec les femmes « blanches », supposées plus libérées, même si on les considère paradoxalement

---

1 Morokvasic, 2008.

2 Roulleau-Berger, 2010.

3 Salih, 2001.

4 Marx & *al.*, 2007.

comme plus émancipées que « leurs hommes » parce que plus intégrées que ces derniers dans les sociétés de résidence[5].

Cette construction des femmes migrantes vues comme dépendantes et victimes à protéger a un impact direct sur les politiques d'immigration. Les dispositions prises à leur égard, rares, sont davantage tournées vers leur protection, sans d'ailleurs parvenir à les protéger efficacement, que vers l'autonomie et l'égalité des droits.

On tentera de le démontrer à partir de l'analyse des politiques européennes relatives à l'immigration et à l'asile. Depuis l'adoption du Traité d'Amsterdam, l'Union européenne est en effet compétente pour traiter des questions d'immigration, d'intégration et d'asile. Elle reconnaît aussi la nécessité de promouvoir l'égalité entre les femmes et les hommes dans les politiques d'immigration et d'intégration. Elle en a les moyens puisqu'elle s'est engagée à promouvoir l'égalité entre les femmes et les hommes dans toutes ses politiques (*gender mainstreaming*)[6].

Cet article s'inscrit dans la lignée des *feminist legal studies* apparues aux États-Unis dans les années 1970/80. Ces travaux théoriques remettent en question l'idée de neutralité du droit et soulignent sa dimension de genre. Les juristes féministes américaines ont la volonté de démontrer que le système légal américain repose sur un paradoxe : il affirme à la fois son universalité et sa neutralité et produit et reproduit la subordination féminine, laquelle résulte d'un traitement discriminatoire. Le genre est vu comme socialement construit et la loi comme vecteur de renforcement des rôles genrés. Les premiers travaux montrent que la loi a historiquement discriminé les femmes[7] et qu'elle est intrinsèquement patriarcale[8].

Les théoriciennes critiques travaillant sur les discriminations fondées sur l'origine dénoncent rapidement le caractère non diversifié de la catégorie « femme » construite par les précédentes juristes féministes[9]. Elles leur reprochent d'avoir décrit des expériences, sans tenir compte de différences qui pourraient résulter de l'origine ou de la nationalité, de la classe, de l'orientation sexuelle ou d'autres réalités. Cette démarche occulte l'existence

---

5 Guenif-Souilamas, 2003.

6 Le *gender mainstreaming* suppose que l'on mobilise toutes les politiques et les mesures générales en tenant compte de leurs effets potentiels sur la situation respective des hommes et des femmes dans leur définition et dans leur mise en œuvre.

7 Taub and Schneider, 1982 ; Rhode, 1989.

8 Mackinnon, 1993 ; Smart, 1989.

9 Matsuda, 1989 ; Kline, 1989 ; Crenshaw, 1989.

de voix singulières, comme celles des femmes « noires »[10]. La loi devient alors complice de la subordination des femmes étrangères ou d'origine étrangère car l'origine et le genre sont deux catégories exclusives l'une de l'autre, tant pour le droit que pour le grand public.

L'ensemble de ces travaux ont pour point commun de remettre en question l'idée de neutralité du droit en soulignant sa dimension de genre et de montrer que tout en étant influencé par une représentation particulière des rapports de genre, le droit contribue en retour à produire le genre. La théorie féministe du droit souligne donc le rôle du droit dans la constitution de distinctions fondées sur le genre, comme dans la pérennisation, voire la légitimation, d'inégalités de genre.

C'est à l'aide de cet outil conceptuel que nous proposons d'analyser les politiques européennes d'immigration en montrant que le droit européen ne reconnaît pas la singularité des expériences vécues par les femmes migrantes. Car même si les femmes migrantes sont de plus en plus visibles en tant que catégorie dans les discours et les documents politiques européens, les institutions peinent à appréhender la diversité et la singularité de la migration féminine. L'analyse des politiques européennes d'immigration et d'asile visant à protéger les femmes migrantes permet de mettre en évidence les tensions existantes entre la volonté de protection et de contrôle des flux migratoires. L'étude de mesures apparemment neutres comme la directive sur le regroupement familial, montre les effets spécifiques et la plupart du temps inégalitaires qu'elles peuvent produire à l'égard des femmes migrantes.

Une volonté de protection à l'effectivité limitée

Les directives relatives au statut de réfugié : une dimension de genre différemment intégrée selon les pays

Depuis une dizaine d'années, le cadre juridique international et européen pour les réfugiés a évolué. On a vu émerger la reconnaissance de l'existence de formes de persécution liées au genre. Les États européens ont été invités à adopter une approche particulière vis-à-vis des demandes d'asile liées au genre et à les reconnaître. Des lignes directrices émanant du Haut-Commissariat aux Réfugiés des Nations unies ont été élaborées invitant les États à protéger les femmes demandant l'asile, reconnaissant que les femmes

10 Harris, 1990.

réfugiées vivent, bien souvent, l'expérience des persécutions différemment des hommes réfugiés[11].

Rappelons que lors du sommet européen de Tampere en 1999, l'Union européenne avait décidé la mise en place d'un « régime d'asile européen commun » (RAEC) au plus tard en 2010. Cependant, plusieurs États dont l'Allemagne, la France et le Royaume-Uni se sont opposés à diverses propositions émanant de la Commission européenne vues comme trop progressistes et le programme en a été retardé. Le nouveau régime de l'asile finalement adopté en 2013 est un compromis entre la volonté de consolidation des droits des demandeurs d'asile soutenue par la Commission, et la volonté des États de fragiliser leur situation à des fins dissuasives.

La prise en compte d'une dimension de genre dans la première génération de textes européens adoptés en matière d'asile au début des années 2000 était très faible. En revanche, à la faveur de la refonte récente de ces textes, le genre est beaucoup plus présent. Les nouvelles directives marquent des avancées dans la recherche d'une égalité de traitement entre les femmes et les hommes, tant au niveau des garanties procédurales que des conditions d'accueil.

Ainsi, la nouvelle directive relative aux conditions d'accueil, inclut désormais explicitement dans la catégorie des personnes vulnérables les victimes de mutilation génitale féminine et celles de la traite des êtres humains. Dans la directive précédente de 2004, seules les femmes enceintes, les parents isolés accompagnés d'enfants mineurs et les personnes ayant subi des tortures, des viols ou d'autres formes graves de violence psychologique, physique ou sexuelle en faisaient partie. La mention explicite des violences sexuelles et des persécutions liées au genre, notamment des mutilations sexuelles féminines, constitue une avancée, en ce qu'elle reflète l'évolution positive du droit européen vers la reconnaissance du genre comme critère d'appartenance à un groupe social au sens de la Convention de Genève.

La Directive 2011/95 (dite « qualification ») définissant les conditions requises pour l'obtention du statut de réfugié va dans le même sens en

11 HCR, Principes directeurs sur la protection internationale : La persécution liée au genre dans le cadre de l'article 1A (2) de la Convention de 1951 et/ou son Protocole de 1967 relatifs au Statut des réfugiés, 8 juillet 2008, HCR/GIP/02/01 Rev. 1, disponible sur : http://www.unhcr.org/refworld/docid/3d36f1c64.html.

clarifiant la prise en considération du genre, au niveau de l'appréciation de la notion d'appartenance à un groupe social en tant que motif de persécution[12].

Enfin la Directive 2013/33 qui définit les conditions d'octroi et de retrait de la protection internationale stipule que des garanties procédurales spéciales peuvent s'avérer nécessaires pour certains demandeurs du fait notamment de leur genre[13]. L'idée est d'assurer une égalité réelle d'accès aux procédures et de créer les conditions les plus favorables aux demandeurs afin qu'ils puissent exprimer librement le récit de leurs persécutions. Sont ici visées par exemple les victimes de viols ou de violence.

Dans l'Union européenne, certains États membres ont déjà pris des mesures concrètes pour que la dimension de genre soit prise en considération tant dans la procédure de détermination du statut de réfugié que dans le cadre de la procédure d'asile. Il existe néanmoins des disparités importantes entre les États membres dans la manière dont ils traitent les demandes d'asile liées au genre. C'est ce que montre un rapport portant sur une analyse comparative des persécutions liées au genre dans les législations et les pratiques nationales relatives à l'asile en Europe[14]. En conséquence, les femmes n'ont pas la moindre garantie de recevoir un traitement cohérent et sensible au genre lorsqu'elles recherchent une protection en Europe, même lorsque des politiques sensibles au genre existent car ces dernières sont rarement mises en pratique.

Les femmes migrantes victimes de violences conjugales : une protection possible mais difficile à mettre en œuvre

La Directive européenne sur le regroupement familial[15] illustre bien combien les lois européennes sur l'immigration sont fondées sur une répartition traditionnelle des rôles entre femmes et hommes. Le texte rompt l'égalité de traitement dans le couple en ne reconnaissant pas un droit autonome au conjoint rejoignant, qui, la plupart du temps, est une femme. Ce droit est conditionné à la résidence depuis au moins cinq ans sur le

---

12 « Il convient de prendre dûment en considération les aspects liés au genre, y compris l'identité de genre, aux fins de la reconnaissance de l'appartenance à un certain groupe social ou de l'identification d'une caractéristique d'un tel groupe » (article 10,d, Directive 20011/95/UE du Parlement européen et du Conseil du 13 décembre 2011 concernant les normes relatives aux conditions que doivent remplir les ressortissants des pays tiers ou les apatrides pour pouvoir bénéficier d'une protection internationale, à un statut uniforme pour les réfugiés ou les personnes pouvant bénéficier de la protection subsidiaire, et au contenu de cette protection, (refonte).

13 Directive 2013/32/UE du Parlement européen et du Conseil du 26 juin 2013 relative à des procédures communes pour l'octroi et le retrait de la protection internationale (refonte).

14 Cheikh Ali Hana, Christel Querton, Elodie Soulard, *Demandes d'asile liées au genre en Europe, Une étude comparative des législations, politiques et pratiques axées sur les femmes dans neuf États membres de l'Union européenne*, Bruxelles, Parlement Européen, 2012.

15 Directive 2003/86/CE du Conseil du 22 septembre 2003 relative au droit au regroupement familial.

territoire d'un État membre, ce qui crée une grande dépendance à l'égard du conjoint rejoint.

Cependant, le législateur, dans un souci de protection, a prévu que des circonstances particulières pouvaient ouvrir la voie, sous conditions strictes, à la reconnaissance possible d'un statut autonome. Ces circonstances peuvent être la survenance d'un divorce, d'un veuvage ou de violences conjugales. C'est cette dernière disposition qui nous intéresse particulièrement car elle illustre parfaitement les limites de la protection offertes aux femmes migrantes quand des enjeux de contrôle migratoire entrent en ligne de compte.

Les femmes migrantes victimes de violences conjugales se trouvent dans une situation inégalitaire par rapport aux femmes européennes, car du fait de la dépendance de leur statut de séjour à l'égard du conjoint violent, elles hésitent à avoir recours au droit pour obtenir une protection, de peur de perdre leur droit au séjour et d'être expulsées du territoire. Le danger est réel car les conjoints rejoignants sont souvent tenus à une obligation de cohabitation de plusieurs années avant de pouvoir obtenir un titre de séjour. En cas de départ du domicile conjugal par le conjoint rejoignant durant cette période, il peut leur être légalement délivré un ordre de quitter le territoire. Les conjoints rejoints n'hésitent pas à brandir cette menace pour dissuader les victimes de porter plainte. Lorsque ces dernières quittent le domicile conjugal pour échapper aux violences, il arrive même que les conjoints violents dénoncent leur départ aux autorités pour que ces dernières procèdent à leur expulsion.

Si la victime tente de se prévaloir des faits de violence pour obtenir un statut autonome, les exigences en matière de preuve sont telles qu'elles rendent pratiquement impossible la mise en œuvre de cette disposition. En Belgique, par exemple, il appartient à l'Office des Étrangers, organisme fédéral dépendant du ministère de l'Intérieur et qui assure la gestion des flux migratoires, de décider de maintenir ou de retirer le titre de séjour de la victime de violences conjugales en se basant sur un faisceau d'indices, tels que la production de procès-verbaux de plaintes déposées auprès des services de police, de certificats médicaux prouvant l'existence des violences subies. Si l'on peut se réjouir de la possibilité pour les victimes de violences conjugales de bénéficier d'une protection, il n'en reste pas moins qu'il s'agit d'une possibilité seulement : l'Office détient là un pouvoir d'appréciation souverain qui maintient les femmes victimes de violences conjugales dans une grande insécurité juridique. Ces femmes de surcroît sont parfois démunies car elles connaissent peu ou pas l'environnement dans lequel elles se trouvent et n'ont pas un réseau social suffisant susceptible de les aider dans leurs démarches pour rassembler les preuves requises.

Il existe ici un réel conflit entre la reconnaissance du droit à une protection pour toutes les victimes, quelle que soit leur nationalité et les questions liées au statut migratoire qui, lorsqu'elles prédominent, au lieu de mener à la protection, fragilisent d'autant la situation des femmes, voire conduit à leur expulsion du territoire européen, si elles ne parviennent pas à produire les documents requis. Les questions liées au statut migratoire vont alors prédominer sur la reconnaissance des droits humains et la protection.

Une neutralité du droit au détriment des femmes migrantes

Deux directives européennes illustrent parfaitement les effets pervers sur les femmes migrantes de dispositions présentées comme neutres et universelles. En ne prenant pas en compte la situation inégalitaire des femmes migrantes par rapport aux hommes migrants tant dans la société d'origine que dans la société de résidence, ces directives renforcent les inégalités genrées.

La Directive concernant l'emploi hautement qualifié : une disposition qui favorise les hommes

La directive concernant l'emploi hautement qualifié détermine les conditions et les procédures d'entrée des ressortissants hautement qualifiés de pays tiers. Elle crée une carte bleue européenne et définit les conditions et les droits de séjour dans l'État membre qui a délivré la carte bleue ainsi que dans les autres États membres[16].

Présentées comme des mesures neutres, ces dispositions législatives favorisent dans les faits la venue des hommes. C'est ce que montre une étude comparative portant sur les modes de sélection des étrangers hautement qualifiés effectuée sous une perspective de genre[17]. Les modes de sélection basés sur les revenus et les secteurs d'activité favorisent la venue des hommes parce que, d'une part, les revenus des hommes sont supérieurs à ceux des femmes – on ne prend donc pas en compte les différences genrées de revenus – et, d'autre part, la sélection se fait principalement dans des secteurs économiques tel que le domaine de l'informatique où les hommes prédominent.

---

16 Il s'agit de la Directive 2009/50/CE du Conseil du 25 mai 2009 établissant les conditions d'entrée et de séjour des ressortissants de pays tiers aux fins d'un emploi hautement qualifié.

17 Kofman et Raghuram, 2009.

Sassen (2007) a bien montré que la globalisation avait des conséquences différentes sur les femmes et sur les hommes. Alors que certains de ces derniers peuvent positivement profiter de la globalisation en appartenant à l'élite planétaire, les femmes en revanche sont les premières victimes du phénomène car elles sont généralement exclues de l'accès aux nouvelles technologies et aux nouveaux schémas d'emplois flexibles. Ce qui a des répercussions directes sur leur possibilité de migrer dans le cadre des migrations pour des emplois hautement qualifiés.

Ces femmes ont toutes les chances de participer à ce que certains auteurs nomment le transfert international du *care*[18], phénomène de répercussion en chaîne du travail de reproduction. L'absence de structures d'accueil suffisantes dans certains pays européens tels que l'Italie ou l'Espagne contraint les femmes européennes présentes sur le marché du travail à déléguer les tâches du soin aux personnes (enfants et personnes âgées à charge) à d'autres femmes, en l'occurrence immigrées[19].

L'ethno-stratification du marché du travail européen se double donc d'une stratification genrée au terme de laquelle les femmes migrantes quel que soit leur degré de qualification et/ou leur expérience professionnelle, trouvent un emploi dans le secteur du travail domestique[20]. Ce qui renforce d'autant les stéréotypes attachés aux femmes migrantes « traditionnelles », dévouées aux tâches ménagères et de reproduction.

Un regroupement familial difficilement praticable pour les femmes

La directive sur le regroupement familial, adoptée en 2003, vise à établir les conditions dans lesquelles est exercé le droit au regroupement familial pour les ressortissants de pays tiers résidant légalement sur le territoire des États membres[21].

Dans la pratique, un nombre important d'États membres a multiplié les obstacles liés au processus du regroupement familial, en élevant par exemple le coût des procédures, en complexifiant les documents à réunir

18 Ehrenreich et Hochschild, 2003.

19 Oso Casas, 2000.

20 Kofman, 1999.

21 Directive 2003/86/CE du Conseil du 22 septembre 2003 relative au droit au regroupement familial.

ainsi que l'obtention de visas et de documents de voyage pour les membres des familles[22].

À ces difficultés communes aux femmes et aux hommes, s'ajoutent des difficultés spécifiques rencontrées par les femmes. Certaines sont relatives aux conditions d'accès à l'immigration introduites dans les réglementations nationales qui handicapent particulièrement les femmes comme les tests de langue ou d'intégration car ils ne prennent pas en compte le niveau d'éducation particulièrement bas des femmes par rapport aux hommes dans certaines régions du monde.

Les femmes sont aussi confrontées à des difficultés particulières lorsqu'elles sont le moteur de la migration de la famille. Par exemple, faire venir un membre de leur famille dans un pays européen car il est souvent exigé que la personne prouve qu'elle a des revenus suffisants. Cette exigence est difficile à satisfaire pour certaines femmes car elle repose sur un emploi à temps plein[23]. Or, comme on l'a déjà souligné, la nature sexo-spécifique de la migration de main-d'œuvre fait que les femmes qui entrent dans les pays européens trouvent principalement un emploi dans les secteurs du travail domestique ou de l'aide aux personnes, généralement informel. Annie Phizacklea (1998) suggère que la place présumée des femmes immigrées dans la sphère domestique les contraint à ne trouver d'emploi que dans ce secteur, même si elles sont qualifiées.

Cette situation sur le marché du travail a un impact réel sur la possibilité de faire venir ou pas les membres de la famille. Les particularités du travail domestique font que les femmes migrantes ne pourront pas satisfaire aux conditions requises par le droit pour faire venir leur famille.

Les politiques migratoires familiales telles que mises en œuvre par les États européens aboutissent davantage à limiter et contrôler les flux migratoires qu'à respecter un droit au regroupement familial basé sur le respect des droits de l'homme.

Conclusion

L'analyse genrée du droit de l'immigration européen permet de dévoiler les conséquences différenciées des effets du droit sur les femmes et

22 Voir la pétition « 64 ONG appellent les États membres de l'UE et la Commission européenne à protéger la vie familiale des migrants et des réfugiés », http://http.bellaciao.org/fr/spip.php?article128181.

23 Kraler *et al.*, 2009.

les hommes. Elle montre surtout comment le droit produit de la différence de genre dans son écriture même, contredisant ainsi l'idée d'universalité puisqu'il repose sur un point de vue androcentré au cœur même de sa production.

Dans le domaine de l'immigration et de l'asile, cela se traduit par la production d'un droit qui s'appuie sur des représentations différenciées des femmes et des hommes migrants et de leurs rapports. Il en résulte que les femmes migrantes sont souvent perçues comme des femmes vulnérables à protéger. Cependant, cette volonté de protéger se heurte à celle de contrôler les migrations. Le droit européen va alors soit ignorer le genre pour mieux contrôler l'immigration, soit l'introduire en l'asseyant sur une vision idéologique des différences entre les femmes et les hommes migrants qui, elle-même, va créer des différences genrées.

Pour sortir de l'utopie selon laquelle le droit est neutre et universel et pour parvenir à une réelle égalité entre les femmes et les hommes, il convient d'introduire une dimension de genre au moment même de la création de la norme juridique afin d'évaluer l'impact différencié des politiques, des programmes et des législations sur les femmes et sur les hommes. Il s'agit de prendre en compte les différences d'expériences et de besoins des femmes et des hommes dans tout le processus migratoire, et ce, dès le pays d'origine.

C'est ce que tente de faire le Réseau Européen des Femmes Migrantes qui a été créé en 2010[24] et qui est constitué de plateformes nationales d'associations de femmes migrantes. Grâce à ce Réseau, ces dernières se sont hissées au rang d'interlocutrices des institutions européennes afin de les inciter à introduire une perspective de genre systématique dans leurs politiques d'immigration, d'anti-discrimination et d'intégration. Les femmes migrantes ont en effet bien compris que le droit pouvait constituer un registre d'action efficace. Elles réagissent à l'agenda européen et ont déjà participé à plusieurs consultations organisées par les institutions européennes. Il serait intéressant d'analyser l'impact de leurs actions sur la production législative européenne. Il s'agirait alors de s'interroger non seulement sur ce que le droit fait au genre, mais aussi sur ce que le genre peut faire au droit.

---

24 Pour de plus amples informations sur le Réseau, consulter son site (http://migrantwomennetwork.org/?rubrique1).

Bibliographie

CRENSHAW, Kimberlé W. (1989), «Demarginalizing the Intersection of Race and Sex: a Black Feminist Critique of Discrimination Doctrine, Feminist Theory and antiracist Politics», *University of Chicago Legal Forum*, 139-167.

DELPHY, Christine (2006), « Antisexisme ou antiracisme ? Un faux dilemne », *Nouvelles Questions féministes* Vol. 25, n°1.

EHRENHREICH, Barbara, HOCHSCHILD, Arlie RUSSEL (2003), *Global Woman: Nannies, Maids and Sex Workers in the New Economy,* New York, Metropolitan books.

GUENIF-SOUILAMAS, Nacira (2003), *Des beurettes,* Paris, Hachette Pluriel, Grasset.

HAMEL, Cristelle (2005), « De la racialisation du sexisme au sexisme identitaire », *Migrations société,* Vol. 17, n°99-100, mai-août, 91-104.

HARRIS, Angela (1990), «Race and Essentialism in Feminist Legal Theory», *Stanford Law Review*, Vol. 42, n° 3 (Feb., 1990), p. 581-616.

KLINE, M. (1989), «Race, Racism and Feminist Legal Theory», *Harvard Womens's law Journal* 12 : 115-125.

KOFMAN, Eleonore (1999), «Female 'Birds of Passage' a Decade Later: Gender and Immigration in the European Union», *International Migration Review*, Vol. 33, Number 2, p. 269-299.

KOFMAN, Eleonore & RAGHURAM, Parvati (2009), «Skilled female Labour Migration, Focus Migration», *Policy Brief* n°13, Hamburg, HWWI.

KRALER, Albert, KOFMAN, Eleonore (2009), «Civic Stratification, Gender and Family Migration Policies in Europe», IMISCOE, *Policy Brief* n°15.

MACKINNON, Catharine (1993), *Only Words*, Cambrige MA, Harvard University Press.

MARX, Ive, GERLINDE, Verbist, REA Andrea, CORLUY Vincent, GODIN Marie (2008), *«Before & After». La situation sociale et économique des personnes ayant bénéficié de la procédure de régularisation en 2000 (loi du 22 décembre 1999)*, Bruxelles, Centre pour l'égalité des chances et la lutte contre le racisme, http://www.ulb.ac.be/socio/germe/documentsenligne/BAfr.pdf.

MATSUDA, Mari (1989), «When the First Quails Calls: Multiple Consciousness as Jurisprudential Method», *Women's Rights Law Reporters*, Vol. 11, n°1: 7-10

MOROKVASIC, Mirjana (2008), « Femmes et genre dans l'étude des migrations : un regard rétrospectif », *in* FALQUET, Jules, RABAUD, Aude, FRIEDMAN Jane, SCRINZI Francesca (dir.) : *Femmes, genre, migrations et mondialisation : un état des problématiques*, CEDREF, Université Paris Diderot-Paris 7.

OSO CASAS, Laura (2000), « L'immigration en Espagne des femmes chefs de famille », *Cahiers du CEDREF,* 8/9, Paris 7, p. 91-143.

PHIZACKLEA, Annie (1998), «Migration and Globalization: a Feminist Perspective» *in* Koser K. et Lutz H. (eds.) The New Migration in Europe. Social Constructions and Social Realities, London, Macmillan Press, NewYork: St. Martin's Press, 21-38.

RHODE, Deborah (1989), *Justice and Gender: Sex Discrimination and the Law.* Cambridge, Mass.: Harvard University Press. ed.

ROULLEAU-BERGER, Laurence (2010), *Migrer au féminin*, Paris, PUF.

SALIH, Ruba (2001), «Moroccan Migrant Women: Transnationalism, Nation-States and Gender», *Journal of Ethnic and Migration Studies*, Vol. 27, Issue 4, 655-671.

SASSEN, Saskia (2007), *A Sociology of Globalization*, New York, W.W. Norton.

SMART, Carol (1989), *Feminism and the Power of Law*, New York, Routledge.

TAUB N., SCHNEIDER Elisabeth (1982), «Perspectives on Women's Subordination and the Role of Law», *The Politics of Law: a Progressive Critique*, Ed. Kairys New York: Pantheon Books, 117 139.

Chantal Kourilsky-Augeven

L'ambigüité des modèles d'égalité des genres en Russie : famille, droit et idéologie

Résumé : Le droit soviétique de la famille avait, à l'origine, tout misé sur l'avenir en voulant réaliser une totale égalité des genres parallèle à l'égalité des travailleurs. Mais la réalisation de ce modèle égalitaire qui supposait, dans l'idéologie engelsienne, le transfert à la société de l'exercice des fonctions familiales, s'est heurtée à des difficultés matérielles considérables. Pour assurer la victoire de l'idéologie, le modèle égalitaire initial fut donc entamé par la création d'une « fonction sociale de maternité » voulue prestigieuse. Ce détournement initial devait par la suite s'accentuer en servant la redéfinition progressive des fonctions familiales – reproduction, éducation, entretien – comme incombant « naturellement » à la femme. Dans le même temps, au mépris de la réalité sociale, l'idéologie de l'égalité ne cessait d'être proclamée comme déjà réalisée.
On a pu croire un temps à la réconciliation de la réalité sociale et de l'idéologie à propos du principe de l'égalité puisque la Constitution eltsinienne de 1993, doublée par l'adoption d'un nouveau Code de la famille en 1995, proclamait pour la première fois qu'elle protégeait non seulement la maternité et l'enfance mais aussi la paternité. Elle pouvait ainsi résoudre les contradictions du « modèle matricentré » prédominant même chez les féministes russes puisqu'elles dénonçaient l'irresponsabilité masculine face à la surcharge de tâches pesant sur la femme tout en glorifiant la mère dans ses responsabilités familiales exclusives.
Vingt ans plus tard, on assiste en 2013 à un déni plus grave encore de la réalité sociale par l'idéologie poutinienne. Celle-ci, dans un souci d'opposer les valeurs russes aux valeurs occidentales considérées comme un facteur de dégénérescence, fixe un nouvel objectif de « retour » aux valeurs familiales russes traditionnelles inspiré par l'Église orthodoxe. Mais un an plus tard, en 2014, le ministère du Travail de Russie, qui a travaillé sur une réalité sociale concrète, reformule une véritable politique démographique dans le respect de la Constitution de 1993 qui exclut toute obédience idéologique.

Mots-clés : égalité, genre, Russie, famille, idéologie, droit.

The Ambiguity of the Equal Gender Model in Russia: Family, Law, and Ideology

Abstract: Soviet family law had originally privileged the future by trying to realize a total gender equality which would parallel gender equality in the labor world. But the realization of this equalitarian model which was supposing, in the Engelsian ideology, the transfer of the exercise of family functions to society, encountered considerable material difficulties. In order to ensure the victory of ideology, the initial equalitarian model was therefore modified by the creation of «motherhood as a social function» presented as a prestigious one. This initial deformation was afterwards to be accentuated by becoming the basis of a progressive redefinition of family functions – reproduction, education, material support – as «naturally» being the women's tasks. At

the same time, regardless of social reality, the equality ideology was proclaimed as already realized.
The equality principle since the Eltsinian Constitution of 1993 together with the newly adopted Family Code of 1995 was proclaiming for the first time that it protected not only motherhood and childhood but also fatherhood. It was thus solving the contradictions of a «mother-centered model» predominant even among the feminists who were denouncing men's irresponsibility by contrast to women's overloading tasks but were glorifying the Mother in her exclusive family responsibilities.
Twenty years later, we observe in 2013 a still more serious denial of social reality by the Putinian ideology. Wishing to oppose Russian values to Western values considered as a degeneracy factor, it defines a new objective consisting of a «return» to Russian traditional family values inspired by the Orthodox Church. But still one year later, in 2014, the Russian Ministry of Labor, who has been working on a concrete social reality, gives a new formulation to a real demographic policy which respects the 1993 Constitution excluding ideological obedience.

Keywords: Equality, Gender, Russia, Family, Ideology, Law.

On sait, notamment depuis Jean Carbonnier[1], que la norme juridique peut difficilement être définie par un contenu qui n'appartienne qu'à elle. Souvent, en effet, le droit emprunte le contenu d'une norme sociale préexistante qu'il consacre en tant que modèle général. C'est notamment le cas en matière de législation familiale qui, comme toute forme de droit, ne saurait parvenir seule à remplir sa mission de régulation des relations sociales dans le domaine qu'elle régit. Elle peut certes canaliser directement les comportements dans un cadre obligé, mais elle agit surtout par l'intermédiaire tant des normes sociales dont elle a emprunté le contenu que des valeurs communes sur lesquelles celles-ci s'appuient[2].

Lors d'une réforme dans le domaine extraordinairement sensible de la famille, le droit, pour être accepté par tous, s'efforce, pour une part, de refléter la réalité sociale des familles – il est un « **modèle de** la réalité sociale » tout en proposant, pour une autre part, de nouvelles normes de comportement – il se veut un « **modèle pour** la réalité sociale »[3]. La sensibilité éruptive des individus peut se manifester notamment lorsque la nouvelle loi modifie l'équilibre, même insatisfaisant, en matière d'égalité des rôles liés au sexe. Ceux-ci ont en effet été intériorisés au cours de la socialisation des individus et sont, même inconsciemment, ressentis comme un élément de l'identité de ces derniers. Mais c'est à la lumière de l'analyse idéologique à laquelle il adhère que le législateur juge de ce que devront être désormais les statuts respectifs des genres sexués en matière d'égalité. Les normes juridiques portent en filigrane les modèles de comportement qui vont servir de référence aux nouvelles normes sociales en évolution. C'est grâce à ces efforts conjugués que la loi a une chance de « passer dans les mœurs » et que la norme juridique peut elle-même devenir une nouvelle norme sociale.

1 Jean Carbonnier, « Effectivité et ineffectivité de la règle de droit », *L'année sociologique*, 1957-1958 ; « Les phénomènes d'internormativité », *European Yearbook in Law and Sociology*, 1977.

2 Chantal Kourilsky, « Modèle culturel russe et évolution de la régulation normative de la famille », *Droit et Cultures*, 1989, n°18.

3 Pour reprendre l'expression particulièrement heureuse employée par Clifford Geertz in «Religion As a Cultural System» dans *The Interpretation of Cultures*, New York, Basic Books, 1973, p. 93.

De 1917 aux années 1930, la recherche par le droit de l'égalité des genres

Pendant cette première période, le législateur russe, loin de vouloir ménager l'équilibre social résultant du passé en matière familiale, a au contraire tout misé sur l'avenir en voulant réaliser une totale égalité des genres parallèle à l'égalité des travailleurs. Il rompait donc brutalement avec le modèle de hiérarchie des rôles sexués prédominant tant dans la norme juridique que dans la norme religieuse. D'après l'idéologie engelsienne[4] qui l'inspirait, il s'agissait de mettre fin à une oppression familiale, dans laquelle l'homme était assimilé au bourgeois et la femme au prolétaire, en transférant à la société la charge des fonctions familiales d'éducation et d'entretien. L'égalité des rôles sexués au sein de la famille devait traduire, pour chacun des deux époux, supposés avant tout avoir le statut de travailleurs égaux, les valeurs d'égalité et de liberté. De là une totale égalité des époux en réaction contre les obligations concernant la femme que comportait la législation antérieure (nom et domicile marital, devoirs de fidélité et d'obéissance, autorisation maritale de l'exercice d'une activité professionnelle) et donc désormais, pour chacun des époux, le libre choix du nom, du domicile et de l'activité professionnelle ainsi que la liberté d'un divorce-constat.

Cependant le message et les modèles transmis par la législation nouvelle (les décrets de 1917 et le Code de la famille de 1918) étaient-ils si révolutionnaires qu'ils se proclamaient eux-mêmes et que l'Occident les jugeait ? On peut en douter, la nouvelle législation reprenant trois des éléments de la législation tsariste antérieure : la pleine capacité de la femme mariée, le régime matrimonial légal de la séparation de biens qui lui permettait de gérer ses biens propres et l'existence d'un divorce (géré par les juridictions ecclésiastiques et légitime en cas d'adultère, d'impuissance, de condamnation pénale et d'absence). Le législateur lui-même reconnaissait que, pressé par l'urgence de l'introduction de la liberté et de l'égalité dans les rapports familiaux, il avait introduit dans la législation russe des emprunts pertinents aux législations existantes.

Mais les présupposés économiques de la réalisation de l'égalité au sein de la famille – activité professionnelle de chacun des époux et transfert à la société de la charge des fonctions familiales d'entretien et d'éducation – se révélèrent peu réalisables dans l'immédiat en l'absence de formation professionnelle des femmes et de la dramatique insuffisance du financement de logements et d'équipements collectifs.

Par contre, en facilitant le divorce à l'extrême, la loi nouvelle favorisait la multiplication des séparations, les stéréotypes de l'époque concernant le

4 Friedrich Engels, *L'origine de la famille, de la propriété privée et de l'État*, Paris, Éditions sociales.

rôle maternel autant que l'insuffisance des structures publiques de prise en charge des enfants se conjuguant pour fonder des décisions judiciaires confiant à la mère la garde exclusive des enfants. L'idéologie fit de la nécessité un principe en érigeant officiellement la « maternité » en une « fonction sociale » à protéger et glorifier.

Dans cet esprit et sous l'influence des tribunaux aux prises avec les difficultés de la réalité sociale la plus crue, le régime matrimonial de séparation de biens fut remplacé par celui de la communauté des acquêts qui permettait un partage égal en cas de séparation. Parallèlement la Constitution reconnaissait officiellement l'utilité sociale du travail domestique de la femme en ce qu'il permettait l'activité professionnelle de son compagnon. Le deuxième Code de 1a famille, adopté en 1926, tentera plus encore d'assurer la sécurité des familles en difficulté à la suite de la séparation du couple, par un montage pragmatique hardi en déclarant que « le mariage de fait » entraînerait, notamment en matière de droit de la femme au partage égal des biens communs, les mêmes conséquences juridiques que le mariage enregistré à l'état-civil.

Le statut de la femme à la fin des années 1920 est donc le suivant : proclamée égale en droit à son homologue masculin, elle ne bénéficie cependant, en cas de divorce ou de séparation, parce qu'elle est présumée travailleuse comme lui, que du partage des biens communs. Elle n'a droit à une pension alimentaire que si son âge ou son état de santé permet de la reconnaître comme inapte au travail. Par contre, parce qu'elle exerce la « fonction sociale de maternité », présentée comme prestigieuse, elle perçoit pour ses enfants, de façon aléatoire parce que le débiteur est souvent défaillant, des aliments auxquels tentent de suppléer des aides sociales. Le choix de la maternité existe mais de façon ambigüe, la contraception étant encore balbutiante. Par contrecoup, l'avortement devient libre en 1920 et va servir rapidement de moyen de régulation des naissances.

À partir des années 1930, l'égalité est affirmée par l'idéologie comme déjà réalisée mais niée par le droit

Le tournant des années 1930

Compte tenu du développement de la délinquance juvénile aggravé par les bouleversements économiques et sociaux de la collectivisation, un arrêté de 1935 renforce la responsabilité parentale pour les agissements des enfants. Mais le véritable déni idéologique de la réalité sociale est opéré par l'arrêté du 27 juin 1936 adopté conjointement par le Comité Central du Parti Communiste et par le Conseil des Commissaires du Peuple de l'URSS qui désormais interdit l'avortement qui était autorisé depuis seize ans. Le préambule du texte déclare non plus que l'on cherche à réaliser l'égalité mais que l'égalité est déjà réalisée « dans tous les domaines de la vie politique, sociale et familiale » et ajoute que « dans aucun autre pays au monde la femme ne jouit, en tant que mère et citoyenne, d'un tel respect et d'une telle protection de la loi ». Le texte en tire immédiatement les conséquences en énonçant les obligations à la charge de la femme : « Elle a, à l'égard de la société, le devoir élevé et la responsabilité de la procréation et de l'éducation de citoyens ». La criminalisation de l'avortement s'accompagne d'un développement modeste des aides à la maternité et à l'enfance. Mais alors qu'au début des années 1920, même si l'idéologie célébrait la maternité comme fonction sociale, elle laissait à la femme le droit de décider elle-même de l'assumer y compris par le moyen de l'interruption de grossesse, désormais la maternité n'est plus une fonction sociale librement assumée mais un devoir social dont l'inexécution est criminalisée.

Le déni d'égalité des années 1940

Face à l'invasion allemande et à la « Grande guerre patriotique », Staline, voulant se concilier la paysannerie et l'Église jusque-là malmenées, en vient à un modèle éducatif et familial conservateur. Dans un premier temps, en 1943, la mixité dans les écoles est supprimée en conjonction avec l'introduction d'un modèle éducatif différencié selon le sexe : les garçons doivent être formés à être des pères et des combattants et les filles à un rôle de mères éducatrices et responsables. Dans un deuxième temps, en 1944, la loi prévoit un retour exclusif au mariage enregistré et au divorce judiciaire : « mariage et divorce de fait » n'entraînent plus de conséquences juridiques. De plus le Pouvoir pense consolider les familles en rendant le divorce difficile et coûteux. Il ne sera plus de la simple compétence administrative de l'Office d'enregistrement des actes de l'état civil (le ZAGS) ni même de la compétence du tribunal local accessible aux intéressés. Il sera désormais payant et de la compétence exclusive du degré supérieur de juridiction, le tribunal de région, distant du domicile des intéressés et nécessitant des déplacements importants. Cette mesure va certes réduire le nombre des divorces mais va, par contrecoup, provoquer une vague sans précédent de séparations de fait.

Mais la mesure qui constitue le déni le plus éclatant d'égalité est celle qui supprime tout lien juridique entre l'enfant né hors mariage et son père, ce dernier n'ayant plus le droit de le reconnaître. La mère célibataire a le choix entre confier l'enfant à un établissement d'État ou percevoir une allocation de parent isolé. On notera que le montant de celle-ci est inférieur à celui de la pension alimentaire qu'elle aurait perçue d'un débiteur gagnant le salaire minimum (un quart de ce salaire). La justification idéologique est que le niveau d'égalité est tel en URSS que la femme peut élever son enfant seule avec le soutien de l'État. Celui-ci, on le soulignera, devient ainsi un père symbolique[5]. Mais la préoccupation démographique, khrouchtchévienne a-t-on dit, consiste à tenter de compenser les pertes hémorragiques en hommes provoquées par la guerre en encourageant la procréation à tout prix par l'exonération des pères d'enfants naturels de toute responsabilité. À la fois frondeurs et responsables, de nombreux pères russes adoptèrent alors les enfants qu'ils n'avaient plus le droit de reconnaître. Mais c'était aussi aggraver dans la réalité sociale la condition de la mère célibataire en stigmatisant indirectement son image. Cette stigmatisation ne manquera pas de se produire et demeurera constante au cours des décennies suivantes.

Pourtant la réforme du droit de la famille est alors interprétée par les pays occidentaux – qui s'étaient alarmés, au moment de la Révolution d'octobre, de l'objectif annoncé de dépérissement de la famille – comme un retour à la norme du mariage légitime, signe pour eux de la stabilisation de la société soviétique après une période révolutionnaire à proprement parler[6].

L'amorce d'une législation moins inégalitaire au cours de la période poststalinienne

Dès l'année suivant la mort de Staline, en 1954, l'enseignement scolaire mixte, supprimé depuis 1943, est rétabli. Plus précautionneusement, l'interruption volontaire de grossesse est ré-autorisée dès 1955 en milieu hospitalier. Mais le personnel médical, sensible aux directives idéologiques, traitera sans ménagements (dans ce cas sans anesthésie) les femmes qui y ont recours. L'avortement demeurera pourtant et jusqu'à maintenant un substitut à la contraception. On peut penser que les réticences à l'introduction de celle-ci en Russie, d'ailleurs très tardivement, avec un fort dosage qui rend sa prise inconfortable et rend crédibles les mises en garde médicales, est, là encore, due à des préoccupations démographiques.

La procédure de divorce, tout en demeurant judiciaire, est simplifiée en 1965 et le divorce redevient de la compétence du tribunal local d'arrondissement proche du domicile des demandeurs.

Mais il faudra attendre 1968 et l'adoption d'une nouvelle législation fédérale sur le mariage et la famille (les Codes de la famille des 15 républiques fédérées seront adoptés au cours des mois suivants) pour que soit juridiquement rétabli un lien de filiation entre l'enfant né hors mariage et

---

5 S. Kukhterin, «Fathers and patriarchs in Communist and Post-Communist Russia», S. Ashwin (ed.), *Gender, State and Society in Soviet and Post-Soviet Russia,* London, Routledge, 2000, p. 71.

6 Ch. Kourilsky-Augeven, « Droit et malentendu culturel entre la France et la Russie. Une relecture du droit de la famille russe au XXe siècle », S. Burgaud & D. Placidi-Frot (éds.), *L'Europe dans la construction politique et identitaire russe du XIXe siècle à nos jours,* Paris, Éd. de l'École Normale Supérieure, 2013, p. 145 et s.

son père. On va voir que les modalités d'inscription de la filiation paternelle à l'état civil sont discutables.

Pourtant l'image sociale de la femme et surtout de la mère demeure contradictoire

La femme est à la fois survalorisée puisque la mère a toujours un rôle primordial. Celui-ci se traduit non seulement dans le fait que, en cas de divorce, la garde de l'enfant lui est systématiquement attribuée, mais aussi dans les modalités d'établissement de la filiation paternelle de l'enfant né hors mariage. La reconnaissance volontaire de l'enfant par son père est en effet obligatoirement accompagnée d'une déclaration conjointe de la mère (qui peut ainsi s'y opposer en refusant la démarche). Mais la **femme demeure dévalorisée** par le biais de la suspicion attachée à ses déclarations, séquelle des abus des années 1920 (lorsque la mère d'un enfant naturel pouvait par simple déclaration à l'état-civil faire enregistrer l'identité du père de l'enfant) amplement rappelés durant la discussion publique du projet de loi. De ce fait, la nouvelle procédure judiciaire d'établissement de la filiation paternelle d'un enfant né hors mariage ne prend en considération comme preuves que les seuls cas qui servaient, entre le Code de 1926 et le décret de 1944, à établir l'existence d'un « mariage de fait » : vie commune au cours du délai légal de grossesse, entretien commun de l'enfant ou aveu de paternité. Pouvoir est ainsi laissé au père présumé de se soustraire aux obligations liées à la paternité. Il suffisait, dira beaucoup plus tard une juriste russe, pour que l'action en recherche de paternité ne puisse aboutir, que le père présumé qui, dans la majorité des cas, ne vit pas avec la mère, s'abstienne soigneusement de toute contribution à l'entretien de l'enfant et de toute parole orale ou écrite imprudente. Dans le même temps, les défenseurs de la restriction des preuves en la matière mettaient en garde les tenants du « laxisme » en affirmant que la liberté des preuves ne pourrait qu'encourager des « liaisons occasionnelles » moralement condamnables.

Qu'en est-il par ailleurs d'une égalité totale entre époux qui se traduirait par un rappel explicite de l'égalité non seulement de leurs droits mais aussi de leurs obligations ?

Le rappel explicite de cette égalité dans la Constitution en préparation n'est à l'époque recommandé que par les seuls sociologues qui constatent que l'une des causes principales de la multiplication des divorces réside dans l'absence de partage des tâches domestiques au sein du couple. Ils ne sont guère soutenus. Rappelons que ce partage n'a jamais été recommandé par l'approche marxiste initiale qui considérait ces tâches comme « abêtissantes » et devant être assumées par la société. Il y eut, à cet égard, une opportunité manquée lors de la discussion publique précédant l'adoption de la

Constitution brejnevienne de 1977. Soutenu par la partie masculine de l'opinion publique, Brejnev, en lieu et place d'accorder à l'égalité « réelle » entre époux l'importance demandée par les sociologues, ajoutera une nouvelle touche à la norme sociale et politique de « l'héroïsme féminin » célébré depuis 1936. Il ajoutera en effet aux tâches dites féminines de reproduction, éducation et entretien des enfants, la tâche « naturelle » de ménagère[7]. Les enquêtes sociologiques soulignaient pourtant l'effet pervers de « cet excès d'honneur » pesant sur les épaules de la femme et décrivaient comment les adolescentes intériorisaient un rôle inférieur de l'homme en milieu familial[8]. Ils s'opposaient à certains pédagogues qui soulignaient les méfaits d'un modèle d'éducation indifférencié selon le sexe dont découlait « une conception de l'égalité comme identité ce qui entraînait agressivité et complexe de supériorité chez les adolescentes »[9].

L'adoption de la Constitution eltsinienne de 1993 semble pourtant changer profondément la donne

La Constitution de la Fédération de Russie de 1993 rompt avec le modèle antérieur, jusque-là pris comme « allant de soi », en ce qu'elle proclame solennellement le « soutien par l'État de la famille, de la maternité, *de la paternité* et de l'enfance » (art. 7) et précise pour la première fois que l'homme et la femme ont non seulement des droits égaux mais des possibilités égales de les réaliser (art. 19). Mais il faut attendre l'adoption d'un nouveau Code de la famille en 1995 pour que les preuves de la paternité naturelle deviennent libres au lieu d'être limitées, comme en 1968, aux critères du « mariage de fait ». Sur ce point les discussions sont vives : la stigmatisation des mères célibataires depuis les textes de 1944 demeure forte même après des décennies de même que l'argument selon lequel la loi ne doit pas encourager « les liaisons occasionnelles ».

---

7 Dans son rapport final au Soviet Suprême le 7 octobre 1977 Brejnev rappelait la ligne du Parti et du Gouvernement pour une amélioration continue, à mesure de la création des conditions économiques nécessaires, de la « situation de la femme en tant que travailleuse, mère et éducatrice de ses enfants, en tant que ménagère », *Pravda*, 8 octobre 1977.

8 L'auteur peut témoigner de la persistance de cette attitude dans les mouvements féministes moscovites jusqu'en 2000. Lors d'une conférence à Moscou à l'Institut de politologie, une analyse de la répartition juridique et sociologique des rôles familiaux en contradiction avec la Constitution russe de 1993 suscita la forte opposition d'un groupe de féministes moscovites. Elles semblaient avoir intériorisé comme « naturel » le modèle du rôle exclusif de la femme dans l'éducation et la transmission aux enfants de la culture.

9 V. in Ch. Kourilsky, « La Constitution de l'URSS de 1977 et la famille », *Annuaire de législation française et étrangère de 1977*, CNRS, p. 40. G. Bielska « D'où viennent les mauvaises épouses ? », *Literaturnaja gazeta*, 7 septembre 1977. Fidèle au modèle de 1943, l'auteur y prônait une éducation des filles les préparant à assumer leur « vocation naturelle » de « Mère, éducatrice de ses enfants et gardienne de la famille » cependant que celle des garçons devrait inclure « le culte de la Mère et l'attitude chevaleresque qui en découle à l'égard de la femme ».

Le Code de la famille de 1995 est pourtant moderne : possibilité d'un contrat de mariage, divorce par consentement mutuel, liberté des preuves en matière d'action en recherche de paternité naturelle. Il ne renonce pourtant pas à la disposition subordonnant la reconnaissance volontaire d'un enfant né hors mariage par son père naturel à une déclaration commune avec la mère de l'enfant (art. 51 al. 2 « Si les parents ne sont pas unis par le mariage, l'inscription de la mère a lieu sur déclaration de celle-ci et l'inscription du père, sur déclaration commune du père et de la mère de l'enfant »). Ce n'est d'ailleurs qu'en cas de décès ou d'absence de la mère que le père naturel peut intenter devant les tribunaux une action tendant à faire établir sa propre paternité.

Enfin le Code de 1995 prévoit les modalités de l'établissement de la filiation en tenant compte des nouvelles techniques de reproduction (art. 51 al. 4 « Les personnes unies par le mariage et ayant donné leur consentement écrit au recours à une méthode d'insémination artificielle ou d'implantation d'un embryon chez une autre femme afin qu'elle le porte, dans le cas où un enfant leur est né à la suite du recours à ces méthodes, sont inscrits en tant que ses parents dans le registre des naissances ». « Les personnes unies par le mariage et ayant donné leur consentement écrit à l'implantation d'un embryon chez une autre femme afin qu'elle le porte, ne peuvent être inscrits en qualité de parents de l'enfant qu'avec le consentement de la femme qui en est accouchée (mère de substitution) ».

La situation juridique semble stabilisée au cours des vingt années suivant l'adoption de la Constitution de 1993. Pourtant deux textes vont faire éclater le conflit fondamental entre l'approche européenne et l'approche russe des logiques familiales.

Le conflit entre l'approche européenne et l'approche russe des logiques d'égalité en matière familiale

L'arrêt de la Cour Européenne des droits de l'homme Konstantin Markine contre Russie *du 22 mars 2012*

Le premier élément révélateur du conflit entre approche européenne et approche russe de l'égalité des genres en matière familiale est constitué par un important arrêt de la Cour européenne des droits de l'homme rendu le 22 mars 2012. Dans cet arrêt portant sur « la différence de traitement, en droit russe, entre les militaires de sexe masculin et les militaires de sexe féminin pour ce qui est du droit au congé parental », la Cour, en se prononçant contre toute discrimination à l'encontre du père sur l'accès aux droits en matière de vie privée et de vie familiale, précise sa doctrine en matière d'égalité[10].

Pour la CEDH, la dimension spécifique de l'affaire est une question d'intérêt général importante non seulement pour la Russie mais pour l'ensemble des États parties à la Convention. La juridiction européenne veut souligner que « les stéréotypes liés au sexe limiteraient les choix que l'individu peut faire dans la vie et auraient pour effet de perpétuer les inégalités entre les sexes et la subordination d'un sexe à l'autre. Ils seraient à la fois la cause et la manifestation de la discrimination ».

Les faits étaient les suivants :

En 2005, un militaire russe qui avait obtenu la garde de ses trois enfants, avait sollicité, immédiatement après la naissance du plus jeune, un congé parental de 3 ans. Mais les autorités militaires ne lui accordèrent qu'un congé de 3 mois au motif que le congé de 3 ans était réservé aux seules femmes militaires. Tout au plus l'armée russe lui accorda-t-elle en 2006 un congé parental de 2 ans – soit jusqu'au 3e anniversaire du dernier enfant ainsi qu'une aide financière substantielle. Cette dernière décision fut toutefois prise à titre gracieux, en raison notamment « de ses difficultés familiales, de la nécessité d'élever trois enfants mineurs et de l'absence d'autres sources de revenu » et fut même critiquée comme irrégulière par un tribunal militaire. D'ailleurs les juridictions militaires ainsi que la Cour constitutionnelle russe devaient valider la décision initiale de refus. D'où le choix du justiciable d'actionner l'ultime recours devant la CEDH de Strasbourg.

La position des autorités russes était bien évidemment extrêmement défavorable :

a) d'après elles, le requérant aurait perdu sa qualité de victime (au sens de l'art. 34) puisqu'il s'était finalement vu accorder un congé parental et une aide financière. Mais la Cour retint cependant l'absence de reconnaissance explicite ou en substance par les autorités nationales d'une violation dans le chef du requérant des droits garantis par la Convention ;

b) le gouvernement russe alléguait « l'abus du droit de recours individuel ». Pourtant la Cour souligna que le litige n'avait pas été résolu de telle sorte qu'il soit possible de radier la requête puisque « les mesures finalement octroyées à titre exceptionnel » n'ont pas effacé les conséquences d'une

10 N. Hervieu, « Un arrêt phare de la Cour Européenne des Droits de l'Homme sur les stéréotypes de genre (CEDH, G.C.22 mars 2012, *Konstantin Markin c. Russie*). Condamnation solennelle des stéréotypes de genre dans la répartition des rôles parentaux » in Blog *Combats pour les droits de l'homme,* 29 mars 2012.

éventuelle violation de la Convention de façon suffisante pour conclure que le litige a été résolu au sens de l'art. 37 §1b de la Convention[11].

c) le gouvernement russe alléguait enfin que le droit à un congé parental et le droit à des allocations de congé parental étaient, par nature, des droits économiques et sociaux relevant de la Charte sociale européenne et non des droits protégés par la Convention. Il faisait état du « lien biologique et psychologique particulier qui existerait entre la mère biologique et le nouveau-né après la naissance », approche contrée par la Cour. Celle-ci fut au contraire d'avis que, à la différence de ce qui se passe pour le congé de maternité, « pour ce qui est du congé parental et de l'allocation de congé parental, les hommes se trouvent dans une situation analogue à celle des femmes en ce qui concerne les soins à apporter à l'enfant ».

C'est au nom de l'égalité des sexes que la Cour européenne des droits de l'homme devait prendre une position de principe particulièrement ferme à l'encontre des stéréotypes relatifs aux rôles féminins et masculins :

La Cour affirma solennellement que « la progression vers l'égalité des sexes est aujourd'hui un but important des États-membres du Conseil de l'Europe » et que « seules des considérations très fortes peuvent amener à estimer compatible avec la Convention une telle différence de traitement ». La Cour ne négligeait certes pas « le contexte particulier ». Mais, pour autant, « la Convention ne s'arrête pas aux portes des casernes ». C'est donc sous le prisme de ces présupposés conventionnels que la grande Chambre aborda « les différents arguments abordés par le Gouvernement défendeur pour justifier la différence de traitement entre les militaires de sexe masculin et les militaires de sexe féminin relativement au droit au congé parental ».

Au plan interne, l'arrêt de la Cour constitutionnelle de la Fédération de Russie s'était appuyé sur l'argument relatif au rôle social particulier que joueraient les femmes dans l'éducation des enfants. Mais le Gouvernement russe, conscient de la faiblesse de cet argument, ne l'avait pas repris. Cependant il arguait d'une « discrimination positive » au bénéfice des femmes pour justifier « la différence de traitement ». À ce raisonnement, la Cour européenne des droits de l'homme opposa que « le dispositif litigieux n'a manifestement pas pour but de corriger le désavantage dont souffriraient les femmes ». Au contraire, la législation russe en cause a « pour effet de perpétuer les stéréotypes liés au sexe et constitue un désavantage tant pour la carrière des femmes que pour la vie familiale des hommes ». Elle ajoute

11 L'on ajoutera, de façon qui peut sembler anecdotique mais qui symbolise l'attitude des autorités russes que, entre l'arrêt de la Chambre et l'arrêt rendu en appel par la Grande Chambre, un responsable du parquet militaire local russe s'était rendu chez le requérant dans la soirée aux fins de mener une enquête sur la situation familiale de l'intéressé et ce, à la demande du représentant de la Fédération de Russie auprès de la CEDH. Une telle démarche pouvait évidemment être considérée comme une forme de pression et s'analyser comme une entrave à l'exercice de son droit de recours individuel garanti par l'art. 34.

que « l'on ne saurait justifier la différence de traitement en cause en invoquant les traditions qui prévalent dans un pays donné, les États ne pouvant imposer une répartition traditionnelle des rôles entre les sexes ni des stéréotypes liés au sexe ».

La Cour convient cependant que toute différence de traitement visant les militaires en fonction de leur sexe n'est pas à exclure. Mais elle ajoute que le requérant, opérateur radio dans le domaine du renseignement, pouvait être remplacé tant par des militaires de sexe masculin que par des militaires de sexe féminin, ce qui rendait encore plus flagrante la discrimination fondée sur le sexe subie par l'intéressé.

Pour comprendre à quel point les autorités russes ont été choquées par le raisonnement de la Cour européenne des droits de l'homme, on citera un texte d'une importance considérable présenté en juin 2013 sous le titre de la « Conception de la politique familiale d'État de la Fédération de Russie jusqu'à l'année 2025 »[12]. Dans son article ci-après, Olga Zdravomyslova explique le contexte politique de ce texte et analyse comment il s'inscrit dans la doctrine politique définie par le président Poutine dès 2000. Nous nous attacherons plus particulièrement, dans cet article, à préciser le contenu de ce texte concernant le statut des familles et des membres du couple ainsi les modalités du choix de la maternité.

La définition d'une nouvelle « Conception de la politique familiale d'État » en Russie

La conception idéologique présentée en 2013

On assiste en 2013 à un coup d'éclat en matière de définition de la politique familiale russe, jusque-là modeste malgré l'introduction progressive de mesures d'aide aux familles à bas revenus. L'auteur du nouveau texte intitulé « Conception de la politique familiale de l'État à l'horizon 2025 » est Elena Mizoulina, Présidente du Comité de la Douma d'État auprès de la Présidence « pour les questions concernant la famille, les femmes et les enfants ». On constate de façon introductive que, à la différence de la Constitution de 1993 qui proclame la protection de la « paternité » comme de la « maternité », le titre du Comité reprend la formulation des Constitutions soviétiques antérieures avec leur protection exclusive des enfants, des femmes et de la maternité.

---

12 Conception de la politique familiale d'État de la Fédération de Russie pour la période allant jusqu'à 2025 (projet public) http://www.komitet2-6.km.duma.gov.ru/site.xp/050049124053056052.html.

Une tonalité religieuse dominante à propos de la famille

La tonalité du texte est fortement religieuse. Il commence en effet par une caractérisation idéologique de la famille. Celle-ci concentre « tous les aspects de l'activité humaine et de son rôle à tous les niveaux de la pratique sociale du niveau individuel au niveau socio-historique, du plan matériel au plan spirituel ». Elle est le chaînon reliant toutes les générations de l'espèce. Dès le premier paragraphe, on voit mentionner « l'orthodoxie russe qui renforce le contenu spirituel de l'espèce et de la famille ». Celle-ci « intervient non seulement comme la communauté sociale des époux, des parents et des enfants mais comme une cellule spirituelle, une *petite église.* Signalons à cet égard que la formulation de cette « Conception » avait été précédée par un forum du Programme panrusse consacré au « Caractère sacré de la maternité » tenu en novembre 2012 à Nijni Novgorod avec la participation du patriarche Kirilll et salué par le Président Poutine en ce que, pour lui, il témoignait de la disponibilité des citoyens à participer à la formation de la politique familiale.

Il faut revenir aux années 1930-1940 pour comparer l'inspiration des textes et évaluer le message que le Comité de la Douma d'État auprès de la Présidence pour les questions concernant la famille, les femmes et les enfants propose au Pouvoir de transmettre à la population russe en termes de modèle de référence. Cette fois-ci le projet de reprise en mains de la famille proposé par le Comité est d'un type différent mais, plus que moralisateur, il incarne une sorte de croisade longuement argumentée. Il s'agit non seulement de « renforcer et de développer l'institution familiale » mais « de conserver et de rétablir les valeurs familiales traditionnelles ».

Des valeurs familiales traditionnelles sanctuarisées : l'équivalence juridique du religieux au civil

Quelles sont ces valeurs traditionnelles ? On trouve au premier rang « les valeurs du mariage ». Celui-ci s'entend « exclusivement comme l'union d'un homme et d'une femme ». Cette union acquiert force juridique de deux manières différentes : elle est <u>ou bien</u> inscrite auprès des organes de l'enregistrement d'État des actes de l'état civil <u>ou bien</u> célébrée conformément aux traditions religieuses qui constituent une part inaliénable de l'héritage historique des peuples de Russie. Alors que la Constitution de 1993 caractérise la Fédération de Russie comme un État laïc (*svetskoe gosudartsvo*), la conception présentée donne la même force juridique au mariage religieux et au mariage civil. Le texte parle à cet égard des religions qui font partie de l'héritage historique des peuples de Russie mais ne précise pas nommément ces religions. Mais le texte liquide ainsi définitivement les préoccupations du Code de la famille de 1926. À l'époque, en effet, de nombreuses voix s'étaient élevées dans les rangs des députés pour signaler que cette disposition risquait d'encourager la recrudescence des mariages religieux considérés à l'époque comme un danger.

Un but exclusivement procréatif assigné au mariage

Quel est pour les auteurs du texte le but du mariage ? Pour les civilistes de l'époque tsariste[13], la fin essentielle du mariage était la formation d'une communauté physique et spirituelle entre l'homme et la femme, la procréation n'en étant que la conséquence. Les auteurs du texte de 2013 rejoignent une conception exclusivement familialiste en affirmant que « le mariage est conclu par les époux dans le but de prolonger leur espèce et de procréer ou d'élever trois enfants ou davantage ». Autre nouveauté totale, le mariage est « fondé sur le respect envers les parents et envers l'autorité de la puissance parentale », ce qui reprend l'ancienne terminologie du droit tsariste.

Les phénomènes sociaux ne sont pris en considération que pour les définir comme des fléaux

Suit ces positions de principe la dénonciation des « maux » qui, pour le Comité, accablent le paysage familial russe, maux actuels et maux anciens. Il ne s'agit plus d'observer les transformations de la société russe analogues à celles des sociétés contemporaines mais de les définir comme des fléaux : augmentation du nombre des familles monoparentales, diminution du nombre des familles comprenant plusieurs générations, augmentation du nombre des familles ne comprenant qu'un enfant. Pis encore, dit le texte, les époux deviennent étrangers l'un à l'autre et l'on assiste à une augmentation du nombre des divorces, au développement de la cohabitation hors mariage et à l'accroissement des naissances hors mariage ainsi qu'à une croissance du nombre des orphelins auxquels le texte assimile les enfants abandonnés du vivant de leurs parents.

Les avortements comme « terreur de masse »

À propos des maux dénoncés, le texte dénonce la « tolérance » de la société russe actuelle à l'égard des naissances hors mariage et de l'accroissement du nombre des familles monoparentales ; il regrette particulièrement la tolérance à l'égard des avortements qui sont devenus « une procédure médicale habituelle » protégeant le droit de la femme à choisir sa maternité. La condamnation est sans appel : « Dans la négligence silencieuse de la société, les avortements se transforment en une terreur de masse contre ses propres enfants, une négation des valeurs de la famille, du caractère sacré du mariage et du caractère sacré de la maternité ainsi que du droit à la

---

13 Cherchenevitch, *Uchebnik grazhdanskogo prava*, Bachmakov frères, 1909.

paternité ». On remarquera la hiérarchie établie entre les genres : la femme est soumise au caractère sacré de la maternité cependant que l'homme a droit à la paternité.

Une relecture de la politique familiale depuis la Révolution d'octobre 1917

Suit un diagnostic des auteurs du texte sur l'évolution historique des lois russes sur la famille vue sous l'angle des dommages causés par le droit soviétique à la famille :

dénonciation extrême des atteintes radicales qui ont été portées aux valeurs familiales traditionnelles par l'expérimentation sociale des années 1920 condamnée en tant que destruction consciente de la famille, celle-ci étant « l'un des piliers de l'autocratie » ; dénonciation de la propagande antireligieuse et anti-ecclésiastique de l'époque (destruction du lien entre mariage, religion et église) ; glorification au contraire du décret 8 juillet 1944 et des Fondements de la législation familiale de 1968 ainsi que du Code moral du bâtisseur du Communisme intégré dans le Troisième Programme du PCUS (XXIIe Congrès) en 1961 ;

mais aussi dénonciation de l'influence de l'Occident : jugement extrêmement négatif est porté sur l'influence destructrice, depuis les années 1980 et 1990, du « système de relations propre à la civilisation occidentale avec sa fétichisation des droits et libertés de l'individu y compris les droits des minorités sexuelles » ; dénonciation des interprétations de la Convention de l'ONU sur les droits de l'enfant qui donnent la priorité à ces derniers par rapport aux droits des parents ;

au plan de l'analyse de la législation en vigueur : critique du Code de la famille de 1995 qui n'a pas tenu compte du développement considérable du mariage religieux ; critique des insuffisances de la législation sur la santé en matière de réglementation de l'avortement et de vente des pilules abortives délivrées sans ordonnance médicale ; notamment le regret que la Loi fédérale sur la santé du 21 novembre 2011 (interdiction de procéder à l'avortement avant la fin du délai de réflexion accordé à la femme, obligation du consentement éclairé de la femme, droit du médecin de refuser l'avortement en raison de ses convictions et de sa conscience) ne prévoie pas de dispositions pénales concernant le non-respect de ces dispositions par le personnel médical.

Pour remédier à ces maux, définition des missions essentielles de la politique familiale

On relèvera particulièrement, dans la partie du texte consacrée aux missions essentielles de la politique familiale, l'importance donnée au développement de la participation de l'Église orthodoxe russe et des autres organisations religieuses de citoyens qui professent des religions constituant une partie inaliénable de l'héritage historique des peuples de Russie (ainsi que des autres organisations sociales) à la prise de décisions dans la sphère des relations familiales ».

Parallèlement aux mesures classiques en faveur des familles nombreuses (soutien matériel, logement, équipements préscolaires et scolaires, structures de repos et de loisir) on relèvera, d'une part, les mesures visant au renforcement de l'institution matrimoniale, à la réduction du nombre des divorces et à la réduction du nombre des naissances hors mariage, mais, d'autre part et surtout « le perfectionnement du système de prophylaxie des avortements, l'assistance aux femmes enceintes « dans le but du maintien de la grossesse » ainsi que la réglementation du recours aux technologies de reproduction et à la maternité de substitution ». La stratégie recommandée est d'abord psychologique. Une mission particulière est en effet confiée à la propagande du bonheur familial notamment parmi la jeunesse et dans la création artistique.

Mais surtout cette mission inclut « la formation d'une attitude sociale négative à l'égard de l'*avortement en tant que manifestation de haine à l'égard des enfants* ». Si la mission de « perfectionnement du système de prophylaxie des avortements » comprend l'augmentation du soutien financier aux femmes enceintes (allocation mensuelle, un versement unique pour l'acquisition de produits destinés aux nouveau-nés), le deuxième point présenté comme « une garantie de droits » est une prise de position décisive en faveur des pressions anti-avortement réalisées par des moyens dits informatifs. Ils comprennent des informations sur la procédure d'avortement et ses conséquences, sur le droit de renoncer à l'avortement (consultation obligatoire pré-avortement), sur le droit d'écouter les battements de cœur de l'enfant avant de signer le document portant consentement éclairé à l'avortement (document qui doit inclure non seulement des informations sur les conséquences négatives de l'avortement pour la santé de la femme mais aussi sur les conséquences négatives potentielles pour elle et pour l'enfant du diagnostic prénatal), nécessité du consentement des parents pour l'avortement des mineures, extension du terme avortement à l'utilisation de substances médicamenteuses délivrées uniquement sur ordonnance du médecin ou de l'établissement médical qui a enregistré la grossesse. Enfin la responsabilité pour non-respect de la législation sur l'avortement doit être renforcée. Des services d'assistance médicale et psychologique doivent être créés comme dans le programme d'inspiration religieuse sur « le caractère sacré de la maternité ».

Dernier point, la Conception prévoit le perfectionnement de la législation sur les technologies de reproduction et sur la maternité de substitution (normalement accessibles seulement aux couples mariés, les célibataires ou les couples non mariés ne pouvant y accéder que sur motif accepté). Par ailleurs les parents qui refuseraient finalement l'enfant né d'une mère porteuse devront lui verser des aliments en conformité avec la législation familiale. On a vu adopter à la Douma en 2013 un texte interdisant aux couples homosexuels l'adoption d'enfants orphelins ou abandonnés.

Enfin, on remarquera s'il en était besoin que, dans cette conception moralisante exclusivement nataliste, il ne peut être question de formuler, comme le ferait une politique de santé, de propositions tendant à remplacer l'interruption de grossesse par un développement de la diffusion des moyens contraceptifs. Même lorsqu'il ne s'agit pas de la « pilule du lendemain », les procédés contraceptifs s'inscrivent dans ce que les auteurs du rapport considèrent comme des « avortements médicamenteux ». On rappellera à cet égard qu'il s'agit d'une constante de l'attitude politique en Russie au sujet de la maîtrise de la fécondité. Même après la décriminalisation de l'avortement en 1955, le personnel médical hospitalier réservait presque systématiquement un accueil extrêmement défavorable aux femmes le consultant pour une interruption de grossesse. Les mesures proposées par la « Conception » sont à la fois moins élémentaires et plus diversifiées pour exercer une pression maximale destinées à faire renoncer les femmes à une interruption de grossesse.

Les critiques de cette « Conception » formulées en Russie

Depuis la publication de cette « Conception » initialement présentée le 28 mai 2013 au « Comité de coordination auprès de la Présidence pour la réalisation d'une Stratégie nationale des actions en faveur des enfants de 2012 à 2017 », les commentaires défavorables émanant de journalistes se sont multipliés sur Internet contre son auteur la députée Elena Mizoulina, présidente du Comité. Connue comme étant l'un des auteurs de la législation « anti gay », elle a été accusée d'avoir plagié pour ce rapport le cours sur la Famille destiné aux auditeurs des cours d'une enseignante à la chaire de philosophie de l'Institut de télé-enseignement de l'Université polytechnique de Tomsk.

Les commentaires journalistiques sont particulièrement critiques concernant la place accordée à la femme dans la « Conception » : « La femme doit être peu instruite, religieuse, rester à la maison et avoir au minimum 4 enfants qu'elle élève sous le contrôle de l'Église et de l'État. Dans cette conception, une famille complète ne peut être qu'une famille avec trois enfants qui vivent dans le même appartement avec d'autres parents de deux générations. Les autres types de famille doivent être accablées de différents impôts afin de les éliminer ». Les journalistes sont particulièrement choqués non seulement par les mesures proposées pour limiter la possibilité pour les femmes de pratiquer l'avortement et mais aussi par la croisade pour ce que les auteurs du rapport appellent la « reproduction active » chez les jeunes couples alors que l'on connaît leurs difficultés financières et notamment leur absence d'appartement personnel. Ils iront jusqu'à parler d'une « interprétation délirante de la réalité ».

En fait, le texte russe est fortement discriminatoire à plusieurs niveaux, la ligne de partage étant opérée désormais

1) entre les familles dites « complètes » – qui doivent avoir au minimum 3 enfants et cohabiter avec les grands-parents – et les familles dites « incomplètes » parce que monoparentales ;

2) entre la stabilité du couple approuvée à tout prix et le divorce payant afin de décourager les impétrants (comme en 1944 où cela avait eu pour effet de décupler le nombre des séparations de fait) ;

3) entre les femmes qui se laissent convaincre de considérer la maternité comme « sacrée » (forme religieuse de l'ancienne fonction « sociale » de maternité des débuts de la Révolution d'octobre) au point de renoncer même à un examen prénatal et celles qui, malgré tous les obstacles (constitués par les pressions multiformes des médecins et des psychologues pour retarder et empêcher l'avortement) décident, non par « commodité personnelle » mais en raison de leurs conditions de vie précaires, de demander à leur médecin la « pilule du lendemain » (désormais appelée avortement médicamenteux) ou, en cas d'échec, d'affronter la procédure, pleine de chausse-trappes, de l'interruption de grossesse.

La reformulation technique de la nouvelle politique familiale par le ministère du Travail en 2014

Sous l'influence, on peut l'imaginer, de l'atmosphère de protestation autour du texte de 2013[14], les informations ultérieures officiellement fournies en matière de politique familiale dans la publication officielle *Rossijskaja Gazeta* se concentrent, depuis 2014, sur des améliorations techniques relevant de la politique démographique.

Par exemple, le « capital maternel » (*materinskij kapital*) versé aux familles à la naissance – ou à l'adoption – du deuxième enfant et des enfants suivants[15]. Ce capital n'est pas versé directement mais inscrit sur un compte

14 Les textes adoptés en 2013 par la Douma sont focalisés sur « la protection des enfants » instrumentalisée dans une sorte de croisade politique. On se rappelle l'interdiction de l'adoption d'enfants russes par des citoyens américains. On peut citer, après la proposition de moratoire concernant l'adoption d'enfants russes par des Français, le texte sur le caractère inadmissible de l'adoption par des couples homosexuels d'enfants russes orphelins ou abandonnés (19 juin 2013) et le commentaire journalistique russe en la matière ayant été « Mieux vaut les laisser à l'orphelinat… ».

15 *Rossijskaja Gazeta*, 29 mai 2014, Interview de Ljudmila Shevtsova, vice-présidente de la Douma d'État et co-présidente de l'Association nationale des parents.

spécial. Il donne lieu à la délivrance d'un certificat à partir duquel sont prélevées des sommes réservées exclusivement à l'amélioration des conditions de logement, à l'éducation de l'enfant ou à la formation de la partie épargne de la retraite de la femme. L'effet de ces dispositions législatives qui devait au départ être limité dans le temps (les enfants doivent être nés ou avoir été adoptés avant le 31 décembre 2016) est maintenant prolongé. D'autre part l'utilisation pour l'amélioration des conditions de logement du « capital maternel » rebaptisé comme « familial » (*semejnyj*) peut être cumulé avec l'octroi, dans le cadre d'un programme sur le « Logement », d'une allocation pour achat d'un nouveau logement (qui peut atteindre à 30% de la valeur de ce logement) par un jeune couple »[16].

Enfin le 25 août 2014, un arrêté du Gouvernement de la Fédération de Russie, signé par le Premier ministre Dimitri Medvedev[17], décide d'approuver une nouvelle « Conception de la politique familiale d'État à l'horizon 2025 » élaborée par le ministère du Travail et de charger ce ministère, conjointement avec les organes fédéraux concernés du pouvoir exécutif, de présenter avant le 1er décembre 2014 au Gouvernement un projet de plan de mesures pour 2015-2018 concernant la réalisation de la première étape de cette Conception.

Les objectifs annoncés du texte font l'objet d'une formulation qu'on peut dire « laïque » particulièrement neutre et voulue opérationnelle au regard du ton militant pro-religion de la « Conception » de 2013. Il y est question, sans qu'aucun jugement de valeur ne soit porté, de « soutien, de renforcement et de défense de la famille ». Les nouveaux principes de « conservation des valeurs traditionnelles » et d'« accroissement de l'autorité parentale » y figurent certes comme pour mémoire mais il s'agit surtout de « prophylaxie et d'élimination de l'absence de bien-être de la famille », « de l'amélioration des conditions de vie des familles » et de « l'accroissement de leur qualité de vie ».

On salue le tour de force du ministère du Travail puisqu'il s'agit maintenant d'un texte de politique familiale intelligent et réaliste s'inscrivant dans une politique démographique classique. En fait le changement d'optique et d'objectifs par rapport à la politique antérieure est clair et semble avoir tenu compte des protestations concernant « l'irréalisme » de la précédente Conception de 2013. Celle-ci, en brandissant les foudres de la morale et en ne considérant comme des familles dignes de ce nom que les familles comprenant plus de trois enfants et avec les grands-parents, ignorait de

---

16 *Rossiskaja Gazeta*, 10 juillet 2014.

17 *Pravitel'stvo Rossijskoj Federacii, Rasporjazhenie ot 25 avgusta 2014*, n° 1618-R (Gouvernement de la Fédération Russe, Arrêté du 25 août 2014 n° 1618-r).

façon absurde les difficiles conditions de logement et de revenus de la majorité des jeunes couples.

La nouvelle « Conception », par contraste avec la modeste politique familiale antérieure, ne se contentera plus du soutien des familles vivant dans des conditions précaires. Elle vise à la mise en œuvre d'une politique garantissant de façon extensive le bien-être familial et soutenant la stabilité sociale de la famille. Deux étapes sont prévues dans la réalisation de cette politique ambitieuse. Dans une première étape (2015-2018), outre la création des conditions nécessaires à la réduction du nombre des familles à bas revenus, il est projeté d'élargir la liste des catégories de bénéficiaires des services sociaux, de réduire le nombre des déchéances de l'autorité parentale et le nombre d'enfants vivant de façon permanente dans des foyers pour enfants. C'est au cours de la deuxième période (2019-2025) que l'attention sera centrée sur l'amélioration de la situation de tous les types de familles, sur le développement des infrastructures des services, sur l'organisation de la formation permanente des enfants et des adultes, des vacances familiales, de la santé et des loisirs.

Analyse de la réalité sociale et mesures nouvelles

Au cours des dernières années, l'État avait déjà mis l'accent sur diverses mesures de politique démographique à visée nataliste (création d'une allocation mensuelle de soins aux enfants pour les femmes au foyer, accroissement de l'allocation liée au congé de maternité, allocation mensuelle de soin aux enfants pour les femmes actives, introduction de l'allocation naissance et privilèges fiscaux) qui ont eu des résultats positifs comme l'a montré le recensement de 2010 puisque le coefficient global de natalité a été en 2013 de 1,707 après avoir été inférieur à 1. La mesure la plus efficace a été le « capital maternel (familial) » dont nous avons parlé ci-dessus. Les progrès liés au programme « Santé » (construction de centres périnataux, recherches et progrès du diagnostic pendant la grossesse) ont permis de réduire la mortalité féminine et d'abaisser de trois fois le niveau de mortalité néonatale. Cependant demeurent les risques de cancer féminin et de stérilité féminine. Le nombre des avortements (28% chez les femmes âgées de 25 à 29 ans) a été réduit et celui des filles de moins de 14 ans a été réduit de 33,6 %.

Les revenus des familles se sont accrus de 2,2 fois au cours des dix dernières années et le nombre des familles vivant au-dessous du seuil de pauvreté est passé de 24,6% en 2002 à 10,7% en 2012. Une allocation mensuelle liée à la naissance du troisième enfant et des enfants suivants été introduite en 2012 et est versée jusqu'aux trois ans de l'enfant concerné.

Le nouveau texte propose d'introduire des mesures permettant aux femmes de combiner travail professionnel et activités domestiques sous les formes du temps partiel, des horaires de travail aménageables et du travail à domicile. Il considère qu'une urgence particulière concerne l'accès aux établissements préscolaires. Dans le cadre du décret présidentiel n°599 du 7 mai 2012 « Sur les mesures de réalisation de la politique d'État dans le domaine de l'éducation et de la science », des mesures ont été prises pour liquider les listes d'attente concernant l'accès aux établissements préscolaires des enfants de 3 à 7 ans et pour que, en 2016, 100% d'entre eux soient intégrés dans ces établissements. En 2013-2014, 100 milliards de roubles ont été engagés pour la modernisation (construction, reconstruction, réfection) des jardins d'enfants. La scolarisation des enfants âgés de moins de trois ans est en cours mais les listes d'attente sont encore longues (2,7 millions d'enfants en 2013). Enfin, en matière de logement, seuls 25% des citoyens ont un logement personnel bien aménagé dans lequel chacun dispose de $18m^2$. Les plus mal lotis sont les jeunes couples et les familles nombreuses.

Parenté et différences avec le texte de la « Conception » de 2013

Certaines des priorités de la politique familiale selon le nouveau texte rappellent l'ancien – comme par exemple le renforcement des valeurs familiales traditionnelles et le renouveau des traditions morales –, mais ce qui semble davantage compter est la création des conditions nécessaires pour assurer le bien-être de la famille. Pourtant la position de principe la plus intéressante parce qu'elle est formulée de manière acceptable est celle en faveur d'une « parentalité responsable » et de « l'augmentation de l'autorité des parents ». On notera avec intérêt que le terme russe *avtoritet* ici employé pour caractériser l'autorité parentale est sans rapport avec la puissance parentale (*roditel'skaja vlast')* hiérarchisée proposée par le texte de 2013 qui rappelait la puissance paternelle de la législation tsariste. Rappelons en ce qui concerne l'autorité parentale, la méfiance des révolutionnaires à l'égard de l'influence néfaste des parents sur les enfants. Sous le nom de « droits et obligations parentaux » l'exercice de cette autorité faisait l'objet de mises en garde rappelant que même ce qui était appelé des droits parentaux consistait essentiellement en devoirs d'ailleurs exercés sous l'influence de la communauté sociale.

Le nouveau texte rappelle la Constitution de 1993 toujours en vigueur et donne une nouvelle définition des fonctions familiales : il ajoute aux fonctions de « procréation, éducation, entretien » celle de « socialisation des enfants ». Il parle notamment du « maintien par la famille de la santé physique, psychologique et émotionnelle de ses membres ». Et contrairement à l'ancien texte qui ne voulait favoriser que les familles traditionnelles comprenant au moins trois enfants et abritant trois générations (on a vu les protestations ironiques que le texte de 2013 avait suscitées dans la presse), il souligne que « ces mesures s'appliquent à toutes les familles quels que soient leur composition, leur situation socioéconomique et leur statut social ».

Certes, au premier rang des valeurs familiales traditionnelles, figure le mariage compris (exclusivement, bien que le texte ne le précise pas) comme l'union d'un homme et une femme et fondé sur son enregistrement à l'état-civil, (on notera qu'il n'est plus question dans le nouveau texte d'y assimiler le mariage religieux). Cette union doit être comprise comme ayant pour but « de fonder une famille, de procréer et (ou) d'éduquer ensemble des enfants, et elle est fondée sur le souci et l'estime réciproques des enfants et des parents ».

Le texte rappelle les principes sur lesquels repose la politique familiale d'État : pour souligner une fois encore le changement d'attitude de l'État à l'égard des parents, le texte cite notamment « l'indépendance de la famille dans la prise de décisions concernant sa vie interne, l'égalité des familles et de tous leurs membres dans le droit au soutien indépendamment de leur situation sociale, la présomption de la bonne foi des parents dans l'exercice de leurs droits parentaux et l'accroissement de leur autorité dans la famille et la société, la responsabilité de chaque famille pour l'éducation, l'instruction et le développement de la personnalité de l'enfant (des enfants) et pour la conservation de sa santé ». On note également avec intérêt que le texte propose d'introduire dans la procédure de divorce un recours à la médiation[18].

On soulignera cependant, sinon avec un peu d'inquiétude, du moins avec quelques réserves :

En premier lieu que, s'il n'est pas question, dans le nouveau texte, de hiérarchie de droits ou d'autorité entre les membres du couple, il n'est pas question non plus d'égalité au sein du couple. Il n'est question d'égalité au sein de la famille qu'en matière de droit au soutien matériel ; l'égalité entre homme et femme ne semblant découler que de l'évocation d'une « propagande de paternité responsable, de maternité responsable et de formation d'une image positive du père et de la mère ».

Bien que cela ne soit pas expressément souligné, la responsabilité prioritaire toujours attribuée à la mère dans l'éducation des enfants (comme dans l'argumentation du gouvernement russe dans l'affaire *Markine* contre Russie, CEDH, 2012) semble pouvoir être induit du fait qu'elle seule est concernée par les mesures d'aménagement du temps de travail mentionnées pas le texte : travail à temps partiel, flexibilité des horaires, travail à domicile). Mais bien que le père ne soit pas mentionné comme bénéficiaire potentiel de ces mesures, il n'en est pas exclu expressément et on peut imaginer qu'il puisse s'en prévaloir. Si l'on en juge par l'affaire *Markine*

---

18 Ch. Kourilsky-Augeven, « La justice alternative en Russie : de la valorisation de la répression à celle de la médiation », *Droit et Cultures*, n°65, 2013/1, p. 111 et s.

précitée, il faudrait cependant un texte prévoyant expressément que le père puisse se prévaloir de telles mesures pour s'en voir accorder le bénéfice.

En second lieu que, s'il est prévu de « perfectionner les mesures prophylactiques pour la conservation de la santé reproductive parmi les jeunes y compris en ce qui concerne l'interruption de grossesse chez les mineures » ainsi que « d'élargir les moyens médicaux de remède à la stérilité en appliquant des technologies auxiliaires de reproduction », il n'est nullement prévu de prévenir les avortements grâce aux techniques de contraception les plus avancées.

Sur ce deuxième thème, il ne semble pas jusqu'à maintenant qu'il y ait eu de texte législatif en Russie valorisant les mesures contraceptives, de quelque nature qu'elles soient, comme préférables au recours systématique à l'avortement. Il est vrai que, à titre privé, les femmes ont recours à la contraception[19]. Mais il n'existe pas de programme au niveau fédéral dans le domaine de la création de centres de planning familial.

Pourtant des initiatives locales existent dans ce domaine, notamment en Sibérie. Depuis 2011, les autorités de la région de Novossibirsk ont alloué plus de 3,5 milliards de roubles (71,2 millions d'euros) de fonds budgétaires à la mise en place d'un programme de protection de la maternité et de la petite enfance qui garantit aux femmes l'accès gratuit aux moyens de contraception. Aujourd'hui, à Novossibirsk, des stérilets, des pilules et des préservatifs sont distribués gratuitement dans les centres de consultation ainsi que dans les cabinets des gynécologues[20]. Les autorités régionales ont également lancé une campagne d'information qui a permis de faire évoluer l'attitude même des Sibériens envers la contraception : ce n'est plus un sujet tabou comme à l'époque soviétique.

Les autorités gouvernementales centrales semblent réticentes à admettre l'efficacité de ce type de mesures non seulement en matière de réduction du nombre des avortements avec les dangers qu'ils comportent pour la santé des femmes mais également au niveau global de la natalité. Novossibirsk a enregistré dernièrement une baisse importante du nombre d'avortements. Selon une étude publiée par les autorités de la région le 1er avril 2014, le

---

19 D'après une étude menée par la Faculté d'économie de l'Université de Moscou et de l'Institut démographique, près de 10% des couples n'utilisent aucun moyen de contraception. Pourtant 88% des femmes russes interrogées ont déclaré se protéger contre une grossesse non désirée. Mais seules 20% se servent d'un stérilet contre 14% de pilule contraceptive. La plupart optent pour des méthodes dites « à l'ancienne » comme la méthode du calendrier et l'acte interrompu. Même à Moscou et Saint Petersburg où les femmes sont mieux informées, le préservatif est le moyen de préservation principal pour 44% des femmes, la pilule ne venant qu'en seconde position (16%), *Russia beyond the headlines*, http://fr.rbth.com/2013:03:29/-les femmes russes championnes de l'avortement/

20 Voir Rusina Shikhatova, « Novossibirsk : pourquoi les Sibériennes avortent moins », *Le Courrier de Russie*, 11 avril 2014.

nombre des IVG est passé à 83 pour 100 naissances contre 233 en 2000[21]. Il a toujours été jugé normal en Russie – en tout cas depuis l'interdiction de l'avortement en 1936 – d'avoir recours à tous les procédés de pression psychologiques ou autres pour dissuader la femme, une fois enceinte, de recourir à l'avortement et pour l'encourager à garder son enfant. Le texte de la « Conception de la politique familiale d'État » de 2013 ne fait pas exception à cette règle. Par ailleurs, donner à la femme le choix de la maternité, la liberté de concevoir ou de ne pas concevoir un enfant en mettant à sa disposition de façon systématique une information détaillée relative à tous les procédés et produits de contraception ainsi que ces produits eux-mêmes a toujours suscité des réactions négatives de la part d'un personnel médical encouragé indirectement à exercer des pressions morales sur les femmes.

Il existe sans doute une relation entre cette attitude qui semble à beaucoup rétrograde et des stéréotypes dominants exaltant le rôle de la famille et de la maternité dans la culture russe et soviétique. La famille « doit » être heureuse et le bonheur « doit » s'incarner dans la famille, opinion à la fois téléguidée et intériorisée qui se reflète dans les résultats de toutes les enquêtes[22].

Mais il existe aussi une tendance ancienne du législateur russe à privilégier, en matière de technique législative, les mesures répressives par rapport aux mesures incitatives. Dans le système soviétique, les citoyens étaient passés sans transition, d'un système autocratique dans lequel toute autorité émanait du tsar et de ses représentants « à un système dit socialiste pratiquant de façon systématique une politique répressive à travers un arsenal de mesures pénales à l'application par ailleurs arbitraire ». Mais ce système ne fonctionnait pas seul puisque « parallèlement, le système éducatif mettait l'accent sur la notion de faute, considérée comme commise à l'égard d'autrui ou de la communauté et valorisait le repentir comme s'il constituait la condition de la réintégration dans la communauté »[23].

L'on a été frappé de lire dans la version 2013 de la « Conception » très influencée par l'Église orthodoxe russe, une dénonciation de l'expérimentation sociale des années 1920 considérée sous l'angle d'une « destruction consciente de la famille, pilier de l'autocratie ». Le retour aux valeurs traditionnelles impliquerait-il un retour *sui generis* à l'autocratie ?

Quoiqu'il en soit, envers et contre tous les avatars de la législation familiale depuis les années 1920, non seulement l'interruption de grossesse

21 *Ibidem.*

22 Ch. Kourilsky-Augeven, « Socialisation juridique et sphère familiale », Ch. Kourilsky-Augeven, M. Arutiunyan & O. Zdravomyslova, *Socialisation juridique et modèle culturel*, Paris, LGDJ, 1996, p. 91 et s.

23 Ch. Kourilsky-Augeven, « Faute et sanction dans la conscience juridique en France et en Russie », in *La culpabilité*, Limoges, PULIM, 2001 ; « Le citoyen russe aujourd'hui : appartenir à la Russie et regarder l'Europe », *Droit et Cultures*, n°43, 2002/1, p. 179

mais aussi la contraception[24] semblent marquées implicitement par la conception de « faute ». L'une et l'autre ont tendance à être vues comme une sorte de manquement à l'obligation de procréation qui avait été définie, dès l'arrêté d'août 1936 interdisant l'avortement, comme un « haut devoir et une haute responsabilité envers la société ». Même le mariage *doit* avoir une finalité procréative, ce que n'affirmaient nullement les civilistes prérévolutionnaires.

La politique familiale : une partition idéologique et technique à deux voix

La question de la famille et de la politique familiale cristallise l'évolution divergente des conceptions officielles européennes et russes. La Cour européenne des droits de l'homme, juridiction instituée auprès du Conseil de l'Europe dont fait partie la Fédération de Russie, soutient que « On ne saurait justifier la différence de traitement en cause en invoquant les traditions qui prévalent dans un pays donné » alors que le texte russe de 2013 prône le retour aux valeurs familiales traditionnelles c'est-à-dire une répartition traditionnelle stéréotypée des rôles entre les sexes. La journaliste qui disait, après la publication du texte de 2013, que dans la nouvelle image de la femme, celle-ci doit être « peu instruite, religieuse, rester à la maison et avoir au minimum 4 enfants qu'elle élève sous le contrôle de l'Église et de l'État » ne faisait que formaliser l'image de la femme qui se discerne en filigrane de ce texte.

Rappelons que le gouvernement russe, à la suite de l'affaire *Markine contre Russie* dans laquelle il avait été débouté par la CEDH, s'était insurgé contre l'obligation que, selon lui, lui imposait la Cour de modifier sa propre législation. On peut voir partiellement dans la « Conception » - présentée le 28 mai 2013 au Comité de Coordination près la Présidence de la FR pour la réalisation de la stratégie nationale des actions dans l'intérêt des enfants de 2012 à 2017 – une sorte de réponse « du berger à la bergère » qui s'inscrit dans une série de réactions de type anti-occident et anti-démocratie (ce type de notion dont les plus conservateurs des Russes affirment qu'elle est typiquement occidentale et n'est nullement nécessaire à leur pays).

On pouvait croire la situation définitivement bloquée et la domination de l'Église assurée pour imposer un modèle familial vieux de quelques siècles. Pourtant, un an plus tard, le 25 août 2014, l'arrêté gouvernemental

---

24 D'ailleurs, lors du Forum sur la famille nombreuse de septembre 2014 Elena Mizulina a maintenu sa position initiale en affirmant au cours de la table-ronde sur « La législation pro famille et la politique familiale » que des cours sur la famille devaient être introduits à l'école. Ces cours « pourraient servir de contrepoids à des phénomènes aussi destructeurs de la notion de famille traditionnelle que la justice juvénile, les centres de planning familial et les cours d'éducation sexuelle qui existent aujourd'hui dans toute une série de pays » *Rossijskaja Gazeta*, 11 septembre 2014.

signé du Premier ministre Dimitri Medvedev approuve une nouvelle version de la « Conception de la politique familiale d'État à l'horizon 2025 », élaborée par le ministère du Travail de Russie, dont toute allusion idéologique et religieuse a disparu. Le ministère, qui semble avoir œuvré dans la discrétion tout en invitant Mme Mizoulina à ses réunions de discussion, fait donc approuver par le Gouvernement en 2014 un nouveau texte de la « Conception » dont il a gommé les débordements religieux et supprimé les anathèmes. Ce texte nouveau porte des mesures de politique démographique parfaitement crédibles tout en respectant la Constitution qu'il cite à plusieurs reprises. À la disposition de la Constitution de 1993 qui définit la Russie comme un État laïc (*svetskoe gosudarstvo*) dans lequel aucune idéologie ne peut être proclamée comme idéologie d'État, il répond en ne mentionnant plus que le mariage enregistré à l'état civil et en supprimant la mention du mariage religieux auquel le texte de 2013 donnait valeur légale (avec pour seul argument la recrudescence récente de ce type de mariage). Le ministère du Travail, auteur de cette deuxième conception, est chargé par le Gouvernement Medvedev de présenter pour le 1er décembre prochain les textes d'application pour la première partie de la Mission (2015-2018). On verra sans doute dans ce délai certains des résultats des luttes d'influence en matière familiale.

Olga Zdravomyslova

Une condamnation à « l'inexistence » : la « dictature des lois » et l'interdiction de la propagande des relations sexuelles non traditionnelles auprès des mineurs en Russie

Résumé : L'auteur analyse deux tendances reliées entre elles qui caractérisent la Russie d'aujourd'hui. La première tendance – qui met l'accent sur le rôle du droit – la « dictature des lois » (selon l'expression poutinienne) définit la stratégie politique qui a remplacé la stratégie de construction d'un État de droit proclamée à la fin des années 1980. La seconde tendance est la recherche de valeurs qui distinguent la Russie de l'Occident. L'ordre et les valeurs spécifiquement russes sont associés à l'adhésion aux normes traditionnelles de comportement consacrées par l'Église orthodoxe. Ces normes sont fixées et renforcées par le moyen d'initiatives législatives de la Douma d'État de la Fédération de Russie telles que la Conception de la Politique Familiale d'État Jusqu'à 2025, la Loi sur l'Offense aux Sentiments Religieux des Croyants et la Loi sur l'Interdiction de la Propagande des « Relations Sexuelles non Traditionnelles auprès des mineurs, deux lois adoptées par la Douma d'État et promulguées par le Président russe en Juin 2013. Les trois textes pris dans leur ensemble constituent un discours idéologique qui non seulement tend à dominer dans la sphère publique mais y revendique un monopole. Cependant de telles initiatives législatives qui visent à consolider la société russe sur la base d'idées traditionnelles et à fournir un « modèle pour la réalité sociale » rencontrent une opposition, créent de nouveaux conflits et renforcent les inégalités sociales.
L'article examine les traits et caractères principaux du conflit concernant le problème de la discrimination à l'encontre des personnes « d'orientation sexuelle non traditionnelle » et les droits des homosexuels. Lorsqu'ils sont présentés à la discussion publique, ces thèmes provoquent, d'une part, une panique morale et un rejet agressif et, d'autre part, le désir de « clore » la discussion, de soustraire à la sphère publique tant le problème lui-même que la minorité sexuelle qui fait appel au droit et aux représentations de l'égalité. L'auteur soutient que la fonction latente d'une « dictature des lois » est de se mettre l'accent sur la formation d'un modèle de solidarité fondé sur l'exclusion sélective d'individus et de groupes.

Mots-clés : Russie, dictature des lois, normes traditionnelles, Église orthodoxe, sexualité, homosexualité.

Condemned to Extinction: a «Dictatorship of Laws» and the Prohibition of Propaganda of «Non Traditional Sexual Relations» among Minors in Russia

Abstract: Two interconnected trends characteristic for today Russia are analyzed. First tendency – emphasizing of the role of Law – the «dictatorship of Laws» (according Putin's expression) which means a political strategy that replaced the strategy of building a rule-of-law state in Russia, proclaimed in the late 1980s. The second tendency – searching for values that distinguish Russia from West. The order and specific Russian values are associated with adherence to traditional norms of conduct, consecrated by the Orthodox Church. These norms are fixed and strengthened by means of law-making initiatives of the State Duma of the Russian Federation such as Conception of the State Family Policy of the Russian Federation until 2025 as well as the Law on Offending Religious Feelings of the Faithful and the Law on the Prohibition of Propaganda of «Non-Traditional Sexual Relations» among Minors – both laws were taken by the State Duma and signed by the Russian President on June 2013. All three documents as a whole constitute an ideological discourse that not only tends to dominate the public sphere but claims a monopoly there. However, such law-making initiatives intended to consolidate the Russian society on the basis of traditional ideas and give a «model for the social reality» are causing opposition, creating new conflicts and strengthening social inequalities.

The article examines the main features and characteristics of the conflict over the problem of discrimination against persons of «non-traditional sexual orientation» and of the rights of homosexuals. Presented on public discussion these themes generate, on the one hand, a moral panic and aggressive rejection and, on the other hand, the desire to «close» the debate, to withdraw from the public sphere both the problem itself and the sexual minority appealing to the right and representations about equality. The author argues that the latent function of a «dictatorship of the laws» is its focus on shaping a solidarity model based on selective exclusion of individuals and groups.

Keywords: Russia, Dictatorship of Laws, Traditional norms, Orthodox Church, Sexuality, Homosexuality.

La loi relative à l'interdiction de la propagande de l'homosexualité auprès des mineurs, appelée par la suite *Loi relative à l'interdiction de la propagande auprès des mineurs des relations sexuelles non traditionnelles*[1], a été adoptée par un vote unanime de la Douma d'État de la Fédération de Russie le 11 juin 2013, approuvée par un vote unanime du Conseil de la Fédération le 26 juin 2013 et signée par le Président de la FR le 29 juin 2013. De par son orientation générale et sa date d'adoption elle se rapproche de deux autres initiatives législatives, la *Conception de la politique familiale d'État de la Fédération de Russie jusqu'à 2025* (ci-après « la Conception ») et la *Loi sur l'offense aux sentiments des croyants*[2]. Les trois textes ont été publiés presque en même temps, en juin 2013, les deux lois ayant été adoptées par la Douma d'État de la FR, puis par le Conseil de la Fédération et signées par le Président de la FR à la fin du mois de juin.

L'idéologie de défense des valeurs traditionnelles et la Loi sur l'interdiction de la propagande de l'homosexualité auprès des mineurs

Bien que, aux termes de la Constitution de la FR, « aucune idéologie ne peut être établie en qualité d'idéologie d'État ou d'idéologie obligatoire » (art.13), la « Conception » et les deux lois témoignent de la mise en forme législative d'une telle idéologie. La « Conception » constitue une tentative de création d'une vision élaborée des valeurs familiales traditionnelles en les présentant comme la base légitime de la vie de la famille russe et de l'État. La *Loi sur l'offense aux sentiments des croyants* découle de l'importance essentielle accordée aux « sentiments religieux » en définissant la responsabilité pénale pour agissements publics « dictés par le désir du coupable de s'opposer aux personnes qui l'entourent » en offensant ces sentiments[3]. La *Loi sur l'interdiction de la propagande des relations sexuelles non traditionnelles auprès des mineurs* illustre une inégalité de principe entre « traditionnel » et « non traditionnel ».

---

1 Loi fédérale n° 135-F3 « Sur l'introduction de modifications dans l'article 5 de la Loi fédérale sur la protection des enfants contre les informations portant préjudice à leur santé et à leur développement ».

2 Loi fédérale sur l'introduction de modifications dans l'article 148 du Code pénal de la Fédération de Russie aux fins de contrer l'offense aux convictions et aux sentiments religieux des citoyens.

3 Loi sur la responsabilité pénale pour offense aux sentiments religieux des croyants. Commentaire du Service juridique du Patriarcat de Moscou. http://www.patriarchia.ru/db/text/3093568.html.

L'ensemble des trois textes construit un discours idéologique qui non seulement tend à prédominer dans la sphère publique mais y prétend au monopole. Il est présenté de façon élaborée dans la « Conception » qui se fonde sur l'idée d'une espèce unique qui s'incarne dans la famille traditionnelle et acquiert son « contenu spirituel » dans « l'orthodoxie russe ». C'est pourquoi la famille qui intervient comme « un chaînon de liaison des générations » constitue une « cellule spirituelle, une petite église ». La notion clé est celle des « valeurs familiales traditionnelles » transmises de génération en génération. Ce sont les valeurs du mariage officiellement enregistré (dit « légal »), « compris exclusivement comme l'union d'un homme et d'une femme ». Le mariage existe « pour la procréation et l'éducation en commun de trois enfants et plus »[4]. L'amour des enfants se manifeste notamment dans le refus de l'avortement qui est un acte d'absence d'amour aussi bien que de haine à l'égard des enfants[5]. La cohabitation et la vie commune des membres de la famille confèrent leur stabilité à des relations intrafamiliales au sein desquelles la priorité est accordée non aux droits des enfants mais à l'autorité parentale.

La critique de l'état actuel de la famille russe est fondée sur le fait que celle-ci s'est détachée de la tradition de la famille orthodoxe patriarcale qui est prise pour modèle. C'est pourquoi les tendances **collectives** – telles que la nucléarisation de la famille, la baisse de la natalité et le planning familial, le retard apporté au mariage pour des raisons de carrière et d'indépendance économique, l'augmentation du nombre des divorces, des cohabitations maritales et des naissances hors mariage – au lieu d'être envisagées dans le contexte social des processus de modernisation, sont exclusivement analysées comme destructrices tant pour l'institution familiale que pour l'État russe. Selon la « Conception », les causes des tendances dangereuses plongent leurs racines « dans les expérimentations sociales des années 1917 à 1920 » qui ont consciemment détruit la famille en tant que « l'un des remparts de l'autocratie » et rompu le lien entre mariage, religion et église en légalisant le « mariage de fait ». Un coup ultérieur aurait été porté aux valeurs familiales traditionnelles par les « expériences sociales irréfléchies et impréparées des années 1980-1990 » lorsqu'on a commencé à « faire activement entrer la Russie dans le système de relations propres à la civilisation occidentale, avec sa fétichisation des droits et libertés de l'être humain, y compris des droits des minorités sexuelles »[6].

4 Conception de la politique familiale d'État de la Fédération de Russie pour la période allant jusqu'à 2025 (projet public) http://www.komitet2-6.km.duma.gov.ru/site.xp/050049124053056052.html.

5 Interview avec la Présidente du Comité de la Douma d'État pour les questions concernant la famille, les femmes et les enfants, Mme Elena Mizulina http://echo.msk.ru/blog/ecomsk/1094466-echo/

6 Conception de la politique familiale d'État de la Fédération de Russie.

Les principes de base exposés dans la « Conception » consistent en une union autour des valeurs familiales traditionnelles consacrées par l'orthodoxie et un rassemblement autour de l'État russe, qui ensemble protègent ces valeurs contre les atteintes agressives de la civilisation occidentale libérale (non orthodoxe, non traditionnelle)[7]. C'est sur ces principes qu'est fondée la normativité d'un modèle de famille dans lequel se conjuguent les traits d'une famille patriarcale russe inséparable de la communauté paysanne et héritière de la famille soviétique « matricentrée »[8].

L'État totalitaire a détruit la famille patriarcale et « s'est transformé lui-même en un père-patriarche unique, exclusif »[9] exerçant un contrôle sur la « grande famille » qu'était le peuple soviétique. Visant à transformer la famille de la mère travailleuse en l'un des remparts du pouvoir totalitaire, l'État a utilisé la législation qui a permis d'affermir et même de renforcer la base traditionnelle de ce modèle familial[10].

Dans l'État du « patriarcat soviétique » la sexualité était subordonnée exclusivement à l'objectif de reproduction de l'espèce. C'est pourquoi la phrase souvent citée « Il n'y a pas de sexe chez nous et nous sommes catégoriquement contre » prononcée par l'une des participantes au *telemost* Leningrad-Boston (le 17 juillet 1986) a été au sens littéral tirée de la vie soviétique dans laquelle la sexualité était une zone totalement fermée à toute analyse. En ce qui concerne les « relations sexuelles non traditionnelles », faisant l'objet de la législation pénale, elles avaient pour ainsi dire totalement « disparu » de la réalité.

Bien que, immédiatement après la Révolution d'octobre – sur la vague de la politique d'émancipation – en décembre 1917, la responsabilité pénale pour relations homosexuelles ait été abolie, dès le début des années 1930 l'homosexualité fut déclarée « anomalie sociale ». En 1933 fut adopté un Arrêté du Comité Exécutif Central de l'URSS sur « l'extension de la responsabilité pénale à l'homosexualité » et, en 1934, entra en vigueur une loi aux termes de laquelle l'homosexualité était qualifiée d'infraction pénale dans toutes les républiques de l'URSS. Depuis cette époque, les représentants

---

7 Conception de la politique familiale d'État de la Fédération de Russie.

8 Définition donnée par Chantal Kourilsky-Augeven in « Modèle culturel russe et évolution de la régulation normative de la famille », *Obshchestvennye nauki i sovremennost'*, 1995, n°5.

9 S. Kukhterin, «Fathers and patriarchs in Communist and Post-Communist Russia», S. Ashwin (ed.), *Gender, State and Society in Soviet and Post-Soviet Russia,* London, Routledge, 2000, p. 71.

10 Soulignons ici au premier chef l'interdiction de l'avortement (1936), l'introduction de l'enregistrement obligatoire du mariage et d'une procédure complexe de divorce (1944). L'évolution de la législation familiale en Russie jusqu'à l'adoption de la Constitution de la Fédération de Russie en 1993 est analysée de façon détaillée dans l'article de Chantal Kourilsky-Augeven « Modèle culturel russe et évolution de la régulation normative de la famille », *Obshchestvennye nauki i sovremennost'*. Voir aussi M. V. Rabzhaeva, « La famille dans la société soviétique ; analyse historique et socio-culturelle », http://www.gender-cent-cent.ryazan.ru/rabzhaeva1.html.

de « l'orientation sexuelle non traditionnelle » ont vécu dans une peur constante à l'égard d'un État soviétique qui les punissait pour « crime d'homosexualité » et les contraignait à une existence clandestine. Cette peur s'est maintenue pendant la période poststalinienne puisque la nouvelle législation pénale fédérale de l'URSS entrée en vigueur en 1960 comprenait également un article sur l'homosexualité masculine (art. 121 des Fondements de la législation pénale de l'URSS). Jusqu'à 1993, date à laquelle l'article 121 fut aboli en raison de la décision des autorités soviétiques d'intégrer le Conseil de l'Europe, non seulement les discussions publiques mais également la simple mention de l'homosexualité étaient inacceptables. Au cours des années 1990, lorsque le thème de l'homosexualité commença à être discuté ouvertement dans la littérature et dans les medias, Lioudmila Oulitskaya décrivit l'atmosphère dans laquelle vivaient les gens ayant une « orientation sexuelle non traditionnelle » en URSS : « Pas un ennemi du peuple, réel ou supposé, pas un opposant n'éprouvait une peur aussi profonde que celle que ressentaient ceux qui vivaient sous la menace de cet article infamant. Il y avait une réelle société secrète d'hommes qui rappelait les francs-maçons avec leurs signes secrets et leurs poignées de mains spécifiques »[11].

Dans une recherche menée au cours des années 1990, Anna Rotkirkh décrit un groupe de répondants qui parlaient avec une extrême réticence de leur expérience sexuelle et, en particulier, ne parlaient jamais d'aucun thème lié à l'homosexualité : c'étaient les répondants nés entre 1920 et 1945[12].

En légitimant le caractère normatif d'un mariage enregistré traditionnel (pour le moment non encore obligatoirement religieux) qui existe pour la prolongation de l'espèce, la « Conception » revient à cette même logique dans laquelle « les relations sexuelles non traditionnelles » sont définies comme une incontestable déviation par rapport à la norme et sont soumises à une condamnation religieuse et morale et ceux qui les pratiquent sont, de manière rhétorique « condamnés à la non existence ».

C'est l'idéologie de défense des valeurs traditionnelles qui reçoit une légitimation dans la *Loi sur la propagande des relations sexuelles non traditionnelles auprès des mineurs*. Aux termes de la loi, se rapporte à l'information interdite de diffusion auprès des enfants, « l'information faisant la propagande des relations sexuelles non traditionnelles » c'est-à-dire tendant à développer chez les mineurs des attitudes sexuelles non traditionnelles, un attrait pour les relations sexuelles non traditionnelles, une représentation déformée de l'égalité de valeur sociale entre relations sexuelles traditionnelles et non

11 L. E. Ulitskaja, « Goloubchik » in *Ljalin dom. Nouvelle et récits*, Vagrius, Moscou, 1999, p. 482.

12 A. Rotkirkh, « Les cultures soviétiques de la sexualité » in *A la recherche de la sexualité,* Saint Petersburg, Éditions Dmitrij Balanin, 2002.

traditionnelles, ou bien encore à imposer une information sur les relations sexuelles non traditionnelles suscitant un intérêt pour ces relations »[13].

De l'avis des auteurs, des défenseurs et des propagandistes de la Loi N° 135-FZ, celle-ci a avant tout un caractère de protection et de prévention. C'est bien pourquoi elle a pour concept central « l'interdiction de la propagande auprès des mineurs » et il est proposé de remplacer la discussion du problème de l'homosexualité par une « discussion sérieuse sur le fait de savoir comment exclure l'homosexualité de la vie de la société » (Archiprêtre Vsevolod Chaplin, Président de la Section moscovite du patriarcat pour les relations entre l'Église et la société)[14]. En raison des idées confuses de la population à propos du problème de l'homosexualité et en l'absence d'une discussion publique sur les droits des minorités sexuelles, « l'interdiction » exerce pratiquement un monopole sur la formation des représentations individuelles de l'homosexualité qui est perçue comme une anomalie (voire une perversion ou une maladie, etc.) et elle renforce une attitude constamment négative à l'égard de la communauté LGBT (lesbienne, gay, bisexuelle et transsexuelle) en enveloppant les questions relatives à l'orientation sexuelle à la fois de condamnation sociale et de silence. Le juriste Alexeï Fetisenko propose même, sur le site internet de l'orthodoxie (*Pravoslavie.ru*), de modifier le titre de la Loi sur l'interdiction de la « propagande » pour l'appeler Loi sur la protection des enfants contre la propagande des relations sexuelles non traditionnelles. Cela revient, selon l'expression de Michel Foucault, à « affirmer la non existence » de la question même de la sexualité ainsi que de ceux qui la formulent face à la société. C'est précisément par son orientation vers la socialisation que s'explique la priorité de l'interdiction de la propagande des « relations sexuelles non traditionnelles » auprès des enfants dans la mesure où l'on définit en tant qu'objectif requérant l'appui de l'État l'assistance apportée aux parents dans le développement chez les enfants d'une immunisation contre les valeurs et les influences étrangères : « les gens ordinaires qui ne sont pas obsédés de façon fanatique par les problèmes de l'orientation sexuelle proprement dite, et plus exactement par les problèmes de la perversion sexuelle à proprement parler peuvent, à partir de l'entrée en vigueur de la loi N° 135-FZ, dans le but de protéger leurs enfants contre une information qui leur serait inutile, ne pas s'opposer de façon juridique formelle à des personnes d'orientation sexuelle non traditionnelle car c'est l'État qui est chargé de cette fonction (nous soulignons – O. Z.) et qui exonère

---

13 Code de la Fédération de Russie sur les infractions administratives (KOAP RF) du 30 décembre 2001 n° 195-FZ, article sur la « propagande des relations sexuelles non traditionnelles auprès des mineurs » http://www.consultant.ru/popular/koap/13_7.html#p1603.

14 http://newsru.com/religy/1àjan2014/chaplin.html.

les pères et mères et les grands parents etc. de formuler des « discours de haine » et de commettre potentiellement des « crimes de haine »[15].

Le discours d'interdiction de la propagande de l'homosexualité, en premier lieu, constitue la norme sociale des « relations sexuelles « traditionnelles » en excluant les citoyens qui ne lui sont pas conformes et en suscitant l'hostilité à l'égard de ces derniers de la part de la « majorité ». Par là même, la Loi entre en contradiction avec la conception de l'égalité qui s'appuie sur les droits et les libertés de l'homme tels qu'ils sont garantis par la Constitution de la FR[16].

En second lieu, en créant une association durable entre « non traditionnel » et « relations homosexuelles », la Loi attache au concept de « non traditionnel » ainsi qu'à celui de « tolérance » des significations également négatives en excluant de la sphère de la discussion publique tout ce qui leur est lié. Cela entre en contradiction évidente avec le principe de la liberté d'expression garantie par la Constitution[17]. Citons enfin l'argument principal de la critique adressée à la Loi n° 135-FZ par les juristes : « Toute la question réside dans le fait de savoir si le concept de « propagande de l'homosexualité » admet l'interprétation selon laquelle il s'agira non d'attacher la qualification de « non traditionnelles » aux relations sexuelles mais d'exercer des poursuites contre « l'information » et « la discussion ». Malheureusement des prémisses de ce genre existent déjà et elles découlent du texte lui-même… En fait ce qui doit être poursuivi d'après la loi est la « diffusion de l'information »[18].

On a tout lieu de considérer la Loi comme une partie intégrante de l'idéologie de défense des valeurs traditionnelles qui prétend, en tournant la Constitution, au rôle d'idéologie « obligatoire » en Russie[19]. La Loi confère une base légale à la condamnation des valeurs « non traditionnelles » en tant que contraires à la morale religieuse qui inspire la « Conception ». Le projet de « Fondements de la politique culturelle de l'État » publié dans *Rossijskaja gazeta* inscrit parmi les « valeurs morales traditionnelles pour notre pays », fondées elles-mêmes « sur les normes et les exigences élaborées par l'humanité

15 Loi sur la défense des enfants contre la propagande des relations sexuelles non traditionnelles : commentaire du juriste http://www.pravoslavie .ru/jurnal/63614.html.

16 Constitution de la FR, article 17 : « 1. Au sein de la Fédération de Russie sont reconnus et garantis les droits et libertés de l'homme et du citoyen conformément aux principes et normes du droit international universellement reconnus et en conformité avec la présente Constitution. 2. Les droits et libertés fondamentaux de l'homme sont inaliénables et appartiennent à chacun dès sa naissance ».

17 Les alinéas 1 et 4 de l'article 29 de la Constitution de la FR garantissent la liberté d'expression et le droit de chacun de recevoir, chercher, transmettre, produire et diffuser l'information par tout moyen légal.

18 S. Khovansky, « L'interdiction de la propagande de l'homosexualité à la lumière de la jurisprudence » http://www.garant.ru/ia/opinion/havanskij/479268/#ixzz326HFD9iZ.

19 Constitution de la FR, article 13 : « 1. Au sein de la Fédération de Russie est reconnue la diversité idéologique. 2. Aucune idéologie ne peut être établie en qualité d'idéologie d'État ou d'idéologie obligatoire » http://www.az-design.ru/index.shtml?Projects&AZLibrCD&Law/Constn/KRF93/krf013.

et communes à toutes les religions mondiales » non seulement les « valeurs familiales » mais aussi la chasteté[20], ce qui constitue une référence directe à l'interdiction de la propagande des « valeurs sexuelles non traditionnelles ». Enfin l'Adresse du Président à l'Assemblée Fédérale du 12 décembre 2013 condamne une « soi-disant tolérance asexuée et stérile » en tant que « contraire à la démocratie » dans la mesure où elle est contraire à « la volonté de la majorité populaire »[21] et ainsi porte atteinte au principe de l'égalité. C'est sur cette base que sont considérés comme violant le principe de l'égalité les individus et les groupes adoptant ouvertement un comportement contraire à toutes les normes partagées par la « majorité » puisqu'un tel comportement offense les valeurs traditionnelles consacrées par la religion.

Ceci peut servir de base suffisante à l'exercice des poursuites pénales contre des individus et leur condamnation à la peine qui en résulte, comme l'a montré, par exemple, la condamnation des membres du groupe punk Pussy Riot. La condamnation pénale a démontré le monopole de l'Église dans la définition des règles du comportement public et des normes morales définissant les relations sexuelles et familiales. Pour le procureur, « une violation grossière de l'ordre public exprimant clairement un non-respect de la société » était « évidente » mais le juge Mme Syrova, a considéré comme nécessaire de trouver des arguments de plus de poids. À son avis le hooliganisme découle de l'adhésion des accusées au féminisme qui se situe en opposition avec les principes d'égalité des droits garantis par la loi ainsi qu'avec les dogmes religieux définissant traditionnellement la situation des femmes »[22].

« Le motif de la haine religieuse dans les agissements des accusées est identifié par le tribunal dans ce qui suit. Les accusées se posent en partisanes du féminisme c'est-à-dire d'un mouvement pour l'égalité des droits des femmes avec ceux des hommes. Au sein de la Fédération de Russie, l'égalité des droits et des libertés est consacrée par l'article 19 de la Constitution de FR. L'État garantit l'égalité des droits et des libertés de l'homme et du citoyen indépendamment du sexe, de la race, de l'appartenance ethnique, de la langue, de l'origine, de la situation patrimoniale et professionnelle, du domicile, de l'attitude à l'égard de la religion, des croyances/convictions, de l'appartenance à des associations ainsi que d'autres circonstances […]. L'homme et la femme ont des droits égaux et des libertés égales et des possibilités égales pour leur réalisation. À l'heure actuelle les personnes

---

20 Projet de « Fondements de la politique culturelle d'État » http://www.rg.ru/2014/05/15/osnovi-dok.html.

21 Adresse du Président à l'Assemblée Fédérale le 2 décembre 2013, http://www.kremlin.ru/news/19825.

22 A. Kondakov , « Maudire le féminisme à l'audience : la construction d'une citoyenneté de genre au cours du procès des 'Pussy Riot' », *Une réserve intangible,* 2014, n°1 (93), http://magazines.russ.ru/nz/2014/1/13k.html.

adhérant au mouvement féministe luttent pour l'égalité des sexes dans les relations politiques, familiales et sexuelles. L'appartenance au féminisme ne constitue pas dans la Fédération de Russie une infraction pénale. Une série de religions telles que l'orthodoxie, le catholicisme, l'islam, se fondent sur des dogmes religieux incompatibles avec les idées du féminisme. Et bien que le féminisme ne constitue pas une doctrine religieuse, ses représentants s'immiscent dans des sphères de relations sociales telles que la morale, les normes de la décence, les relations au sein de la famille et les relations sexuelles, y compris non traditionnelles, qui se sont construites historiquement sur la base d'une vision religieuse du monde[23].

L'attitude strictement négative à l'égard des « relations sexuelles non traditionnelles » et de la tolérance, attitude sous l'étendard de laquelle sont révisées dans de nombreux pays les normes de la morale et des mœurs »[24] joue un rôle particulier en fondant la « position conservatrice » de l'État[25]. Il s'agit de la position relative à l'intégrité et à la sécurité de la Russie dans un monde où, sous prétexte de la *diffusion* d'un « modèle soi-disant plus progressiste » on assiste à « leur destruction par le haut comprenant l'exigence d'une reconnaissance obligatoire de l'égalité de valeur du bien et du mal »[26]. C'est pourquoi la défense des valeurs traditionnelles et des normes de comportement assurée par les lois apparaît comme le pivot du « tournant conservateur » du cours politique annoncé par Vladimir Poutine dès 2000 au tout début de son mandat présidentiel. Le « tournant conservateur » était alors présenté comme une réponse à la demande de la société russe.

Sources et logique du « tournant conservateur »

Après la crise politique aigüe qui s'était terminée par l'attaque armée contre le Parlement en octobre 1993, il devint de plus en plus évident, à mesure que l'on se rapprochait des années 2000, que la Russie abandonnait progressivement une orientation européenne qui s'identifiait avec la démocratie contemporaine et avec l'État de droit en tant qu'alternative au « totalitarisme soviétique ». Dans l'ensemble on assista, tant en Russie qu'en Occident, à la formulation d'un diagnostic de « transition démocratique

23 Jugement pénal rendu dans l'affaire n°1-107/12 du tribunal Khamonicheskij de la ville de Moscou le 27 août 2012 p.41. Cité dans A. Kondakov, « Maudire le féminisme à l'audience ».

24 Adresse du Président à l'Assemblée Fédérale le 12 décembre 2013.

25 *Idem* « Et nous savons qu'existent dans le monde de plus en plus de gens qui soutiennent notre position de défense des valeurs traditionnelles qui, depuis des millénaires, ont constitué la base spirituelle, morale, de la civilisation de chacun des peuples : les valeurs de la famille traditionnelle, d'une vie humaine authentique y compris de la vie religieuse, de la vie non seulement matérielle mais aussi spirituelle, des valeurs de l'humanisme et de la diversité du monde. C'est à l'évidence une position conservatrice ».

26 *Ibidem.*

manquée ». Les libéraux russes vécurent ce phénomène non seulement comme une erreur historique mais comme une défaite personnelle. L'un des auteurs de la Constitution actuelle de la FR, Viktor Sheïnis, le reconnaît maintenant en ces termes : « Nous avons été politiquement naïfs : alors que s'écroulaient sous nos yeux les fondements qui, hier encore, semblaient intangibles, nous avons cru que l'URSS (la Russie) entrait dans une phase de transition démocratique… Tout s'est révélé beaucoup plus compliqué. Le pays est sorti du communisme mais, en même temps, il est retourné dans les cercles qui lui étaient historiquement familiers »[27]. Le « retour » n'a pu se produire sans que se rétablisse la tradition étatique russe sous une forme ou une autre. Et cette tradition s'appuie sur « un pouvoir doté par la loi de possibilités d'action pratiquement illimitées qui s'autodétermine non par rapport à la société mais par rapport au peuple (le pouvoir est le sujet et le peuple l'objet) ce qui lui confère un caractère non pas tant politique que patrimonial[28].

L'idée de la nécessité de rétablir la structure de l'État repose sur une « tendance conservatrice » qui s'est développée dans la conscience collective après 1993[29]. Il est douteux que l'on puisse expliquer la diffusion rapide de cette tournure d'esprit dans la société soviétique par la seule survenance de la soi-disant phase postrévolutionnaire[30] de l'histoire russe. Les raisons de ce phénomène sont beaucoup plus profondes. La « tendance conservatrice » est une réaction de la société contre le fait qu'à la période postsoviétique eltsinienne l'affaiblissement de l'État n'a pas été lié et ne s'est pas accompagné d'un renforcement de la société. Il n'a pas été capable de contrebalancer « la tradition de l'autocratie » et le modèle du pouvoir patrimonial[31]. En ce sens, l'événement de rupture a été la défaite de la perestroïka gorbatchévienne. Comme le formule Tatiana Vorozheïkina, « la perestroïka a représenté pour nous la « fenêtre de possibilités » la plus importante du XXe siècle pour sortir des limites de la dépendance par rapport à la trajectoire du développement

---

27 V. Sheïnis, *Le pouvoir et la loi. La politique et les Constitutions en Russie au cours des XXe et XXIe siècles*, Moscou, Mysl', 2014, p. 21.

28 V. M. Mezhuev, « La tradition de l'autocratie dans la Russie contemporaine », *Svobodnaja mysl'*, 2000, n°4, p. 97.

29 D'après les enquêtes du Centre Levada, en 1994 la majorité relative des répondants de 32% de Russes était d'accord avec l'idée que la Russie se développe selon une voie particulière qui lui est propre et qu'on ne peut la comparer avec d'autres pays, cependant que 8% étaient d'avis que la Russie avait toujours été dans les premiers rangs et ne cèderait pas ce rôle. Par la suite la part des partisans de la seconde et de la troisième position a continué à augmenter et, en octobre 2008, elle comprenait les 2/3 des répondants. B. V. Doubine, « Voie spécifique et ordre social dans la Russie contemporaine ». http://polit.ru/article/2010/09/02/special way/

30 G. Saratov, « Les préférences idéologiques de la population de Russie. D'après les données d'enquête de l'INDEM et du ROMIR », *Les préférences idéologiques de la population de Russie : nouvelles tendances*, Fondation Gorbatchev, Moscou, 2000.

31 V. M. Mezhuev, *op. cit.*

précédent, des limites du modèle centré autour de l'État. En premier lieu, parce que la perestroïka a été dirigée vers la création d'institutions, vers la dépersonnalisation de l'État, vers une rupture décisive avec le modèle de l'État autocratique. En second lieu, parce que la perestroïka a généré une diversité de tendances d'auto-organisation de la société et de son autonomisation par rapport à l'État »[32].

D'après différentes évaluations, pas plus de 12% de la population n'a gagné aux réformes de la période eltsinienne. Ce qui s'est produit pour les autres est un accroissement considérable des risques sociaux et, en premier lieu, la menace de la pauvreté. Une majorité écrasante de la population russe s'est sentie « abandonnée » par l'État tout en demeurant, de plus, aussi dépendante de lui qu'à l'époque soviétique. Les années 1990 et leurs contradictions ont constitué pour la plus grande part de la population un traumatisme socioculturel profond[33]. D'une part, à cette époque, la Russie se proclamait comme un État qui passe à une démocratie de type occidental et construit un État de droit, d'autre part, pour la majorité, cette époque était constamment associée à des « troubles » détruisant la structure étatique et les valeurs fondamentales de la vie de la société. C'est de là qu'a pris naissance la « tendance conservatrice ». Ses composantes – comme le fait d'être prêt à sacrifier la liberté pour l'ordre et la justice, la nostalgie d'un « État fort » et la tendance à la « réunification symbolique », à la réconciliation avec le passé soviétique »[34] – se sont accompagnées d'une augmentation de la méfiance à l'égard d'un Occident « moderniste ». D'où la diffusion de l'idée d'une voie spécifique pour la Russie, liée à la prise de conscience progressive de la frontière séparant les traditions russes et les traditions européennes ou, en d'autres termes, le « modèle culturel russe » et le « modèle culturel européen »[35].

En même temps, on ne peut pas qualifier la « tendance conservatrice » qui, selon les enquêtes, est jusqu'à maintenant prédominante dans la conscience collective et se renforce ces derniers temps, de tendance « traditionnaliste » à proprement parler c'est-à-dire dirigée vers le passé (soviétique ou pré-soviétique) sur la base de la conservation des traditions. Elle n'a pas été

32 Tatiana Vorozheïkina, Intervention à la table ronde sur « La Russie : une nouvelle direction ? », 10 décembre 2013, http://www.gorby.ru/presscenter/news/show_29349/

33 « Il y a traumatisme culturel quand les membres d'une collectivité sentent qu'ils ont subi un événement terrible qui laisse des marques indélébiles sur leur conscience de groupe, marquant leurs souvenirs pour toujours et modifiant leur future identité de manière fondamentale et irrévocable », Jeffrey C. Alexander, «Cultural Trauma and Collective Identity». http://www.slidesharee.net/christyvollb/cultural-trauma-and-collective-identity.

34 B. Doubine, « Voie spécifique et ordre social dans la Russie actuelle » http://polit.ru/article/2010/09/02/specialway/

35 Ch. Kourilsky-Augeven, « Socialisation juridique et modèle culturel », Ch. Kourilsky-Augeven, O. Zdravomyslova, M. Arutunyan, *Images du droit en Russie et en France*, Aspekt-Press, Moscou, 1996.

« anti-occidentale » dès l'origine puisque tous les groupes sociaux ont été contraints de s'adapter « à la diversité sociale et culturelle, aux éléments de l'« occidental » et du « commun » dans le travail de certaines institutions sociales, dans la vie quotidienne, dans les programmes des medias etc. »[36]. Il en résulte que, tant en 1994 qu'en 2003, jusqu'à 60% des enquêtés se sont déclarés d'accord avec l'affirmation selon laquelle « tôt ou tard, la Russie suivra la voie commune à tous les pays civilisés »[37].

Il est impossible également d'ignorer que, au cours de la période postsoviétique, l'on a assisté à une appropriation relativement rapide bien que superficielle (avant tout par les jeunes générations) des idées de démocratie, de valeur des droits et libertés et d'universalité des normes juridiques. C'est ainsi que, dans la recherche sur les représentations du droit, nous avons pu établir que, en sept années (entre 1993 et 2000)[38], la conception « totalitaire » du pouvoir (qui supposait un citoyen sans pouvoir et sans droits rêvant d'une liberté sans limites) avait cédé la place, non encore à la conscience de la participation civique mais en tout cas à une méfiance du pouvoir à tous les niveaux. En même temps, on a vu se renforcer dans les réponses des adolescents des villes, filles et garçons, une conception juridique (à l'opposé de la conception morale traditionnelle) de la liberté, de l'égalité et de la justice et s'y développer l'importance de l'espace de liberté de la personne – concernant les possibilités de choix du style et du mode de vie. Ce dernier trait concerne notamment les représentations que se forment les jeunes des normes liées à la sexualité qui sont devenues un thème de discussion dans les medias postsoviétiques. Lorsqu'elle analyse ces changements Elena Omelchenko conclut de la façon suivante : « La discussion ne concerne pas seulement les styles de vie, le vêtement, les expérimentations avec le corps (bodybuilding masculin et féminin, amaigrissement, maquillage, manucure, coloration des cheveux, piercing, tatouages) mais également les cadres admis pour l'utilisation de la sexualité publique… On peut reconnaître le plein succès de la « promotion » par les revues pour jeunes des idées relatives à l'homosexualité et à la bisexualité. Une mode *sui generis* concernant « l'affectation » a même atteint la province… Une conversation « ouverte » sur l'homosexualité pénètre de nombreux débats et discussions. L'hétérosexualité, tout en demeurant la norme sacrée, commence à exister dans l'espace d'un certain doute »[39]. L'espace de « doute » et de discussion s'est progressivement élargi pour accorder une place à un discours féministe chargé d'une critique non

---

36 B. Doubine, « Voie spécifique et ordre social dans la Russie actuelle ».

37 Doubine, *op. cit.*

38 M. Arutunyan, O. Zdravomyslova, Ch. Kourilsky-Augeven, *Image et expérience du droit. La socialisation juridique dans une Russie en changement*, Moscou, Ves' mir, 2008.

39 E. Omelchenko, « Nous n'aimons pas les gays. L'homophobie de la jeunesse de province » in *De la virilité. Recueil d'articles. La nouvelle revue littéraire*, Moscou, 2002, p. 605-606.

seulement du « patriarcat soviétique » mais aussi de l'ordre du genre formé au cours de la période postsoviétique dans lequel les nouvelles tendances à l'égalité de droits des sexes, reflétées dans la Constitution, se combinent de façon amusante avec l'héritage du traditionalisme soviétique.

Enfin on observe un facteur d'une importance exceptionnelle : sous la pression de la stratification sociale, les valeurs et pratiques collectivistes soviétiques se sont écroulées à un rythme rapide. Sur la base du « modèle libéral de construction de la sphère privée » et de la croissance rapide des attitudes de consommation (particulièrement au cours des années 2000) se sont développées des tendances à la privatisation et à l'individualisation[40]. Il est à cet égard apparu que la demande d'un ordre « néoconservateur » émane en majorité de Russes dont l'adaptation avait été couronnée de succès et qui forment le noyau de la nouvelle classe moyenne. Cependant, si on peut qualifier leurs valeurs et leurs attitudes de conservatrices, on ne peut les qualifier de traditionnalistes. Concentrés essentiellement dans la capitale et dans quelques grandes villes, les « néoconservateurs » sont partisans des valeurs de l'individualisme, de la réalisation personnelle et de la vie privée. Ils reconnaissent l'importance de la religion orthodoxe comme institution sociale ainsi que la nécessité d'un système rigide de valeurs morales concernant l'individu et la société conjuguées avec une attitude libérale à l'égard des valeurs morales individuelles[41]. Dans sa recherche sur « les valeurs fondamentales des Russes », Leontij Byzov attire l'attention sur le fait que, dès le début des années 2000, il s'est produit un refus des conceptions traditionnelles à propos des questions les plus importantes de la vie quotidienne et de la morale »[42]. Igor Kliamkine et Tatiana Koutkovets ont conclu que, contrairement à une opinion répandue, l'axe de développement de la société russe est à l'opposé du traditionalisme[43]. En tout cas malgré la diffusion dans la société d'une « tendance conservatrice », la fracture entre la culture russe traditionnelle et la mentalité russe traditionnelle (y compris soviétique), d'une part, et la conscience russe actuelle, d'autre part, n'a fait que s'accentuer[44].

---

40 O. Zdravomyslova & A. A. Tiomkina, « La construction du privé en tant que sphère de souci, d'amour, et de travail salarié », *Les nouveaux modes de vie de la Russie actuelle. Les recherches sur le genre au quotidien*, Éditions de l'Université européenne de Saint Petersburg, 2009, p. 10.

41 L. Byzov, « La transformation de la société russe et les perspectives de formation d'une subjectivité néoconservatrice », *Les valeurs fondamentales des Russes. Attitudes sociales, stratégies de vie, symboles, mythes*, Maison du livre intellectuel, Moscou, 2003, p. 95.

42 L. Byzov, « La transformation de la société russe... », p. 97.

43 T. Koutkovets, I. Kliamkine, « Des gens normaux dans un pays anormal », *En bas de la verticale. Les quatre premières années de Poutine dans les yeux des libéraux*, Moscou, KoLibri, 2005.

44 L. Byzov, « La transformation de la société russe... », p. 95-98 ; M. Arutunyan., O. Zdravomyslova., Ch. Kourilsky-Augeven, *Image et expérience du droit...*

On peut affirmer que la « tendance conservatrice » dans la conscience collective ne contient pas de négation unanime des valeurs modernistes, des représentations de la démocratie et, particulièrement, des droits et libertés dans la mesure où celles-ci ont déjà été reçues et appropriées par la société russe et, particulièrement par la jeune génération postsoviétique. L'idéalisation du passé soviétique (plutôt caractéristique de la partie la plus âgée et la moins éduquée de la société) et, dans l'ensemble, la « tendance conservatrice », jouent avant tout un rôle de critique de la corruption actuelle du pouvoir et de l'injustice de l'ordre social – le « capitalisme sauvage » porteur d'une inégalité provocante, son anarchie juridique et sa sphère publique « sauvage » dans laquelle l'antagonisme agressif des parties écrase toute possibilité de discussion. En même temps la protestation sociale et culturelle, contenue dans la « tendance conservatrice », se manifeste sous la forme traditionnelle de l'interpellation du pouvoir. Comme nous l'avons signalé dès la première moitié des années 1990, « en critiquant durement le système social, juridique et politique, les individus lui adressent des exigences implicites auxquelles ils voudraient recevoir une réponse de la part du système »[45].

La « tendance conservatrice » exprime certes aussi l'impuissance de la société, son incapacité à devenir un acteur des transformations sociales mais, en même temps, elle contient une demande de changements adressée au pouvoir. En prenant ses fonctions de Président de la Russie, Poutine semble avoir reçu cette demande de la « majorité ». Il a reconnu que « la construction d'un État démocratique est encore loin d'être achevée », cependant la tâche prioritaire de la nouvelle étape a été définie comme la stabilité politique et la solidarité sociale (« l'union du peuple de Russie autour d'objectifs et de tâches clairs »)[46]. L'opposition entre la poursuite de la démocratie et une tâche plus prioritaire – l'établissement d'un « ordre social » normatif – a déterminé une nouvelle époque. Désignée comme « tournant conservateur » elle se présente comme une politique et une idéologie dirigées vers le renforcement (la « conservation ») de l'ordre social établi en Russie sur la base du soutien de la « majorité » qui s'est groupée autour du pouvoir.

Ce qui a été défini comme ressource nécessaire au soutien du pouvoir par la « majorité » est une synthèse des valeurs traditionnelles de la famille consacrées par l'orthodoxie et du patriotisme d'État (« bases morales » que le citoyen acquiert en premier lieu dans sa famille et qui sont le pivot même

---

45 Ch. Kourilsky-Augeven, O. Zdravomyslova, M. Arutunyan, « Image du droit et image du monde » in Ch. Kourilsky-Augeven, O. Zdravomyslova, M. Arutunyan, *Images du droit en Russie et en France,* Moscou, Aspekt-Press, p. 209.

46 Discours inaugural de Vladimir Poutine le 7 mai 2000 http://www.mn.ru/blog_reference/20120507/317328193.html.

du patriotisme »[47]). C'est la définition de la démocratie comme la « dictature de la loi » qui devient le point central du programme politique[48].

Le terme « dictature » qui souligne la fonction impérative, prohibitive, des normes juridiques, met l'accent sur la fonction répressive de la loi. Il exclut et sanctionne ceux qui, pour divers motifs, ne veulent pas vivre « selon les règles » et présentent une menace potentielle ou réelle pour l'ordre public (« nombreux sont ceux aujourd'hui qui craignent l'ordre, mais l'ordre ce sont précisément les règles »[49]). Par la suite l'expression « dictature de la loi » commence à être utilisée sous sa forme plurielle « dictature des lois » soulignant par là même le rôle spécifique de la production des lois dans le maintien de l'ordre et de la stabilité dans la société[50].

Dictature des lois contre État de droit

La « dictature des lois » désigne une stratégie politique remplaçant la stratégie de construction d'un État de droit en Russie qui avait été énoncée à la fin des années 1980. Si le principe de la suprématie de la loi (*Rule of Law*) garantit la défense des droits et libertés des citoyens, la « dictature des lois », quant à elle, comme cela est devenu clair par la suite, garantit aux citoyens un ordre policier[51]. En ce qui concerne la liberté, elle est, dans la logique de la « dictature des lois », garantie par un État fort : « Vivre selon les règles (lire « selon la loi ») seul un État fort, efficace, peut se le permettre. Et lui seul doit garantir la liberté, liberté d'entreprendre, liberté personnelle, liberté sociale »[52]. Comme le remarque Kathleen Manfleet, « avec l'apparition de Poutine, le terme « État de droit » a subi une transformation sémantique. Depuis l'époque des Lumières, veiller aux droits de l'homme était traité comme un instrument de défense des citoyens contre l'arbitraire de l'État. Mais, sous Poutine, cette idée fait l'objet d'une nouvelle lecture : il s'agit

47 Lettre ouverte de Vladimir Poutine aux électeurs russes, journal *Kommersant* du 25 février 2000 http://www.kommersant.ru/doc/141144.

48 *Ibidem.*

49 *Ibidem.*

50 V. Poutine : « Dès les années 2000 j'ai parlé de la dictature des lois. Je considère jusqu'à maintenant que cette expression est correcte. Il s'agit du respect des lois par tous : et par les autorités, et par les simples citoyens et par les représentants des différents organes du pouvoir et de l'administration » http://www.newsru.com/russia/30may2010/sk.html.

51 Comme l'écrivait en 2008 le journal anglais *The Times*, la mention de la menace résonnait déjà en 2000 dans la promesse de Vladimir Poutine d'établir en Russie la « dictature de la loi ». Il était alors compliqué de se représenter sous une forme acceptable quelle qu'elle soit de dictature au cœur même de l'ancienne Union Soviétique particulièrement si un ancien espion soviétique inconnu projetait d'être à sa tête. Cependant le mépris général à l'égard de toutes les lois adoptées sous le prédécesseur de Poutine, Boris Eltsine, était tellement criant que l'on croyait Poutine. http://inosmi.ru/ inrussia/ 20031201/201032.html#ixzz2wnf1fpRS.

52 Lettre ouverte de Vladimir Poutine…

maintenant d'une défense avec l'aide de l'État, lui-même associé au Bien. Si l'on suit cette logique, plus puissant est l'État, mieux cela vaut pour les citoyens »[53].

De la sorte, la « dictature des lois » se rapproche, de par sa signification, de la *Rule of Power* traditionnelle en Russie qui tend à contrôler toutes les sphères de la vie de la société ainsi que de la tradition russe de l'autocratie. Le principe de la suprématie du droit est ici transformé à partir des représentations traditionnelles du Pouvoir en tant que force puissante se dressant au-dessus de la société et de la Loi conçue comme une série d'injonctions et d'interdictions ainsi que de sanctions dans le cas où les premières ne sont pas respectées[54]. S'appuyant sur la conception du pouvoir consacrée par la Constitution de la FR (situation prépondérante du Président et situation périphérique du Parlement qui forment la base d'un régime « personnaliste »[55]), la « dictature des lois » se présente comme un tournant vers la restauration d'un modèle traditionnel de structure étatique (la possibilité d'une telle restauration existe dans la Constitution de la FR[56]) et vers l'ordre social qui lui est lié. C'est pourquoi le « tournant conservateur » contient un potentiel considérable de répression et de violence accessible au Pouvoir à l'égard de la société.

Ce potentiel se réalise à travers deux procédés. En premier lieu s'ouvre la possibilité de l'arbitraire de l'État. À la différence du principe de la *Rule of Law*, la « dictature des lois » suppose une « utilisation foncièrement instrumentale des mécanismes juridiques en tant qu'outil d'application sélective des sanctions »[57]. Dans ce cas elle sert de façade *sui generis* pour déformaliser les « règles du jeu » et pour assurer le règne de l'arbitraire »[58].

---

53 Kathleen Manfleet « Peut-on considérer la Russie actuelle comme un État de droit » ?, *Une réserve intangible. Débats sur la politique et la culture*, n°5 (61), 2008. http://www.intelros.ru/readroom/nz/nz_61/3264-mozhno-li-schitat-sovremennuju-rossiju.html.

54 Ch. Kourilsky-Augeven. « La modification des représentations chez les Russes : d'une conscience morale répressive à une conscience juridique de la liberté » in M. Arutunyan, O. Zdravomyslova, Ch. Kourilsky-Augeven, *Image et expérience du droit*… p. 38.

55 M. A. Krasnov, *Le régime personnaliste en Russie : expérience d'analyse institutionnelle*, Moscou, Fondation « Liberal'naja missija », 2006.

56 La possibilité d'une telle restauration était depuis le début inscrite dans la Constitution de la FR. Adoptée après la crise politique aigüe d'octobre 1993 qui s'était terminée par l'attaque armée contre le Parlement, la Constitution de la Fédération de Russie « revenait au système juridique antérieur tant par rapport à l'écrasement de la révolution démocratique des années 1980-1990 que par rapport au calendrier européen. Sous le couvert de la Constitution de 1993 s'est produite une restauration de l'autoritarisme. V. L. Sheïnis, *Le pouvoir et la loi. La politique et les constitutions de la Russie aux XXe et XXIe siècles*, Moscou, Mysl', 2014, p. 22.

57 V. Gel'man, *De Charybde en Scylla : la politique russe après l'URSS*, Saint Petersburg, 2013, p. 118.

58 V. Gel'man, *op. cit.* ; N. Petrov, « On assiste à une tendance du pouvoir à 'opacifier' son activité et à son désir de tout contrôler sans manifester à ce propos aucun souci du respect des lois » http://inosmi.ru/inrussia/20031201/2010032.html#ixzz2wnf1fpRS.

En second lieu, il est fait recours au mécanisme de la régulation morale traditionnelle sur la base du fait que « l'État est associé au Bien ». Comme l'argumente et le défend dans ses articles le Président de la Cour constitutionnelle de la FR Valery Zorkine, les normes juridiques « héritières de la morale sociale collective, consacrée par la religion, la culture et la tradition » expriment « les bases de la vie sociale »[59] intangibles et inviolables, et, avant tout, la « confiance envers le pouvoir ». Dans cette logique, le « rétablissement de la confiance ruinée envers le pouvoir » équivaut au rétablissement des « contreforts détruits » ou d'une « régulativité morale unique ». On ne peut pas ne pas remarquer ici la référence évidente au modèle culturel russe de régulation prioritairement morale agissant à travers le mécanisme de la « conscience morale répressive »[60], son noyau étant constitué par les représentations de la faute et de la sanction. Comme le remarque Chantal Kourilsky-Augeven, dans ce modèle, « la notion de faute est le symbole de la destruction de l'ordre en ce qu'elle ouvre une fracture dans la communauté… Il semble que le sentiment de faute, le sens du repentir et les remords de conscience, bien connus de la littérature russe, aient été utilisés systématiquement dans le modèle pédagogique de la période soviétique, largement utilisé jusqu'à maintenant… Le jugement moral, prédominant chez les Russes, renforce la condamnation de l'acte pénalement punissable, justifie la sanction et le rejet des délinquants »[61]. La légitimation de la sanction contre les sujets qui enfreignent les règles et les « normes de la décence » assure le contrôle du pouvoir sur la sphère publique de laquelle est exclue toute pensée dissidente et crée un « régime de silence »[62] qui, bien qu'incapable de reproduire intégralement la pratique soviétique, est incontestablement « en rythme » avec elle.

L'interdiction visant la propagande de l'homosexualité et la formation de la solidarité

La fonction latente de la « dictature des lois » consiste dans son orientation vers la formation d'un modèle de solidarité fondé sur l'exclusion sélective des individus et des groupes. À travers cette fonction se réalise également le potentiel répressif de la « dictature des lois » dans la mesure où

---

59 V. V. Zor'kine, « Pas de morale dans le chaos », *Rossijskaja gazeta*, 12 décembre 2012 http://www.rg.ru/2012/12/10/zorkin-site.html.

60 V. V. Zor'kine, « La confiance et le droit », *Rossijskja gazeta*, 28 avril 2013 http://www.rg.ru/2013/04/28/zorkin.html.

61 Ch. Kourilsky-Augeven. « Socialisation juridique et modèle culturel » in Ch. Kourilsky-Augeven, O. Zdravomyslova, M. Arutunyan, *Images du droit en Russie et en France*, Moscou, Aspekt-Press, p. 43-44.

62 A. Kondakov, «The Silenced Citizens of Russia: Exclusion of Non-heterosexual Subjects from Rights-Based Citizenship», *Social and Legal Studies*, 2014, vol. 23 (2), p. 151-174.

la particularité de ce modèle de solidarité consiste en ce que la quantité de catégories de citoyens sélectivement exclus par les lois adoptées par la Douma d'État peut augmenter. De la sorte, la société, unie autour du centre du pouvoir, se rallie, non autour « d'objectifs et de missions clairs »[63] mais « contre les autres ». Un processus analogue est décrit par Vladimir Moukomel à partir des recherches sur le phénomène de xénophobie. Il arrive à la conclusion selon laquelle, en Russie « se forment des fondements uniques de solidarité et de loyauté : non la confiance ni la peur mais des peurs sélectives – la méfiance à l'égard de « l'autre » et la peur des « autres »[64]. Dans la mesure où des mécanismes similaires assurant la cohésion caractérisent les sociétés archaïques qui se guident sur la coutume et « manifestent de l'hostilité envers tout ce qui vient de l'extérieur »[65], ces fondements de la solidarité sont « uniques » précisément en ce qu'ils concernent une société diversifiée et hétérogène telle que la Russie actuelle. Ainsi Natalia Zoubarevitch sur la base d'indicateurs de développement socioéconomique des régions, distingue « quatre Russies » en soulignant que c'est dans les plus grandes villes où vivent 21% de la population que se concentrent les « citadins en colère » – c'est-à-dire les représentants les plus éduqués et les plus modernes de la classe moyenne qui non seulement exigent des changements mais sont également prêts à y contribuer activement[66]. Cela s'est exprimé dans les manifestations liées au cycle électoral de 2011-2012 qui se sont produites à Moscou, à Saint Petersburg et dans quelques grandes villes. Les protestations et la réaction de la population ont montré que, dans la société, existent et s'amplifient des fractures menaçant la stabilité de l'ordre social conservateur créé au cours des années 2000.

À travers la « dictature des lois » qui forment l'ordre normatif, le potentiel de traditionalisme est utilisé par le pouvoir non seulement contre la « pensée dissidente » mais aussi pour créer une solidarité et un soutien de la loyauté. En témoignent les changements au sein de l'opinion publique liés à la *Loi sur l'interdiction de la propagande de l'homosexualité.*

Jusqu'à une date récente, l'attitude à l'égard de l'homosexualité n'était pas le moins du monde un thème important pour la société russe. Depuis 1998, les enquêtes montraient que la majorité des Russes n'avaient pas d'opinion précise à propos de la « sexualité non traditionnelle » et que les

63 Discours inaugural de Vladimir Poutine.

64 V. Mukomel', « La xénophobie comme base de la solidarité », *Vestnik obshchestvennogo mnenija. Dannye. Analiz. Diskussii,* Juillet-décembre 2013, p. 67.

65 L. Lévy-Bruhl, *La mentalité primitive,* traduit du français, Maison Européenne, Saint Petersburg, 2002, p. 312.

66 N. V. Zubarevich, *Les régions de Russie : inégalité, crise, modernisation,* Moscou, Institut indépendant de politique sociale, 2010 ; N. V. Zubarevich, « Quatre Russies », *Vedomosti.*ru30.12.2011, http://www.vedomosti.ru/opinion/news/1467059/chetyre rossii#ixzz32l1p26pU.

réponses aux questions concrètes des centres sociologiques étaient formulées par chacun des répondants directement au moment de l'enquête[67]. Ceci est dans une large mesure lié au fait que, même après l'abolition en 1993 de la responsabilité pénale pour homosexualité masculine, les questions liées à l'homosexualité et aux droits des minorités sexuelles ont continué, par tradition, à être passées sous silence. L'opinion publique concernant la « propagande de l'homosexualité » par 86% des répondants (et 83% des jeunes de 16 à 24 ans)[68] n'a, en réalité, pas pu se former. Cela est confirmé par la même enquête du VTSIOM selon laquelle seuls 6% des répondants considèrent qu'ils ont été en contact avec la « propagande » de « relations sexuelles non traditionnelles ». D'après les données du Centre Levada, en 2013, 58% des enquêtés ne connaissaient pas et ne voulaient pas connaître le mouvement LGBT (lesbien, gay, bisexuel et transsexuel), 28% en avaient entendu parler mais cela ne les intéressait pas[69]. Comme le remarque à juste titre Alexandre Kondakov, « la position concernant l'interdiction de la propagande semble assez faible et plutôt irrationnelle. L'opinion selon laquelle il convient d'interdire quelque chose avec lequel on n'a jamais été en contact a des fondements peu solides » et les enquêtes « montrent en fait que la « majorité » est simplement indifférente à l'homosexualité »[70]. Cela distingue essentiellement la situation en Russie de la situation dans les pays où les droits des minorités sexuelles ont été reconnus depuis longtemps, où depuis l'après-guerre les mouvements LGBT se développent activement et sont maintenant largement discutés cependant que sont adoptées des lois sur la légalisation des mariages homosexuels[71]. De ce point de vue, il semble à première vue que l'activité du législateur russe qui promeut constamment depuis 2002 des initiatives réprimant l'homosexualité[72] et toute information la concernant soit inexplicable.

---

67 A. Kondakov, « Homosexualité et opinion publique en Russie : des évaluations négatives à l'indifférence » http://demoscope.ru/weekly/2013/0565/analit05.pHp.

68 http://wciom.ru/index.php?id=268&uid=112718.

69 http://www.levada.ru/12-03-2013/strakh-drugogo-ptoblema-gomofobii-v-rossii.

70 A. Kondakov, http://demoscope.ru/weekly/2013/0565/analit05.php.

71 Parmi les pays qui ont accordé le droit de se marier aux couples homosexuels citons les Pays-Bas, la Belgique, l'Espagne, le Canada, l'UAR, la Norvège, la Suède, le Portugal, l'Islande, l'Argentine, le Danemark, le Brésil et la France.

72 Au printemps 2002 la fraction de la Douma « Le député du peuple » a soumis à l'examen de la Douma un *projet de loi sur le rétablissement de la sanction pénale de l'homosexualité*. À cet égard, selon le projet, l'homosexualité féminine ne constituait pas une infraction. Cependant ce projet fut rejeté par 294 voix contre 58. En mai 2002 en réponse à la proposition de loi antérieure sur le rétablissement de la responsabilité pénale pour homosexualité, le député Alexei Mitrofanov présenta une proposition de loi sur la sanction pénale de l'homosexualité féminine. La proposition de loi sur l'introduction d'une responsabilité pénale pour « propagande de l'homosexualité » fut présenté à la Douma à quatre reprises : en 2003, 2004, 2006, 2009. La Douma l'avait rejetée arguant de son caractère contraire à l'article 29 de la Constitution (liberté d'expression de l'opinion et des convictions) ainsi qu'aux articles 8, 10 et 14 de la Convention européenne des droits de l'homme (droit au respect de la vie privée et de la vie familiale, liberté d'expression de l'opinion et interdiction de la discrimination). Cependant à partir

Les défenseurs de la Loi n° 135-FZ fournissent deux explications liées entre elles – la première est démographique et la seconde concerne les valeurs. Le préjudice causé par l'homosexualité et par la « propagande des relations sexuelles non traditionnelles » est vue par eux en lien direct avec la « catastrophe démographique »[73] qui s'annonce ainsi qu'avec la « catastrophe de civilisation » qui reproduit les arguments déjà connus sur la menace pour la Russie que constitue un Occident qui diffuse de façon agressive des valeurs de tolérance étrangères au « monde russe » et aux « funestes années 1990 » dont il s'en est fallu de peu qu'elles ne détruisent son unité autour des valeurs traditionnelles. Ce sont l'État et l'Église orthodoxe qui interviennent de la façon la plus active dans cette tendance. Le vice-ministre des Affaires étrangères de la FR Sergueï Riabkov a déclaré que la Russie, en refusant de soutenir la partie de la déclaration commune des chefs de la diplomatie des pays du « G8 » sur le sujet des droits des minorités sexuelles « considère comme inadmissible que, sous prétexte de défendre les représentants des soi-disant minorités sexuelles dans la pratique, l'on assiste en fait à une propagande agressive et à la diffusion d'un modèle déterminé de comportement et d'un système de valeurs qui peuvent offenser le sentiment d'une partie considérable de la population »[74]. L'archiprêtre Vsevolod Chaplin considère l'Occident comme « une communauté assez marginale » qui suit la voie d'une décriminalisation des relations homosexuelles cependant que de nombreux autres peuples « suivent plutôt une direction opposée »[75]. Des opinions opposées s'expriment essentiellement dans les medias libéraux à faible tirage, sur les sites de la communauté LGBT et dans les discussions sur internet. Elles témoignent de la possibilité d'une discussion réelle mais, dans l'espace du discours de défense des valeurs traditionnelles qui domine dans la sphère publique, l'influence des « opinions autres » tend vers zéro.

D'après les conclusions des sociologues du Centre Levada, l'homophobie en Russie qui avait régressé dans les années 1990, s'est accrue à l'époque poutinienne[76] mais, depuis 2005, les indicateurs ont légèrement changé : la majorité (72%) a une attitude neutre à l'égard des gays et des lesbiennes ou bien est prête à « leur prêter une aide psychologique ou d'une autre nature » et seuls 21% des répondants choisit l'agression directe ou la mise en isolement[77]. De plus, d'après une enquête réalisée en 2012 (à peu près un an

de 2006, des lois similaires ont été examinées dans 12 régions russes et ont été adoptées dans des sujets de la FR telles que les régions de Riazan, d'Arkhangelsk, de Kostroma, de Novosibirsk, de Samara, de Magadan et à Saint Petersburg.

73 http://www.sorokinfond.ru/index.php?id=384.

74 http://lenta.ru/news/2012/04/13/gay/.

75 http://newsru.com/religy/19jan2014/chaplin.html.

76 http://www.levada.ru/12-03-2013/strakh-drugogo-problema-gomofobii-v-rossii.

77 *Ibidem.*

avant l'adoption de la Loi n° 135-FZ), l'homosexualité a été rangée parmi les phénomènes « moralement inadmissibles » à côté du rejet de son propre enfant et du suicide[78].

Cependant, au cours de la même année 2012, presque la moitié des enquêtés (46%) ont estimé que les gays et les lesbiennes devaient avoir les mêmes droits que les personnes à orientation sexuelle traditionnelle, 40% se sont déclarés pour la limitation de ces droits et 13% n'ont pu se déterminer. L'interdiction de la discrimination sur le critère de l'orientation sexuelle a été soutenue par 38% des répondants, 36% se sont prononcés à un degré ou un autre contre la discrimination et 26% ont éprouvé des difficultés à répondre. À l'évidence la question de l'attitude à l'égard des représentants d'une « orientation sexuelle non traditionnelle » a divisé la société russe et, en tout cas, il n'est pas légitime d'affirmer que la majorité absolue soutient une position de non tolérance. Les données de l'enquête de 2012 sont contradictoires : d'une part elles montrent que les « relations sexuelles non traditionnelles » sont condamnées sur la base de motifs religieux et moraux. D'autre part, elles confirment et, peut-être renforcent la conclusion faite par Omelchenko au début des années 2000 selon laquelle « l'hétérosexualité commence à exister dans un espace de doute ».

Après que, en liaison avec la Loi n°135-FZ on a commencé à mettre activement en valeur dans les medias le thème de « la lutte contre la propagande de l'homosexualité », il est apparu dans l'opinion publique une détermination qui s'est consolidée. D'après les enquêtes du Centre Levada[79], en moyenne le nombre de ceux qui ont une attitude prudente et fortement négative tant à l'égard des gays et des lesbiennes que de la coexistence à leurs côtés a augmenté de 10%, et le nombre de ceux qui, il y a dix ans, n'avaient pas d'émotions particulières à cet égard a considérablement diminué. Cette tendance est particulièrement caractéristique des zones rurales et des petites villes (tableaux 1 et 2).

Tableau 1

Comment réagiriez-vous si un couple d'homosexuel(le)s s'installait à côté de chez vous ?

Villes de 20 000 habitants	2003	2013
De façon positive	3	1
Sans émotion	41	28
Je serais sur mes gardes	25	29
De façon très négative	29	37
J'ai du mal à répondre	2	5

78 Ljubov' Borusjak « Du moral et de l'amoral aujourd'hui et hier : n'abandonne pas tes enfants, n'aie pas d'amours homosexuelles, ne bafoue tes frères inférieurs » http://echo.msk.ru/pda/blog/ lubovbor/930211-echo/

79 http://www.levada.ru/12-03-2013/strakh-drugogo-problema-gomofobii-v-rossii.

Tableau 2

Comment réagiriez-vous si vous deviez travailler avec des homosexuel(le)s ?

Villes de 20.000 habitants	2003	2013
De façon positive	2	1
Sans émotion	41	27
Je serais sur mes gardes	21	31
De façon très négative	29	35
J'ai du mal à répondre	7	6

87% des Russes se prononcent contre l'organisation de parades gay dans les grandes villes (ils étaient 74% en 2005 et 82% en 2010). En juillet 2012, 49% des répondants se sont fermement déclarés contre les mariages homosexuels et 62% en février 2013. Les enquêtes ont confirmé que « l'Amérique et les gays sont associés dans la conscience collective, ils représentent un mal 'nouvellement apparu' contre lequel la loi sur la propagande de l'homosexualité est destinée à lutter »[80]. Il s'avère que l'opinion publique s'est maintenant consolidée à l'égard des thèmes liés aux « minorités sexuelles » : on n'observe pas à cet égard de différences essentielles entre catégories sociales. Bien que les répondants les plus jeunes, élevés dans les grandes villes et y habitant, aient une attitude moins agressive, même dans ces groupes la tolérance s'exprime plus faiblement que l'homophobie[81]. Comme le remarque à cet égard Mikhail Berg « la norme, comprise comme une constante du traditionalisme, est unique, ce qui fait disparaître toutes les frontières sociales. C'est pourquoi dans la haine à l'égard des gays peuvent se rejoindre les riches, les pauvres, les moscovites, les habitants de Barnaoul, les adolescents et les retraités »[82].

On comprend que, sur ce fond, une loi qui, en elle-même, est contraire à la Constitution, soit reçue de façon positive : 67% des enquêtés ont une attitude positive à l'égard de la loi adoptée et 60% considèrent que la Douma d'État se préoccupe ainsi des mœurs et de la morale de la population[83].

Le fait que la Loi interdise de diffuser une information sur « la sexualité non traditionnelle » et ses représentants dans la sphère publique est reçu par l'opinion publique comme allant de soi. De la sorte, la Loi non seulement s'appuie sur les représentations homophobes répandues dans la société mais, en les légalisant, les renforce et crée « pour la réalité » un modèle de

---

80 *Ibidem.*

81 *Ibidem.*

82 M. Berg, « De la norme poutinienne » http://www.echo.msk.ru/blog/mberg/1101356-echo/

83 Enquête du Centre Levada http://www.levada.ru/12-03-2013/strakh-drugugu-problema-gomofobii-v-rossii.

« rejet de l'autre » en confirmant un consensus traditionnaliste. Le paradoxe consiste en ce que la Loi « qui reflète le point de vue de la majorité des citoyens de notre pays »[84] et qui est dirigée vers la stabilisation de l'ordre social, crée au sein de la société une fracture nouvelle en opposant ouvertement la « majorité » à la « minorité » dont les demandes et le mode de vie lui-même sont intégralement exclus de la sphère publique. Analysant les interviews de représentants de la communauté LGBT, Alexandre Kondakov en arrive à la conclusion que la transformation des gays et des lesbiennes en « citoyens silencieux » mène à une fracture entre sphère publique et sphère privée de la société. Dans la sphère privée se développent des modes de vie alternatifs qui ne peuvent être légalisés. D'une part se produit un dédoublement, une « schizophrénie sociale ». D'autre part, prend naissance un mouvement de résistance de la « minorité » qui présente son unique demande – la reconnaissance des mariages homosexuels[85].

Il y a tout lieu de penser que l'un des effets de la pression exercée sur la société par une double stratégie d'exclusion et de création d'une solidarité contre « l'autre », opposant une majorité à la minorité et portant atteinte au principe de l'égalité des droits, sera la radicalisation forcée tant des demandes de la minorité que des interventions en faveur des droits des catégories exclues de citoyens « condamnés à l'inexistence ».

84 S. Khovanskij, « L'interdiction de la propagande de l'homosexualité à la lumière de la jurisprudence ».

85 A. Kondakov, «The Silenced Citizens of Russia…».

Daniel Borrillo

Mariage pour tous et filiation pour certains : les résistances à l'égalité des droits pour les couples de même sexe

Résumé : Si la loi n°2013-404 du 17 mai 2013 ouvrant le mariage et l'adoption aux couples de personnes de même sexe constitue une avancée incontestable, elle ne résout pas pour autant la question de l'égalité des filiations. En effet, l'assistance médicale à la procréation (AMP) demeure interdite aux couples de femmes et l'interdiction de la gestation pour autrui (GPA) à l'ensemble des couples, pénalise particulièrement les couples d'hommes. De surcroît, le gouvernement, face aux manifestations des groupes conservateurs, a restreint le projet de loi famille même si l'AMP et la GPA restaient prohibées dans ledit projet. Contrairement aux allégations des opposants, le groupe de travail mis en place par la ministre de la Famille, tentait de modifier substantiellement, dans un sens conservateur, le droit civil de la filiation par l'introduction du droit d'accès aux origines biologiques et la consécutive levée de l'anonymat des donneurs et donneuses de gamètes. En introduisant la vérité biologique comme soubassement de l'ordre des filiations, cette réforme du droit de la famille préparait le terrain dans lequel s'inscrirait non seulement l'homoparentalité mais toutes les formes de filiation non charnelles. Ainsi, se profilait dans la réforme en question une hiérarchie de la parenté au sein de laquelle la reproduction apparaît comme le fondement de la filiation « vraie » à laquelle viendrait s'ajouter les autres formes de filiation « fictives ». Si le gouvernement a renoncé à cette réforme, ces questions sont susceptibles d'être adoptées par le biais d'amendements.
À partir de l'analyse historique des mobilisations des opposants au « mariage pour tous » et des arguments avancés par les opérateurs juridiques (juges, doctrine...) et politiques (experts, politiciens....) contre l'élargissement du *ius nubendi* et du droit à la procréation pour les unions de même sexe, cet article étudie les stratégies aussi bien savantes que militantes permettant d'esquiver l'égalité et justifiant, par conséquent, les traitements différenciés des couples homosexuels et des familles homoparentales.

Mots-clés : mariage pour tous, homoparentalité, filiation.

Marriage for All and Filiation for Some: Resistances to the Equality of Rights for Same sex Couples in France

Abstract: If the law n°2013-404 of May 17th, 2013 opening the marriage and the adoption to same sex couples constitutes an indisputable progress, the law does not resolve all the question of the equality of the filiations. Indeed, the medical reproduction (AMP) is still forbidden for couples of women and the general prohibition of gestational surrogacy for all couples, is specifically heavy for couples of men. The government, in front of demonstrations of the conservative groups, removed the family bill even if the AMP and the GPA remained prohibited in the aforementioned project.

Contrary to the assertions of the opponents, the workgroup set up by the Minister of family, tried to modify substantially, in a conservative sense, the civil law by introducing the right of access to the biologic origins and consecutively raised the anonymity of the donors of gametes. By introducing the biologic truth as the basis of the order of the filiations, this reform of the family law prepared the ground which would join not only the homoparenthood but all forms of not biological filiation. So, was outlined in a hierarchy of the parentship which the reproduction appears as the foundation of the « true » filiation to which would come to add the other « fictitious » forms of filiation. If the government gave up this project, these questions may be adopted by amendments.
From the historic analysis of the mobilizations of the opponents in the «marriage for all» and arguments advanced by the legal operators (judges, doctrine) and politics (experts, politicians) against the extension of the *ius nubendi* and the right for the reproduction for the same sex unions, this article studies strategies both learned and militant allowing to evade the equality and proving, consequently, the treatments differentiated by the homosexual couples and the homoparental families.

Keywords: Same-sex marriage, Homoparenthood, Filiation.

Histoire politique du couple de même sexe

La jurisprudence et la doctrine des privatistes se sont systématiquement opposées à la reconnaissance des couples de même sexe et des familles homoparentales. En effet, aussi bien la Cour de cassation que le Conseil d'État ou encore le Conseil constitutionnel, ont statué d'une façon restrictive en la matière. À l'inverse d'autres pays où l'action des juges et du Parlement a été complémentaire[1], en France, l'intervention du législateur fut nécessaire à cause de l'incapacité du juge à régler un certain nombre de situations d'une particulière gravité, comme la constatation du concubinage homosexuel (surtout à l'époque du sida) et ceci afin de lui faire produire certains effets, notamment en droit sanitaire et social.

La doctrine des juristes a conforté depuis longtemps la position des juges, plus précisément dès la dépénalisation de l'homosexualité. Plus tard, lors des différents processus législatifs de reconnaissance des couples de même sexe (Pacs et Mariage pour tous, projet de loi Famille), l'hostilité de la doctrine dominante n'a pas cessé de s'accroître. C'est dans ce contexte particulièrement défavorable à l'égalité que l'intervention du législateur fut nécessaire afin de permettre l'accès au droit pour les individus et les familles homosexuels.

Une jurisprudence créatrice des droits pour les couples hétérosexuels

La tradition continentale est réticente à la création prétorienne de la règle de droit. Toutefois, en matière de droits patrimoniaux et de droits sociaux pour les unions de fait hétérosexuelles, les juges ont depuis longtemps organisé la vie des concubins avec l'argument selon lequel sur le plan juridique, le concubinage ne se constitue pas, il se constate : ce n'est donc qu'à l'occasion d'une revendication, d'un conflit ou d'un contentieux qu'il parvient à la vie juridique. Ainsi, l'accès à la sécurité sociale pour la concubine hétérosexuelle est l'œuvre de la jurisprudence tout comme la résolution d'intérêts pécuniaires[2].

---

1 Comme par exemple la Cour constitutionnelle de l'Afrique du Sud (2005), les différentes cours suprêmes régionales du Canada depuis 2005, la Cour suprême du Mexique (2010), la Cour suprême des États-Unis (2013), la Cour suprême du Brésil (2013) qui ont précédé le débat parlementaire.

2 Dans une décision du 27 février 1970, la Cour de cassation prend en compte le préjudice moral et matériel subi par une concubine pour le décès accidentel de son concubin. Plus tard, dans l'arrêt *Toros*, du 19 juin 1975, cette même cour répare le préjudice subi par la concubine en cas de décès accidentel

De même, pour protéger la concubine, les juges n'ont pas hésité à utiliser un certain nombre de figures juridiques comme la « société créée de fait », l'*affectio societatis*[3], la « théorie de l'apparence »[4] ou encore « l'enrichissement sans cause »[5]. La libre appréciation dans ce domaine est telle que les magistrats ont fait produire certains effets de droit même à des situations illégales comme la polygamie des étrangers en France. Celle-ci est acceptée dans ses conséquences, au nom de l'effet atténué de l'ordre public international. On observera ainsi que la Cour de cassation, elle-même, reconnaît les effets du mariage polygame au regard du droit aux prestations de la sécurité sociale, s'agissant, par exemple, du droit à la pension de réversion du chef de l'assuré polygame[6]. On remarquera aussi que les caisses d'assurance maladie accordent le bénéfice des prestations en nature de l'assurance-maladie et maternité à la concubine[7] si elle atteste sur l'honneur se trouver à la charge totale, effective et permanente de l'assuré et s'engage à signaler toute modification éventuelle de sa situation. Peuvent donc être ayants-droit à la fois la conjointe et la concubine lorsqu'il existe une convention internationale avec certains pays autorisant la polygamie[8].

De son côté, le Conseil d'État, dans un arrêt retentissant, a reconnu le droit au regroupement familial d'un étranger polygame[9]. On remarque ainsi à quel point, y compris dans des domaines particulièrement sensibles, le juge français jouit d'une grande liberté dans la constatation du fait concubinaire et dans la création d'effets juridiques pour ces unions. Cependant, cette liberté n'a jamais été élargie aux concubins homosexuels. En effet, les hautes instances judiciaires et la doctrine dominante des juristes se sont montrées peu enclines à traiter de manière égalitaire les unions de même sexe. Cette absence de réponse juridique adéquate a produit une forte mobilisation des associations de lutte contre le sida[10] dès la fin des années 1980 et tout au long des années 1990. Cette mobilisation associative fut accompagnée par l'action d'un groupe d'intellectuels engagés et d'un certain nombre de

---

permettant ainsi l'indemnisation de l'épouse et de la concubine. De même, les libéralités entre concubins, longtemps annulées par les tribunaux qui considéraient qu'elles étaient motivées par une cause immorale, ont été acceptées si elles n'avaient pas pour objet de favoriser ou prolonger cette cause, puis autorisées en toutes circonstances par un arrêt de la Cour de cassation du 3 février 1999.

3 Notion provenant du droit des affaires, l'*affectio societatis* désigne la volonté commune entre plusieurs personnes physiques ou morales de s'associer.

4 Théorie qui permet de se fonder sur l'apparence d'une situation pour lui faire produire des effets juridiques qui ne lui sont pas normalement attachés.

5 L'enrichissement sans cause est une notion créée par la jurisprudence permettant à une personne qui s'est appauvrie à l'avantage d'une autre sans raison d'être remboursée.

6 Cass., Ch. Soc., 8 mars 1990, *Caisse primaire d'assurance maladie de Saint-Etienne c. Meguellati.*

7 Art. L. 313-3 et L. 161-14 du Code de la sécurité sociale.

8 http://www.legislation.cnav.fr/doc_communs/listes_baremes/BNL-L_B_CONVENTIONPOLYGAMIE.htm.

9 CE, Ass., 11 juill. 1980.

10 P. Pinell (dir.), *Une épidémie politique. La lutte contre le sida en France 1981-1996*, PUF, Paris, 2002.

personnalités du parti écologiste. C'est grâce à ces mobilisations que les premiers pas vers la reconnaissance des couples de même sexe ont pu être franchis dans l'hexagone[11].

L'impossibilité judiciaire de constater le concubinage homosexuel

Bien que le juge jouit d'une grande liberté pour constater la situation de fait (y compris dans des domaines contraires à l'ordre public comme la polygamie ou la répudiation), lorsque ce même fait relève de la relation homosexuelle, l'examen d'une telle constatation devient impossible. En effet, la plasticité de la jurisprudence trouvera rapidement ses limites lorsque les couples de même sexe émergent dans le contentieux familial. Pour refuser aux concubins homosexuels certains avantages accordés sans difficultés aux concubins hétérosexuels, la jurisprudence avançait l'argument selon lequel les droits ne sont octroyés au concubinage que dans la mesure où celui-ci ressemble au mariage. Ce serait donc une limite « objective » qui s'opposerait à la constatation de l'union libre homosexuelle. Ainsi, dans deux décisions du 11 juin 1989, la chambre sociale de la Cour de cassation a refusé la qualité de concubin au compagnon d'un steward d'Air France pour l'obtention d'un billet à tarif réduit. Dans le second arrêt, la Cour a considéré que, en se référant à la notion de « vie maritale », la loi portant généralisation de la sécurité sociale avait entendu limiter les effets de droit, au regard des assurances maladie et maternité, « à la situation de fait consistant dans la vie commune de deux personnes ayant décidé de vivre comme des époux sans pour autant s'unir par le mariage, ce qui ne peut concerner qu'un couple constitué d'un homme et d'une femme »[12].

Allant ponctuellement à l'encontre de cette jurisprudence, la loi n° 93-121 du 27 janvier 1993 a modifié l'article L. 161-14 du Code de la sécurité sociale pour accorder indirectement au concubin homosexuel de l'assuré la qualité d'ayant-droit à l'assurance maladie en tant que personne à charge. Mais le statut de personne à charge n'implique nullement la reconnaissance de l'union homosexuelle.

Plus tard, les juges insisteront sur le caractère nécessairement hétérosexuel de l'union libre lorsque le 17 décembre 1997, la Cour de cassation a statué que les couples de même sexe ne pouvaient pas être considérés comme des concubins en matière de transfert du droit de bail[13].

---

11 Paternotte, 2011.

12 Cass. Soc., 11 juillet 1989, *Mme L... c. CPAM de Nantes*, *Bull. civ.* n° 514 ; *JCP* 1990, II, 21553, note M. Meunier ; *Dalloz* 1990, *Jur.* p. 583, note P. Malaurie ; *Gaz. Pal.* 1990, 1, 217, Concl. M. Dorwling-Carter.

13 Cass. Civ. 3e, 17 décembre 1997, *Bull. civ.* III, n° 225, p. 151 ; *Dalloz* 1998, *Jur.* p. 111, Concl. J.-F. Weber, note J.-L. Aubert ; *JCP* 1998, II, 10093, note Djigo ; *Defrénois* 1998, art. 36765, n° 40 p. 404, obs. A. Bénabent ; *Dr. fam.* 1998, n° 36, note H. Lécuyer ; *RTD Civ.* 1998, 347, obs. J. Hauser ;

En effet, à la suite du décès de son compagnon homosexuel chez lequel il vivait de façon notoire depuis plusieurs années, le requérant a assigné la propriétaire pour obtenir le transfert du bail à son profit en application de l'art. 14 de la loi du 6 juillet 1989 qui dispose que « lors du décès du locataire, le contrat de location est transféré (...) au concubin notoire (...) qui vivait avec lui depuis au moins un an à la date du décès ».

Le Tribunal d'instance du IVe arrondissement de Paris avait admis ce transfert en retenant que « l'évolution des mœurs a désormais donné au terme de concubinage le sens de cohabitation de couple, et n'y attache plus, comme auparavant, la nécessité d'une différence de sexe entre partenaires du couple pour reconnaître la réalité de la situation vécue. Il serait contraire à la protection due à la vie privée de restreindre le champ d'application de la loi par une discrimination fondée sur la sexualité des personnes considérées. Il en découle que M. Vilela invoque avec raison le bénéfice des dispositions de l'article susvisé ». Mais par l'arrêt infirmatif attaqué, la Cour d'appel de Paris a considéré que le demandeur ne pouvait bénéficier, en invoquant sa liaison homosexuelle, des dispositions de l'art. 14 de la loi du 6 juillet 1989 « dès lors que le concubinage ne peut résulter que d'une relation stable et continue ayant l'apparence d'un mariage, donc d'une relation entre un homme et une femme ».

Suite à un pourvoi, la troisième Chambre de la Cour de cassation, en formation plénière, tranche le litige en refusant la qualité de concubin au compagnon du décédé, titulaire du bail. Force est de constater que plus on monte dans la hiérarchie juridictionnelle moins les couples de même sexe se trouvent protégés. Ainsi, le Conseil d'État, de son côté, s'est opposé à l'agrément à l'adoption pour les personnes homosexuelles[14]. Il a fallu que la Cour européenne des droits de l'homme condamne la France, en 2008, pour que cette situation discriminatoire à l'égard de l'adoptant homosexuel cesse[15]. Concubinage et adoption se trouvaient ainsi fermés à certaines personnes exclusivement en raison de leur orientation sexuelle.

Cette jurisprudence hostile en matière de concubinage a été abolie par une disposition adoptée à l'occasion de la loi du 15 novembre 1999 relative au Pacte civil de solidarité (Pacs). En effet, ce texte a introduit dans le Code civil un article 515-8 définissant le concubinage comme « une union de fait caractérisée par une vie commune présentant un caractère de stabilité et de continuité, entre deux personnes, de sexe différent ou de même sexe, *qui vivent en couple* ». Désormais donc, tout refus de reconnaître les mêmes droits et obligations à des concubins homosexuels qu'à des concubins hétérosexuels

---

ibid. 530, obs. Raynard ; B. Beigner, « A propos du concubinage homosexuel », *Dalloz* 1998, *Chron.* p. 215.

14 CE n° 168342, 09/10/1996.

15 Arrêt de Grande Chambre *E.B. c. France* 22/01/08.

serait contraire à l'ordre juridique. Toutefois, la loi de 1999 ne met pas fin à l'inégalité des conjugalités : le mariage demeurait réservé aux couples hétérosexuels. Mais, ni la gauche socialiste et, encore moins, la droite républicaine ne considéraient cette situation comme discriminatoire.

Le débat semblait donc clos jusqu'à ce que le maire de Bègles[16] décide, par un geste de désobéissance civile, d'interpréter le Code civil en faveur des couples de même sexe.

L'impossibilité judiciaire de reconnaître le mariage sans genre

Suite au mariage de deux hommes célébré à Bègles le 5 juin 2004 par le député-maire Noël Mamère, la Cour de cassation, dans un arrêt du 13 mars 2007, a statué que « selon la loi française, le mariage est l'union d'un homme et d'une femme ; que ce principe n'est contredit par aucune des dispositions de la Convention européenne des droits de l'homme et de la Charte des droits fondamentaux de l'Union européenne qui n'a pas en France de force obligatoire »[17]. De même, le Conseil constitutionnel, dans une question prioritaire de constitutionnalité (QPC n° 2010-92), a considéré que le refus du mariage pour les couples de même sexe n'était pas discriminatoire et demeurait donc conforme à la Constitution.

Les juges se sont également opposés au droit de filiation pour les familles homoparentales : pas d'adoption simple de l'enfant du conjoint de même sexe[18], pas d'inscription dans les registres de l'état civil pour les enfants issus d'une gestation pour autrui[19], pas de congé parental pour la compagne pacsée d'une mère lesbienne[20] ….

Les rares décisions favorables ont eu lieu uniquement lorsque qu'il existait déjà un lien de filiation entre une personne homosexuelle et un enfant ou lorsque la première était détentrice de l'autorité parentale. Dans ce cas, et au nom de l'intérêt de l'enfant, parfois les juges reconnaissent certains droits aux familles homoparentales. Ainsi, par un arrêt du 24 février 2006, la Cour de cassation rend possible la délégation de l'autorité parentale au sein d'un couple lesbien. De même, dans une décision du 8 juillet 2010, cette même Cour ordonne l'*exequatur* d'un arrêt de la justice américaine conduisant ainsi au partage de l'autorité parentale entre deux conjoints de même sexe. La solution s'explique dans la mesure où la prohibition de l'adoption par la concubine de la mère homosexuelle en droit interne ne se

---

16 Bègles est une commune du sud-ouest de la France, dans la banlieue sud de Bordeaux, située dans le département de la Gironde en région Aquitaine.

17 Cass. 1er Civ, 13 mars 2007.

18 Cass. 1er Civ. Arrêt n° 221 du 20 février 2007.

19 Cass. 06/04/2011 : affaire des jumelles nées aux USA. Cass. 13/09/2013.

20 Cass. 11/03/2010, n° 09-65.853.

fonde pas formellement sur des valeurs fondamentales mais sur la privation d'autorité parentale qui en découlerait pour la mère dès lors que le couple n'est pas marié[21].

Face à une justice récalcitrante, c'est donc par l'initiative du gouvernement et au niveau du législateur que l'entreprise égalitaire prendra forme, comme cela avait été suggéré par le Conseil constitutionnel dans une QPC du 28 janvier 2011 : « Il n'appartient pas au Conseil constitutionnel de substituer son appréciation à celle du législateur sur la prise en compte, en cette matière, de cette différence de situation ».

L'argument du juge constitutionnel est celui du principe de la séparation des pouvoirs. L'article 5 du Code civil fournit la règle : *Il est défendu aux juges de se prononcer par voie de disposition générale et réglementaire sur les causes qui leur sont soumises.*

Or, comme nous l'avons observé, s'il existe un domaine dans lequel la séparation des pouvoirs demeure fortement limitée et où, en d'autres termes, la jurisprudence apparaît comme créatrice de droit, c'est précisément celui du concubinage, non pas pour lui en donner un statut mais pour protéger la partie faible.

Reprenons la question du concubinage pour, par la suite, analyser celle du mariage de la QPC de 2011. D'une manière abusive, la jurisprudence ne commence à comparer le concubinage avec le mariage qu'à partir du moment où les couples de même sexe revendiquent un statut. Ainsi, paradoxalement, en refusant la qualité de concubins au couple homosexuel, la Cour de cassation a introduit, sur la scène juridique, ce « mariage de seconde zone » qu'elle avait tant dénoncé tout au long de son histoire. Comme l'a montré Thierry Pitois[22], la motivation des solutions de la Cour de cassation en 1989 et 1997 s'oppose en tous points à sa jurisprudence traditionnelle au terme de laquelle, depuis la seconde moitié du XXe siècle, elle refuse de reconnaître tout statut juridique au concubinage (hétérosexuel) en l'assimilant au mariage. Ce refus s'inscrivait dans le prolongement de l'ignorance originelle des concubins par le Code civil : relevant du non droit, le concubinage devait y demeurer. Au terme d'une jurisprudence ancienne et constante, la Cour de cassation refuse ainsi systématiquement et rigoureusement cette assimilation : elle ne reconnaît, par exemple, l'existence entre les concubins, ni d'un devoir de fidélité, de secours ou d'assistance, ni d'une obligation de contribution aux charges de la vie commune selon les facultés de chacun ni d'une solidarité des dettes contractées pour l'entretien du ménage ou l'éducation des enfants. Cependant, afin de refuser la demande

---

21 Perreau 2012.

22 T. Pitois, *Le juge judiciaire et le concubinage homosexuel. Évolution et perspectives après la promulgation de la Loi relative au Pacte civil de solidarité*, Rapport, Formation initiale de l'École Nationale de la Magistrature, 1999.

de couples gays et lesbiens de bénéficier de la qualité de concubins, la Cour de cassation a renversé cette logique en choisissant cette fois-ci d'assimiler explicitement le concubinage au mariage. Or, cette rupture dans la cohérence de la Cour s'explique et se justifie difficilement d'un point de vue juridique. D'autant que, comme le démontre par ailleurs sa jurisprudence postérieure, elle n'a pas tiré de conséquences de l'*apparence du mariage* qu'elle a alors reconnue au concubinage. Cette jurisprudence est avant tout motivée par la recherche d'un « barrage » destiné à justifier le refus de reconnaître la qualité de concubins aux couples de même sexe.

Face à ce blocage jurisprudentiel, il a fallu, encore une fois, l'intervention du législateur (par un amendement du Sénat de la proposition de loi sur le Pacs) pour que le concubinage soit inscrit dans la loi. Désormais il est défini comme « une union de fait, caractérisée par une vie commune présentant un caractère de stabilité et de continuité, entre deux personnes, de sexe différent ou de même sexe, qui vivent en couple » (art. 515-8 du Code civil).

Du Pacte civil de solidarité (Pacs) au « Mariage pour tous »

La stratégie que les socialistes ont mise en place avec le Pacs en 1999 était assez claire : offrir certains bénéfices aux couples de même sexe tout en leur refusant l'accès au mariage et à la filiation[23]. « Le Pacs n'est pas le mariage », rappelait sans cesse la Garde des Sceaux, Élisabeth Guigou, dans chaque séance parlementaire. Le premier ne devait surtout pas se confondre avec le second : « la volonté d'accroître la lisibilité du Pacs et sa dématrimonialisation ayant été nos préoccupations principales », soulignait le député Patrick Bloche. S'il restait des doutes sur la position du parti socialiste à l'époque, Robert Badinter s'est bien chargé de les dissiper : « le mariage laïc est hétérosexuel », proclamait-il dans l'enceinte du Sénat en 1999.

À ceux qui voyaient dans le Pacs un premier pas vers l'homoparentalité, E. Guigou, rétorquait : « Je vais lever le soupçon principal. Le Pacs ne traite ni d'adoption, ni de réforme de l'autorité parentale. Il ne sera pas pour les couples homosexuels une étape possible vers l'adoption ou la procréation médicalement assistée ».

Quelques années après l'adoption du Pacs aussi bien la droite que les socialistes étaient d'accord pour considérer que cette loi suffisait et que, par conséquent, il n'y avait pas lieu de débattre sur le mariage.

Mais soudainement, un tragique fait divers mettra fin à ce consensus qui semblait s'installer dans le paysage politique français.

---

23 Borrillo et Lascoumes 2002.

L'annonce de l'agression de Sébastien Nouchet, « brûlé vif parce qu'homosexuel »[24], le 16 janvier 2004, produit une commotion politique. Le président Chirac écrit au compagnon de la victime une lettre lui faisant part de sa « profonde indignation » et l'assure que les auteurs de ce « crime odieux » seront « arrêtés et sanctionnés comme ils le méritent », le Chef de l'État finit la correspondance comme suit :

> Je veux également vous faire part de ma détermination à lutter contre toutes les manifestations de rejet de l'autre et de ses différences, qu'elles soient fondées sur la race, la religion, le sexe ou l'orientation sexuelle.

Des manifestations contre l'homophobie sont organisées par plusieurs associations (Act Up, Aides, Inter LGBT, le MAG, SOS homophobie, ProChoix…) et par deux partis politiques : les Verts et le PCF[25]. Et même si l'affaire Nouchet se soldera par un non-lieu, les conséquences politiques qu'elle a déclenchées demeurent incontestables.

Dans ce contexte de mobilisation contre l'homophobie, deux autres événements permettront de maintenir la pression médiatique. Le 12 février 2004, Gavin Newsome, le jeune maire démocrate de San Francisco, décide de braver la loi et commence à marier des couples de même sexe[26]. Quelques semaines plus tard, le Premier ministre espagnol Rodriguez Zapatero annonce que son gouvernement présentera un projet de loi ouvrant le mariage et l'adoption aux couples de même sexe.

Après la mauvaise image donnée dans le débat sur le Pacs, la droite française souhaite faire évoluer la situation en proposant un certain nombre de mesures tendant à améliorer la condition des couples pacsés. Jean-Pierre Raffarin, le Premier ministre de l'époque, avait estimé nécessaire de procéder à une évaluation du Pacs, quatre ans après sa mise en place, « en vue de son amélioration ». Cela fut le cas notamment en matière fiscale et successorale.

La stratégie politique de la droite consistait également à proposer une loi visant à sanctionner les discriminations et les discours homophobes et à introduire une circonstance aggravante pour les infractions pénales commises en raison de l'orientation sexuelle de la victime. Sans toucher à la famille, la droite a complété le dispositif de lutte contre les discriminations fondées sur l'orientation sexuelle et a créé la Haute Autorité de Lutte contre les

---

24 *Le Monde* 3/2/2004.

25 Une première manifestation a lieu dans le Marais le samedi 21 février et une deuxième le samedi suivant à la place Vendôme, la revendication du mariage est occultée au profit de la lutte contre les discriminations (B. Delanoë annonce qu'il ne viendra à la manifestation qu'à condition que l'on ne revendique pas le mariage ou l'homoparentalité).

26 En 29 jours et avant que la Cour suprême de Californie ne mette fin à cette « grande marche nuptiale », 4037 couples homosexuels furent mariés à la mairie de la ville.

Discriminations (HALDE) au sein de laquelle la protection des droits LGBT fut renforcée[27].

Quant au Parti socialiste, après l'adoption du Pacs, il s'est enfermé dans un silence assourdissant. Pour les socialistes, le Pacs n'avait jamais été conçu comme un point de départ vers l'égalité totale mais comme le seul compromis possible pour mettre fin aux discriminations. Et s'il existait encore des situations discriminantes, il suffisait, selon eux, d'améliorer la loi votée en 1999 sans toucher au mariage.

Les avancées de la droite et la timidité de la gauche ont fini par rapprocher les positions respectives, si bien qu'entre les propositions du Secrétaire général du parti socialiste, Lionel Jospin et celles du Premier ministre, Jean-Pierre Raffarin, il n'existait aucune différence substantielle.

Le mariage de Bègles

Le vendredi 27 février 2004, Didier Eribon et moi-même nous sommes rendus à Lille pour rendre hommage à Sébastien Nouchet. Bouleversés par le témoignage du compagnon de M. Nouchet, nous avons considéré que les déclarations du gouvernement et du Président ne suffisaient pas et qu'il fallait encore aller plus loin en dénonçant notamment le refus d'accès au mariage et à la filiation aux couples homosexuels[28]. Arrivé à Paris, je publie une tribune dans *Libération* où je souligne : « Une politique globale de lutte contre l'homophobie implique non seulement la création d'une autorité indépendante chargée de lutter contre les violences dont sont victimes les individus homosexuels mais aussi de mettre fin aux discriminations à l'égard des couples de même sexe et des familles homoparentales »[29]. Quelques jours plus tard, je suis invité au séminaire de Françoise Gaspard et Didier Eribon à l'École des hautes études en sciences sociales (EHESS) pour présenter le dispositif de lutte contre les discriminations à l'égard des lesbiennes et des gays en Europe. Au cours du dîner qui suit le séminaire, l'idée surgit de mettre en place une campagne politique consistant à marier un couple de même sexe. Pour ce faire, il fallait trouver le couple et le maire susceptible de l'unir. Françoise Gaspard et sa compagne Claude Servan-Schreiber furent pressenties mais la récente nomination de la première à l'ONU mettra un terme à cette idée.

Quelques jours plus tôt, le gouvernement entendait se plier aux exigences européennes en introduisant dans la loi une infraction de discrimination fondée sur l'orientation sexuelle mais ce dispositif tendait uniquement à protéger les homosexuels dans l'emploi et l'accès aux biens et

---

27 Borrillo, 2007.

28 Eribon, 2004.

29 D. Borrillo, « En finir avec l'homophobie », *Libération*, « Rebonds », 01/03/2004, p. 40.

services et nullement à ouvrir des droits en matière familiale. Nous étions donc loin du compte en matière d'égalité des couples, malgré les annonces officielles.

Didier Eribon, qui n'avait pas pu participer au dîner après le séminaire à l'EHESS, prend contact avec moi pour discuter d'une mise en place effective de la proposition d'ouverture du mariage comme un chapitre de la lutte contre l'homophobie. Nous rédigeons ensemble le *Manifeste pour l'égalité des droits* où il est dit : « Il nous semble en effet homophobe et discriminatoire de refuser l'accès des gays et des lesbiennes au droit au mariage et à l'adoption, de refuser l'accès des lesbiennes ou des femmes célibataires à la procréation médicalement assistée ». Grâce à l'intervention de Didier Eribon et aux noms de personnalités qu'il a convaincues pour signer le manifeste (Jacques Derrida, Eric Fassin, Paul Veyne, Pierre Bergé, Alain Touraine…), le 17 mars le journal *Le Monde* décide de le publier. Outre ces intellectuels et ces artistes, plusieurs maires de gauche figurent comme signataires, parmi lesquels Jacques Boutault, maire du 2e arrondissement de Paris qui s'est dit prêt à marier tout de suite un couple de même sexe. Toutefois, face aux pressions de la Mairie de Paris, il change de position en déclarant à la presse qu'il souhaite bien « célébrer de mariages entre personnes de même sexe mais il faut pour cela que la loi le permette » (*sic.*). Craignant que les velléités des maires d'arrondissements puissent affecter le résultat électoral, Bertrand Delanoë, maire de Paris, donne l'ordre de ne pas marier de couples de même sexe avant la fin des élections régionales[30]. Malgré ces pressions, le 31 mars 2004 une conférence de presse aura lieu dans la salle des mariages de la mairie du 2e arrondissement. C'est à l'occasion de cette conférence de presse que le *Manifeste pour l'égalité* présente la stratégie politique consistant à proposer une interprétation progressiste de l'article 144 du Code civil afin d'inviter les maires à célébrer les unions de personnes de même sexe. L'argument juridique mis en avant était simple, nul besoin de changer la loi, il suffit que les maires en tant qu'officiers d'état civil l'interprètent en faveur des couples de même sexe. L'équipe des juristes coordonnée par moi-même est présentée lors de la conférence de presse : les avocats Caroline Mécary, Yann Pedler et Emmanuel Pierrat prennent en charge le dossier et le magistrat Thierry Pitois-Etienne veille, de par son expertise, au bon déroulement de l'entreprise. Christophe Girard, Khédidja Bourcart et Clémentine Autain, adjoints à la Mairie de Paris, affirment leur disponibilité pour célébrer un mariage gay. Un proche de Noël Mamère, l'actuel député Sergio Coronado, avait organisé deux jours plus tôt une réunion avec le député-maire de Bègles et les animateurs du *Manifeste* afin de mettre en place le premier mariage homosexuel de France. Sans aucun lien

30 « Les mariages gays, ce dossier qui embarrasse la mairie de Paris », *Le Figaro*, 25/03/2004, p. 8.

avec les écologistes, les fondateurs du *Manifeste pour l'égalité* ont trouvé rapidement dans ce parti un relais politique pour leur initiative. Le statut de Noël Mamère, ancien candidat à la présidence de la République, lui permettait d'engager le combat et de supporter les multiples pressions politiques lesquelles, par ailleurs, ne tarderont pas à venir.

Les socialistes attaquent violement l'initiative de l'élu vert qui s'est dit prêt à marier des couples de même sexe (à l'exception de Roger Madec et de Jack Lang qui soutiennent le collectif pour l'égalité. Plus tard, Dominique Strauss-Kahn et Laurent Fabius les rejoindront). Bertrand Delanoë se dit favorable au mariage homosexuel mais à condition de « changer le droit » et non de « le violer ». Adeline Hazan, Secrétaire national du PS, était également opposée à cette action « tombée du ciel ». Pour elle « ce n'est pas le plus urgent : il y a la modification du Pacs, la discrimination, la loi sur les propos homophobes… »[31]. Et même le premier adjoint socialiste de Mamère s'est rapidement désolidarisé dans ces termes : « le rôle des hommes politiques n'est pas de créer des clivages dans la société sur des points non essentiels »[32]. Jean-Marc Ayrault considère que « la provocation n'est pas une bonne méthode » et que la gauche « n'est pas obligée de courir derrière Noël Mamère »[33]. Elisabeth Guigou affirme que « les homosexuels ne peuvent pas avoir droit à l'enfant ». Plus prudente, Marisol Touraine considère que « reconnaître le mariage implique d'accepter socialement que deux personnes du même sexe peuvent aussi prendre en charge un enfant ». Devenue quelques années plus tard ministre de la Santé, elle sera même favorable à la PMA pour les couples homosexuels[34].

Certains experts médiatiques réagissent violemment, comme la psychanalyste Geneviève Delaisi de Parseval qui, face à ce qu'elle qualifie de « coup médiatique » et « d'actions provocatrices » s'exclame : « pourquoi tenir à ce point à singer la norme hétérosexuelle et à accepter la domestication sexuelle que Michel Foucault voyait dans la finalité du mariage ? La liberté conquise durement ne devrait-elle pas inciter à assumer une certaine forme de marginalité, expression même de cette liberté ? (…) Je tiens à préciser qu'être opposé au mariage des couples homosexuels est loin d'être une position réactionnaire comme une minorité bien-pensante voudrait le laisser croire »[35]. Le patron de *Libération*, Laurent Joffrin charge contre Noël Mamère considérant que son initiative « n'a fait que renforcer une homophobie moyenâgeuse » rendant « un bien mauvais service à la culture démocratique »[36].

---

31 *Libération*, 26/04/2004, p. 3.

32 *Libération*, 04/06/2004, p. 5.

33 *La Croix*, 04/06/2004, p. 15.

34 « Mariage gay : Marisol Touraine favorable à la PMA pour tous », *Terrafemina*, 15/10/2012.

35 *Télérama* 22-28 mai 2004, p. 33-34.

36 « Mariage. Le piège de Bègles », *Le Nouvel Observateur*, juin 2004.

Même Alain Piriou, porte-parole de l'Inter LGBT (et membre du parti écologiste), se désolidarise de Noël Mamère en déclarant que « sur le terrain, les gens souffrent non pas parce qu'ils n'ont pas accès au mariage, mais à cause de l'homophobie… »[37].

À droite, les homosexuels sont divisés. Jean-Luc Romero, Secrétaire national de l'Union pour la Majorité Présidentielle (UMP), dénonce « la mauvaise foi des associations gays qui sont toutes de gauche »[38]. En revanche, l'association *GayLib* (groupe homosexuel au sein de l'UMP) soutient l'initiative de Bègles dans un communiqué du 23 avril 2004 pour mieux se démarquer de la proposition de loi de Jean-Marc Roubaud (député UMP) visant à définir le mariage comme l'union d'un homme et une femme, déposée à l'Assemblée nationale deux jours plus tôt.

Jean-François Copé, porte-parole du gouvernement, déclare que les mariages homosexuels sont illégaux et contraires au droit français[39]. Le 29 avril, Jacques Chirac se prononce contre le mariage entre personnes de même sexe mais se dit ouvert au débat. Le même jour, le Premier ministre se déclare favorable à réviser le Pacs en vue de son amélioration[40]. Christine Boutin (présidente du parti démocrate-chrétien) pour montrer son désaccord, dépose une autre proposition de loi tendant à définir le mariage dans le Code civil comme l'union d'un homme avec une femme. Deux semaines plus tard, Nicolas Sarkozy sort de sa réserve et manifeste son opposition au mariage entre personnes de même sexe et à l'adoption[41], le jour même où le Massachusetts devient le premier État étasunien à reconnaître le mariage gay.

En France et au nom de l'intérêt de l'enfant, l'ensemble de la droite (allant de Léonetti à Madelin et de Bayrou à Baroin) dénonce le mariage homosexuel.

Comme à l'époque du Pacs, l'Église catholique ne manquera pas de se mobiliser ardemment contre le mariage de Bègles. Mgr Michel Dubost, évêque d'Évry, le dénonce dans ces termes : « Il est surprenant que les mêmes qui luttent contre les OGM au nom du respect de la nature disent avec le même élan que la nature n'a pas d'importance pour l'homme ». Les associations

37 *Le Monde*, 28/04/2004.

38 *Le Figaro*, 2/4/2004, p. 10.

39 « Société, Homosexualité, Mariage », *La Croix*, 28/04/2004.

40 Le lendemain, un des conseillers du ministère de la Justice recevait l'Inter LGBT qui insistera sur la nécessité d'une réforme législative rapide afin d'améliorer le Pacs et demandera la création d'une mission de débat public sur le mariage. De même, le collectif *PACS et Caetera* a rédigé une lettre ouverte à Jean-Pierre Raffarin (qui s'était prononcé pour une évaluation du Pacs) rappelant l'existence du rapport Bloche-Michel commandé par Lionel Jospin.

41 *Le Figaro*, 17/05/2004.

familiales catholiques, de leur côté, demandent une définition claire et précise du mariage comme l'union d'un homme et une femme.

Le « mariage pour tous » : un combat de la société civile

Avec trois mille signatures et le soutien d'une centaine d'associations LGBT, le *Manifeste pour l'égalité des droits* devient presque un mouvement politique à part entière. Pour dépersonnaliser l'action, les animateurs du manifeste et Noël Mamère décident d'organiser, le 11 mai 2004, une réunion publique dans les locaux du syndicat CFDT (Confédération française démocratique du travail) à Belleville. De nombreuses associations LGBT[42], des syndicats, la gauche écologiste, le Parti communiste[43] et la Ligue communiste révolutionnaire participent à l'événement. Ce qui avait été qualifié par les socialistes d'amusement de quelques « intellectuels de salon » devient un mouvement social qui ne cessera d'évoluer. Malgré ces déclarations publiques et craignant sans doute d'être débordé par la société civile, ce jour même, le Parti socialiste prend position dans un débat délicat en adoptant, sans voter, le principe d'une reconnaissance du mariage homosexuel. Ségolène Royal et Lionel Jospin expriment leurs réticences et François Hollande s'exclame « Nous sommes un parti de gouvernement (...) le rôle des élus n'est pas de transgresser la loi mais de la rédiger »[44] et ceci pour mieux se démarquer du geste politique de Noël Mamère. Le matin même du débat au sein du PS, Dominique Strauss-Kahn prend tout le monde de court dans *Libération*. Le titre de son interview est on ne peut plus explicite : « Pour moi, c'est oui »[45].

Ségolène Royal[46] et Lionel Jospin sont ouvertement contre, ce dernier exprimant ainsi sa désapprobation dans les pages du *Journal du Dimanche* : « Je vois s'esquisser une nouvelle tentation bien-pensante, voire une crainte de l'imputation homophobe, qui pourraient empêcher de mener honnêtement la discussion. On peut pourtant réprouver et combattre l'homophobie tout

---

42 À l'exception de l'Inter-LGBT pour qui, selon son porte-parole de l'époque Alain Piriou, « le mariage n'est pas une urgence... il faut d'abord se battre pour la loi condamnant les violences homophobes » (*La Croix*, 25/03/04, p. 23). Face aux réticences de l'Inter-LGBT, les centres LGBT de France s'organisent en un inter-associatif pour soutenir le manifeste.

43 Même si Marie-George Buffet déclarera plus tard « je n'aime pas la politique des coups médiatiques ».

44 *Le Monde*, « Le PS favorable au mariage gay, réservé sur l'homoparentalité », 12/05/2004.

45 *Libération*, 11 mai 2004.

46 Elle déclare au journal *Le Monde* : « La famille et l'autorité parentale sont des valeurs à conforter dans notre société où une bonne partie de l'adolescence est en souffrance par rapport à l'absence d'adultes qui n'exercent plus leur rôle de référent (...) S'il s'agit d'améliorer un contrat civil pour une égalité des droits, oui. S'il s'agit d'une confusion des repères et d'une provocation injustifiée des convictions familiales et religieuses, non », *Le Monde*, 12/05/2004.

en n'étant pas favorable au mariage homosexuel, comme c'est mon cas »[47]. Et, si Laurent Fabius estime que « la priorité est de lutter contre l'homophobie et d'améliorer la législation sur le Pacs », il « ne croit pas que le mariage soit ressenti comme une priorité », le Secrétaire national responsable des questions de société, Malek Boutih, déclare au contraire : « Franchir le pas du mariage gay, après celui du Pacs, me paraît normal »[48].

Le mariage de deux femmes, Tanya McCloskey et Marcia Kadish, célébré le 17 mai 2004 à Cambridge (Massachusetts) vient donner de l'élan au *Manifeste pour l'égalité* et installe définitivement la question dans l'agenda politique français. Les déclarations de deux figures majeures du PS, Ségolène Royal et Lionel Jospin, mettent en évidence l'absence de différence entre eux et le gouvernement conservateur de Raffarin : le Pacs suffit.

Le PS rappelle que « le rôle des élus est de respecter la loi républicaine ». Le gouvernement Raffarin lance rapidement l'offensive juridique et politique. Le 5 mai, le ministre de la Justice Dominique Perben demande au Parquet général de Bordeaux de s'opposer au mariage homosexuel[49] et pour mieux faire passer sa décision, il annonce qu'il présentera sans tarder un texte aggravant les sanctions contre les violences homophobes.

Dès l'annonce du mariage début mai, Jacques Lemontey, président de la première Chambre civile de la Cour de cassation, sur un ton menaçant, annonce au journal *La Croix* qu'il n'y a « aucune chance que la légalité d'un mariage homosexuel soit reconnue et si les tribunaux français s'aventuraient sur ce terrain, leur décision ne passerait jamais le barrage de la Cour de cassation »[50]. De manière prémonitoire, la prise de position du magistrat annoncera, encore une fois, le blocage de la jurisprudence de n'importe quelle tentative égalitaire.

Malgré les pressions du gouvernement, Noël Mamère (qui a dormi dans sa mairie de peur qu'on l'empêche d'y accéder), célèbre le 5 juin 2004 le mariage de Bertrand Charpentier et Stéphane Chapin. Dehors, le catholique député Philippe de Villiers défile devant le bâtiment, les bras en croix avec une centaine d'intégristes[51].

Pour donner une assise institutionnelle, la cérémonie de Bègles sera accompagnée d'une proposition de loi permettant l'ouverture du mariage

47 « Mariage homosexuel : un problème d'institutions », *Journal du Dimanche*, 16 mai 2004.

48 *Le Parisien*, « Trois semaines de débat politique », 11 mai 2004.

49 Dans une tribune publiée par le journal *Libération* le 10 mai 2004, Thierry Pitois-Etienne, juge aux affaires familiales, rappelle la liberté d'interprétation des juges. Cette simple intervention a valu au magistrat un blocage de sa carrière pendant plusieurs années.

50 *La Croix*, 09/05/2004.

51 Simon, 2004.

aux couples de même sexe, présentée par les députés Martine Billard, Yves Cochet et Noël Mamère[52].

Suite à la célébration du mariage, Dominique de Villepin, ministre de l'Intérieur, suspend Noël Mamère de ses fonctions de maire durant un mois. Caroline Mécary a raison d'affirmer que « la suspension dont a fait l'objet Noël Mamère a bloqué la possibilité d'autres mariages : les autres maires qui avaient eu quelques velléités de suivre l'exemple du maire de Bègles ont été stoppés net dans leur élan »[53]. Mais, grâce à Bègles, la question du mariage deviendra désormais politiquement possible. Pour preuve, elle sera intégrée, huit ans plus tard, dans le programme politique de François Hollande. En effet, celui qui n'est encore que candidat à la présidence de la République, annonçait dans sa proposition n° 31 :

> Je veux lutter sans concession contre toutes les discriminations et ouvrir de nouveaux droits : j'ouvrirai le droit au mariage et à l'adoption aux couples homosexuels.

Suite à cet engagement, le 7 novembre 2012, le Premier ministre soumet au Conseil des ministres le projet de loi « ouvrant le mariage aux couples de personnes de même sexe » (enregistré à l'Assemblée nationale le 7 novembre 2012 sous le n°344). Conformément aux promesses présidentielles, la future loi s'inscrit dans une logique de lutte contre les discriminations et d'affirmation du principe d'égalité[54] même si paradoxalement dans l'exposé de motifs de la loi aucune mention n'est faite de l'égalité et de la non discrimination. Une situation d'infériorité s'était perpétuée pour les couples homosexuels, malgré l'adoption du Pacs en 1999. Celui-ci demeure insuffisant en matière de droits conjugaux, ne garantissant pas, de surcroît, la reconnaissance de liens juridiques de filiation pour les familles homoparentales[55].

Contrairement au Pacs, issu d'une proposition de loi d'origine parlementaire[56], le mariage sans égard au sexe du conjoint est le résultat d'un projet de loi (d'origine gouvernementale), ce qui montre l'intérêt que le Président de la République porte à la question.

Le projet de loi commence par un exposé de motifs retraçant succinctement l'évolution historique du mariage et rappelant qu'une majorité de français est aujourd'hui favorable (65% selon une enquête *Ifop* menée du 9 au 13 août 2012 sur un échantillon représentatif de 2000

---

52 Proposition de loi n° 1650 clarifiant l'accès au mariage des couples de personnes de même sexe enregistrée à l'Assemblée nationale le 8 juin 2004.

53 2013 : 54.

54 Borrillo et Formond, 2007.

55 Borrillo, 2001 : 475-493.

56 Borrillo et Lascoumes, 2002.

personnes)[57]. La loi modifie essentiellement le Code civil en matière de mariage, du nom patronymique et d'adoption mais également le Code de la sécurité sociale, le Code du travail, le Code de l'expropriation pour cause d'utilité publique, le Code général des impôts, le Code de l'environnement, le Code de l'action sociale et des familles, le Code de procédure pénale, le Code des transports, l'ordonnance n° 45-174 du 2 février 1945 relative à l'enfance délinquante, le Code des pensions civiles et militaires, la loi n° 84-16 du 11 janvier 1984 portant dispositions statutaires relatives à la fonction publique de l'État, la loi n° 84-53 du 26 janvier 1984 portant dispositions statutaires relatives à la fonction publique territoriale, la loi n° 86-33 du 9 janvier 1986 portant dispositions statutaires relatives à la fonction publique hospitalière….

Si une logique égalitaire semble imprimer les relations du couple, en ce qui concerne la filiation, le projet de loi propose d'ouvrir uniquement et « par voie de conséquence l'accès à la parenté à ces couples, *via* le mécanisme de l'adoption ». Les effets du mariage se limitent donc au droit d'adoption (aussi bien l'adoption plénière de l'art. 343 du Code civil, l'adoption de l'enfant du conjoint de l'article 345-1 que l'adoption simple, art. 360 et suivants).

Ainsi, un couple de lesbiennes, tout en étant marié, se verra refuser l'accès à l'assistance médicale à la procréation (AMP). Le gouvernement avait considéré que cette question devrait faire l'objet d'une autre réforme mais il l'a finalement abandonnée.

La limitation des droits de filiation à l'adoption constitue le point le plus problématique de la loi car une discrimination s'est perpétuée entre les couples mariés selon qu'il s'agit d'une union hétérosexuelle ou d'une union homosexuelle, vis-à-vis de l'accès à l'assistance médicale à la procréation.

La loi a finalement été adoptée en l'état, répondant à une stratégie que nous qualifierons de « non-discrimination atténuée ». Cette politique, de type assimilationniste, tend à appliquer (de manière limitée car l'AMP n'est pas incluse) le principe d'égalité en fonction du dispositif juridique existant sans le modifier. Ainsi, le devoir conjugal, l'obligation de fidélité, la présomption de paternité et la faute dans le divorce sont restés en l'état.

Les mobilisations des opposants au mariage pour tous

Bien que la majorité des Français soit favorable au mariage pour les couples de même sexe, les partis conservateurs (centre, droite et extrême droite) se sont fortement mobilisés contre le projet de loi. À l'Assemblée

57 Selon un sondage exclusif BVA pour *Le Parisien* du 3 novembre de la même année, 58% des Français sont favorables au mariage entre homosexuels. C'est cinq points de moins que cet été. Et ils sont 50% à souhaiter que ces couples adoptent, contre 56% l'été dernier.

nationale, ces partis ont déposé plus de cinq mille amendements entraînant cent-dix heures de discussion avant d'adopter le projet de loi et de l'envoyer au Sénat.

La réaction virulente d'une partie de la société civile contre le projet de loi prend forme le 15 août 2012, jour de l'Assomption de la Vierge, lorsque Monseigneur André Vingt-Trois, président de la conférence épiscopale des Évêques de France, fait parvenir une lettre aux paroisses incitant les fidèles à prier pour la sauvegarde de la famille traditionnelle. Depuis lors, plusieurs manifestations se sont organisées dans les principales villes du pays. L'opposition s'est articulée autour de la défense d'une conception du mariage plus proche du droit canonique que du droit civil en associant l'union matrimoniale à sa supposée finalité reproductive. Ainsi, un certain nombre de slogans, brandis dans ces cortèges, soulignaient le caractère évident et naturel des liens de filiation. On pouvait effectivement lire dans les pancartes :

> « Mariage = 1 homme + une femme ». « Tous nés d'un homme et d'une femme » ; « 1 père + 1 mère, c'est élémentaire ». « 1 papa 1 maman, on ne ment pas aux enfants », « Non à la filiation-fiction » ou encore : « Y a pas d'ovules dans les testicules »...

Les journaux *Le Figaro* et *La Croix* constituent les principaux médias écrits opposés au mariage pour les personnes de même sexe et la chaîne d'information *BFM TV* ne cessera de faire la promotion des anti-mariage gay tout comme *I Télé* qui ira jusqu'à utiliser le logo des opposants au mariage pour présenter l'information[58].

La deuxième grande manifestation publique du 24 mars 2013 contre le projet de loi se radicalise à cause de la présence de *Jeûneuses Identitaires* et du *GUD* (groupe d'union défense) une organisation d'étudiants d'extrême droite née à la faculté de droit de l'Université de Paris II Panthéon-Assas. C'est également au cœur de cette université que se met en place une campagne politique contre l'ouverture du droit au mariage pour les couples de même sexe. Alors que le projet de loi ne traite pas de la gestation pour autrui (GPA) ni de l'assistance médicale à la procréation (AMP), les professeurs de droit (parmi lesquels l'historien du droit et président de l'université de Paris II, Guillaume Leyte) font parvenir une lettre publique aux sénateurs dans laquelle ils leur demandent de « renoncer à un texte qui se révèle celui de l'esclavage moderne des femmes et de la nouvelle traite des enfants »[59]. Ces juristes entendent ainsi dénoncer l'entreprise « égalitariste » caractérisée par la création « d'un marché des enfants » qui « invite à aller

58 Pour une analyse politique de la Manif pour tous, voir : D. Paternotte, « 'Manif pour tous': Chronique d'un 'succès' annoncé » : http://yagg.com/2013/01/21/manif-pour-tous-chronique-dun-succes-annonce-par-david-paternotte (consulté le 07 octobre 2013).

59 http://www.politique-actu.com/debat/mariage-homo-professeurs-droit-rentrent-resistance-face-projet-taubira/692587/ (consulté le 15 juillet 2013).

fabriquer les enfants à l'étranger » en considérant que « les enfants ne sont ni des objets pour satisfaire un désir, ni des médicaments pour soulager une souffrance ». Une autre professeure de droit met en question la constitutionnalité du texte dans une tribune publiée dans la *Gazette du Palais* du 4 octobre 2012 sous le pseudonyme de Lucie Candide[60] qu'elle dit utiliser « à cause de la puissance d'intimidation du lobby homosexuel »[61]. Étrange moment de la science du droit où le juriste cède la place au moraliste.... Pourtant, ces réactions disproportionnées n'ont rien d'étonnant. En effet, beaucoup de ces professeurs s'étaient déjà violemment opposés au Pacs à la fin des années 1990[62] et même à la dépénalisation de l'homosexualité, au début des années 1980[63].

En réponse à la pétition de 170 enseignants-chercheurs des facultés de droit adressée aux sénateurs, quatre professeurs agrégés de droit public de l'Université de Paris Ouest Nanterre considèrent que les juristes opposés n'expriment qu'une opinion personnelle et ne peuvent pas parler au nom du droit[64].

Dès l'adoption du projet de loi sur le mariage pour tous, les élus de l'UMP ont saisi le Conseil constitutionnel. Le recours était nourri par les réflexions d'un autre collectif de juristes composé de magistrats, d'avocats et de professeurs d'université qui a ciselé ses arguments dans l'ombre. Ce club[65] d'une quarantaine de juristes souhaitait garder l'anonymat[66] et a avancé l'argument selon lequel le Conseil constitutionnel s'apprêtait à statuer sur « l'un des mémoires les plus longs et les plus épineux de son histoire ». Le groupe s'était placé sous le parrainage d'un des pères du Code

---

60 Cette professeure sera rejointe par Pierre Delvolvé dans un article du *Monde* et Marie-Anne Frison Roche dans son blog.

61 http://www.slate.fr/story/65301/mariage-pour-tous-projet-loi-constitution#note (consulté le 30 décembre 2013).

62 Borrillo 2001 : 161.

63 Philippe Jestaz s'est ardemment opposé à la dépénalisation de l'homosexualité dans les pages de la *Revue Trimestrielle de Droit Civil* en 1982, (« Le malheur d'être homosexuel ») p. 795 et s. Pour une analyse plus approfondie de la question, voir : J. Danet, « Le statut de l'homosexualité dans la doctrine et la jurisprudence françaises » in D. Borrillo, *Homosexualités et Droit*, Paris, PUF, 1999, p. 97 et s.

64 http://www.raison-publique.fr/article601.html.

65 C'est lors de la manifestation contre la loi Taubira du 13 janvier 2013 qu'ils se sont constitués. Alors que plusieurs dizaines d'avocats, magistrats, professeurs de droit, notaires et autres professions juridiques manifestaient ensemble et en robe sous la bannière « Manif des juristes », une vingtaine d'entre eux, rejoints plus tard par une dizaine d'autres, se sont constitués en collectif. Un collectif baptisé *Portalis*, du nom du « père » du Code civil français. Et qui tient à rester anonyme. « *La raison est toute simple* », explique l'un d'entre eux. *« Nombre d'entre nous sont soit hauts fonctionnaires, soit magistrats, et nous avons un devoir de réserve à respecter »*. Certains d'entre eux travaillent effectivement au Conseil d'État, mais il y a également bon nombre d'universitaires. Voir : « Le mariage pour tous à l'épreuve de la Constitution des Français » : http://www.lavie.fr/actualite/documents/le-mariage-pour-tous-a-l-epreuve-de-la-constitution-des-francais-07-05-2013-39961_496.php.

66 Certains de ces juristes, sous le pseudonyme de Lucie Candide, ont écrit un article particulièrement hostile au mariage gay : « Le sexe, le mariage, la filiation et les principes supérieurs du droit français », *Gaz. Pal.* 4 oct. 2012, n° 278, p. 7.

civil, Jean-Étienne-Marie Portalis, qui définissait le mariage comme « la société de l'homme et de la femme unis pour perpétuer l'espèce, porter ensemble le poids de la vie ».

Malgré la virulente opposition de la droite et la pression exercée par les professeurs de droit, le Conseil constitutionnel valide la loi en statuant que le mariage homosexuel constitue « un choix du législateur » et « n'était contraire à aucun principe constitutionnel ». Même si « la législation républicaine antérieure à 1946 et les lois postérieures, ont jusqu'à présent regardé le mariage comme l'union d'un homme et d'une femme, cette règle n'intéresse ni les droits et libertés fondamentaux, ni la souveraineté nationale, ni l'organisation des pouvoirs publics » et « ne peut donc constituer un principe fondamental »[67]. Le lendemain, le Président de la République promulgue la loi n° 2013-404 du 17 mai 2013 ouvrant le mariage aux couples de personnes de même sexe. Mais, les conservateurs ne se sentent pas vaincus. Des membres de l'opposition annoncent que « quand nous serons revenus au pouvoir, il faudra réécrire ce texte pour protéger la filiation et les droits de l'enfant. Peut-être avec le recours au référendum »[68].

Mais, au-delà de la filiation et une fois la loi entrée en vigueur, un nouveau combat s'articule autour de la question de la liberté de conscience des maires leur permettant de ne pas marier des couples de même sexe.

Mariage pour tous et liberté de conscience

La question de la liberté de conscience avait été soulevée par le Président François Hollande le 20 novembre 2012, devant l'Association des maires de France. Ces déclarations doivent être placées dans le contexte particulièrement tendu, suite à une pétition menée par le *Collectif des maires pour l'enfance* et *La ligue du sud* du maire d'Orange Jacques Bompard (ex-FN) contre le mariage pour tous.

Jacques Pélissard (UMP), maire de Lons-le-Saunier, affirmait dans une interview au *Point.fr* : « Je comprends que les maires puissent avoir des cas de conscience sur ce sujet, et la loi doit en tenir compte. Après tout, les médecins ont le droit de refuser de pratiquer une IVG. Pourquoi un maire ne pourrait-il pas bénéficier d'un droit de retrait s'il ne souhaite pas célébrer des unions entre deux personnes de même sexe ? Il y a un modus vivendi à trouver entre le respect de la loi et le respect des consciences »[69]. Un nombre important d'élus de droite, sans proclamer un enthousiasme excessif, ont

---

67 Décision n° 2013-669 DC du 17 mai 2013. Danet, 1999.

68 Jean-François Copé, *Le Monde*, 18 mai 2013.

69 http://www.lepoint.fr/chroniqueurs-du-point/jerome-cordelier/mariage-homosexuel-la-loi-doit-tenir-compte-des-cas-de-conscience-des-maires-12-10-2012-1516125_244.php.

fait savoir qu'ils appliqueraient la loi ou, au pire, délégueraient à un adjoint, comme l'a affirmé l'ancien ministre Laurent Wauquiez.

Dans ce contexte politique et afin d'assurer l'application de la loi, le gouvernement décide d'adopter le 13 juin 2013 une circulaire du ministère de l'Intérieur relative aux conséquences du refus illégal de célébrer un mariage de la part d'un officier de l'état civil. Afin de contrer les effets de ladite circulaire, plusieurs maires ont formé devant le Conseil d'État une requête tendant à son annulation. Selon les requérants, « l'ouverture du mariage aux couples de personnes de même sexe heurte les convictions personnelles de nombreux maires et adjoints et qu'en omettant de prévoir une 'clause de conscience' permettant aux maires et aux adjoints, officiers de l'état civil, de s'abstenir de célébrer un mariage entre personnes de même sexe, ces dispositions porteraient atteinte tout à la fois à l'article 34 de la Constitution et à la liberté de conscience ; que seraient également méconnus le droit de ne pas être lésé dans son travail ou son emploi en raison de ses opinions ou de ses croyances, le principe de pluralisme des courants d'idées et d'opinions et le principe de la libre administration des collectivités territoriales ».

Ce sera finalement le Conseil constitutionnel qui tranchera la question dans une QPC n° 2013-353 du 18 octobre 2013 en considérant, d'une part, que les maires ne sont pas légitimés à intervenir devant le Conseil constitutionnel. En effet, le seul fait qu'un maire soit appelé à mettre en œuvre des dispositions législatives ne saurait permettre de le regarder comme pouvant utilement contester ou défendre ces dispositions dans le cadre d'une intervention QPC. D'autre part et cette fois-ci sur le fond, le Conseil constitutionnel considère « qu'en ne permettant pas aux officiers de l'état civil de se prévaloir de leur désaccord avec les dispositions de la loi du 17 mai 2013 pour se soustraire à l'accomplissement des attributions qui leur sont confiées par la loi pour la célébration du mariage, le législateur a entendu assurer l'application de la loi relative au mariage et garantir ainsi le bon fonctionnement et la neutralité du service public de l'état civil ; qu'eu égard aux fonctions de l'officier de l'état civil dans la célébration du mariage, il n'a pas porté atteinte à la liberté de conscience ». De même, les juges de la rue Montpensier estiment que « les dispositions contestées ne méconnaissent ni le principe de pluralisme des courants d'idées et d'opinions, ni le principe de la libre administration des collectivités territoriales, ni aucun autre droit ou liberté que la Constitution garantit, doivent être déclarées conformes à la Constitution ».

Prévoyant la décision du Conseil constitutionnel, les opposants au mariage pour tous ne baissent pas les bras. Une quarantaine de sénateurs et de sénatrices avait effectivement déposé, le 7 octobre 2013, une proposition de loi n° 41 « établissant une objection de conscience pour les officiers d'état civil opposés à la célébration d'un mariage ». Et si cette proposition n'a aucune chance d'être adoptée, elle permet néanmoins de maintenir la pression contre le gouvernement.

De surcroît, l'action des juristes conservateurs ne cesse de grandir afin d'attaquer non seulement les avancées de la loi mais aussi de limiter les effets de certaines dispositions prises par le gouvernement comme la circulaire Taubira facilitant l'obtention de la nationalité française aux enfants nés à l'étranger de mère porteuse[70]. Après avoir saisi le Conseil d'État contre ladite circulaire, l'association *Juristes pour l'enfance* a déposé une plainte contre X le 10 janvier 2014, visant une société américaine qui met en relation des couples français et des mères porteuses américaines en vue de contrats de gestation pour autrui.

La situation est d'autant plus compliquée que la Cour de cassation affirme, dans un arrêt de septembre 2013, que « lorsque la naissance est l'aboutissement, en fraude à la loi française, d'un processus d'ensemble comportant une convention de gestation pour le compte d'autrui, convention qui, fût-elle licite à l'étranger, est nulle d'une nullité d'ordre public aux termes des articles 16-7 et 16-9 du code civil »[71], la filiation établie à l'étranger ne peut être inscrite sur les registres français de l'état civil. De même, le 30 avril 2014, le tribunal de grande instance de Versailles a refusé d'accéder à la demande d'adoption plénière de l'épouse de la mère biologique d'un enfant conçu à l'étranger par procréation médicalement assistée[72].

L'hypothèse de l'incapacité des juges à protéger les nouvelles familles ne cesse de se confirmer par ces décisions, même si la CEDH et la Cour de Cassation ont limité la portée de celles-ci.

Du mariage pour tous à la loi Famille

Tout au long du débat parlementaire sur le mariage pour tous et même après l'adoption définitive de la loi[73], la doxa familialiste n'a cessé de manifester sa vive opposition à cette réforme majeure du Code civil.

Les slogans de la manif pour tous furent relayés par les medias[74] et répétées *ad nauseam* par l'opposition dans l'enceinte parlementaire[75]. Cette

---

70 Circ. n° NOR JUSC1301528C, 25 janv. 2013.

71 Civ. 1re, 13 sept. 2013, n° 12-18.315 et n° 12-30.138, *D.* 2013. Actu. 2170.

72 RG n° 13/00168.

73 Le 23 avril 2013, l'Assemblée nationale a adopté le projet de loi par un scrutin public. 566 députés ont participé au vote, 331 ont voté pour l'adoption du projet de loi, 225 ont voté contre, 10 se sont abstenus. À la suite de l'adoption du texte, soixante députés et soixante sénateurs de l'opposition ont saisi le Conseil constitutionnel qui a déclaré le texte conforme à la Constitution dans une décision du 17 mai 2013 (n° 2013-669). La loi n° 2013-404 du 17 mai 2013, ouvrant le mariage aux couples de personnes de même sexe a été publiée au journal officiel le 18 mai 2013.

forte mobilisation a rapidement produit des effets sur le contenu du projet de loi. En effet, avant même le début de la discussion parlementaire du projet de loi, la Commission des lois de l'Assemblée nationale, pour contrer l'opposition, a voté un amendement « balai » permettant de maintenir dans la loi les termes « père » et « mère ». L'expression « parent » est retenue uniquement pour les couples de personnes de même sexe.

Dans la version originaire, les mots « père » et « mère » étaient systématiquement remplacés par celui de « parents ». Cela constituait, selon nous, une véritable avancée car la loi n'a pas pour mission de signifier la nature sexuée du parent mais simplement sa fonction parentale. En effet, si les hommes et les femmes ont les mêmes droits et si les rôles parentaux sont aujourd'hui interchangeables, pourquoi faut-il maintenir la distinction terminologique dans le Code civil[76] ?

La question de la différence de sexes a toujours été intrinsèquement liée à la filiation. Ainsi, à mesure que les couples de même sexe commencent à jouir d'un certain nombre de droits parentaux, se développe un mécanisme politico-juridique, caractérisé par une forme de retour au biologique en matière de filiation.

Pour le conservatisme de droite, il est question de combattre toute forme de reconnaissance des familles en dehors de celle constituée par le mariage hétérosexuel et la filiation légitime. Une résolution du Conseil municipal de Fontgombault du 24 octobre 2013 refusant le mariage des couples de même sexe va jusqu'invoquer « une loi naturelle supérieure aux lois humaines ». Le raisonnement des élus de la commune se fonde sur l'idée que les couples homosexuels sont « radicalement incapables de procréer un être humain qui soit issu de cette union et par conséquent de l'éduquer à titre de parents dans l'altérité et la complémentarité ». Dans le même sens, un groupe d'une quarantaine de députés UMP (parmi lesquels Hervé Mariton, Philippe Gosselin, Lionel Luca ou Jean-Frédéric Poisson), a déposé le 15 janvier 2014 une proposition de loi pour inscrire dans le Code civil l'interdiction de l'AMP (assistance médicale à la procréation) aux couples de même sexe. Quelques jours auparavant une manifestation eut lieu à Versailles contre la « familiphobie » du gouvernement et le 3 février

---

74 BFM TV a couvert toutes les manifestations contre le mariage pour tous en utilisant souvent les images fournies par les organisateurs. En revanche, les manifestations en faveur du mariage ouvert aux couples de même sexe ont été très peu suivies par cette chaîne d'information continue. I-Télé est allée même jusqu'à utiliser le logo des opposants au mariage pour tous (un père, une mère et ses enfants) pour annoncer l'événement : http://www.rue89.com/2013/01/14/critiquee-sur-la-manif-pour-tous-bfm-tv-vous-donne-rendez-vous-le-27-janvier-238579.

75 Le texte a été débattu à l'Assemblée nationale et au Sénat à partir du 29 janvier 2013. Les débats ont duré plus de 160 heures et 5 000 amendements furent discutés.

76 Plus d'une centaine d'articles du Code civil contiennent les termes père et mère malgré l'adoption de la loi sur le mariage et l'adoption pour les couples de même sexe.

2014 la *Manif pour tous* occupe les rues de Paris pour s'opposer à l'AMP et à la GPA, alors que la ministre de la Famille avait clairement écarté cette possibilité du futur projet de loi. Finalement ce sera une proposition de loi qui sera déposée par les parlementaires socialistes afin de régler uniquement certaines questions liées à l'autorité parentale et au statut des coparents.

Pour le conservatisme de gauche, il est question d'intégrer les nouvelles formes familiales tout en maintenant certaines interdictions (AMP pour les couples homosexuels et GPA pour l'ensemble des couples) ou tout au moins (si un jour ces techniques de reproduction venaient à être autorisées) en préparant les réformes législatives nécessaires pour les inscrire dans le droit sans bouleverser le primat de la différence des sexes. Tout se passe comme si, pour pouvoir reconnaître juridiquement l'homoparentalité, il faudrait signifier, d'une manière ou d'une autre, la prééminence de l'hétéroparentalité.

En ce sens, les pancartes de la *Manif pour tous*[77] et la décision du Conseil municipal de Fontgombault ne constituent que la partie visible de l'iceberg ainsi que ses manifestations les plus paroxystiques. La partie occulte risque de perpétuer, d'une manière bien plus insidieuse, la hiérarchie des parentés.

Pourtant, depuis les années 1970, l'ensemble de travaux sociologiques démontre que la famille n'est ni naturelle ni intangible. Depuis également ces mêmes années, le droit n'a cessé de dissocier le mariage de la filiation, en particulier pour donner aux « bâtards » les mêmes droits qu'aux enfants légitimes.

De surcroît, tous les indicateurs démographiques mettent en évidence le caractère polymorphe des familles. Malgré cela, l'adhésion à un discours simpliste de la famille nucléaire, présentée comme le modèle à suivre, n'a jamais occupé une place aussi importante dans l'espace public français.

Comment est-il réactualisé ce discours d'évidence qui fonde l'imaginaire de la filiation sur la biologie ? D'où vient-elle, cette forme d'essentialisme qui s'acharne à ne pas effacer de la loi, la différence de sexes ?

Nous allons essayer de répondre à ces interrogations en analysant les composantes de ce montage idéologique en apparence complexe. Cette analyse est d'autant plus nécessaire que les enjeux vont bien au-delà de l'égalité des familles homoparentales, il s'agit des fondements politiques du droit civil de la filiation.

---

77 La *Manif pour tous* est un collectif d'associations proches de l'Église catholique qui se présente comme apolitique malgré son ancrage à droite (voire à l'extrême droite). La *Manif pour tous* est financée par Claude Bébéar (fondateur des assurances Axa), l'association anti avortement *Vita*, ou des associations catholiques de familles. Loin de l'image d'un mouvement spontané qu'elle voulait se donner, derrière la *Manif pour tous* se trouve l'américain Brian Brown, président de la très conservatrice *National Organization for Mariage* proche de l'*Opus Dei*.

La reproduction n'est pas la filiation

Alors que la reproduction est un fait biologique, la filiation apparaît comme une institution éminemment juridique[78]. Le droit peut certes tenir compte du fait naturel mais, en tant que dispositif d'agencement parental, la filiation répond à des règles propres, affranchies de la nature. Comme le soulignait le doyen Cornu :

> Le droit de la filiation n'est pas seulement un droit de la vérité (biologique) c'est aussi un droit de la vie, de l'intérêt de l'enfant, de la paix des familles, des affections, des sentiments moraux, de l'ordre établi du temps qui passe...[79].

Le droit moderne rompt avec le naturalisme du droit canonique[80]. Désormais, sur le plan juridique, ce ne sont pas tant les racines naturelles des institutions qui comptent mais la réalisation d'objectifs spécifiques (*telos*) comme la paix des familles, la transmission du patrimoine, la solidarité des générations ou la protection des plus faibles…

Le droit moderne s'inscrit ainsi dans la tradition du droit romain pour lequel la filiation permettait surtout d'organiser les successions et les tutelles ou d'interdire les témoignages contre les parents devant la juridiction criminelle et non pas d'octroyer à l'enfant une quelconque identité psychologique[81].

Pour le modèle civiliste, nul besoin donc de la biologie ni de la différence de sexe pour inscrire l'enfant dans une lignée[82]. L'adoption plénière ouverte aux célibataires ou la possession d'état[83] constituent les exemples les plus paradigmatiques de cette dissociation. Dans ces deux cas, la filiation peut être établie à l'égard d'une ou deux personnes qui n'ont aucun lien biologique avec l'enfant.

La différence de sexe comme condition *sine qua non* de l'établissement du droit de la filiation n'apparaît dans le débat politique de manière explicite

---

78 Voir D. Borrillo, « Le droit en matière de reproduction : une approche critique » in E. Dorlin et E. Fassin (dir.), *Reproduire le genre*, Paris, Éditions Bibliothèque Centre Pompidou, 2010, p. 25-34.

79 G. Cornu, *Droit civil. La famille*, 3e édition Paris, Montchrestien, 1993, p. 270.

80 L'adoption sera considérée par l'Église comme une institution dangereuse car elle subvertissait l'engendrement naturel. Voir : B. Perreau, *Penser l'adoption*, Paris, PUF, 2012, p. 19.

81 Le juriste romain Iulius Paulus dans son *Libro singulari de gradibus et adfinibus et nominibus eorum* commence son traité sur la filiation en soulignant que « Tout jurisconsulte doit connaître les degrés où se situent les parents et les alliés. D'abord, parce que les successions et les tutelles sont habituellement déférées par les lois à l'agnat le plus proche. Ensuite parce que le préteur, dans son édit, concède au parent le plus proche la possession des biens du défunt. En outre, la loi sur les juridictions criminelles publiques interdit de contraindre à témoigner malgré soi contre ses alliés et ses parents. » in P. Legendre, *Le dossier occidental de la parenté : textes juridiques indésirables sur la généalogie*, Paris, Fayard, 1988, p. 37.

82 D. Borrillo, « La parenté et la parentalité dans le droit : conflits entre le modèle civiliste et l'idiologie naturaliste de la filiation » in E. Dorlin et E. Fassin (dir.), *op. cit.*, p. 121-136.

83 « La possession d'état est la prise en compte de la réalité vécue du lien de filiation. Elle s'établit par une réunion suffisante de faits qui révèlent le lien de filiation et de parenté entre un enfant et la famille à laquelle il est dit appartenir. Un acte de notoriété peut être demandé pour prouver la possession d'état. Il est délivré par le juge » : http://vosdroits.service-public.fr/F15395.xhtml.

que très récemment, plus précisément dans un rapport commandé à la fin des années 1980 par Michel Rocard et au sein duquel il est prôné « l'affirmation de la valeur des structures naturelles de la parenté »[84]. Cherchant à trouver un encadrement des techniques procréatives émergentes, un principe extravagant sera alors énoncé dans ledit rapport : « deux parents, pas un de plus, pas un de moins ».

La « panique morale » exprimée dans ce document s'explique non seulement par l'avènement des techniques procréatives mais aussi et surtout par l'éventualité d'une parenté exclusivement féminine ou exclusivement masculine que lesdites techniques pourraient entraîner. Pourtant, cette assignation unisexuée de la filiation existe déjà depuis la loi n° 66-500 du 11 juillet 1966, portant réforme de l'adoption. En effet, cette loi consacre la famille monoparentale adoptive par la possibilité d'une adoption plénière individuelle (c'est-à-dire, la rupture avec la famille par le sang et la création d'un lien avec l'adoptant). Mais, à l'époque ne planait pas la « menace » de l'homoparentalité. Celle-ci « risque » effectivement de transformer l'assignation unisexuée de la loi de 1966, en une assignation homosexuée. C'est en fait l'homosexualité, et non pas la monoparentalité, qui effraye tant la pensée conservatrice.

L'architecture politique de l'AMP

Anticipant la revendication de futurs parents gays et lesbiens et surtout pour mieux la contrer, les lois bioéthiques ont construit l'AMP comme un supposé « remède » contre l'infécondité sur la base de la simulation de l'acte hétérosexuel procréatif. Celui-ci apparaît désormais comme le point de départ permettant la mise en place d'un schéma symbolique : la vraisemblance biologique.

L'AMP n'a pas été pensée politiquement ni construite juridiquement à partir d'un droit subjectif ou d'une liberté (comme ce fut le cas pour la contraception ou l'IVG) mais comme un acte médical qui sert à pallier une stérilité ou à éviter la transmission d'une maladie grave. L'AMP constitue, en quelque sorte, une démission du politique en faveur de l'expertise clinique, laquelle déterminera la frontière du permis et de l'interdit dans la matière.

À cette raison médicale s'ajoute la promotion d'un type d'agencement familial : le couple hétérosexuel en âge de procréer.... En France, la législation sur l'AMP est légitimée par cette conception d'une parenté « naturelle », fondée sur l'idée que l'intérêt du futur enfant implique le droit d'avoir une mère et un père et des liens biologiques vrais ou vraisemblables avec les personnes remplissant cette tâche sociale. Ces valeurs, décrites

84 Rapport Braibant, *Sciences de la vie : de l'éthique au droit*, Paris, La Documentation française, 1988.

comme universelles, se trouvent, de surcroît, à l'origine de l'inclusion de l'AMP parmi les services remboursés par la sécurité sociale.

L'article L2141-2 du Code de la santé publique dispose : « L'assistance médicale à la procréation a pour objet de remédier à l'infertilité d'un couple ou d'éviter la transmission à l'enfant ou à un membre du couple d'une maladie d'une particulière gravité. Le caractère pathologique de l'infertilité doit être médicalement diagnostiqué. L'homme et la femme formant le couple doivent être vivants, en âge de procréer et consentir préalablement au transfert des embryons ou à l'insémination. Font obstacle à l'insémination ou au transfert des embryons le décès d'un des membres du couple, le dépôt d'une requête en divorce ou en séparation de corps ou la cessation de la communauté de vie, ainsi que la révocation par écrit du consentement par l'homme ou la femme auprès du médecin chargé de mettre en œuvre l'assistance médicale à la procréation ».

La peur d'une filiation homosexuée[85] a eu comme résultat la mise en question radicale de la notion juridique de filiation, laquelle sera conçue désormais davantage comme un événement naturalisable que comme l'expression de la volonté individuelle ou celle du couple.

La crainte de l'institutionnalisation de l'homoparentalité et la foi dans la preuve biologique (sanguine ou génétique), affaiblissent les autres figures de la filiation reposant sur la volonté et sur le vécu. En effet, outre les lois bioéthiques, la place prépondérante de la vérité biologique dans l'établissement du lien filial fut confirmée par les magistrats dans un célèbre arrêt de la Cour de cassation du 28 mars 2000. Ainsi, la distinction traditionnelle entre reproduction (fait biologique) et filiation (fait culturel), fondement du droit civil moderne, se trouve profondément questionnée. Non seulement à partir d'arguments classiques provenant du droit canon (ordre naturel, Loi supérieure) mais aussi et surtout par l'émergence d'une rhétorique nouvelle qui, d'une part, fera de la différence des sexes l'arrière-plan de l'ensemble des filiations et, d'autre part, placera l'expertise sanguine et la preuve par l'ADN au cœur du dispositif judiciaire de la parenté.

Les grands principes autour desquels s'articule encore le droit civil, tels l'autonomie de la volonté, le respect de la vie privée, l'égalité ou la libre disposition de soi se trouvent ainsi fragilisés au profit des nouvelles prescriptions (étrangères au droit civil) fondées sur des notions telles que la

---

85 Xavier Dijon « Les miroirs de l'engendrement homosexuel », *Revue interdisciplinaire d'études juridiques* 1/2007 (Volume 58), p. 31-62.

bonne structuration psychique de l'enfant (voire de l'humain)[86] ou la valeur éminente de la différence des sexes[87].

Eric Fassin a bien analysé l'évolution du discours théologique en la matière, en montrant comment le pape Benoît XVI a superposé l'ordre naturel avec les lois de la nature pour refonder l'ordre sexuel en nature[88]. De même, le conservatisme de gauche va superposer l'ordre symbolique de la différence des sexes à la vérité des origines pour refonder l'ordre parental sur la prééminence de l'hétérosexualité.

Le nouveau montage idéologique

La dimension conventionnelle (fiction) de la filiation ne posait guère des problèmes lorsque celle-ci pouvait fonctionner comme un artifice imitant la nature. La vraisemblance biologique du couple d'adoptants avec le couple des géniteurs permettait d'assumer la création d'un lien de filiation complètement dissocié de la vérité biologique. On pouvait instituer le vivant (*Vitam Instituere* pour reprendre l'expression du droit romain vulgarisée par Pierre Legendre) dès lors que la base de ladite institutionnalisation était effectivement l'hétérosexualité.

Aujourd'hui, grâce à la loi permettant l'adoption pour les couples de même sexe, le droit ne peut plus faire comme si les parents d'intention coïncidaient avec le couple procréatif comme c'était le cas lorsque seuls les couples hétérosexuels pouvaient adopter. Mais, plutôt que d'assumer la dimension conventionnelle de la filiation et de considérer que la volonté suffit à fonder l'ordre parental, le courant néo-biologiste s'acharnera à refonder la filiation sur la base de la vérité des origines[89].

Comme l'homoparentalité ne peut reposer sur un montage dont le point de départ est la ressemblance biologique, au lieu de s'affranchir de celle-ci en affirmant la dimension conventionnelle de toute filiation, il est question désormais de creuser encore plus profondément dans ce paradigme naturel de la ressemblance biologique pour trouver le point de départ qui faciliterait la mise en place d'un schéma symbolique inédit, certes, mais toujours plus proche de la nature. Pour ce faire, il faut, d'une part, dénoncer

---

86 Le pédopsychiatre Pierre Levy-Soussan, vice-président du Conseil national pour l'accès aux origines personnelles, le psychanalyste Jean-Pierre Winter et le psychiatre Christian Flavigny se sont vivement opposés au mariage pour tous au nom de la bonne structuration psychique de l'humain.

87 Sylviane Agacinski-Jospin estime que la question du mariage homosexuel est indissociable de la question de l'homoparentalité puisque « l'institution du mariage et de la filiation doit continuer à inscrire chacun dans l'ordre d'une humanité elle-même sexuée… ».

88 Éric Fassin « Les « 'forêts tropicales' du mariage hétérosexuel », *Revue d'éthique et de théologie morale* HS/2010 (n° 261), p. 201-222.

89 Le rapport du groupe de travail « Filiation, origines, parentalités » présenté au ministère des Affaires sociales et de la santé et au ministère délégué chargé de la Famille en 2014 constitue l'exemple paradigmatique de cette nouvelle forme de biologisme.

la ressemblance biologique considérée comme de l'ordre du pseudo-procréatif et, d'autre part, octroyer aux origines une place juridique. Ainsi, un personnage nouveau fera son apparition dans la scène juridique : le géniteur. La pensée néo-biologiste prend ainsi le relais des slogans de la *Manif pour tous*, en considérant comme indispensable d'organiser l'ordre de la filiation sur un ancrage « solide ». Désormais, il faudra enraciner la filiation dans le tréfonds sécurisant de la « vraie » biologie. À la différence des manifestants contre le mariage pour tous, les experts se gardent bien d'assimiler la filiation à la procréation. Leur geste n'est pas pour autant moins biologisant. En effet, à l'argument de la vraisemblance biologique utilisé pour justifier l'adoption et l'AMP hétérosexuelles, ces experts opposeront la certitude des origines génétiques. À l'heure où la filiation risque d'être « brouillée » par la filiation monosexuée, il est question d'assurer la permanence de l'humain à travers le marquage de ses origines. Paradoxalement (ou tout au moins en apparence) c'est justement en s'appuyant sur l'homoparentalité que le nouveau montage idéologique prendra forme. Celle-ci n'apparaît plus comme impensable ou terrifiante mais, au contraire, comme l'événement permettant de repenser la filiation adoptive ou par AMP non plus sur la base de la ressemblance naturelle qui n'est que mensonge mais sur celle de la certitude biologique de l'engendrement. Ainsi, le droit n'aurait plus besoin de la vraisemblance biologique pour construire le nouvel ordre de la parenté. La vérité de l'engendrement lui permet d'ancrer la filiation sans ambiguïté dans une assise biologique, à une seule et unique condition : la levée l'anonymat des géniteurs[90].

Loin d'être bannie (comme à l'époque du Pacs), l'homoparentalité jouera désormais un rôle capital dans le nouveau dispositif idéologique. Elle devient ainsi la « fiction raisonnable » contre les mensonges de l'AMP et de l'adoption plénière (hétérosexuelles). L'homoparentalité constitue ainsi une « fiction crédible » puisqu'incapable de gommer les origines, présentées désormais comme l'« identité narrative », expression empruntée abusivement à Paul Ricœur pour mieux dissimuler les aspects biologisants de cette entreprise.

L'homoparentalité (si le statut des géniteurs venait à être dévoilé comme le propose le groupe de travail mis en place par la ministre de la Famille) permettrait ainsi d'abolir la fiction « pseudo-procréative » d'une certaine hétéroparentalité (adoption, AMP avec donneur, accouchement sous X…) en restaurant une fiction fondée non pas sur la vraisemblance

---

90 Toutefois, l'absence d'accès à l'AMP pour les couples de lesbiennes dans la loi Taubira a rassuré le Conseil d'État au point que dans une décision du 13 juin 2013 (n°362981), il déclare que « la règle de l'anonymat des donneurs de gamètes, qui est inscrite dans le Code de la santé publique, le Code civil et le Code pénal et qui figure au nombre des principes fondamentaux de la bioéthique proclamés par la loi du 29 juillet 1994 et confirmés par la loi du 7 juillet 2011, n'est pas incompatible avec les stipulations de la Convention européenne de sauvegarde des droits de l'homme et des libertés fondamentales (CEDH), et notamment son article 8 qui garantit le droit au respect de la vie privée et familiale ».

biologique mais sur la vérité de l'engendrement. Et ceci afin de relier l'histoire de l'humain à l'origine, à la fois biologique et symbolique, de l'Humanité[91]. Une fois le statut du géniteur reconnu par la loi civile, l'homoparentalité n'apparaîtrait plus comme opposée à la loi naturelle mais, en revanche, comme la confirmant.

La Commission nationale consultative des droits de l'homme (CNCDH)[92], particulièrement séduite par ce dispositif, souligne que :

> La fiction que l'adoption plénière institue est qualifiée de « mensonge institutionnalisé », auquel on opposerait le droit de l'enfant à connaître ses origines. Un tel « mensonge » n'est pourtant pas propre aux couples de personnes de même sexe qui, bien au contraire, sont dans une situation telle qu'il n'a pas lieu d'être. La critique vaut ainsi essentiellement pour l'adoption par des couples de sexes opposés et met en débat la question de l'adoption plénière elle-même qui coupe les liens avec la filiation d'origine et permet une substitution totale dans les actes d'état civil (parag. 22).
>
> Le projet de loi invite dès lors à s'interroger sur l'accès aux origines sans que cela ne soit, encore une fois, propre à l'adoption par des couples de même sexe. (…), la CNCDH recommande que la réflexion sur l'accès aux origines soit prise en compte dans une réforme du droit de la famille (p. 23).
>
> La CNCDH entend les arguments consistant à dire que la différence des sexes revêt un caractère fondamental dans la construction de sa filiation par un individu et que toute la prudence s'impose pour ne pas trop entamer la représentation psychique des deux lignées d'engendrement. À cet égard, la CNCDH recommande que l'établissement de la filiation dans un couple homoparental n'institue pas un enfant comme « né » de ce couple, que la réalité biologique de l'engendrement ne soit pas occultée. La CNCDH recommande pour toutes ces raisons qu'une réforme de l'adoption plénière soit engagée.

L'avis de la CNCDH suit l'opinion de plusieurs psychanalystes, anthropologues et sociologues qui, lors des auditions parlementaires, avaient demandé l'inscription des géniteurs dans la loi. C'est pourquoi Monseigneur Vingt-Trois, le Grand rabbin, le Président du culte musulman, le représentant des Évêques orthodoxes ou la Fédération protestante n'ont pas eu besoin de mobiliser d'arguments théologiques, ceux utilisés par les gardiens de l'ordre symbolique « laïc » suffisent si bien que leur soubassement idéologique soit commun : la réalité biologique de la différence de sexes doit être inscrite dans la Loi puisqu'elle donne sens non seulement à la filiation mais à la relation humaine toute entière.

Lorsque la CNCDH demande que la vérité biologique de l'engendrement ne soit pas occultée, elle participe à cette refondation de l'ordre de la parenté.

---

91 P. Legendre, Leçon IV, *L'inestimable objet de la transmission*, Paris, Fayard, 1985.

92 Avis sur le projet de loi ouvrant le mariage aux couples de personnes de même sexe (Assemblée plénière du 24 janvier 2013).

Le géniteur sera désormais appelé « donneur d'engendrement » en devenant un personnage central du dispositif néo-biologique. Ainsi, l'accès aux origines ne se résume nullement à la simple connaissance des personnes qui ont participé à la « fabrication » de l'enfant (connaissance qui nous semble parfaitement légitime). La question des origines va bien au-delà du droit à connaître ses géniteurs pour devenir la clé de voûte du rapport entre l'institutionnel et le corps (si cher à Pierre Legendre) : « Cela n'engage rien moins que la condition de mortalité situant chacun de nous à l'intérieur d'un monde humain signifiant qui a commencé avant notre naissance, qui continuera après notre mort, et dans lequel nous devons passer notre vie »[93]. Ce n'est pas Monseigneur Vingt-Trois qui s'exprime de la sorte mais la sociologue qui préside l'un des groupes de travail mis en place par la ministre de la Famille afin de préparer la réforme du droit de la filiation. Le groupe de travail en question prend le titre évocateur de « Filiation, origines, parentalité » et sa finalité serait de garantir l'accès aux origines biologiques des personnes. L'association de la question des origines biologiques à la filiation et à la parentalité n'est nullement innocente. Rapprocher la question des origines d'une réforme du droit de la parenté dévoile cette entreprise consistant à établir une sorte de « filiation de souche » qui renvoie à la reproduction, tandis les autres formes de filiation viendraient s'ajouter (grâce à la levée de l'anonymat), une fois établi dans la loi ce « nécessaire » arrière-plan biologique.

Dans ce contexte, la question des origines ne fait que réactiver les vieux mécanismes jusnaturalistes consistant à fonder les institutions juridiques non pas sur la délibération démocratique mais sur certains fondements, prétendument invariables et auxquels la volonté doit impérativement se soumettre (Loi Naturelle, Ordre Symbolique) sous peine, selon ces auteurs, de compromettre la coexistence démocratique par un relativisme individualiste.

Les habits neufs de l'ordre naturel

Les habits neufs de l'ordre naturel, entendu à la fois comme discours fondé sur un principe immuable (le biologique) et permettant la perpétuation d'une Métaphysique de la différence de sexes, trouve son origine dans le montage idéologique que nous venons d'analyser mais aussi à travers une pratique judiciaire caractérisée par la prééminence de la preuve sanguine et génétique dans le contentieux de la filiation. Depuis le 28 mars 2000, suite à une décision de la Cour de cassation, l'expertise sanguine est devenue un

---

93 http://www.ldhfrance.org/IMG/pdf/H_L147_Dossier_7._Pour_la_levee_de_l_anonymat_des_dons_d_engendrement_.pdf.

droit en matière de filiation[94]. Avant cet arrêt, ladite expertise n'était pas systématique, elle relevait de l'appréciation souveraine des juges du fond. Ce renversement jurisprudentiel apparaît clairement exprimé dans les propos de l'avocate générale Cécile Petit : « L'incertitude identitaire quant à la filiation est pour un enfant source de graves déséquilibres sur le plan de la construction de sa personnalité »[95]. L'engendrement devient ainsi la certitude identitaire qui devrait fonder la filiation…

Un arrêt du 12 mai 2004 (pourvoi n°02-16.152) a franchi un pas important en matière d'action en recherche de paternité en n'exigeant plus des présomptions ou indices graves pour rapporter la preuve de la paternité et en permettant la preuve directe par l'expertise.

La revalorisation de l'adoption simple au détriment de l'adoption plénière participe également de cette mouvance. Outre le rapport de la CNCDH inspiré par le conservatisme de gauche[96], la doctrine de juristes commence à revendiquer l'adoption simple pour les couples de même sexe. La reconnaissance en France de l'adoption plénière effectuée à l'étranger par un couple homosexuel apparaît pour la Cour de cassation comme contraire à l'ordre public international, au motif qu'elle aboutirait à la délivrance d'actes d'état civil masquant l'origine hétérosexuée de l'enfant[97]. Une partie de la doctrine des juristes (inspiré par le néo-biologisme) a vu dans cette décision une avancée car si l'origine biologique n'était pas masquée, il n'y aurait pas d'obstacle à la reconnaissance de l'adoption homoparentale. En effet, comme le note Louis d'Avout : « Dans ces affaires internationales qui, porosité des frontières oblige, ne diffèrent guère de leurs homologues internes françaises, la Cour de cassation esquisse rationnellement ce que pourrait être la réforme équilibrée voulue par le président : un rehaussement mesuré du droit des couples de même sexe à élever, comme les siens, les enfants qui par le sang sont étrangers à l'un ou aux deux des prétendants parents. Ceci passerait par la reconnaissance d'un droit à l'adoption simple, qui ajoute à la filiation naturelle, non pas à l'adoption plénière, qui efface la filiation naturelle non vécue et lui substitue un équivalent juridique

94 D. Borrillo, « La vérité biologique contre l'homoparentalité : le statut du beau-parent ou le 'PACS de la filiation' », *Droit et Société* 72/2009, p. 361 et s.

95 Civ. 1re, 28 mars 2000, *Bull.* n° 103 ; *Defrénois*, 2000-06-30, n° 12, p. 769, note J. Massip ; *Dalloz*, 2000-10-12, n° 35, p. 731, note T. Garé ; *JCP* 2000-10-25, n° 43/44, conclusions C. Petit et note M. C., Monsallier-Saint-Mieu.

96 A. Fine et G. Delaisi de Parseval considèrent qu'il faut traiter l'homoparentalité comme une forme de pluriparentalité ou de coparentalité par le biais de la levée de l'anonymat des donneurs et la prééminence de l'adoption simple.

97 Le 7 juin 2012 sont rendues deux décisions, également solennelles, sur la question de l'adoption conjointe à l'étranger par les deux membres du couple homosexuel (Civ. 1ère, 7 juin 2012, n° 11-30.261 et 11-30.262, *D.* 2012. 1546, obs. I. Gallmeister, et 1992, note D. Vigneau ; *AJ fam.* 2012. 397, obs. B. Haftel, et 400, obs. A. Dionisi-Peyrusse ; *JCP* 2012. 856, avis C. Petit, et 857, note F. Chénedé.

assumé »[98]. Le rapport commandé par la ministre déléguée à la Famille propose la disparition de l'adoption plénière au travers de l'interdiction de la création d'un nouvel acte de naissance et la conservation de l'acte de naissance originel avec le prénom d'origine qui sera conservé[99].

La CNCDH et la doctrine des juristes trouvera ainsi en Frigide Barjot une alliée de taille car selon la passionaria anti-mariage pour tous : « seule une loi ouvrant aux couples homos mariés le droit à une adoption simple – et non pas plénière car cela reviendrait à effacer la filiation biologique et écraser la nature – serait susceptible d'apaiser mes troupes »[100].

La personnification du don de gamètes et le statut du géniteur constitue le troisième pilier du néo-biologisme. Dans ce contexte, le modèle de l'AMP hétérosexuelle (considéré par les conservateurs de gauche comme « pseudo-procréatif ») est dénoncé comme étant un déni des dons et des donneurs. Le donneur devrait désormais être considéré comme une « personne singulière » puisqu'il ne donne plus une substance de son corps mais la vie elle-même.

Or, en réalité, il n'est pas exact que ces gamètes soient nécessairement destinés à l'engendrement. Ils peuvent être affectés à la recherche scientifique ou tout simplement être détruits. En effet, la loi autorise la recherche sur l'embryon, sur les cellules souches embryonnaires et fœtales humaines ainsi que sur les embryons conçus *in vitro* dans le cadre d'une assistance médicale à la procréation et qui ne font plus l'objet d'un projet parental.

Considérer ceci comme de l'engendrement est contraire non seulement au droit positif mais à l'évolution même du statut de l'embryon en France.

Cette personnification des produits du corps nous renvoie aux vieilles controverses philosophiques sur le statut de la semence et de sa capacité à porter en elle la vie de l'embryon. Souvenons-nous de la doctrine aristotélicienne selon laquelle le sperme du mâle contient le principe de la forme tandis que celui de la femelle n'a que la matière. Si l'individu cesse d'être donneur d'un simple produit du corps (sperme ou ovocyte) pour devenir donneur d'engendrement, cela voudrait dire que la loi doit faire comme si les gamètes contenaient en eux-mêmes la vie humaine. Cette personnification des donneurs nous amène aux tréfonds de l'imaginaire religieux. En effet, comment ne pas penser au récit biblique de la mort d'Onan pour « avoir laissé la semence se perdre à terre » (*Gen. 38,8-10*), récit qui est à l'origine de la condamnation de la masturbation masculine.... Même les autorités théologiques n'osent plus revendiquer cette conception

---

98 Louis d'Avout, « La parenté homosexuelle à travers l'adoption : réflexions d'actualité » *Recueil Dalloz* n° 31, 2012, p. 1973.

99 *Filiation, origines, parentalité. Le droit face aux nouvelles valeurs de responsabilité générationnelle*. Rapport au ministère délégué chargé de la Famille, Paris, 2014, p. 313.

100 http://www.liberation.fr/societe/2013/03/31/frigide-barjot-mobilise-les-antis-pour-le-26-mai_892738.

de la reproduction. En effet, elles placent l'origine de la vie non pas dans les gamètes eux-mêmes mais dans la fécondation[101]. Comme souvent, la réactualisation d'une pensée devient plus conservatrice que l'originale.

Enfin, la levée de l'anonymat des donneurs apparaît dans le contexte politique actuel non pas tant comme un droit de l'individu à connaître ses origines mais comme un droit de l'Humanité « à la non falsification de la filiation ».

La primauté de la preuve génétique dans le contentieux de la filiation, la prééminence de l'adoption simple, la levée de l'anonymat et le statut des géniteurs constituent les habits neufs de l'ordre naturel, lequel permettrait de donner à la filiation un ancrage solide (biologique) à partir duquel la fiction juridique (homoparentale) puisse opérer tout en respectant l'ordre symbolique hétérosexuel.

Le projet de loi sur la famille reprenait à son compte tous les éléments que nous venons de décrire. La ministre déléguée de la Famille annonçait sans ambiguïté la philosophie de la réforme : « Aujourd'hui, ce n'est plus le couple mais l'enfant qui fait la famille » en excluant les couples de même sexe de l'accès à l'AMP[102] et en associant explicitement la question des origines à la réforme de la filiation.

Malgré tous ces gages donnés aux conservateurs, le gouvernement a renoncé au projet de loi et a décidé de reporter *sine die* le débat et ceci à cause de la mobilisation des groupes intégristes[103]. Cependant, la présentation du rapport du groupe de travail permet d'afficher l'idéologie d'une future réforme : valorisation de l'adoption simple et levée de l'anonymat des donneurs dans la PMA comme condition *sine qua non* pour l'établissement d'une filiation homoparentale.

Dans le même temps, par deux arrêts du 13 septembre 2013, la Cour de cassation a refusé l'inscription à l'état civil des enfants nés par GPA à l'étranger et ceci malgré une circulaire du ministère de la Justice permettant ladite inscription dans ces termes : « ne peut suffire à opposer un refus aux demandes de certificat de nationalité française dès lors que les actes de l'état civil local attestant du lien de filiation avec un Français sont probants ». La fraude à la loi française fut invoquée par la Cour de cassation pour empêcher l'établissement de la filiation à l'égard du père français laissant ainsi dans une totale insécurité juridique l'enfant issu d'une GPA[104].

Les manifestations contre la GPA ont donné aussi un élan nouveau aux interprétations restrictives en matière d'adoption de l'enfant du conjoint de

---

101 Encycliques *Humanae Vitae* de Paul VI du 25 juillet et *Evangelium Vitae* de Jean-Paul II du 25 mars 1995.

102 http://www.social-sante.gouv.fr/IMG/pdf/DP_loi_famille_211013.pdf.

103 « Le recul du gouvernement sur la loi famille suscite l'indignation à gauche », *Le Monde*, 04/02/2014.

104 L'arrêt *Mennesson et Labassé c. France* rendu par la CEDH le 26 juin 2014 change la donne : la France est condamnée pour ne pas avoir transcrit de tels actes.

même sexe. En effet, le procureur de la République s'est prononcé contre l'adoption lorsque l'enfant est issu d'une PMA effectuée à l'étranger, selon le procureur « cette filiation frauduleusement établie fait obstacle au prononcé d'une adoption ». À nouveau, la jurisprudence fait preuve d'incapacité à interpréter humainement des normes qui devaient pourtant protéger les plus faibles. Finalement la Cour de cassation dans deux avis consultatifs du 22 septembre 2014 a considéré qu'une telle adoption était possible.

Conclusion

L'incapacité du juge français à constater le fait concubinaire et la filiation homoparentale a mobilisé la communauté gay pour la reconnaissance des nouvelles formes familiales. Toutefois, pour ce faire, il a fallu que les mécanismes classiques d'intégration des propositions dans les plateformes des partis politiques soient mis en route. La cécité des cours suprêmes françaises a fait perdre ainsi dix ans entre la décision de la Cour de cassation refusant la qualité de concubin en 1989 et l'adoption du Pacs en 1999. De même, le refus de reconnaître le mariage homosexuel par cette même Cour de cassation et plus tard par le Conseil constitutionnel ont retardé de plusieurs années l'égalité pour les couples de même sexe. Certes, la tradition républicaine fait de la loi la principale source du droit. Toutefois, la jurisprudence a accompagné souvent par une interprétation progressiste l'évolution du droit de la famille. En revanche, en matière des droits LGBT la résistance à l'égalité a toujours été la « philosophie » de la jurisprudence et de la doctrine françaises. Les professeurs de droit privé se sont majoritairement mobilisés contre le mariage entre personnes de même sexe sur la base d'arguments moraux et non pas à partir d'une réflexion juridique. Le contexte particulièrement homophobe dans lequel s'est déroulé l'opposition à la loi rend inexcusable ce militantisme des juristes (avocats, professeurs, magistrats, notaires…) contre un texte qui, de surcroît, s'inscrit parfaitement dans la tradition laïque du droit continental de la famille. Avec le Mariage pour tous, le législateur français a su surmonter les préjugés en garantissant le droit au mariage et à l'adoption pour les couples de même sexe et ceci contre l'opposition de la droite et d'une bourgeoisie catholique fortement mobilisée à laquelle, par ailleurs, appartiennent la plupart de ces juristes.

La loi de 2013 ne met pas fin à l'inégalité. L'assistance médicalement assisté demeure fermée aux couples des femmes tout comme la GPA pour l'ensemble des couples hétéros et homos. Le projet de loi famille annoncé par le gouvernement avait renoncé à reconnaître ces formes de filiation.

Mais malgré ces concessions, le gouvernement a décidé de renoncer à présenter le projet de loi à cause des mobilisations des traditionnalistes[105].

Pourtant, le projet de loi s'inscrivait complètement dans une vision naturaliste de la filiation. En effet, les propositions visant à lever l'anonymat des donneurs, à mettre fin à l'accouchement sous X, à abroger l'adoption plénière et à la remplacer par l'adoption simple (*open adoption*), à personnifier les donneurs des gamètes (et par conséquent les gestations pour autrui), tout comme le soupçon de la monoparentalité, représentent les habits nouveaux de l'ordre naturel promu par la gauche conservatrice.

La certitude de l'engendrement apparaît ainsi comme le rempart contre « l'individualisme et l'hédonisme narcissiste qui désintègre la société »[106]... Et, lorsque cette famille nucléaire n'existe pas dans la réalité sociologique, il faut la réintroduire symboliquement à travers le statut des géniteurs. Cette entreprise constitue le degré le plus avancé dans le processus de biologisation du genre. En effet, l'hétérosexualité est ici réduite à sa dimension la plus élémentaire : le spermatozoïde et l'ovule. À partir de ce soubassement « glandulaire » et en personnalisant le donneur jusqu'alors anonyme, la différence des sexes se trouve finalement sauvegardée.

L'homoparentalité est admise à condition qu'elle se soumette à ce nouvel ordre symbolique, c'est-à-dire « que l'établissement de la filiation dans un couple homoparental n'institue pas un enfant comme « né » de ce couple, que la réalité biologique de l'engendrement ne soit pas occultée », tel que le recommande la CNCDH et le groupe de travail qui élaborait la réforme du droit de la famille au sein du gouvernement.

Pour cette entreprise idéologique, la famille homoparentale deviendrait ainsi une forme de famille recomposée dont l'origine se trouve dans l'engendrement biologique.....

Au-delà de la question familiale, cette entreprise de naturalisation de l'ordre des filiations n'a nullement comme objet la protection de l'intérêt de l'enfant *in concreto* mais le maintien *in abstracto* de l'ordre symbolique de la différence de sexes, autrement dit, la suprématie de l'hétérosexualité.

---

105 Finalement, à sa place, une proposition de loi portant uniquement sur l'autorité parentale fut adoptée le 27 juin 2014.

106 Le Comité consultatif national d'éthique s'est prononcé en 2005 contre la gestation pour autrui pour les couples d'hommes et contre le don de sperme pour les couples de femmes et les Sages de ce comité ont rappelé que la PMA était destinée à résoudre un problème de stérilité d'origine médicale et non à venir en aide à un choix de vie sexuelle, précisant que « l'ouverture d'une telle aide à l'homoparentalité (...) constituerait peut-être alors un excès de l'intérêt individuel sur l'intérêt collectif » et que « la médecine serait convoquée pour satisfaire un droit à l'enfant ».

Bibliographie

BORRILLO (D.) et FASSIN (E.), *Au-delà du Pacs. L'expertise familiale à l'épreuve de l'homosexualité*, Paris, PUF, coll. « Politique d'aujourd'hui », 1999.

BORRILLO (D.), «The Pacte Civil de Solidarité in France: Midway Between Marriage and Cohabitation», in R. WINTEMUTE et M. ANDENAES, *Legal Recognition of Same-Sex Parterships: A study of National, European and International Law*, Portland Oregon, Hart Publishing, Oxford, 2001.

BORRILLO (D.), « Fantasmes des juristes vs Ratio Juris : la doxa des privatistes sur l'union entre personnes de même sexe » in D. BORRILLO et E. FASIN, *Au-delà du Pacs. L'expertise familiale à l'épreuve de l'homosexualité,* Paris : PUF, 2e édition corrigée, 2001.

BORRILLO (D.) et PITOIS-ÉTIENNE (Th.), « Différence des sexes et adoption : la psychanalyse administrative contre les droits subjectifs de l'individu », *McGill Law Journal*, vol. 49, n° 4, octobre 2004, p. 1035-1056.

BORRILLO (D.) et LASCOUMES (P.), *Amours Égales ? Le Pacs, les homosexuels et la gauche*, Paris, La Découverte, 2002.

BORRILLO (D.), *HALDE : actions, limites et enjeux*, Paris, La Documentation française, 2007.

BORRILLO (D.) et FORMOND (Th.), *Homosexualité et discrimination en droit privé*, Paris, La Documentation Française, coll. « Etudes et Recherches », 2007.

BORRILLO (D.), « La vérité biologique contre l'homoparentalité : le statut du beau-parent ou le 'Pacs de la filiation' », *Droit et Société* 72/2009, p. 361 et s.

BORRILLO (D.), « Le droit en matière de reproduction : une approche critique » in E. DORLIN et E. FASSIN (dir.), *Reproduire le genre*, Paris, Éditions Bibliothèque Centre Pompidou, 2010, p. 25-34.

BORRILLO (D.), « La parenté et la parentalité dans le droit : conflits entre le modèle civiliste et l'idiologie naturaliste de la filiation » in : E. DORLIN et E. FASSIN (dir.), *Reproduire le genre*, Paris, Éditions Bibliothèque Centre Pompidou, 2010, p. 121-136.

BORRILLO (D.), *Bioéthique*, Dalloz, coll. « À savoir », Paris, 2011.

DANET (J.), 1999, « Le statut de l'homosexualité dans la doctrine et la jurisprudence françaises » in D. BORRILLO , *Homosexualités et droit*, Paris, PUF, coll. « Les voies du droit », p. 97-109.

ERIBON (D.), *Sur cet instant fragile*, Paris, Fayard, 2004.

FASSIN (E.), « L'illusion anthropologique : homosexualité et filiation », *Témoin*, n°12, dossier « Famille, nouvelles unions, bonheur privé et cohésion sociale », mai 1998, p. 43-56.

FASSIN (E.), « Les 'forêts tropicales' du mariage hétérosexuel. Loi naturelle et lois de la nature dans la théologie actuelle du Vatican », *Revue d'éthique et de théologie morale*, 2010/HS (n°261).

FASSIN (E.), « Entre famille et nation : la filiation naturalisée », *Droit et société* 2/2009 (n°72), p. 373-382.

MÉCARY (C.), *L'amour et la loi. Homos, hétéros, même droits, mêmes devoirs*, Paris, Alma Éditeurs, 2013.

PATERNOTTE (D.), *Revendiquer le mariage gay. Belgique, France, Espagne,* Éd. de l'Université de Bruxelles, 2011.

PERREAU (B.), *Penser l'adoption*, Paris, PUF, 2012.

LEGENDRE (P.), *Le dossier occidental de la parenté : textes juridiques indésirables sur la généalogie*, Paris, Fayard, 1988.

LEGENDRE (P.), Leçon IV, *L'inestimable objet de la transmission*, Paris, Fayard, 1985.

PROKHORIS (S.), *Le sexe prescrit*, Paris, Aubier, 2000.

SIMON (S.), *Homophobie, France 2004*, Lormont, Le Bord de l'eau éditions, 2004.

TORT (M.), *La fin du dogme paternel*, Paris, Flammarion, 2007.

Annexe

Chronologie politique et juridique de la reconnaissance des couples de même sexe en France

1989 : Refus de la Cour de cassation de la qualité de concubin aux couples de même sexe.

1990 : Proposition de loi sur le *Partenariat civil*, déposée au Sénat par Jean-Luc Mélenchon (socialiste).

– Proposition de Contrat d'Union Civil (CUC) déposée à l'Assemblée nationale (Mouvement des citoyens).

1994 : Résolution du Parlement européen invitant à reconnaître les couples homosexuels.

1995 : L'association AIDES de lutte contre le sida propose le CVS (contrat de vie sociale).

1997 : Rapport d'AIDES « Vers la reconnaissance des couples de même sexe » demandant l'ouverture du mariage.

– La Cour de cassation confirme le refus exprimé en 1989.

– Proposition de CUS (contrat d'union sociale) déposée à l'Assemblée nationale par Laurent Fabius (PS), actuel ministre des Affaires étrangères.

1998 : 1ère Proposition de Pacs (pacte civil de solidarité). Exception d'irrecevabilité adoptée par l'Assemblée nationale.

1999 : 2e Proposition de Pacs adoptée définitivement le 13 octobre. Le 9 novembre, le Conseil constitutionnel déclare le Pacs conforme à la Constitution. Le 15 novembre entre en vigueur la loi.

2004 : 3 février parution dans *Le Monde* d'un article sur l'agression de Sébastien Nouchet « Brulé vif parce qu'homosexuel ».

– 17 mars : Publication du « Manifeste pour l'égalité des droits » dans le journal *Le Monde*, suite à l'agression de Sébastien Nouchet.

– 5 juin, célébration du 1er mariage par Noel Mamère, député-maire de Bègles.

2007 : 13 mars, la Cour de cassation définit le mariage comme « l'union d'un homme et d'une femme ».

2010 : 28 janvier, le Conseil constitutionnel dans une QPC considère que le refus du mariage pour les couples de même sexe n'était pas discriminatoire et demeurait donc conforme à la Constitution.

2012 : François Hollande, annonce dans son programme politique le droit au mariage et à l'adoption pour les couples homosexuels.

– 7 novembre, dépôt et enregistrement du projet de loi à l'Assemblée nationale.

– Lors des auditions publiques à l'Assemblée Nationale, le président du Conseil français du culte musulman Mohammed Moussaoui, le Grand rabbin de France Gilles Bernheim et le président des évêques de France André Vingt-Trois se prononcent publiquement contre le projet de loi. La Fédération protestante, les orthodoxes et les évangélistes sont contre. Seule le bouddhisme ne se prononce pas mais appelle au référendum.

2013 : le 13 janvier, Manifestation contre le projet de loi, 300 000 personnes défilent dans les rue de Paris mobilisées par l'église catholique, le Front National (extrême droite), *Civitas* (intégristes catholiques préconciliaires) et l'UMP (principal parti d'opposition). Au sein de ce mouvement naît la « Manif des juristes » contre le projet de loi.

– Le 17 janvier, la Commission des lois de l'Assemblée nationale adopte le projet de loi ouvrant le mariage aux couples de personnes de même sexe.

– Le 29 janvier débute la séance publique sur la base du texte adopté par la Commission des lois.

– Le 17 mai 2013, le Conseil constitutionnel s'est prononcé sur la loi ouvrant le mariage aux couples de personnes de même sexe dont il avait été saisi par plus de soixante députés et plus de soixante sénateurs. Il a jugé la loi conforme à la Constitution.

– La Loi n° 2013-404, ouvrant le mariage aux couples de personnes de même sexe est promulguée le 18 mai 2013.

– Le 26 mai est organisée une nouvelle manifestation contre le mariage pour tous regroupant 150 000 personnes à Paris. 96 interpellations ont lieu en marge des défilés, principalement des membres de l'*Œuvre française* et du *Bloc identitaire,* ces derniers ayant investi le toit du siège du PS pour y déployer une banderole « Hollande démission ».

– Le 29 mai, le premier mariage gay entre Vincent Autin et Bruno Boileau est célébré dans l'Hôtel de Ville de Montpellier.

– Le Conseil constitutionnel a été saisi le 18 septembre 2013 par le Conseil d'État d'une question prioritaire de constitutionnalité posée par M. Franck et six autres maires, relative à la conformité aux droits et libertés de conscience que la Constitution garantit.

– Dans sa décision n° 2013-353 QPC du 18 octobre 2013 relative à l'absence d'objection de conscience pour les maires, le Conseil constitutionnel a déclaré les dispositions de la loi du mariage pour tous conformes à la Constitution.

– Le lundi 21 octobre 2013, la ministre déléguée à la Famille, Dominique Bertinotti, dévoile à la presse les groupes de réflexion installés pour la préparation du projet de loi famille.

Alors qu'à l'origine, la Procréation médicalement assistée (PMA) devait être incluse dans la loi Famille, Dominique Bertinotti a annoncé vendredi 3 janvier 2014 sur BFMTV que la mesure ne figurera pas dans le projet de loi.

– Par deux arrêts du 13 septembre 2013, la Cour de cassation refuse la transcription sur les registres de l'état civil français des actes de naissances d'enfants issus d'une convention de gestation pour autrui conclue par un Français en Inde. Dans l'un des arrêts, elle a par ailleurs admis que la fraude à la loi commise par le père entraînait la nullité de sa reconnaissance.

2014 : Lundi 3 février, au lendemain des manifestations contre le mariage pour tous, la procréation médicalement assistée (PMA) et la gestation pour autrui (GPA), qui ont rassemblé au moins 100 000 personnes en France, le gouvernement a fini par renoncer au projet de loi Famille.

– Le 30 avril 2014, le TGI de Versailles a refusé d'accéder à la demande d'adoption plénière de l'épouse de la mère biologique d'un enfant conçu à l'étranger par procréation médicalement assistée.

– Laurence Rossignol, nouvelle secrétaire d'État à la Famille se prononce contre l'ouverture de la PMA aux couples de femmes.

– La France a été condamnée à deux reprises, jeudi 26 juin, par la Cour européenne des droits de l'homme (CEDH), faute d'avoir transcrit à l'état-civil français les actes de naissance d'enfants nés légalement à l'étranger par mère porteuse.

– Quelques jours avant une nouvelle mobilisation de la Manif pour tous, Manuel Valls se prononce dans les pages du journal *La Croix* du 2 octobre contre la GPA ; Le député UMP Jean Leonetti propose de poursuivre en justice les parents recourant à la GPA.

Études

Oscar Ferreira

Un vecteur de diffusion des cultures juridiques et politiques françaises au Brésil *O Farol Paulistano* (1827-1831)

Résumé : Premier journal imprimé de la ville de São Paulo, le *Farol Paulistano* (1827-1831) profite du vent de liberté accordé par D. Pedro I. Fondé et dirigé par Costa Carvalho, l'un des futurs membres du triumvirat élu afin d'assumer la régence après l'abdication de l'Empereur en 1831, ce périodique secondait la vie parlementaire naissante au Brésil. Son objectif se révéla pourtant plus ambitieux, porté par un discours moralisateur désireux d'amender (mais non de régénérer) l'homme et la femme. Érigeant la presse au rang de moyen de gouvernement placé au service des élites locales, les fameux « barons du café », son propos visait aussi à défendre les libertés publiques et à propager les idées françaises au moyen de traductions régulières. La sélection, effectuée sur la base d'ouvrages importés de France par des libraires français, entérine la thèse de la circulation d'une culture juridique française au Brésil ; mais elle illustre aussi un comportement typique des classes sociales dominantes, à l'origine de l'oligarchie brésilienne, en légitimant leur emprise sur le droit et la confiscation, à leur profit, du pouvoir conservateur refusé au chef de l'État.

Mots-clés : Brésil, culture(s) juridique(s) française(s), garanties individuelles, liberté de la presse, opinion publique, pouvoir conservateur, *regimen morum*, São Paulo.

Diffusion of French Juridical and Political Cultures in Brazil: The Contribution of *O Farol Paulistano* (1827-1831)

Abstract: First printed newspaper published in the city of São Paulo, *O Farol Paulistano* (1827-1831) takes advantage of the wind of freedom granted by D. Pedro I. Founded and managed by Costa Carvalho, one of the future members of the triumvirate elected to assume the regency after the abdication of the Emperor in 1831, this periodical assisted the rise of the parliamentary life in Brazil. Its purpose was nevertheless more ambitious, trying to convey a moralizing speech, anxious to improve (but not to regenerate) men and women. Introducing the press as a way of government placed under the authority of the local elite, the famous «coffee barons», the periodical also aimed to defend the public freedoms and to propagate the French ideas through regular translations. These translations, made from works imported from France by French booksellers, confirms the theory of a diffusion of the French juridical culture in Brazil; but it also illustrates a typical behaviour of the dominant class, at the origin of the Brazilian oligarchy, striving to legitimate its influence on law and its prise of the conservative power refused to the Emperor.

Keywords: Brazil, French juridical culture(s), Individual guarantees, Freedom of the press, Public opinion, Conservative power, *regimen morum*, São Paulo.

Dans la première partie du XIXe siècle, l'influence des idées sur les hommes et les mouvements sociaux trouve pour instrument de mesure l'étude de passeurs aisément identifiables : la presse périodique. Sous le nom de publicistes, rédacteurs et journalistes ne se contentaient pas d'annoncer l'actualité ; ils informaient au sens fort du mot, diffusaient, en les simplifiant, des concepts et des théories à destination du plus grand nombre, participaient enfin de la vie de leur cité ou de leur pays, en endossant des mandats locaux ou nationaux. Le cas français est assez connu, en particulier pour la période de la Restauration : des périodiques de tous bords, du *Conservateur* ultraroyaliste[1] à la très libérale *Minerve française*[2], constituèrent un laboratoire d'idées politiques, permettant à leurs collaborateurs les plus illustres d'affûter ou de développer leurs arguments en prévision de sorties publiques à l'Assemblée. Plus méconnue, car ne pouvant se définir comme producteur d'idées, la presse brésilienne mérite pourtant de sortir de l'ombre : en elle se reflètent volontiers les lectures et l'assimilation, plus ou moins prononcée, de l'immense quantité de livres français qui ont pris place en Amérique latine. Le Brésil constituait alors une place forte du commerce international de la librairie française[3] ou du moins de la littérature politique et historique dans la langue de Corneille ; il importe en effet de tenir compte du problème répandu de la contrefaçon, en Belgique ou ailleurs.

Ces échanges sont liés à un événement majeur : l'exil au Brésil de la famille royale portugaise et de sa Cour en 1808, aux fins d'échapper aux invasions napoléoniennes[4]. Cette débâcle dissimule une improbable épopée : celle du voyage mouvementé de la bibliothèque des Rois de Portugal, retracée par l'historienne et anthropologue Lilia Moritz Schwarcz dans *A longa viagem da Biblioteca dos Reis*. Ne pouvant se résoudre à abandonner ses

---

1 Cette revue a fait l'objet de plusieurs travaux ciblant souvent ses collaborateurs réguliers, à l'image de Chateaubriand (P. Reboul, *Chateaubriand et le Conservateur*, Lille, PU Septentrion, 1973) ou de Fiévée : B. Yvert, « Les articles de Joseph Fiévée dans *Le Conservateur* », *Revue de la société d'histoire de la Restauration*, n° 1, 1987, p. 57-72.

2 Voir E. Harpaz, *L'école libérale sous la Restauration. Le « Mercure » et la « Minerve » 1817-1820*, Genève, Droz, 1968.

3 Avec onze tonnes de livres importés par an, il s'agit alors d'un des trois plus grands importateurs d'œuvres françaises en Amérique latine, après Haïti et le Mexique. Fr. Barbier, « Le commerce international de la librairie française au XIXe siècle (1815-1913) », *Revue d'histoire moderne et contemporaine*, t. 28, 1981, p. 110 en notes. Les circuits brésiliens se voient encore inondés d'œuvres imprimées en Europe, et notamment en français, sous D. Pedro II (1831-1889).

4 Voir le numéro spécial « Le Portugal et Napoléon » de la revue *Rives méditerranéennes*, n°36, 2010/2, qui dissipe bien des légendes et revient sur les échecs successifs en terres lusitaines.

livres, le prince régent D. João[5] donna l'ordre de les entreposer dans des caisses qu'il oublia d'embarquer dans sa précipitation. Entre 1810 et 1811, ce fonds fera l'objet de trois expéditions vers l'Amérique du sud ; une fois racheté par D. Pedro, premier empereur du Brésil, il constituera le point de départ de la bibliothèque impériale brésilienne, servant à la confection de la Constitution brésilienne de 1824 et de la Charte portugaise de 1826, tout en nourrissant la réflexion des députés et des journaux locaux. Cette belle étude livre malheureusement peu d'enseignements quant aux œuvres juridiques, notamment françaises, ayant pu être transportées de la sorte. Le même écueil touche les historiens s'étant attachés à décrire la naissance et l'essor de la presse au Brésil, se limitant trop souvent à des données factuelles : la question mérite d'être abordée sous un angle plus politique et juridique, afin de suivre au plus près les préoccupations d'un jeune milieu social bien décidé à assumer son rôle de guide voire de censeur et de démagogue, dans le sens noble de ses premiers représentants.

Au Brésil, la liberté de la presse est d'invention récente, enserrée il est vrai par les limitations matérielles d'un pays encore isolé. Tirant profit de la situation, et afin de prévenir toute diffusion d'idées révolutionnaires à l'origine très indirecte de son exil, le régent D. João veilla à assurer à l'Imprimerie royale un monopole en matière de production d'œuvres typographiques. Cette réglementation, fixée par le décret royal du 13 mai 1808, présente ceci d'étonnant qu'elle aboutit à une situation inédite[6] : en effet, l'activité typographique a plutôt tendance à naître au sein de la société civile avant d'être encadrée par le pouvoir politique à l'imitation de la censure imaginée par le pape Alexandre VI. Les lacunes brésiliennes ont permis au roi de s'ériger au rang de protecteur des lettres et de diffuseur de lumières à moindres frais. Soucieux de pérenniser cette image héritée de l'époque du despotisme éclairé liée au marquis de Pombal, D. João, devenu roi en 1816 sous le nom de D. João VI, sut cependant faire preuve d'intelligence en y associant des figures notoirement libérales, plus conformes à l'air du temps. Sans être dupe, le plus illustre apôtre portugais de la liberté, Silvestre Pinheiro Ferreira, acceptera ainsi de devenir le directeur de l'Imprimerie royale afin de remédier aux insuffisances soulignées[7]. Dans le même temps, le prince n'hésita pas à employer les artifices de la propagande médiatique pour servir sa cause. À cette fin, la cour lança dès 1808 la *Gazeta do Rio de Janeiro*, le premier journal brésilien imprimé au Brésil. La redondance est

5 Sa mère, D. Maria, reine en titre, était mentalement incapable depuis 1792. Il deviendra officiellement roi en 1816.

6 Voir L. Madeira Ribeiro, *Imprensa e Espaço Publico. A institucionalização do jornalismo no Brasil 1808-1964*, Rio de Janeiro, E-papers, 2004, p. 35.

7 Voir O. Ferreira, « Un Sieyès rouge ? Regards sur le système politique de Silvestre Pinheiro Ferreira », *Revue de la Recherche Juridique – Droit prospectif*, n°146, 2013-1, p. 94.

ici calculée : afin d'échapper à la censure, bien des journaux ont dû être publiés en d'autres contrées. Ainsi, 1808 représente aussi l'année de la première publication du *Correio Brasilense* (1808-1822) enfanté à Londres, mais divulguant déjà des idées françaises jugées « dangereuses »[8]. Cet antagonisme ne doit pas surprendre : à l'exception des *afrancesados*, les Portugais entretinrent pendant longtemps une relation ambiguë avec les écrits provenant de France[9], oscillant entre un espoir initial, alimenté par une importation massive d'ouvrages français[10], et une profonde rancœur née des suites des tentatives de conquête militaire[11]. Au Brésil, lieu de refuge de la famille royale, la légende noire de la Révolution française était donc vouée à prospérer. Entre 1817 et 1822, « l'opinion publique » brésilienne affiche même sa préférence pour un monarque absolu, pourvu qu'il reste de ce côté de l'Atlantique, par opposition aux choix des *Cortes* portugaises nouvellement converties au libéralisme[12].

En 1821, le retour de D. João VI en métropole allait initier un nouveau cycle politique. La témérité du nouveau Prince Régent, D. Pedro de Alcântara, fils du roi, conduit le Brésil à décréter unilatéralement son indépendance. Séduit par les idées libérales françaises et par les principes proclamés par les *Cortes* constituantes portugaises, D. Pedro n'attendra pas d'être empereur pour favoriser le changement. Par un avis (*aviso*) du 28 août 1821, le prince promeut officiellement la liberté de la presse et incite l'installation d'officines typographiques et de librairies dans tout le pays[13]. Afin d'accélérer le mouvement, il n'hésite pas à appeler des spécialistes étrangers à sa Cour. L'exemple le plus typique concerne le typographe Pierre Plancher : bonapartiste convaincu, conséquemment suspect aux yeux de la police de la Restauration, il n'hésitera pas longtemps avant de venir

---

8 R. Cabral, *Presse sur le divan. La crise politique de 2005 révèle-t-elle un changement inconscient de la presse brésilienne ?*, Paris, Publibook, 2009, p. 21-22.

9 L'histoire est bien retranscrite par L. A. de Oliveira Ramos, « Le Portugal et la Révolution française (1777-1834) », in *Les révolutions dans le monde ibérique (1766-1834)*, tome I : *La péninsule*, PU Bordeaux, 1989, p. 183-234.

10 Le témoignage du grand-père de Maurice Barrès ne présente en soi rien d'étonnant : « [...] nous trouvâmes [près du bivouac installé autour de Villafranca - Portugal] une cachette remplie de livres français, presque tous de nos meilleurs auteurs, bien édités et supérieurement reliés, c'étaient les deux encyclopédies, c'était Voltaire, Rousseau, Montesquieu etc. Rien de semblable ne s'était offert à mes yeux en Espagne ». J.-B. Barrès, *Souvenirs d'un officier de la Grande Armée*, Paris, Plon/Nourrit et Cie, 1923, p. 141.

11 D'où le grand nombre de pamphlets contre les « idées nouvelles » publiés au Portugal entre 1807 et 1814. Voir A. Pedro Vicente, « Le Portugal devant la révolution française – attitudes contradictoires », in *La Révolution française vue par les Portugais*, Paris, Fondation C. Gulbenkian, 1990, p. 95-96 et, de façon complète, A. Chr. Araujo, « Revoltas e Ideologias em conflito durante as Invasões francesas », *Revista de História das Idéias*, vol. 7, 1985, p. 7-90.

12 N. Nogueira Saldanha, *História das Idéias Politicas no Brasil*, Brasilia, Senado Federal, 2001, p. 87.

13 C. Rizzini, *O livro, o jornal e a tipografia no Brasil 1500-1822*, São Paulo, Imesp, 1988 (fac-similé éd. 1946), p. 329.

s'installer au Brésil en 1824. En plus d'y commercialiser les ouvrages politiques imprimés à Paris, et notamment ceux de Benjamin Constant, le libraire français enfantera en terres *cariocas* deux journaux : *O Espectador Brasileiro* puis, en 1827, *O Jornal do Commercio*[14]. Les intentions de D. Pedro ne se révèlent pourtant pas toujours honnêtes. Dans un premier temps, son dessein visait à attiser les dissensions avec le Portugal dans le but de préparer puis de justifier la séparation[15]. Usant d'un ton pamphlétaire, D. Pedro se risque même à tenir la plume sous des pseudonymes aussi variés qu'éloquents : le « philanthrope » se mue ainsi en « pou voyageur » voire en « Ultra-Brésilien »[16]. Faisant fi du conseil de ses ministres, l'Empereur cultivera cette activité secrète jusqu'au crépuscule de son règne ; mais il s'agit désormais de défendre ses positions autoritaires face à l'opposition libérale brésilienne, quitte à agir en douceur en « inspirant » certains journalistes, dont Henri Plasson, le rédacteur français du *Moderador*.

En conséquence, le contenu des journaux nés de l'initiative locale offre un flanc plus intéressant au lecteur français. En effet, le relâchement de l'étreinte royale à partir de 1821 aboutit au résultat escompté : un nombre considérable d'hebdomadaires voit le jour, chaque ville ayant à cœur de produire le sien[17]. Les titres de ces feuilles laissent clairement entendre l'optique politique choisie, encore patente dans les années 1830[18] : dans cette liste figurent en effet *Malagueta* (littéralement, le « piment »), fondé en 1821 par le portugais Luiz Augusto May, mais aussi le *Reverbero Constitucional Fluminense* (1822) de Joaquim Gonçalves Ledo et Januario da Cunha Barbosa, le *Tamoyo* (1823) ou encore la très exotique *Sentinela da Liberdade à beira do mar da Praia Grande* (1823) de José Estevão Grondona[19]. Quelques journaux paraissent même en français, à l'instar du *Écho da America do Sul* rédigé à Rio. Malgré quelques exaltés, la tonalité générale laisse entendre un vaste mouvement favorable au « libéralisme modéré », guidé par le « Bloc de Coimbra » (des anciens étudiants de cette ville) et assimilé outre-Atlantique à la politique du juste milieu des doctrinaires. Toutefois, au lieu de rendre un culte à la raison ces journaux préfèrent s'en référer à la « modération ». Si elle fait naturellement écho au pouvoir modérateur consacré par la Constitution

---

14 M. M. Deaecto, « Um editor no quadro politico do primeiro império : o caso de Pierre Seignot-Plancher (1824-1832) », in O. Coggiola (dir.), *Caminhos da história*, São Paulo, Xamã, 2006, p. 149-162.

15 J. Alves das Neves, *As relações literarias de Portugal com o Brasil*, Amadora, Livraria Bertrand, 1992, p. 11-19.

16 Voir l'enquête fort documentée de Hélio Vianna, *D. Pedro I, Jornalista*, São Paulo, Melhoramentos, 1967.

17 T. R. De Luca/A. L. Martins, *Imprensa e cidade*, São Paulo, Edunesp, 2006, p. 24-26.

18 Lors de cette décennie, sur 53 journaux brésiliens (dont plusieurs nés dans les années 1820), 42 s'avèrent de tendance libérale. Voir A. D. Contier, *Imprensa e ideologia em São Paulo 1822-1842*, Petrópolis, Vozes, 1979, p. 36.

19 Plusieurs de ces revues ont été étudiées en surface ou en profondeur. Voir, par exemple, R. Borba de Moraes (dir.), *O Tamoyo (1823)*, Rio de Janeiro, Zélio Valverde, 1944.

brésilienne de 1824[20], son sens atteste déjà du refus de la dissociation entre pouvoir régulateur et pouvoir conservateur, alimentant ce désir de modeler l'opinion publique en tempérant les positions les plus extrêmes. La définition donnée par le périodique libéral *Aurora Fluminense* en constitue la meilleure preuve :

> La *modération* en politique n'est rien d'autre que la prudence régulatrice qui, en tempérant les opinions sociales extrêmes, les appelle à un juste milieu, ou plutôt réduit les choses à leur véritable valeur, sans se laisser emporter par la chaleur de l'enthousiasme ou par les passions du moment[21].

Une telle propagation s'explique par l'attitude ministérielle et par l'entourage de l'Empereur. Adeptes d'un reflux des libertés publiques, ses conseillers seront vite accusés d'être les colporteurs d'un « absolutisme » d'un autre siècle, ce mot devenant même une insulte dans la lignée de la création de Chateaubriand. Épaulant l'opposition libérale caractérisant l'ouverture de la première législature brésilienne en 1826, la plupart de ces journaux s'échinent ainsi à singer le climat politique instauré par les libéraux en France, quitte à multiplier impairs et anachronismes.

Afin de refléter au mieux l'usage des idées françaises au sein de ce climat politique particulier, notre étude portera délibérément sur un hebdomadaire un peu plus récent : *O Farol Paulistano* a beau naître en février 1827, il n'en demeure pas moins le premier journal imprimé de la ville de São Paulo[22]. Son nom, le « phare pauliste », assume pleinement sa vocation rituelle de diffuseur des lumières[23] ; celles-ci émanent surtout de France, comme en atteste l'épigraphe de la feuille, en français dans le texte : *La liberté est une enclume qui usera tous les marteaux*. Cet aphorisme, cité sans auteur, a sans doute été puisé dans les *Trois règnes de l'histoire d'Angleterre* de Martial Sauquaire-Souligné (tome I, p. VIII). Il trahit une lecture assidue des ouvrages historiques et politiques en langue française[24], dont est friand le fondateur et

---

20 Voir O. Ferreira, « Le pouvoir modérateur dans la Constitution brésilienne de 1824 et la Charte constitutionnelle portugaise de 1826 : les influences de Benjamin Constant ou de Lanjuinais ? », in *Revue française de droit constitutionnel*, n°89, 2012, p. e1-e40. Nous le verrons, il s'agit plutôt de lui créer un pendant *dans* la société.

21 *Aurora Fluminense*, n°563, 30 novembre 1831. Les traductions seront assurées par nos soins.

22 D'éphémères feuilles manuscrites ont paru auparavant, comme *O Paulista*, lancé par Antônio Mariana de Azevedo Marques, professeur de latin qui deviendra le deuxième rédacteur principal du *Farol Paulistano* (désormais cité *FP*).

23 Comme le précise l'article d'ouverture du journal : « Le monde civilisé sera libre, parce qu'il veut l'être, parce qu'il travaille pour ça avec intérêt et insistance, parce que c'est l'opinion générale des peuples. Mais qui répand l'opinion, qui la développe, qui l'uniformise [...] ? C'est sans doute la presse, la plus utile et précieuse invention de l'homme, la forteresse de la liberté, la terreur des despotes, la protectrice de l'humanité ». *FP*, n°1, 7 février 1827, p. 1.

24 Le *Farol* en livre à l'occasion des éléments concrets. Ainsi, le n°31 du 26 juillet 1827 indique l'arrivée, en provenance de Brest et après 52 jours de voyage, du navire *Isis*, rempli de gazettes françaises antérieures au 8 mai.

principal rédacteur du *Farol* : José da Costa Carvalho (1796-1860)[25]. L'inventaire de la bibliothèque du futur marquis de Monte Alegre parle pour lui[26] : du point de vue quantitatif, 61% des livres sont en français, loin devant les 19% d'ouvrages en portugais ; du point de vue qualitatif, les grands classiques du siècle des Lumières (Montesquieu, Rousseau, Voltaire, Raynal, Mably…) côtoient les œuvres politiques du XIXe siècle, de Chateaubriand à Germaine de Staël. Dans ce fonds, les écrits historiques de Guizot, Thiers et Lacretelle se démarquent : ils permettent de comprendre la profusion de références au passé de la France dans son journal, secondant une histoire du Brésil encore proche de la feuille blanche. Le silence environnant en grande partie l'ancienne vie politique portugaise laisse entendre le désir de s'affranchir définitivement d'une tutelle récente encore menaçante.

La symbolique du titre du périodique ne saurait pourtant se limiter à ces quelques données factuelles. Fidèle à son acception positive héritée de l'art chrétien, le phare guide les personnes égarées ou cherchant simplement refuge. Il convient d'insister sur la symbolique de cette tour élevée au-dessus des flots : la dimension sociale de ce journal représente une donnée majeure, peut-être sans équivalent en Europe, dans la mesure où il va façonner une ville encore informe. Cela peut paraître difficile à imaginer aujourd'hui, mais la mégalopole de São Paulo, actuelle capitale culturelle du Brésil forte d'une population bigarrée dépassant allègrement les dix millions d'âmes, n'est dans les années 1820 qu'une petite bourgade de 20 000 habitants. Son statut de ville impériale, concédé par D. Pedro en 1823, va certes modifier en profondeur la cité ; mais son évolution découle aussi, et avant tout, de l'action du propriétaire du *Farol Paulistano*, désireux de sortir la ville de son isolement en y installant sa première typographie, en ouvrant à tous sa bibliothèque[27] et en incitant la venue de la première Faculté de droit du Brésil qui constituera pendant tout le XIXe siècle le cœur intellectuel de l'agglomération et lui donnera de nouveaux traits de caractère l'éloignant de l'esprit provincial des origines[28]. Créée le 11 août 1827, l'*Academia de Direito* de São Paulo[29] va vite attirer élèves et professeurs brésiliens et étrangers, ouvrant la ville sur le monde… et sur les mondanités. Les étudiants feront parfois leurs premières armes au sein du *Farol* : l'exemple le plus notable

---

25 Voir en premier lieu G. Vidigal, *O Marquês de Monte Alegre. Alvorecer de um Estadista*, São Paulo, IBRASA, 1999.

26 M. M. Deaecto, « Les bibliothèques de la noblesse brésilienne au XIXe siècle : l'inventaire du Marquis de Monte Alegre », in Fr. Barbier (éd.), *Actes du symposium international. Le livre. La Roumanie. L'Europe*, Bucarest, Biblioteca Bucureştilor, 2012, tome I, notamment p. 234.

27 M. M. Deaecto, « Os primórdios da imprensa paulista : José da Costa Carvalho, fundador de *O Farol Paulistano* (1827-1831) », *Revista de História Regional*, n°12 (2), 2007, p. 39-43.

28 Voir Sh. Motoyama (dir.), *USP 70 anos. Imagens de uma História Vivida*, São Paulo, Edusp, 2006, p. 73-74.

29 Pour être complet, deux facultés furent créées conjointement : celle de São Paulo et celle d'Olinda (puis Recife).

demeure José Antonio Pimenta Bueno[30], premier grand constitutionnaliste brésilien[31] qui endossera en 1870 la fonction de président du Conseil des ministres, sous l'étiquette du *Partido Conservador* (libéral conservateur). Plusieurs liens unissent ainsi la Faculté de droit à Costa Carvalho[32], ce dernier en devenant même le directeur entre 1835 et 1836, à la fin de sa première expérience gouvernementale.

Costa Carvalho assuma pleinement sa vocation de porte-parole et de guide d'une élite certes lettrée, propriétaire et commerçante, mais encore hésitante quant à son rôle politique et à ses revendications. Diplômé en droit à Coimbra en 1819, puis juge à São Paulo, Costa Carvalho mena une carrière politique bien remplie[33], le portant jusqu'à la présidence du Conseil des ministres du 8 octobre 1849 au 11 mai 1852. Il reste associé à divers événements majeurs, de sa difficile gestion de la Province de São Paulo, dont il fut un éphémère président secoué par la révolte libérale[34], à sa loi du 4 avril 1850 abolissant la traite des Noirs au Brésil (mais non l'esclavage, qui attendra les derniers feux de l'Empire en 1888). Son fait d'arme majeur a pourtant lieu en 1831 : à la suite de l'abdication de D. Pedro, Costa Carvalho intègre le *triumvirat* assurant la régence, en compagnie de João Braulio Muniz et de Francisco de Lima e Silva. L'épisode, connu sous le nom de *Regência Trina Permanente*, durera un peu plus de quatre ans, du 17 juin 1831 au 12 octobre 1835.

Cette activité à temps plein sonne le glas du *Farol Paulistano*, qui cesse de paraître à partir du 30 juin 1831 au bout de 504 numéros à la numérotation continue[35]. Nous n'en livrerons pas ici l'histoire, racontée maintes fois[36], pour nous focaliser sur une recherche inédite centrée sur

---

30 J. de Camargo Penteado/A. Gasquez Rufino (dir.), *Grandes juristas brasileiros*, São Paulo, Martins Fontes, 2006, vol. 2, p. 278.

31 Pour son œuvre *Direito publico brasileiro e Analise da Constituição do Império* (1857) qui, sans surprise, renferme nombre de références bibliographiques françaises, puisées notamment dans la Restauration et la Monarchie de Juillet.

32 L'autre rédacteur principal, Azevedo Marques, sera le titulaire de la chaire de latin et de rhétorique auprès de la Faculté de droit entre 1828 et 1835. Voir A. de Escragnolle Taunay, *História da cidade de São Paulo sob o Império 1822-1831*, Divisão de Arquivo Histórico, 1956, vol. XX, p. 298-299.

33 Député à l'Assemblée constituante de 1823, il connaît bien les bancs parlementaires : Président de la chambre basse à de multiples reprises entre 1828 et 1831, il devient sénateur de la Province de Sergipe de 1839 à 1860 puis Président du Sénat entre 1842 et 1843. Conseiller d'État à partir de 1842, il effectuera de nombreux passages au gouvernement.

34 Sur cet épisode : A. de Almeida, *A revolução liberal de 1842*, Rio de Janeiro, Olympio, 1944, p. 210.

35 À partir d'août 1831, *O Novo Farol Paulistano* lui succédera, à l'initiative de José Manuel da Fonseca et de Francisco Bernardino Ribeyro. Il en récupère l'héritage idéologique, soutenant Costa Carvalho durant ses années de régence. Il disparaît en 1835. D'autres assureront la relève : *O Paulista Oficial* en 1835 et *O Paulista Centralizador* en 1838. Cf. N. W. Sodré, *História da imprensa no Brasil*, Rio de Janeiro, Civilização Brasileira, 1966, p. 203.

36 Encore récemment, par C. E. França de Oliveira, « Informação e politica nos primórdios da imprensa paulista : O Farol Paulistano (1827-1831) », *História*, vol. 29, 2010, p. 295-319.

l'influence et l'usage des œuvres françaises. Assidûment traduites dans les pages du périodique, en compagnie d'extraits bien plus rares d'auteurs anglophones (Jeremy Bentham, Thomas Gordon, Benjamin Franklin), dont certains édités en France, ces œuvres ont essentiellement servi d'appui à la lutte idéologique menée contre les journaux à la solde du gouvernement, en particulier la *Gazeta do Rio de Janeiro*. Notre entreprise présente une difficulté majeure : ces traductions, trop souvent livrées sans références, en ont trompé plus d'un, croyant avoir affaire à des articles d'un rédacteur brésilien ; facilité par la numérisation d'œuvres du XIXe siècle par Gallica, un minutieux travail de « cyber-juriste » a dû être entrepris afin de dévoiler ces emprunts et d'en livrer les références précises. Dans d'autres cas, l'affichage des sources ne facilita pas la tâche en se révélant parfois fausses, bien qu'on puisse les croire de bonne foi[37]. Ces traductions servent toujours une cause, mais veillent aussi à combler un déficit côté brésilien. Car, en se contentant de décrire platement les rubriques du périodique pauliste, les historiens passent à côté du modèle évident que souhaite copier le *Farol* : il s'agit de la *Minerve française*, régulièrement traduite dans ses pages.

Cet archétype ne sert pas uniquement à façonner les rubriques du journal ; il favorise surtout un projet politique : en devenant une sorte de « Minerve brésilienne », le *Farol Paulistano* s'érige en *palladium* de la liberté, en rempart contre le pouvoir. Mais, avant de pouvoir affirmer et concrétiser son programme libéral d'inspiration française, le périodique devait proposer une approche autochtone du « règne de l'opinion publique » de François Guizot. La presse se présente aussi comme un moyen de gouvernement à l'échelle nationale et locale. Mais si elle sert les desseins de la recherche de la vérité, de la raison et de la justice par les citoyens, les mœurs de ces derniers présentent, au Brésil, un caractère jugé immature. Creusant un sillon nourri d'écrivains et de moralistes français, bientôt approfondi par Silvestre Pinheiro Ferreira, le *Farol Paulistano* se mue en Argos politique et social dans l'espoir de redresser et de conserver les bonnes mœurs.

37 Un exemple typique figure au sein du n°54 du 13 octobre 1827 : en pensant traduire l'*Histoire des républiques italiennes du Moyen âge* de Sismondi, le *Farol Paulistano* reproduit en vérité l'introduction à l'histoire des républiques italiennes de Benjamin Constant. Il s'agit, en l'occurrence, d'une reprise partielle de son chapitre VIII du Livre IV de ses *Fragments d'un ouvrage abandonné sur la possibilité d'une constitution républicaine dans un grand pays*, que le libéral de Coppet reprendra encore en 1829 dans le chapitre XIX des *Mélanges de littérature et de politique* (désormais intitulé « Des erreurs que l'histoire favorise sur les gouvernements absolus et les gouvernements populaires »). Sur ces versions successives, voir E. Hofmann, « Constant et l'histoire de son temps. À propos du dernier chapitre des *Mélanges de littérature et de politique* », in *Annales Benjamin Constant*, n°28, 2004, p. 51-67.

Argos dans la cité : le gardien des *boni mores*

« Le Brésil est un pays neuf ; il a commencé à secouer le joug du despotisme après la maturation des idées [libérales] en Europe, après avoir vu toute l'Amérique devenir libre. Il en va toujours ainsi ; mais il faut bien noter que le Brésil est sorti depuis peu du joug colonial pour mieux se soumettre à une cour vieille, corrompue et affamée après avoir tout perdu avec l'invasion française. Cette cour est repartie depuis six ans, en laissant ici les mauvais exemples de prévarications et d'immoralité, beaucoup de préjudices, et de nombreuses envies de privilèges... »[38]. En insérant ce passage dans une traduction (non révélée) issue de la *Minerve française*[39], le rédacteur du *Farol Paulistano* appelait ses compatriotes à faire preuve de courage civil, à s'inspirer de modèles de vertu (Socrate, Barneveldt, Malesherbes) pour mieux s'ériger en sentinelle de l'utilité commune. Nous pouvons être dubitatif quant à l'autorité des personnes invoquées auprès d'un lectorat situé de l'autre côté de l'Atlantique. L'importance du message se situe heureusement ailleurs : l'attrait pour les libéraux français conduit le journal brésilien à adopter leur idéal sur la liberté de la presse, vue comme un rempart contre les empiétements du pouvoir politique sur la société civile. Assurément, ce discours figure dans ses pages, grâce à Daunou[40] ; mais, alimenté par des lectures puisées au cœur des Lumières et véhiculées par plusieurs écrivains de la Restauration, le périodique pauliste ne souhaite pas réduire la presse à une forme d'opposition. Lecteur attentif des débats parlementaires français, le rédacteur consacre, au sein des premiers numéros du journal, nombre d'articles à la discussion de la « loi de justice et d'amour » projetée par le ministre Peyronnet[41]. L'opinion de Chateaubriand lui fera forte impression, en retenant que « la véritable censure est celle que la liberté de la presse exerce sur les mœurs », les frictions des temps présents étant dues aux derniers soupirs « d'hommes du siècle écoulé » perdus « au milieu de la race nouvelle »[42].

Le message sera entendu, non sans approfondissements. Tirant profit des leçons des Lumières sur l'opinion publique, le *Farol Paulistano* veille au

---

38 *FP*, n°50, 29 septembre 1827, p. 198.

39 En l'occurrence, l'article « Du courage civil », in *La Minerve française*, tome II, limité aux pages 409 à 411.

40 *FP*, n°92, 1er mars 1828, p. 380-381 (extraits traduits tirés du chap. IV de son *Essai sur les garanties individuelles*).

41 Le premier numéro à en parler est le *FP*, n°9, 4 avril 1827, p. 36, mentionnant la lettre adressée par Chateaubriand au *Journal des Débats* du 4 janvier 1827, qui sera en partie traduite dans *FP*, n°12, 25 avril 1827, pp. 47-48. Le projet de loi du 22 décembre 1826 finira par être retiré par le cabinet Villèle le 17 avril ; la censure et l'autorisation préalable avaient de toute manière été rétablies en France par la loi du 31 mars 1820, au détriment de la loi Serre, plus libérale.

42 *FP*, n°34, 4 août 1827, p. 133-135 (traduction de morceaux choisis du discours de Chateaubriand – on trouvera le texte complet dans ses *Mélanges politiques*, Paris, Pourrat, 1834, tome II, p. 287-366).

développement et au contrôle des mœurs (*regimen morum*) d'une population brésilienne immature : l'application de la morale à la politique, comprise en son sens global, devait nourrir son attirance pour la censure romaine. Mais, attentif aussi aux enseignements des doctrinaires Royer-Collard et Guizot, le journal pauliste concevait la presse comme un moyen de gouvernement, servant moins les prétentions du pouvoir central que celles des autorités locales. Le poids de la classe dominante va légitimer la presse dans son rôle de pouvoir conservateur, sous couvert de références aux éphores spartiates.

La morale appliquée à la politique et la tentation du regimen morum

« Il ne fait aucun doute que la perception qu'ont les Français et les Anglais de nous autres Brésiliens n'est guère plus élogieuse que celle que nous avons des Indigènes ; cette opinion a un fond de vérité quand on voit la stupidité animant nos pères de famille lorsqu'ils dépensent, en un jour, le travail d'une année afin de pouvoir orner leurs filles et leurs épouses mal éduquées de chiffons, de breloques et de perruques »[43]. Le rédacteur du *Farol Paulistano* se montre peu avare en critiques au moment d'observer ses compatriotes. Cependant, s'il lui arrive de jalouser les mœurs austères des premiers Nord-américains à l'occasion d'un comparatif avec les colons du sud du continent[44], le ton n'est ni à la lamentation, ni à la prière. L'objectif, très ambitieux, se veut résolument actif : le journaliste est invité à revêtir la toge du censeur romain afin de reconquérir une opinion publique malade et par conséquent incapable d'exercer son rôle de police des mœurs. Or, n'est-elle pas censée être la pensée générale d'une nation, le redresseur de tort et le rempart aux usurpations et au despotisme, comme en atteste la *Physiologie des passions* de Jean-Louis Alibert, médecin personnel de Louis XVIII et de Charles X[45] ?

Une telle conception de son rôle s'inspire, à n'en pas douter, des liens unissant censure et opinion publique au XVIIIe siècle[46], au moment où triomphe le règne de la critique[47]. Le périodique brésilien ne s'ingénie pas, en effet, à reproduire les errements de la censure moderne, cette fonction répressive indissociable de la loi, longtemps exercée en France par l'épiscopat

---

43 *FP*, n°445, 1er février 1831, p. 1895.

44 « Un destin fatal n'a pas voulu que des hommes respectueux des lois naturelles viennent habiter les climats bénis du Brésil : aux États-Unis les premiers cultivateurs ont acheté aux Indigènes les terres que le gouvernement leur avait concédées ; tandis qu'au Brésil, les terres se divisèrent en capitaineries, avec pour seul résultat l'oppression et l'immoralité qui se sont répandues chez nous, et nous sommes allés (chose horrible) jusqu'à autoriser l'esclavage des Indigènes [...] ». *FP*, n°333, 22 avril 1830, p. 1435.

45 Traduction de la section 3e, chapitre V (« De la considération ») de l'œuvre, dans *FP*, n°400, 9 octobre 1830, p. 1710.

46 Voir M. Sénellart, « Gouverner les mœurs : censure et opinion publique au XVIIIe siècle », in S. Mazauric/P.-Fr. Moreau (dir.), *Raison et passions des Lumières*, Paris, L'Harmattan, 2013, p. 47-65.

47 R. Koselleck, *Le règne de la critique*, Paris, Éd. de Minuit, 1979.

puis par la Faculté de théologie. La liberté d'imprimer étant portée au pinacle au nom d'une philosophie de l'histoire annonçant l'ère de la liberté, le *Farol* s'en prend régulièrement à l'Inquisition et aux jésuites[48], coupables[49] d'une censure vaine et irréfléchie de la raison humaine contenue dans les livres[50]. Au rebours d'une mission répressive, le journal pauliste renoue avec l'approche moralisatrice romaine, assorti d'un pouvoir judiciaire[51] et garantie par une procédure du même ordre. Ainsi, les accusations nominatives qu'il publie peuvent souffrir la contradiction de l'individu atteint dans son honneur ; cette défense pourra même compter sur le relais, parfois indirect, des juges et en particulier des juges de paix institués par la Constitution de 1824[52]. Le but avoué touche à la police des mœurs, au désir d'amender par l'exemple et la vertu le Brésilien aux manières pour le moins perfectibles, sans pour autant accepter de le réduire à une mécanique mue par ses sens, à la statue de Condillac ; le sensualisme, bien que répandu, se voit modéré par une touche d'idéalisme propre à ces contrées lusophones aux allures de paradis de l'éclectisme[53]. Loin donc de tenter de régénérer l'homme, une seule raison motive cette quête d'un contrôle civique : les vertus privées sont indissociables des vertus publiques. Ce jugement classique des Lumières, repris et diffusé par les académiciens Étienne de Jouy et Joseph Droz[54] dans des œuvres au titre proche et significatif[55], en seconde un autre : le corps social dispose d'une âme. En substance, la décadence de cette âme reflète la corruption des mœurs. Le cercle vicieux touche aux institutions politiques,

---

48 Cible privilégiée, en raison d'un long contentieux portant autour des missions jésuites, et notamment celle des « Sete Povos » ayant fait corps à l'est du fleuve Uruguay. Ce territoire sera repris par le Portugal en 1801, à la suite d'une guerre avec l'Espagne. Voir B. Bennassar/R. Marin, *Histoire du Brésil 1500-2000*, Paris, Fayard, 2000, p. 240-241.

49 Jésuites et inquisiteurs se voient ainsi conviés à cultiver leur goût dans l'autre monde en compagnie de Satan ! *FP*, n°69, 5 décembre 1827, p. 274-278. Fréquentes, les attaques de ce type circulent d'un périodique libéral à l'autre. Voir par exemple le n°76 du 2 janvier 1828, p. 307-308, reproduisant un article contre les jésuites issu d'un autre journal.

50 Voir *FP*, n°169, 3 décembre 1828, p. 712 : extrait traduit d'un ouvrage anonyme publié en 1827 (*Esquisse politique sur l'action des forces sociales*) relatif à l'abjuration de Galilée. Depuis 1547, l'Inquisition portugaise disposait d'un arsenal contre la liberté de pensée. Cf. C. Rizzini, *O livro, o jornal e a tipografia no Brasil 1500-1822*, *op. cit.*, p. 235.

51 Le censeur disposait d'un pouvoir discrétionnaire assorti d'un pouvoir judiciaire pouvant aboutir à une sentence et à des amendes. Cf. Cl. Nicolet, *Le métier de citoyen dans la Rome républicaine*, Paris, Gallimard, 1976, p. 103.

52 Le *Farol* en parle souvent, en raison de la discussion à l'Assemblée d'une réglementation de la profession aboutissant à la loi du 15 octobre 1827. Les bons citoyens doivent s'impliquer dans la justice de proximité et prendre part à leur élection (locale), principe nouveau inscrit dans la Constitution brésilienne de 1824 (art. 161 et 162).

53 A. Braz Teixeira, *História da Filosofia do Direito Portuguesa*, Lisbonne, Caminho, 2005, p. 97-98.

54 Voir par exemple *FP*, n°495, 7 juin 1831, p. 2096.

55 Le premier : *La morale appliquée à la politique ;* le second : *Application de la morale à la politique*. Souvent traduites dans le journal, ces œuvres font aussi l'objet de publicité, étant vendues par les libraires de la ville.

incapables de résister à une révolution mensongère ; à l'inverse, une semblable décrépitude morale invalide la réussite d'une bonne révolution, entreprise pour la conquête des libertés[56]. Les moralistes français, avec un goût prononcé et semble-t-il répandu dans tout le Brésil pour Droz, Jouy et Charles Dunoyer[57], offrent les garanties nécessaires au développement sain d'une contrée, en visant en particulier sa classe industrielle liée au commerce agricole[58], faute de pouvoir compter sur une classe moyenne presque inexistante au XIXe siècle[59].

Ce désir d'instaurer un *regimen morum* répond manifestement à un besoin criant. Dans l'esprit des rédacteurs, le jeune corps social du Brésil souffrait de nombreux maux, indissociables de son éducation imparfaite : pour le dire brièvement, la population a été soustraite à l'état de nature pour mieux être plongée dans ce climat de corruption favorisé par D. João VI[60]. Une fois n'est pas coutume, ce sont les Français qui sont mis au pilori. Le journal pauliste ne cesse en effet de critiquer l'influence néfaste de la mode issue de France et de ses *petits maîtres* (en français dans le texte), de vilipender en particulier ce commerce du luxe et des arts qui avait trouvé grâce auprès du précédent roi[61], en ce qu'il constitue un moyen de détourner les regards des freins posés au développement des libertés publiques. De fait, São Paulo n'échappait pas à cette invasion, la ville ayant vu s'installer de nombreux coiffeurs et autres parfumeurs français durant tout le XIXe siècle[62]. La seule dissemblance revendiquée avec la *Minerve française* se comprend dès lors : le *Farol* n'ouvrira pas ses pages à une rubrique artistique, allant jusqu'à blâmer un journal libéral de Rio parlant trop de théâtre[63] ! Car si les puissances européennes peuvent, en vertu de leur ancienneté et de la sagesse (*sic*) de

---

56 *FP*, n°81, 19 janvier 1828, p. 330-331 (traduction d'Étienne de Jouy, *La morale appliquée à la politique*, Livre XV, chap. I : « Causes générales des révolutions »).

57 *O Patriota brazileiro, amigo da moral e da industria*, journal de Rio destiné à l'instruction des classes industrielles, se fonde dès l'origine sur Droz et Dunoyer, ce qui lui vaut un vibrant hommage (*FP*, n°351, 8 juin 1830, p. 1507-1508).

58 D'où l'attrait pour *L'industrie et la morale* de Dunoyer, œuvre la plus traduite du rédacteur du *Censeur* (ce nom éveille naturellement l'intérêt des libéraux brésiliens !). Sur ce journal, impliquant aussi Charles Comte, voir E. Harpaz, *Le Censeur, Le Censeur européen. Histoire d'un journal libéral et industrialiste*, Genève, Slatkine Reprints, 2000.

59 Chr. Lynch, *Brésil. De la monarchie à l'oligarchie. Construction de l'État, institutions et représentation politique (1822-1930)*, Paris, L'Harmattan, 2011, p. 14.

60 À nouveau, l'œuvre d'Étienne de Jouy (Livre XVI, chap. 1) sert à démontrer que la tyrannie (nous l'aurons deviné, celle du roi D. João VI) corrompt les mœurs, tandis que la liberté les conserve. Voir *FP*, n°86, 6 février 1828, p. 357.

61 On pense à la « colonie Lebreton » : menée par Joachim Lebreton, ancien secrétaire de l'Institut de France, il s'agissait d'un groupe d'artistes sollicité par D. João VI en 1816.

62 V. dos Santos Bodstein Bivar/E. de Mesquita Samara, « De l'autre côté de l'Atlantique : immigrants français de São Paulo au XIXe siècle », in L. Vidal/T. R. De Luca (dir.), *Les Français au Brésil XIXe-XXe siècle*, *op. cit.*, p. 234-241.

63 *FP*, n°32, 28 juillet 1827, p. 126.

leurs habitants, supporter les effets pervers de l'art et du luxe, il n'en va pas de même d'une jeune nation en quête de bonnes mœurs.

À la différence de la France, le Brésil ne pouvait compter sur un Code civil restaurant l'ordre familial, en dépit des promesses de la Constitution de 1824 : son droit civil reposait toujours sur des *Ordenações* d'un autre siècle. Bien qu'il déplore cette situation, le *Farol* ne livre aucune réflexion française à ce sujet ; l'accomplissement de son objectif passera donc par une autre voie que le droit. L'impact de l'ordre privé sur l'ordre politique n'était alors plus à démontrer : la famille constitue, selon un lieu commun, la cellule et la pépinière de l'État. Le mal plongeant ses racines dans les familles, l'antidote ciblera en premier lieu les femmes. Leur destinée conditionnerait toute l'espèce humaine, étant appelées, selon l'*Essai sur l'éducation des femmes* de la comtesse de Rémusat, à devenir l'épouse et la mère d'un citoyen[64]. La réussite de l'entreprise de l'ascendante du doctrinaire Charles de Rémusat ne faisait aucun doute, quoique l'approche se révèle moderne : la femme s'appréhende ainsi moins comme un être sensitif que comme un être de raison[65], à condition qu'elle exerce et accomplisse sa nature en ne cédant pas aux frivolités de l'existence. *On ne naît pas femme, on le devient ?* L'idée de devoir, assorti d'obligations à assumer tout au long de sa vie, pourrait certes en témoigner, mais la démonstration ne fait guère preuve de féminisme : Costa Carvalho n'est pas Nísia Floresta et le droit de vote du deuxième sexe attendra 1932. Le *Farol* se fixe d'autres objectifs et puise aux sources françaises afin de conjurer les esprits malfaisants du monde de la mode : les *Lettres sur l'éducation* (1825) de Charles-Jean Baptiste Bonnin serviront de modèle, aux fins de rappeler aux dames la modération dans leurs choix vestimentaires, leurs qualités naturelles devant primer sur leurs ornements artificiels[66].

Le ton peut faire sourire, plus encore à l'heure actuelle au vu des résultats[67]... En tout état de cause, le projet s'envisage à long terme sous les traits d'une propédeutique : la leçon libérale doit être recueillie dès l'enfance, suivant un programme d'inspiration rousseauiste déjà dénoncé en France par les milieux ultraroyalistes[68]. D'une part, parce que les anciennes générations

---

64 Traduction d'un extrait du chapitre VI de l'ouvrage (« De la destinée prochaine des femmes »), édité par son fils, dans *FP*, n°288, 29 décembre 1829, p. 1256.

65 Ce qui en fait une exception quand on connaît l'image de la femme véhiculée en France. Voir X. Martin, *Naissance du sous-homme au cœur des Lumières. Les races, les femmes, le peuple*, Poitiers, Dominique Martin Morin, 2014.

66 *FP*, n°332, 20 avril 1830, p. 1432. Bonnin s'apprécie surtout en qualité de précurseur de la sociologie ; ses écrits sur l'administration publique, qui en font un des pères de la science administrative, ne bénéficient ici d'aucune attention.

67 Sous réserve du récent essor de la « mode évangéliste », réintroduisant du puritanisme dans les vêtements féminins.

68 Par exemple par Henri de Bonald, le frère du doctrinaire du parti : « C'est sur la génération qui s'élève qu'elle [la faction révolutionnaire] fonde l'exécution de ses affreux desseins, c'est elle qu'elle cultive et qu'elle couve […]. En un mot, s'emparer de l'éducation de la jeunesse et former une ***nation nouvelle***, voilà

sont des causes perdues : véhiculant une idée reçue à la vie longue, le *Farol* attribue aux défauts de la vieillesse leur propension à voter pour les partis de droite[69]. Le triomphe des idées libérales passera donc par le renouvellement naturel des générations, dans la lignée de l'exemple européen[70]. Les derniers feux de « l'absolutisme » et de la monarchie de droit divin[71] s'éteindront donc bientôt si l'opinion publique assume son rôle, la partition jouée par les pères de famille en matière d'éducation et plus généralement leur fonction de magistrat domestique étant pour le moins minimisées ; un constat d'autant plus étonnant qu'il s'agit là d'une thématique habituelle de la littérature politique et juridique française du XVIIIe siècle[72]. D'autre part, parce que l'enfance est le terreau idéal pour le développement de la raison et qu'il importe d'éviter de l'étouffer en la livrant aux serres du pouvoir absolu[73]. Persuadés de vivre à distance le chemin de croix souffert par les libéraux français, les libéraux brésiliens ne cessent de reproduire des extraits manichéens enfantés durant la lutte contre les ultras. La dénonciation de l'union du fanatisme et de l'aristocratie contre le nouvel ordre social et les libertés par Bourguignon d'Herbigny[74] est à ce titre parlant.

Mais il ne saurait être question de renier la foi catholique ni de renoncer à la métaphysique. La thèse de l'esprit « libéral » de l'Ancien Testament, soutenue brillamment par Nicole de La Serve, séduit le lecteur brésilien[75]. Le constitutionnalisme libéral ne présente donc rien d'incompatible

---

son plan et sa ressource unique […] ». Article « Du dernier projet de la faction révolutionnaire », in *Le Défenseur*, tome III, 1820, p. 68-69. Il souligne.

69 Une « callosité intellectuelle » (*sic*) expliquerait l'insensibilité de l'âge ! *FP*, n°327, 3 avril 1830, p. 1410-1411.

70 « Cela fait bientôt trente ans que l'on combat en Europe pour la liberté : des masses colossales, levées pendant des siècles par le féodalisme et le fanatisme […], lui ont porté des attaques furibondes, aboutissant à des excès cruels de part et d'autre. La nécessité veut que la génération éduquée par les préjugés, les abus et les fausses idées sur la nature de l'homme et de ses associations, laisse sa place à notre génération afin que la liberté maintienne pacifiquement son pouvoir, sans encourir le danger d'être attaquée. La France, centre de la civilisation du continent européen, nous en donne un exemple frappant […] ». *FP*, 9 janvier 1828, p. 315 (art. « Aurora Fluminense » par le rédacteur).

71 Selon le préambule de la Constitution de 1824, D. Pedro est empereur « par la grâce de Dieu » et par l'« unanime acclamation des peuples ». Cette revendication semble d'inspiration thomiste.

72 A. Desrayaud, *Éléments de commentaire du discours préliminaire du Code civil*, Saint-Maur, éd. Novelles, 2006, tome I, p. 228-244. À consulter également pour toute la thématique de la famille pépinière de l'État.

73 *FP*, n°101, 2 avril 1828, p. 414 (trad. d'Étienne de Jouy, *La morale appliquée à la politique*, Livre III, chap. IV) ; autre extrait du même, (Livre III, chap. V) dans *FP*, n°89, 16 février 1828, p. 363-364. Idée réitérée via une traduction du *Commentaire sur l'ouvrage de Filangieri* (chap. V) de B. Constant, dans *FP*, n°482, 3 mai 1831, p. 2044.

74 Extrait de sa *Revue politique de la France en 1826*, p. 12-17, traduit dans *FP*, n°88, 13 février 1828, p. 361-362.

75 *FP*, n°272, 17 novembre 1829, p. 1201-1202 : en fait, il se contente de traduire le compte rendu du *De la royauté selon les lois divines révélées, les lois naturelles et la Charte constitutionnelle* de La Serve par *La Minerve française* (vol. 7, 1819, p. 350-351). Disciple intellectuel de Constant, journaliste au *Constitutionnel* et collaborateur de *La Renommée*, Nicole de la Serve (1791-1842) est un proche d'Adolphe Thiers et d'Augustin Thierry, complotant dans le sillage de La Fayette. Voir P. Imhaus, *Robinet de la Serve l'énergumène créole*, Paris, Michel de Maule, 2007.

avec la religion, les attaques touchant exclusivement aux fanatiques en évitant soigneusement de heurter le pape et tout religieux animé par la véritable parole chrétienne[76]. Mais ce sentiment pieux n'empêche pas de discuter de discipline ecclésiastique en critiquant le célibat des prêtres à l'origine de l'Inquisition et de la folie de Jacques Clément, selon l'analyse provocante d'Étienne de Jouy[77].

De façon générale, aucune matière ne semble épargnée par le regard du censeur brésilien, dans l'espoir de faire émerger son pays. Les sciences économiques constituent même un passage obligé. L'autorité de Jean-Baptiste Say, l'un des auteurs les plus souvent traduits, se déploie ainsi dans le but d'améliorer l'état d'esprit de la classe dominante. Ainsi est-il mis à contribution afin de démontrer que l'économie est une vertu : elle prépare la bonne éducation physique et morale des enfants et des vieillards en les préservant de l'avarice et de la prodigalité[78]. Les lumières sont en outre indispensables à l'industrie : elles permettent aux hommes de lutter contre les préjugés et de s'en remettre à leurs propres efforts[79]. Le temps de la procrastination et de l'attente d'une intervention divine est révolu : le citoyen doit s'intéresser à ces sujets afin de prévenir les effets néfastes, pour l'État et pour les mœurs, des réunions des grandes banques et autres compagnies financières. En écrivant sur la monnaie, Destutt de Tracy songeait aux assignats et à la crise engendrée sous la Révolution française, et notamment sous le Directoire, par l'émission de ces billets payables à vue ; le *Farol*, en le traduisant[80], applique ses réflexions à la Banque du Brésil fondée en 1808 : fermée le 23 septembre 1829 après avoir été accusée de dévaloriser la monnaie à la suite d'émissions trop fréquentes de billets, elle avait surtout servi à financer les dépenses publiques d'une Couronne aux abois depuis son arrivée au Brésil[81].

Reste le cas du droit : en restant fidèle à ses idéaux moralisateurs romains, les incursions du *Farol* en ce domaine auraient dû se limiter à quelques principes moraux destinés à régenter la législation criminelle. Certes, ce genre de préoccupations, au demeurant banales, se rencontre volontiers : la nature humaine ne devant être brimée, les lois ont l'obligation de la

76 *FP*, n°33, 1er août 1827, p. 130 ou encore n°107, 26 avril 1828 (traduction de Daunou, *Essai sur les garanties individuelles*, IIe partie, chap. I – où il affirme la compatibilité de la religion chrétienne avec toutes les Constitutions).

77 *FP*, n°79, 12 janvier 1828, p. 321-322 (traduction de Jouy, *La morale appliquée à la politique*, 1ère partie, Livre II, chap. XV : « Le célibat »).

78 *FP*, n°412, 6 novembre 1830, p.1758 (traduction J.-B. Say, *Cours d'économie politique*, Livre VIII, chap. VI).

79 *FP*, n°355, 19 juin 1830, p. 1525 (traduction J.-B. Say, *Traité d'économie politique*, extrait du volume I).

80 *FP*, n°360, 6 juillet 1830, p. 1547-1548 (traduction de Destutt de Tracy, *Éléments d'idéologie*, vol. 5 : *Traité de la volonté et de ses effets*, 1ère partie, chap. VI : « De la monnaie »).

81 Sur son histoire, voir J. L. Cardoso, « Novos elementos para a história do Banco do Brasil (1808-1829) : crónica de um fracasso anunciado », *Revista Brasileira de História*, n°59, vol. 30, 2010, p. 167-192.

respecter, sous peine d'engendrer leur lot de trouble ; à la veille des *Trois glorieuses*, la seule originalité de ce propos provient de la source choisie pour l'illustrer, à savoir l'avocat Honoré Torombert (1787-1829), ami de Lanjuinais et un temps pressenti pour devenir le précepteur des fils du duc d'Orléans[82]… Toutefois, leur mission ne se cantonne pas à cet aspect négatif : en prenant ici appui sur le *Traité de législation* de Charles Comte, les lois pénales peuvent en effet réprimer les bas instincts de la population mais aussi, et surtout, de l'entourage de l'Empereur[83]. Ce rôle plus actif apparaît tardivement, à l'été 1830. Faut-il y voir la lassitude des appels à la vertu dirigés vers la noblesse d'Empire ou une entreprise plus hardie adossée à une révolution de Juillet servant expressément de mise en garde[84] ?

Là réside sans doute un changement d'état d'esprit qui met en évidence les limites d'un discours libéral brésilien en porte à faux. Au fond, ce type d'utilisation de l'opinion publique, sa manière de l'entraîner, est certes conforme au libéralisme français du XVIIIe siècle[85], mais se révèle contraire à certaines formes plus modernes du libéralisme, qui la critiquent au nom de la liberté individuelle. En prolongeant l'analyse de Keith Baker, Michel Sénellart montre bien l'opposition entre deux visions de l'opinion publique : l'une naturelle, spontanée, enracinée dans la coutume, en un mot conservatrice, est commune à l'ensemble d'une population ; l'autre, fabriquée et/ou manipulée par un public éclairé, véhicule le « jugement des hommes instruits » (André Morellet) ou celui de la « secte philosophique » (Jean-Jacques Rousseau) : elle se place au service d'ambitions inconnues et étrangères au public en se présentant comme une force de progrès, mais cherche à diriger les affaires publiques en imprimant l'action du gouvernement. En ce second sens, elle va se transformer en moyen d'interpénétration entre le gouvernement et la société, comme dans la pensée doctrinaire, en finissant par servir les intérêts d'une classe dominante au point de subir la critique de Hegel[86]. Or, que fait précisément le *Farol Paulistano ?* Il défend une vision de classe en forgeant une opinion publique inexistante et il se place, aux côtés d'un Empereur qu'il veille à éduquer, en gardien de la vérité politique face à l'usurpation et au despotisme du ministère.

---

82 *FP*, n°367, 22 juillet 1830, p. 1575 (traduction de H. Torombert, *Exposition des principes, et classification des sciences dans l'ordre des études ou de la synthèse*, Paris, A. Costes, 1821, p. 81-82). Torombert a vu l'une de ses œuvres traduite et introduite par Lopes Gama (également interprète de Destutt de Tracy), sous le nom de *Refutação completa da pestilencial doutrina do interesse ;* sa critique de l'utilitarisme a ainsi obtenu un auditoire au Brésil.

83 *FP*, n°355, 19 juin 1830, p. 1525-1526. Traduction de plusieurs extraits compilés et d'adaptation assez libre de Charles Comte, *Traité de législation*, issus principalement du Livre II, chapitres XIV et XVIII.

84 *FP*, n°416, 16 novembre 1830, p. 1773.

85 A. Liebich, *Le libéralisme classique*, PU Québec, 1985, p. 188.

86 A. Bavaresco, *La théorie hégélienne de l'opinion publique*, Paris, L'Harmattan, 1998.

Toutefois, la posture moralisatrice a fait long feu : en 1830, la créature lui échappe, la crise est là. Célébrée dans les villes brésiliennes aux cris de « Vive la Constitution ! Vive la liberté des peuples ! »[87], la révolution de Juillet[88] finit par devenir gênante en légitimant des positions toujours plus radicales à mesure de l'effritement de l'autorité de D. Pedro. Le journal pauliste cherchera à les tempérer, en cessant d'assumer une fonction déclarative de l'opinion pour mieux remplir un rôle d'arbitre toujours plus imposant, en particulier au lendemain de l'abdication de l'Empereur. Pour ce faire, et afin d'échapper à un climat délétère, l'usage d'auteurs français sonne comme une évidence, en raison de la maturation d'une réflexion née en réaction aux excès des épisodes révolutionnaires et cherchant à ravauder un tissu social en lambeaux. Des morceaux évocateurs de l'*Histoire de la Révolution française depuis 1789 jusqu'en 1814* de Mignet trouvent ainsi leur place : tous dénoncent les horreurs des comités à la chute de Danton[89], les massacres convertis en moyen de gouvernement[90] ou encore le pouvoir offert aux audacieux lors des moments de trouble, conduisant implacablement à la tyrannie[91]. Les derniers numéros du journal multiplient ainsi les appels à la modération, à la retenue et à l'indulgence mutuelle afin de tenir compte de la diversité des opinions, dans la limite de la morale, prônée par Spurzheim[92]. Le rédacteur implore enfin l'intervention en politique d'esprits modérés placés « au-dessus des partis » comme le recommande Joseph Droz : cette traduction d'un chapitre intitulé « De la direction nouvelle à donner aux esprits »[93] restera, de façon symbolique, la dernière livrée par le journal. En recommandant à l'Assemblée

87 *FP*, n°417, 18 novembre 1830, p. 1777.

88 Plusieurs numéros en traitent, avec environ deux mois de décalage, en retraçant l'histoire de la Restauration, les fautes et l'exil de Charles X. Ils en profitent pour traduire différents textes, dont l'ordonnance du nouveau roi sur la reprise du drapeau tricolore (*FP*, n°398, 5 oct. 1830, p. 1702), la proclamation du général Gérard aux soldats (*Ibid.*, p. 1703), une biographie de Louis-Philippe (*FP*, n°417, 18 novembre 1830, p. 1777-1778 – tiré d'un journal anglais), une lettre du nouveau roi à Lafayette (*FP*, n°419, 23 nov. 1830, p. 1786) ou encore un long extrait de J. B. Ambs, *La liberté reconquise ou Histoire complète et détaillée de la révolution de juillet 1830* (*FP*, n°402, 14 oct. 1830, p. 1715-1718).

89 *FP*, n°491, 26 mai 1831, p. 2080 (traduction de François-Auguste Mignet, *Histoire de la Révolution française depuis 1789 jusqu'en 1814*, extrait du chapitre VIII).

90 *FP*, n°497, 11 juin 1831, p. 3006 (traduction de Mignet, *Histoire de la Révolution…*, début du chapitre IX).

91 *FP*, n°492, 28 mai 1831, p. 2084 (traduction de Mignet, *Histoire de la Révolution…*, autre extrait du chapitre IX).

92 *FP*, n°485, 10 mai 1831, p. 2054-2055 (traduction du phrénologue Johann Christoph Spurzheim, *Essai philosophique sur la nature morale et intellectuelle de l'homme*, section V, chap. II, §2 : « De l'indulgence mutuelle »).

93 *FP*, n°503, 28 juin 1831, p. 3029-3031 (trad. de J. Droz, *Application de la morale à la politique*, chap. XII : « De la direction nouvelle à donner aux esprits »). Le paragraphe final donne le ton : » aussi longtemps que les lumières et la sagesse ne sont pas assez répandues dans un État pour que les ministres, les orateurs, les écrivains qui s'élèvent au-dessus des partis, trouvent un nombre d'approbateurs capable de faire prévaloir leurs projets, les destinées de cet État sont en péril ». Voir aussi un autre extrait du même ouvrage (chap. IV : « Des révolutions entreprises pour la liberté »), au message identique, dans *FP*, n°381, 24 août 1830, p. 1632.

et à l'Exécutif de ne pas satisfaire les revendications républicaines[94] ou démagogiques, toutes deux confondues, le *Farol Paulistano* veut éviter de faire vivre au Brésil « la scène épouvantable de la France des Robespierre » et la venue de « monstres du même genre »[95]. Il est possible de soupçonner des arrière-pensées politiciennes de la part d'un rédacteur qui assumera la régence. Mais ce dernier se hisse surtout au rang de pouvoir conservateur : cet arbitre au-dessus des partis, agissant et bientôt gouvernant pour le bien et/ou la restauration de la chose publique ; un pouvoir destiné à juguler les mouvements de rue et à sabrer l'ochlocratie qu'ils enfantent. Ce rôle fut continuellement refusé à l'Empereur : n'ayant su comprendre, et encore moins recréer, le rétablissement (recherché) du lien entre morale et politique, il fut accusé d'avoir précipité la crise politique.

Des moyens de gouvernement et d'opposition : le spectre du pouvoir conservateur

En empruntant au *Testament politique de l'Empereur Joseph Second* l'anecdote du roi de Sparte Théopompe[96], faisant état du sacrifice d'une partie de sa puissance au profit des éphores, le *Farol Paulistano* esquissait encore timidement son programme politique. Le propos ne visait nullement à encenser la figure du despote éclairé. À plusieurs reprises, ce journal se plaît même à reproduire des passages forçant les princes à contempler leurs faiblesses et leurs contradictions, à l'instar de ce dialogue fictif entre Joseph II et l'abbé Casti emprunté, comme souvent, à la *Minerve française*[97]. Ce texte signé Aignan, faisant état du poème sur les *Animaux parlants*, résume les critiques des libéraux brésiliens flétrissant, de façon redondante, l'immoralité de l'entourage impérial, les privilèges anachroniques de la noblesse et l'usage immodéré de la pompe. Les journaux libéraux, chacun dans la limite de leur localité, souhaitent en vérité assumer les fonctions dévolues aux éphores[98] : celle d'antagoniste de l'aristocratie dans le but de faire triompher l'égalité des citoyens (mais non l'égalitarisme comme à Sparte) ; celle d'exécutant des décisions de l'assemblée, justifiant la tutelle du pouvoir impérial en tous domaines (militaire, religieux, civil) ; celle de garant de la justice et des finances

94 Sachant que le rédacteur ne se montrait pas hostile au pouvoir d'adopter la forme de gouvernement de son choix, prenant ici parti contre le *Constitutionnel*. Voir *FP*, n°352, 12 juin 1830, p. 1513.

95 *FP*, n°499, 18 juin 1831, p. 3015.

96 *FP*, n°43, 5 septembre 1827, p. 172 (traduction issue du vol. 2 du *Testament politique de l'Empereur Joseph Second*).

97 *FP*, n°51, 3 oct. 1827, p. 201-204 (trad. de l'art. d'Aignan, « Joseph II et l'abbé Casti », in *Minerve française*, vol. 4, p. 202-214).

98 N. Richer, *Les Éphores. Étude sur l'histoire et sur l'image de Sparte (VIIIe-IIIe siècles avant Jésus-Christ)*, Paris, Publications de la Sorbonne, 1998, p. 323-505. Leur création, attribuée par Aristote à Théopompe, fait toujours débat.

en exerçant un pouvoir d'accusation ; celle de contrôle des agissements des employés publics et des ministres, en refusant toute irresponsabilité et toute garantie des fonctionnaires ; celle enfin de surveillance généralisée des mœurs, intimant le respect des obligations du mariage mais aussi le rejet des nouveautés artistiques et de l'influence étrangère.

L'exercice de ces missions s'insère dans un subtil jeu de contrepoids. L'Empereur et son gouvernement jouent leur partition et tirent profit de la presse comme le recommandait Guizot : impossible pour eux de se priver de ce « catalyseur de l'unification intellectuelle de la société »[99] modelant l'opinion publique. Ceci explique l'admission au rang de moyen de gouvernement de la presse, via la publication de journaux acquis à leur cause. Il faudrait en outre mentionner l'activité journalistique « cachée » de l'Empereur ou encore l'obligation faite aux périodiques de publier des documents officiels (lois, décrets, discours du trône…) ; le *Farol Paulistano* n'échappe pas à cette règle, non sans se plaindre du peu d'intérêt que présentent parfois ces textes. De toute évidence, la presse représente un enjeu majeur en ce premier XIXe siècle, en attaque comme en défense. N'en déplaise au marquis de Barbacena, ce « mal de l'époque » dénoncé auprès de l'Empereur avait infecté ce dernier sans possibilité de cure. Avec l'aide de son secrétaire particulier, Francisco Gomes da Silva, D. Pedro ne se contente pas de fondre sur les journaux d'opposition : lui aussi surveille attentivement ses compatriotes et se proclame « ennemi de la canaille »[100], soucieux de purger tout germe d'ochlocratie, ce concept désignant successivement le gouvernement de la lie du peuple, des clubs voire des journaux[101]. À ce titre, Gomes da Silva a eu souvent recours au pseudonyme « Argos », un masque lui insufflant le courage de mentionner la localité de plusieurs clubs francs-maçons, républicains et même *carbonari*, quitte à livrer des noms d'activistes[102]… Choix peu anodin : Argos Panoptès est une figure de la mythologie grecque, à la fois prince, gardien et berger, une créature aux cent yeux stimulant la pensée politique brésilienne. Maciel da Costa, lors des débats de l'éphémère Assemblée constituante de 1823, appréhendait déjà le pouvoir modérateur de l'Empereur tel un « Argos politique » : inspiré de Napoléon (et sans doute aussi de son « service public » de l'information) et prenant en considération l'envergure du Brésil, le pouvoir modérateur doit tout surveiller, tout observer et tout diriger, aidé par une administration centralisée qu'il convient de mettre en place ; organe de la Nation, l'Empereur en est aussi l'instrument, incarnant, à ce

---

99 P. Rosanvallon, *Le moment Guizot*, Paris, Gallimard, 1985, p. 69 et, sur ce thème, p. 64-72.

100 H. Vianna, *D. Pedro I, Jornalista*, *op. cit.*, p. 116.

101 O. Ferreira, « » La démocratie dans toute sa pureté ». Une longue histoire de la sortie en politique du concept d'ochlocratie (1780-1880) », *Revue de la Recherche Juridique – Droit prospectif*, n°147, 2013-2, p. 605-648.

102 H. Vianna, *op. cit.*, p. 185-193.

titre, l'intérêt général de façon exclusive[103]. Ce terreau fertile, au carrefour de considérations d'ordre politique, juridique, social, économique et moral, fera éclore un curieux pouvoir conservateur social dans l'esprit de Silvestre Pinheiro Ferreira dans les années 1830 : la « guerre de tous contre tous » hobbesienne, inhérente à la nature de l'homme, même en société, est remplacée par une surveillance de tous sur tous, assumée par un pouvoir électoral gigantesque notant chaque individu annuellement dans le but de le classer, de le promouvoir ou de le sanctionner[104].

Dans ces conditions, la surveillance généralisée des mœurs et le culte des éphores forment un legs commun aux Brésiliens, les journaux voulant en recueillir une part. Par conséquent, le *Farol* ne se contente pas de fustiger le comportement de citoyens obscurs. Comme à Rome, tous les corps de métier, et en priorité les plus élevés dans la hiérarchie, se soumettent au contrôle des mœurs[105], le périodique allant jusqu'à proposer des modèles pour chacun d'entre eux, à l'image de M. de la Faluère pour la magistrature judiciaire[106] ! On ne compte plus le nombre d'accusations nominatives portées devant le tribunal du journal pauliste par des lecteurs, pas toujours anonymes, contre des juges prévaricateurs, des prêtres douteux ou des professeurs controversés. Un cas amusant concerne l'enseignant chargé du français à l'*Academia de direito*, régulièrement blâmé par ses étudiants pour son attitude, sa méthode d'enseignement… et de notation[107].

Le discours ambiant présente pourtant plus de liens avec la pensée née des Lumières, comme au moment de la proclamation de l'indépendance[108] : il désire enterrer la dualité entre l'homme et le citoyen, se délivrer de leur séparation étanche imposée par le postulat machiavélien adopté par les absolutistes au XVIe siècle. Les vertus privées étant indissociables des vertus publiques, les ministres, conseillers et compagnons de l'Empereur doivent faire preuve de probité, en suivant l'exemple des Sully, Fénelon et autres

---

103 Chr. Lynch, *O Momento Monarquiano. O Poder Moderador e o Pensamento Político Imperial*, thèse, IUPERJ, 2007, p. 126-132. Maciel da Costa intégrera la commission des dix, enfantant la Constitution de 1824.

104 O. Ferreira, « Un Sieyès rouge ? Regards sur le système politique de Silvestre Pinheiro Ferreira », art. cité, p. 113-129.

105 Cl. Nicolet, *Le métier de citoyen dans la Rome républicaine*, *op. cit.*, p. 108.

106 *FP*, n°169, 3 déc. 1828, p. 712 (traduction de l'art. « Intégrité de M. de la Faluère », tiré de *La morale enseignée par l'exemple*). L'exigence de probité paraît impérieuse du fait de leur rôle de gardien contre l'arbitraire (*FP*, n°95, 12 mars 1828, p. 391-392 : trad. de Jouy, *La morale appliquée à la politique*, Livre X, chap. III : « Des Juges ») ; la formation d'élites juridiques locales, et donc issues des classes propriétaires, verrouille de surcroît le système.

107 L'année 1829 est polluée par ce type de semonces qui finiront par remonter jusqu'à l'Empereur (cf. *FP*, n°265)…

108 E. de Rezende Martins, « La révolution au Brésil : l'idée du nouveau et du définitif », in *Cahiers des Amériques latines*, n°10, 1990, p. 82.

Massillon[109]. Hélas, l'entourage impérial ne semble contenir que des fieffés flatteurs, des courtisans n'ayant en vue que leurs petits intérêts : oseraient-ils s'avilir au point d'encenser, comme leurs homologues versaillais, la révocation de l'Édit de Nantes[110] ? Le thème étant à la mode en France, les traductions se révèlent pléthoriques, puisant autant dans le XVIIIe que dans le XIXe siècle[111] – ce qui n'exclut pas des extraits plus anciens, à l'instar du goût remarqué pour Fénelon[112]. La noblesse n'échappe pas à une critique tournant à l'obsession. Le ridicule des nouveaux anoblis prend appui sur un passage bien senti de Louis-Sébastien Mercier[113]. Leurs travers, fondés sur l'oubli du mérite personnel à l'origine de l'ascension sociale[114], paraissent pourtant bénins comparés à ceux de deux créatures malades : la colonie française à la cour et le reliquat de noblesse ancienne, c'est-à-dire portugaise, resté au Brésil. La première indispose en raison de sa mainmise sur les librairies[115] et sur plusieurs périodiques, base arrière d'attaques lancées contre les libéraux. Rangée du côté du gouvernement, elle se voit régulièrement taxée d'ingratitude[116], à l'image de sa cible privilégiée : Pierre Plancher[117]. Loin d'être négligeable, le danger résidait notamment dans son usage des écrits

---

109 *FP*, n°277, 28 novembre 1829, p. 1222 (traduction de Sismondi, « Revue des efforts et des progrès des peuples dans les 25 dernières années », in *Revue encyclopédique*, t. XXV, 1825, p. 41 en note). Sur cette revue : B. Revelli, « Presse périodique, intellectuels et opinion publique sous la Restauration : *La Revue encyclopédique* (1819-1831) », in Wl. Berelowitch/M. Porret (dir.), *Réseaux de l'esprit en Europe, des Lumières au XIXe siècle*, Genève, Droz, 2009, p. 217-229. Voir aussi *FP*, n°205, 11 avril 1829, p. 902 (Louis XVI régnerait encore s'il avait eu Sully à ses côtés !).

110 FP, n°2, 14 févr. 1827, p. 4 (tiré de J.-B. Say, *Petit volume contenant quelques aperçus des hommes et de la société*).

111 Par exemple l'abbé Raynal pour le XVIIIe (*FP*, n°109, 3 mai 1828, p. 446) ou le libéral Jean-Pierre Pagès pour le XIXe siècle (*FP*, n°104, 16 avril 1828, pp. 426-427 : traduction de ses *Principes généraux du droit politique*, Livre VIII, chap. IV). L'aventurier italien Joseph Gorani s'emploie aussi dans une même fin, d'après une édition en français de ses *Recherches sur la science du gouvernement* (par ex., *FP*, n°87, 9 février 1828, p. 355-356).

112 Ou encore le bon mot de La Bruyère : « Qui est plus esclave qu'un courtisan assidu, si ce n'est un autre courtisan plus assidu ? » (*Les caractères ou les mœurs de ce siècle*, chap. VIII), traduit dans *FP*, n°232, 25 juillet 1829, p. 1030.

113 *FP*, n°93, 5 mars 1828, p. 384-385 (traduction de « Rêve », tiré de L.-S. Mercier, *Mon bonnet de nuit*, vol. I).

114 D'où le lien avec le thème de l'éducation, en particulier des femmes. Voir *FP*, n°268, 7 novembre 1829, p. 1183 (Lettre de l'Impératrice Joséphine à Mme Campan sur l'éducation de sa nièce), traduisant ce passage : « Nous vivons dans un temps où chacun est fils de ses œuvres ; et si ceux qui servent l'État aux premiers rangs doivent avoir quelques avantages et posséder quelques privilèges, ce sont ceux d'être plus aimables et plus utiles ».

115 Ils formeront des dynasties de libraires au Brésil. Voir M. M. Deaecto, « B. L. Garnier et A. L. Garraux : destins individuels et mouvements d'ensemble dans les rapports éditoriaux entre la France et le Brésil au XIXe siècle », in L. Vidal/T. R. De Luca (dir.), *Les Français au Brésil XIXe-XXe siècles*, *op. cit.*, p. 431.

116 Les attaques les plus virulentes se lisent dans *FP*, n°195, 7 mars 1829, p. 842 et *FP*, n°203, 4 avril, p. 879.

117 Voir en priorité *FP*, n°272, 17 novembre 1829, p. 1199-1201, où Plancher est qualifié « d'étranger ingrat » qui « ose, dans la cour du Brésil, insulter la Nation et ses augustes représentants », n'hésitant pas à « violer les articles les plus essentiels de notre pacte constitutionnel ». Plus proche de la crise finale, voir aussi *FP*, n°466, 24 mars 1831.

français, Benjamin Constant en tête, afin de condamner l'attitude et les prétentions de la chambre basse brésilienne[118]. Le partage de ce fonds commun brouillait le message des libéraux brésiliens, d'autant plus que ces libraires se sentaient plus légitimes dans leurs interprétations, en raison de leur passé : en France, Plancher fut l'éditeur attitré de Constant et, de façon plus occasionnelle, d'écrivains comme Lanjuinais, Pradt, Aignan (et Fouché !) ; au Brésil, il chercha donc à écouler son stock d'invendus : on note ainsi la corrélation existant entre la liste des ouvrages nés de cette activité éditoriale et les œuvres citées par le *Farol Paulistano*, en particulier les moins connues.

Le second malade semblait affaibli par la défaite, en 1826, du « parti portugais », hostile à l'indépendance du Brésil ; il demeurait cependant néfaste en raison de son âge et de son état d'esprit d'un autre siècle. En conséquence, ses origines devaient être salies pour mieux faire ressortir l'immoralité de sa condition. La prose bon teint de Sauquaire-Souligné dissipe les prétentions de la noblesse ancienne relatives au choix divin de sa race : la noblesse est une invention humaine, une convention peu à peu oubliée et pervertie par la vanité de ses membres cherchant à obtenir l'hérédité de leur rang[119]. Notre préférence va pourtant aux savoureux extraits du procès de Paul-Louis Courier[120], le pamphlétaire français mettant à jour la prostitution (au sens propre…) de la noblesse ancienne : exemples à l'appui, la fortune des grandes familles tient depuis toujours aux qualités de leurs filles dans le secret de l'alcôve des rois…

L'Empereur ne pouvait donc lui-même échapper à ce contrôle. Sous l'égide du baron d'Holbach, le *Farol Paulistano* lui rappelle ses devoirs : il s'agit en premier lieu d'obéir à la *même morale* que les autres et d'y attacher plus de respect, ses actions s'avérant plus voyantes en raison de sa position hiérarchique[121]. Les vertus de justice, d'économie et de retenue ne peuvent jamais être mises de côté, étant sources de crédit[122]. Le discours des Lumières, omniprésent, conforte l'analyse de Koselleck[123] : le lien entre morale et politique, une fois rétabli, implique pour le détenteur du pouvoir d'observer les lois éternelles découvertes et proclamées par la société, le plus souvent des postulats édictés par la nouvelle élite. Mais cette quête plonge

---

118 Voir ainsi *FP*, n°372, 3 août 1830, p. 1595-1596, où le rédacteur prend soin de dénoncer une mauvaise utilisation de Benjamin Constant, pris hors contexte, par le *Jornal do Commercio* dirigé par Plancher.

119 *FP*, n°354, 17 juin 1830, p. 1519-1520 (traduction de Martial Sauquaire-Souligné, *Le petit livre à quinze sols, ou la politique de poche*, 1818, tome XII, article » De la noblesse »).

120 *FP*, n°303, 4 février 1830, p. 1313-1315 (traduction du *Procès de Paul-Louis Courier, vigneron de la Chavonnière, condamné le 28 août 1821*, Paris, s. e., 1821, p. 7 et s.).

121 *FP*, n°408, 28 octobre 1830, p. 1740-1741 (traduction du baron d'Holbach, *La morale universelle ou les devoirs de l'homme fondés sur sa nature*, section 4e, chap. II : « Devoirs du souverain »).

122 Crédits moral et économique d'après les extraits, réunis en maximes, d'une œuvre d'Alexandre de Laborde, *De l'esprit d'association de tous les intérêts de la communauté* dans *FP*, n°98, 22 mars 1828, p. 404.

123 R. Koselleck, *Le règne de la critique*, *op. cit.*, p. 132-146.

aussi ses racines dans les périodes antérieures aux guerres de religion. Le comportement de l'Empereur doit être à la hauteur des modèles royaux français encensés par le journal : il doit faire preuve de droiture et de bonnes intentions à l'exemple du Henri IV dépeint par Say[124] ou du Louis XII décrit par Varillas[125] ; il doit prendre garde à ses actions néfastes et ne pas espérer s'en sortir sans peine au prix d'une repentance postérieure : l'acte de contrition de Louis VII n'a-t-il pas ensemencé la Guerre de Cent Ans[126] ?

Singulier Empire que celui du Brésil : son chef doit se conformer au plan dicté aux ministres de la religion chrétienne, accepter d'être limité par la loi et de gouverner par ses vertus, comme si l'époque en était encore aux miroirs des princes[127]... Et pour cause : le vrai modèle impérial n'a pas droit de cité. *La Minerve française* n'enseigne-t-elle pas que la domesticité de la cour est due à Constantin, parangon du *dominus* romain, une fois parvenu au terme de son entreprise d'absorption de tous les pouvoirs[128] ? N'en va-t-il pas de même des rois absolutistes, se laissant finalement distraire par leurs courtisans au point de légitimer des spoliations et de vider les caisses de l'État ? Jean-François Dauray de Brie devient l'improbable coryphée de ce groupe faisant l'éloge d'un Roi respectueux des lois et de Dieu, d'un chef sensible aux défauts de la réunion de tous les pouvoirs entre de mêmes mains[129]. Afin de prévenir une révolution et d'éviter toute crise politique et sociale, les nouveaux rois doivent se fier aux recommandations de Bourguignon d'Herbigny et ainsi « régner par d'autres principes et par d'autres mœurs », étant entendu qu'un « gouvernement constitutionnel est

124 *FP*, n°8, 28 mars 1827, p. 32 (extrait de J.-B. Say, *Petit volume contenant quelques aperçus des hommes...*).

125 *FP*, n°137, 9 août 1828, p. 570 (anecdote issue de l'*Histoire de Louis XII* par A. Varillas, racontant la punition infligée par le roi à un officier de maison ayant maltraité un laboureur).

126 Du moins si l'on en croit la curieuse anecdote liée au rasage de sa barbe présente dans *FP*, n°339, 6 mai 1830, p. 1460 (traduction tirée du *Nouveau dictionnaire d'anecdotes* par Cousin d'Avalon, publié en 1825).

127 « Il n'existe aucune vérité aussi bien démontrée par chaque page de l'histoire de tous les peuples du monde que celle-ci : les principaux, voire uniques, auteurs des crimes des peuples sont les mauvais gouvernements. [...] L'histoire moderne nous offre quatre règnes consécutifs en France, où tous les crimes et autres actes barbares furent pratiqués ; Henri IV apparaît : avec ce bon roi, la paix, la concorde et la vertu renaissent ! ! [...] Tous les hommes doivent être vertueux ; pour autant les gouvernants doivent l'être plus que les gouvernés : ils sont les *miroirs des peuples* [...] ». *FP*, n°100, 29 mars 1828, p. 409. Nous soulignons.

128 *FP*, n°55, 17 octobre 1827, p. 217-218 (traduction de l'article d'Aignan, « De la domesticité de la cour », in *La Minerve française*, vol. 8, 1819, p. 205-210 - le passage sur la perversion de la religion par Constantin est censuré).

129 *FP*, n°74, 22 déc. 1827, p. 299-300 (traduction de J.-Fr. Dauray de Brie, *Théorie des lois sociales*, Livre IV, chap. II) et *FP*, n°152, 1er oct. 1828, p. 629-630 (même traduction). Auteur d'un seul ouvrage publié en 1804, cet auteur français oublié fait curieusement autorité au Brésil. Il apparaît ainsi dans un opuscule édité en 1821 par Maciel da Costa faisant état des revendications brésiliennes auprès des *Cortes* constituantes portugaises (*Apologia que dirije á nação portugueza*, Coimbra, Imprensa da Universidade, 1821, p. 28) : cité aux côtés de Montesquieu, Rousseau, Burke, Montlosier et Constant, Dauray de Brie sert à exposer la bonne méthode de réforme d'un vieux peuple.

une révolution faite, écrite et mise en lois »[130]. Comme dans la France des Lumières, l'œuvre de l'historien anglais Thomas Gordon, citée d'après ses éditions françaises[131], fourbit les armes des opposants à l'absolutisme[132]. Les brèves du journal, multipliant les citations expresses de Raynal, Montesquieu ou encore du comte de Ségur, poursuivent le même but, en mettant le prince en garde contre l'isolement du pouvoir unique, seulement entouré de flagorneurs.

Le *Farol* exhorte ainsi le jeune empereur à la modération. Aucune attaque directe ne se rencontre avant les épisodes fatidiques de 1831, même si les doutes s'amoncellent : D. Pedro reste le héros libérateur à l'origine du cri d'Ipiranga, un empereur *constitutionnel* dont on célèbre chaque anniversaire[133]. Son goût notoire pour l'aventure devra toutefois se contenter des poèmes épiques de Camões : *Avec un nouveau Roi le peuple doit changer !* Un simple parangon de vertu ? La question préoccupe au plus haut point dans un Brésil en quête d'identité, se cherchant des héros à la moralité irréprochable[134]. L'Empereur se devait donc d'être l'architecte puis le miroir de son pays. Mieux : un « roi philosophe »[135] illuminé par l'opinion publique interprétée par les journaux[136]. Or, D. Pedro va décevoir cruellement. D'une part, il ne va pas réussir à incarner ce modèle de vertu, tant dans sa vie privée[137] que dans sa vie publique : débordé par les nobles, il finit par renvoyer un gouvernement libéral afin de nommer, au début de l'année 1831, le « ministère des marquis » fort éloigné de l'électorat. D'autre part, l'Empereur ne parvient pas à détourner son regard de l'ancienne métropole où les événements s'enchaînent. En 1826, la mort de son père le mène légalement au trône du Portugal sous le nom de D. Pedro IV, en raison d'un oubli juridique majeur du Traité de paix et d'alliance du 29 août 1825 conclu entre les deux pays lusophones : la branche « brésilienne » de la Maison de Bragance n'avait pas renoncé à ses droits sur la Couronne du Portugal… Après

130 *FP*, n°83, 26 janvier 1828, p. 341-342 (traduction de P. Bourguignon d'Herbigny, *La Revue politique de la France en 1826*, Paris, Dupont et Cie, p. 49-54).

131 Voir E. Gasparini, « Essai sur la réception de l'œuvre de Thomas Gordon dans la France des Lumières », in *La Révolution française. Cahiers de l'Institut d'histoire de la Révolution française*, n°5, 2013 (en ligne).

132 En particulier ses *Discours historiques, critiques et politiques sur Tacite*, œuvre très souvent traduite.

133 Voir, par exemple, le panégyrique présent dans *FP*, n°54, 13 octobre 1827, p. 213 à l'occasion de ses 29 ans.

134 Voir A. Enders, *Plutarque au Brésil. Passé, héros et politique* (1822-1922), Paris, Les Indes savantes, 2012.

135 Point d'Aristote ou de philosophes des Lumières : il revient à Étienne de Jouy le soin de glorifier les règnes des plus sages monarques de l'histoire, ceux des Antonins. *FP*, n°271, 14 nov. 1829, p. 1195 (traduction de *La morale appliquée à la politique*, Livre XIII, chap. IV). Pour rappel, plusieurs Antonins sont originaires de la péninsule ibérique.

136 *FP*, n°184, 28 janvier 1829, p. 784 (extraits manipulés de G. de Staël, *Considérations sur la Révolution française*, IIIe partie, chap. II).

137 Voir A. Enders, *Nouvelle histoire du Brésil*, Paris, Chandeigne, 2008, p. 125.

l'octroi de la Charte portugaise, D. Pedro abdique au profit de sa fille encore mineure, la reine D. Maria II. Mais l'usurpation du trône par son frère, l'absolutiste D. Miguel, ranime l'esprit romantique de D. Pedro et le désir des Portugais, restés ou émigrés au Brésil, de le voir revenir dans « son » pays afin de le libéraliser. Le *Farol* relate, de façon à la fois désemparée et outrée, l'agitation de ces Portugais de Rio lors de la *Noite das Garrafadas* (« nuit des bouteilles brisées »), les clameurs de la foule, criant allègrement « Vive D. Pedro IV ! », n'ayant pu être étouffées[138]. Son départ pressenti et son rejet, perçu comme une injure, du projet brésilien[139], expliquent sans peine le ton acrimonieux des adieux à l'Empereur sous les auspices du baron de la Brède :

> Que l'ex-Empereur emporte donc avec lui ses courtisans et *l'honneur ou les honneurs de la monarchie tempérée* de Montesquieu, et qu'il nous laisse le soin de travailler le sol américain afin d'y planter la *vertu* qui est le principe des démocraties ; nous nous porterons mieux avec cette dernière et il importe peu que la fonction de premier magistrat de la Nation soit ou non héréditaire. Il nous reste encore beaucoup à faire pour démonarchiser[140].

Tout ceci tend à minimiser l'importance de la prérogative impériale. Le dépouillement offre même un résultat curieux : un voile est jeté sur la question essentielle du pouvoir modérateur du chef de l'État. Aucune traduction d'auteurs français, pourtant féconds sur ce thème[141], ne s'insère dans des pages esquivant souvent le sujet. Certes, les extraits lui recommandant de se placer au-dessus des partis ne manquent pas, attitude devant s'exercer dès l'enfance conformément au mémoire de Montlosier adressé au comte de Villèle[142]. Mais il ne saurait endosser un quelconque pouvoir *conservateur*[143] : interdiction lui est faite de censurer ou d'influer les pensées, encore moins

---

138 *FP*, n°468, 29 mars 1831 et n°469, 31 mars 1831.

139 Sur ce thème et sur le contenu du Traité du 29 août 1825, voir M.-J. Ferreira, *Le Brésil indépendant et le Portugal 1822-1922. Normalisation politique, liens culturels et migrations*, Paris, L'Harmattan, 2012, p. 68-72.

140 *FP*, n°483, 5 mai 1831, p. 2046. Il souligne. L'auteur emploie le néologisme *desmonarchisar*, sans doute emprunté au célèbre discours de Mirabeau. Si le mot n'a pas survécu, il reflète bien l'air du temps : Bonald l'utilisa sans relâche afin de caractériser le programme de la faction révolutionnaire. Le rédacteur pauliste ne saurait pour autant prêter son appui à la création d'une République fédérale désirée par le camp des « exaltés » ; démonarchiser a ses limites…

141 Voir O. Ferreira, *Le pouvoir royal (1814-1848). A la recherche du quatrième pouvoir ?*, thèse, droit, UPEC, 2010.

142 *FP*, n°101, 2 avril 1828, p. 416 (traduction issue du *Mémoire à M. le comte Villèle* de 1827).

143 Suivant le propre refus de Constant : « Le pouvoir préservateur, tel que nous l'entendons, n'est donc ni un pouvoir stationnaire qui frapperait d'immobilité l'organisation sociale, ni un pouvoir conservateur qui s'exercerait en faveur d'une masse d'opinions quelconques. Le pouvoir préservateur n'a aucune relation avec les individus ; il n'entrave en rien la progression individuelle ; il ne consacre aucune opinion, mais en préservant de leurs froissements réciproques les différentes branches du gouvernement, il contribue au bonheur et au perfectionnement des gouvernés, comme l'architecte qui raffermit tour à tour ou corrige les diverses parties d'un édifice contribue au bonheur de ceux qui l'habitent, sans gêner leur indépendance, mais en garantissant leur sûreté ». *Fragments d'un ouvrage abandonné sur la possibilité d'une constitution républicaine dans un grand pays*, Paris, Aubier, 1991, p. 417.

de critiquer les opinions émises par les députés de la nation[144]. Les rares débats de fond sur le pouvoir modérateur, dont les plus importants ont lieu après l'abdication, laissent entrevoir une lecture attentive de Benjamin Constant : ils réclament en effet l'adéquation de la Constitution brésilienne et de la théorie du libéral de Coppet, en faisant cesser la double fonction impériale, à la fois pouvoir modérateur et chef du pouvoir exécutif[145], clairement inspirée par Lanjuinais.

Comparé à un « Président de la République » (*sic*), l'Empereur devra se contenter d'exercer un pouvoir régulateur, chargé de veiller au respect d'une Constitution assimilée à un mécanisme. Il est effacé des luttes partisanes mais n'a pas à les arbitrer, d'où l'abrogation de son droit de sanction, « une de ces choses qui peuvent à peine se tolérer dans les vieilles monarchies d'Europe »[146], et une lecture restrictive de ses attributions[147], destinée à préserver l'existence même d'un pouvoir en sursis. Désormais exclu du gouvernement, il saura écouter le vœu de l'opinion et requérir, le cas échéant, le jugement de l'électorat pour décider du sort de la majorité parlementaire.

Or, d'où provient l'opinion publique ? Des provinces, utiles compléments de la capitale, par l'intermédiaire bien senti de la presse[148]. Car, arrivé au terme de son existence, le journal pauliste l'affirme fièrement : l'éducation des Brésiliens est désormais accomplie, la « marche de l'administration et des affaires publiques » n'échappant plus à cette « portion d'hommes libéraux » présente dans tous les recoins du pays[149]. Il aurait été plus juste de parler d'une classe happée par la politique, désireuse de réagir en devenant une puissance conservatrice à même de pérenniser un modèle économique et

144 *FP*, n°393, 23 septembre 1830, p. 1681. L'article réagit vivement aux admonestations présentes au sein du discours du trône. La réponse est vive : il n'appartient pas au pouvoir modérateur de « corriger les Représentants du Brésil réunis en Assemblée générale », et plus généralement de leur faire des réprimandes et autres censures.

145 *FP*, n°495, 7 juin 1831, p. 2094. Rappelons que le Pouvoir modérateur a failli être supprimé par la Régence.

146 *FP*, n°484, 7 mai 1831, p. 2049.

147 *FP*, n°411, 4 novembre 1830, p. 1752 : le Pouvoir modérateur n'a pas à intervenir en cas de désaccord entre les deux chambres, l'opposition ne concernant pas deux pouvoirs, mais deux branches d'un même pouvoir.

148 « […] dans la crise actuelle où se trouve le Brésil, crise militaire, crise financière, crise commerciale, il nous paraît impossible […] que la ministère cesse d'obéir à l'opinion publique, […] opinion publique qui ne provient pas seulement de Rio de Janeiro, mais de toutes les Provinces. Et si le ministère se révèle aveugle ou téméraire à ce point, […] nous sommes certains que le remède du pouvoir modérateur, logeant dans les mains de notre Généreux Monarque, s'appliquera. Dans une telle hypothèse, il destituera ce ministère et, une fois connu le Vote National, formera un ministère digne de ce nom, digne du Brésil, capable d'écouter et d'obéir à l'Opinion Publique […] ». *FP*, n°127, 5 juillet 1828, p. 522 (signé Le Rédacteur).

149 *FP*, n°484, 7 mai 1831, p. 2050.

social assurant sa fortune. Si le *Farol Paulistano* s'inspire de la *Minerve française*, il n'en oublie pas de défendre avant tout les intérêts d'un lectorat bien délimité.

La Minerve brésilienne : un *palladium* de la liberté d'une classe

« Les constitutions libres ont pour objet de détrôner la force, et de faire régner la justice »[150]. En reprenant l'aphorisme du chef des doctrinaires, le journal pauliste prolonge aussi l'hommage rendu lors des prémices de son existence aux « champions de la liberté, ou libéraux » que sont pour lui Benjamin Constant, Lanjuinais, l'abbé de Pradt, Destutt de Tracy, Royer-Collard, Daunou, La Fayette et le baron de Gérando[151]. Au plus près de l'actualité, les notices nécrologiques de ces « défenseurs zélés des libertés publiques »[152] témoignent d'une véritable émotion[153]. Certes, la plus vive surgit à l'annonce de la mort de Canning ; mais cela doit beaucoup à Charles Dupin, le père de Dupin aîné : son appel à la souscription d'une médaille en hommage au chef du gouvernement *tory*, frappée de la devise « Liberté civile et religieuse dans tout l'univers », traversa l'Atlantique[154]. En France, *L'Ami de la Religion et du Roi* raillait avec ironie la voix dolente de Dupin, sûr des larmes versées par toutes les nations de la Terre[155] ; le Brésil éclairé, pour sûr, se lamentait.

Ce goût pour la France place même l'idiome portugais dans le sillage de la langue de Corneille. De prime abord, il paraît difficile de comprendre la réprimande adressée à un opposant politique quant à l'emploi des mots *mensagem* (message) et *mensageiro* (messager) en droit constitutionnel sur la base des définitions du Dictionnaire de l'Académie française[156] ! Certes, il s'agit de démontrer que le vocabulaire constitutionnel d'avant la Révolution

---

150 *FP*, n°365, 17 juillet 1830, p.1568 (trad. tirée du discours de Royer-Collard à la Chambre des députés, 28 mai 1820).

151 *FP*, n°4, 28 février 1827, p. 15. Suivent aussi quelques auteurs anglais, tels Bentham, Burdett, Canning ou Holland ; toutefois, à l'exception du premier, bien aidé, quoique trahi, par Étienne Dumont (cf. F. Rosen, « 'You have set me a strutting, my dear Dumont' : la dette de Bentham à l'égard de Dumont », in E. de Champs/J.-P. Cléro (dir.), *Bentham et la France. Fortune et infortunes de l'utilitarisme*, Oxford, SVEC, 2009, p. 85-96), ils ne seront jamais traduits.

152 *FP*, n°69, 5 décembre 1827, p. 274.

153 *FP*, n°31, 26 juillet 1827, p. 123 : « La France a perdu cette année trois hommes recommandables par leurs talents, leurs vertus et leur patriotisme : le comte de Lanjuinais, le duc de La Rochefoucauld et M. de Girardin ». *FP*, n°63, 14 novembre 1827 : mort du libéral Manuel, ce « citoyen distingué ». *FP*, n°459, 5 mars 1831 : annonce du décès de Constant, accompagnée d'une traduction de ses dernières paroles à la tribune de la Chambre des députés.

154 *FP*, n°66, 24 novembre 1827, p. 263 (traduction de la lettre de Charles Dupin).

155 *L'Ami de la Religion et du Roi. Journal ecclésiastique, politique et littéraire*, n°1358, 15 août 1827 (tome 53, p. 16).

156 *FP*, n°18, 6 juin 1827, p. 72.

française ne correspond plus à ce qu'il est devenu après. Mais cette polémique seconde néanmoins une thèse profonde assise sur Domat et Rivarol : l'existence d'un langage juridique universel conçu à partir du français, autoproclamé langue du Droit de l'Europe des XVIIIe et XIXe siècles[157]. La Faculté de Droit de São Paulo abrite ainsi un cours de français, classé au rang de « doctrine préparatoire aux sciences sociales »[158], ce qui explique les polémiques déjà rencontrées sur son enseignement. Dans ces conditions, les élections en France sont suivies avec attention. Impossible de s'étonner devant l'enthousiasme saisissant le rédacteur brésilien au moment de divulguer le résultat du scrutin scellant le sort du ministère Villèle. Il importe en revanche de noter le soin porté à la présentation des nouveaux députés parisiens encore inconnus au Brésil (en l'occurrence, le baron Louis et M. de Schonen), étant entendu que les Laffite, Casimir Périer, Constant, Dupont ou encore Royer-Collard n'ont pas besoin de l'être « car leur réputation, déjà justement acquise, est universelle »[159] ; cette nouvelle chambre aura un auditoire international[160].

La portée de ce discours humaniste et universaliste trouvera cependant vite ses limites, forgées par une animosité récente prolongeant la critique de l'influence des autorités du droit savant dans le Portugal médiéval[161]. D'une part, il faut se résoudre à admettre les différences existant entre le Brésil et l'Europe, en commençant par la distance séparant leurs droits politiques respectifs. À la suite des remarques critiques des lecteurs du journal[162], les traductions d'auteurs français seront bientôt introduites par toute une série de justifications, en prouvant par exemple l'adaptabilité d'un couplet de

157 A. Desrayaud, « De la sûreté à la citoyenneté : l'accessibilité du Code civil de 1804 », *RTDciv.*, 2012-4, p. 680-681.

158 *FP*, n°164, 15 novembre 1828, p. 687 (selon les termes d'un lecteur alarmé par la durée de vacance du cours).

159 *FP*, n°82, 23 janvier 1828, p. 335-336.

160 *FP*, n°105, 19 avril 1828, p. 430 : « Cette nouvelle chambre sera l'organe de la volonté nationale, elle sera écoutée du monde entier ; parce que l'influence des discours libéraux des Pradt, des Dupin et des Royer-Collard volera d'un monde à l'autre : l'Amérique accueillera cette impulsion électrique qui stimulera sans doute sa vie et son activité politique ».

161 Voir O. Ferreira, « Le Code civil portugais de 1867 : un code « français » ou un « anti-code » français ? Éléments de réponse à travers la doctrine de son rédacteur : Antonio Luis de Seabra », *Revue historique de droit français et étranger*, 2014, n°1, notamment p. 81-91.

162 *FP*, n°103, 12 avril 1828, p. 423 : « En étant plus raisonnable dans la discussion, personne ne tenterait de commenter et d'alourdir notre Constitution au moyen des opinions de Raynal, Alciat, Montesquieu [...]. Notre droit constitutionnel ne peut être altéré par des cas d'espèce étrangers, ni par les opinions de docteurs : il est défini dans notre loi fondamentale et consolidé par notre serment ; le mélanger à des doctrines étrangères revient à le fragiliser et à le perdre, comme l'ont fait nos jurisconsultes à propos du droit civil, après avoir trahi le sens de nos lois en usant des opinions d'Accurse et de Bartole ». Accurse et Bartole furent les grands sacrifiés de la « loi de la bonne raison » de 1769.

Lanjuinais sur la liberté religieuse à la Constitution de 1824[163]. D'autre part, le nationalisme brésilien va vite rattraper le journal pauliste et son lectorat lassé par les nouvelles de l'étranger[164], sauf au moment de la révolution de Juillet. L'événement déterminant a lieu en 1830, au moment de l'assassinat de Libero Badaró, devenu martyr de la cause libérale : ce médecin italien, installé à São Paulo à l'invitation de Costa Carvalho, collabora au *Farol Paulistano* avant de fonder son propre journal, *O Observador Constitucional*[165]. Ses derniers mots résonnaient avec l'épigraphe du périodique : « Un libéral meurt, mais la liberté ne meurt pas » ; mais le message va surtout attiser le nationalisme brésilien face aux Européens de la cour, eux qui exprimaient des critiques à l'encontre de la bourgeoisie « autochtone ». Assises sur une philosophie de l'histoire annonçant l'ère des classes « moyennes »[166], les prétentions du journal pauliste veillent surtout à satisfaire le programme de l'oligarchie foncière dominant la ville.

Par conséquent, les écrivains français serviront une cause générale conforme à leur idéal, la liberté en tout, mais aussi une cause particulière, pas forcément partagée à l'origine. Les principes de politique applicables à tous les gouvernements rencontrent le frein de l'ordre public brésilien. Les garanties individuelles se heurteront aux sursauts nationalistes d'une élite cherchant à concurrencer l'État en accaparant la souveraineté.

Principes de politique applicables à (presque…) tous les gouvernements

À en croire les commentateurs brésiliens, le programme commun des journaux libéraux s'avère lâche : d'inspiration lockéenne, il viserait à protéger les droits de l'homme et les contours du pacte social fondé sur la séparation des pouvoirs et des institutions représentatives, par opposition à un jusnaturalisme aristotélico-thomiste[167]. Une telle lecture, disons-le tout net, ne tient pas. Au long du XIXe siècle, Portugais et Brésiliens refuseront toute opposition manichéenne, à l'image de Silvestre Pinheiro Ferreira,

---

163 *FP*, n°108, 30 avril 1828, p. 439-442 (traduction de Lanjuinais, *Constitutions de la nation française*, Livre II, chap. VI, précédée par cette note du traducteur : « L'auteur de cet article, le comte de Lanjuinais, parle de la Constitution actuelle de la France qui, en matière de tolérance religieuse, est très semblable à la Constitution du Brésil : dans cette partie, les réflexions de l'auteur peuvent s'appliquer à nos circonstances »).

164 *FP*, n°110, 7 mai 1828, p. 453 (courrier des lecteurs).

165 L. Secco/M. Deaecto, « A São Paulo de Libero Badaró », in *Notícia Bibliográfica e Histórica*, 2003, p. 151-178.

166 *FP*, n°115, 24 mai 1828, p. 470 (morceaux choisis du discours du 1er mars 1821 du général Foy).

167 M. Basile, « Projetos de Brasil e construção nacional na imprensa fluminense (1831-1835) », in M. Morel *et alii* (dir.), *História e Imprensa : representações culturais e práticas de poder*, Rio de Janeiro, Faperj, 2006, p. 64-65. Cela se concilie avec un extrait de J. Gorani (*Recherches sur la science du gouvernement*, chap. LVIII : De la liberté), traduit dans le *FP*, n°105, 19 avril 1828, p. 428-429 : tout gouvernement doit se fonder sur les droits naturels de l'homme.

soucieux d'insérer Locke dans la continuité d'Aristote. En apparence, les deux pays semblent certes attachés au jusnaturalisme moderne glorifié par la loi du 18 août 1769, dite « loi de la bonne raison », du marquis de Pombal ; d'ailleurs, le cours de droit naturel, institué par la réforme des statuts de l'Université de 1772, s'appuiera jusqu'en 1843 sur les *Positiones de lege naturali in usum auditorum* du professeur de droit naturel de Vienne, Karl Anton von Martini, un disciple de Wolff[168]. Les contrées lusophones vont néanmoins forger une philosophie du droit *sui generis* en se révélant adeptes de l'éclectisme, avec malgré tout un goût prononcé pour l'Idéologie et la philosophie kantienne ; un attrait formant en conséquence un terreau favorable à l'implantation du krausisme au Portugal et au Brésil à travers la relecture, elle-même éclectique, de Vicente Ferrer Neto Paiva[169]. En tant que fers de lance, la ville de São Paulo et sa toute neuve *Academia de direito* fortifieront cette tendance[170], avant d'être supplantées par l'École de Recife. L'un des premiers représentants de cette mouvance au Brésil, bien qu'il soit originaire du Portugal et ait fait ses études à Coimbra, se nomme José Maria de Avelar Brotero, titulaire de la chaire de droit naturel de l'*Academia de direito* depuis le décret du 12 octobre 1827[171]. Son allocution d'ouverture à la Faculté de droit et parfois ses cours font l'objet de retranscriptions voire de commentaires dans le *Farol Paulistano*[172], absorbé par le développement intellectuel de la jeunesse de la ville. Les leçons de Brotero sont dans un premier temps accueillies favorablement par ce journal, peu réfractaire à l'utilisation immodérée d'auteurs français (Destutt de Tracy, Cabanis, Condillac, Mably, Helvétius, Buffon, Bichat, Barthez...). Cet éclectisme, visant surtout à concilier le sensualisme de Condillac, l'idéalisme des libéraux brésiliens et ce mysticisme propre à la matrice catholique portugaise, souvent peu tolérante, va malheureusement aboutir à sa déchéance nationale et au silence du *Farol* sur toute question relative à la philosophie du droit. Tenu légalement de publier son cours de droit naturel à l'issue de sa première année d'enseignement, Brotero signe un ouvrage immature, vertement critiqué à la Chambre des députés en raison de son caractère touffu rempli de notes de bas de page (la plupart en français) et des doutes exprimés quant à l'existence de Dieu. Ce livre aurait dû être le manuel officiel du cours de

---

168 Voir O. Ferreira, « Le Code civil portugais de 1867 : un code « français » ou un « anti-code » français ? », art. cité, qui, à la différence du présent article, traite longuement de philosophie du droit.

169 Sur cette introduction de la philosophie du droit de Krause et surtout d'Ahrens dans les pays lusophones, un canal de diffusion fort différent du cas espagnol abreuvé par le plagiaire Sainz del Rio, voir M. Cl. Calheiros, *A filosofia juridico-politica do krausismo português*, Lisbonne, ICNM, 2006.

170 M. Reale, *Filosofia em São Paulo*, São Paulo, Grijalbo, 1976, p. 16-19.

171 Sur Brotero, voir A. L. Machado Neto, *História das Idéias Jurídicas no Brasil*, São Paulo, Grijalbo, 1969, p. 15-42 et M. Reale, *Filosofia em São Paulo, op. cit.*, p. 63-91.

172 *FP*, n°94, 8 mars 1828, p. 387-390 (discours de rentrée) ; *FP*, n°258, 15 octobre 1829 (cours de droit des gens).

droit naturel dans les universités brésiliennes ; mais il n'atteindra pas ce statut, remplacé par une œuvre assez médiocre de Jean-André Perreau (*Éléments de législation naturelle*), largement copiée de Burlamaqui.

En ne disant mot sur cet événement, après avoir pourtant rendu grâce à l'auteur pauliste de ce *compendium*, le *Farol* ne peut cacher sa gêne, préférant dès lors se recentrer sur un discours libéral plus lisse, professant régulièrement son affection patriotique[173] et son amour de la liberté[174]. Cette dernière ne saurait toutefois se confondre avec la licence, représentation symbolique du pouvoir arbitraire et déréglé transposé à la vie privée. En s'appuyant sur une traduction du baron d'Holbach, sa définition de la liberté s'inscrit donc dans une logique typique des premiers feux de la Révolution française en entérinant une liberté indissociable de l'obéissance aux lois positives, sans pour autant perdre de vue la raison et l'équité naturelle[175]. Loin d'être un acquis, ce bienfait doit être régulièrement entretenu : l'extrait traduit du baron français se focalise en effet sur l'Antiquité, sur cette *libertas*, synonyme de garantie juridique individuelle, perdue par les Romains faute d'en comprendre la nature. La critique en appelle effectivement une autre : le sacrifice de la *libertas* sur l'autel de la *securitas* promise par les empereurs romains aux classes populaires, démontre le risque d'une confusion entre liberté et égalité, mais aussi le danger d'une oreille sourde aux revendications sociales. La vraie liberté implique donc de se conformer aux lois, à la fois gage de sécurité pour les citoyens[176] et remède à l'inégalité naturelle des hommes, dans l'espoir de détourner les prisonniers de la précarité de la voie de la violence gratuite, de l'ochlocratie et, à terme, de la tyrannie. La masse ne saurait néanmoins comprendre où se situe son véritable intérêt. Comme l'enseigne le général Foy[177], la monarchie doit rester le gouvernement du Roi et de la majorité, ce qui ne signifie pas la majorité ***numérique*** : la Constitution brésilienne consacrait la distinction entre citoyens actifs et passifs, sans soulever d'objection de la part du *Farol*. Entendue trop largement, la souveraineté du peuple s'apparente en effet à une erreur des partis du

---

173 *FP*, n°42, 1er septembre 1827, pp. 166-167 (trad. de l'abbé Barthélemy, *Traité de Morale*, chap. « De la patrie »).

174 Ces manifestations s'appuient fréquemment sur des auteurs français. En voici deux exemples : *FP*, hors série, 7 septembre 1828, p. 3 (traduction de la lettre XIV de *Delphine* de la baronne de Staël) ; *FP*, n°262, 24 octobre 1829, p. 1161 (traduction d'un extrait du Discours VI de *La politique naturelle* du baron d'Holbach).

175 *FP*, n°260, 20 octobre 1829, p. 1151-1152. L'extrait traduit est issu du chapitre III du *Système social*. Mais d'autres auteurs français, plus ou moins connus, sont traduits dans le même but, à l'image de François Morel et de François de Laplace (*Leçons de littérature et de morale*, VIIe division), dans *FP*, n°252, 1er octobre 1829, p. 1121, ou encore de Paul-Louis Courier (Lettre X au rédacteur du *Censeur*, 10 avril 1820), dans *FP*, n°303, 4 février 1830, p. 1316.

176 Synonyme d'ordre comme le dit Dunoyer (*L'industrie et la morale considérées dans leurs rapports avec la liberté*, chap. I, §5), traduit dans *FP*, n°325, 30 mars 1830, pp. 1401-1402 et n°327, 3 avril, p. 1410.

177 *FP*, n°271, 14 novembre 1829, p. 1196 (collection d'aphorismes issus des *Discours du général Foy*).

progrès et de nombreux articles tirés des lectures de Sismondi[178] ou des épisodes révolutionnaires français et anglais[179] servent à le rappeler. En somme, si D. Pedro vilipendait l'ochlocratie des journaux, dans la lignée d'une assimilation porteuse née sous la plume des ultraroyalistes en France, le *Farol* préfère censurer le versant faubourien de cette caricature de la démocratie décrite par Polybe.

Liberté et égalité ne sauraient toutefois être cloisonnées ; si la *Minerve française* contribue à démontrer que la liberté se fonde sur la justice et l'*isonomia*[180], l'argument décisif est apporté par Benjamin Constant, à travers sa définition aristotélicienne de l'égalité tirée de son *Commentaire sur l'ouvrage de Filangieri* (chap. IV)[181]. Dans ce paragraphe intitulé « L'esprit public est perverti par la manie de l'égalité », le libéral de Coppet affichait sa préférence pour une égalité géométrique, liée à la justice distributive et donc limitée au droit, par opposition à une définition large emportant l'absence de toute différence sociale.

La cible première s'identifie donc aisément : la noblesse de cour ne peut préserver, encore moins étendre, ses privilèges injustifiés. Le *Farol* invite ainsi le sénat brésilien à s'inspirer de l'attitude de la chambre haute française, en l'incitant à voter la proposition de loi mettant un terme au droit d'aînesse[182]. Le journal brésilien s'inspire ici d'un épisode célèbre de la vie parlementaire de la Restauration : soucieux de reconstituer une véritable noblesse, censée servir d'appui au trône, Charles X et Villèle tentèrent en 1826 de réintroduire un substitut au droit d'aînesse. Parmi les dispositions du projet, figurait notamment l'idée que la quotité disponible formerait désormais un préciput légal attribué à l'aîné, sauf disposition contraire du testateur, renversant ainsi le système du Code civil de 1804. Ce préciput légal comprendrait des immeubles et, seulement à défaut, des biens meubles. La tentative fut repoussée par la chambre des pairs : les libéraux, tel Victor de Broglie, présentèrent le projet sous les traits d'un « manifeste contre l'état actuel de la société »[183], faisant en outre valoir l'inconstitutionnalité du projet dans la mesure où l'article 1er de la Charte consacre l'égalité des Français « devant la loi, quels que soient d'ailleurs leurs titres et leurs rangs ».

---

178 *FP*, n°331, 17 avril 1830, pp. 1426-1428 et n°332, pp. 1429-1430 (traduction du début de l'art. « Revue des efforts et des progrès des nations durant les 25 dernières années », par Sismondi, paru dans la *Revue encyclopédique*, vol. 25).

179 Par l'entremise de Sauquaire-Souligné (trad. des *Trois règnes de l'histoire d'Angleterre*, Livre V, §1), dans *FP* n°2, 14 février 1827, p. 6-7 : le peuple n'a jamais exercé la souveraineté, condamné à la transférer ou à en être dépouillé.

180 *FP*, n°131, 19 juillet 1828, p. 544. Traduction de l'article « Nouvelles littéraires » (à propos d'un livre de M. Forbin), par Antoine Jay (*Minerve française*, tome VI, mai 1819).

181 *FP*, n°173, 17 décembre 1828, p. 732.

182 *FP*, n°236, 8 août 1829, p. 1051.

183 *Archives Parlementaires*, 2e série, tome XLVI, p. 255.

Or, si la France se contenta de repousser un projet perçu comme inconstitutionnel, le Brésil était convié à conformer ses droits civil et pénal à son droit politique. Sa Constitution libérale de 1824 établissait certes l'égalité des droits, mais son droit privé s'appuyait encore sur les *Ordenações* Philippines de 1603 : ce recueil juridique ne pouvait plus être en phase avec son temps, ce d'autant plus qu'il s'agissait déjà d'une mise à jour des *Ordenações* manuélines de 1521, elles-mêmes limitées à une actualisation des *Ordenações* alphonsines de 1446. La place accordée à l'enseignement du français dans les Facultés de Droit se fait ainsi au nom de la modernité et au détriment du droit romain : Justinien, assimilé à un despote oriental et conséquemment couvert d'opprobre, contamine ainsi ses compilations. Cette thèse se nourrit auprès des canaux de diffusion ayant irrigué le Portugal des suites de la « loi de la bonne raison » : bientôt renforcée par l'autorité de jurisconsultes français d'obédience libérale à l'instar d'Ortolan, elle justifie le rejet de l'étude du droit romain dans les cursus juridiques au Brésil, du fait de son incompatibilité avec la liberté[184]. Une attaque du même ordre vise les docteurs *in utroque*, à l'origine du travestissement du droit portugais, et l'ensemble des hommes de lois, auxiliaires historiques de la tyrannie[185]. Ces affirmations, popularisées par la Révolution française, s'appuient sur Alphonse Bérenger : l'extrait choisi, puisé dans le discours préliminaire de son traité *De la justice criminelle en France d'après les lois permanentes*, rehausse l'importance des « lois secondaires » déterminant l'exercice des droits prévus par la Constitution, notamment en droit criminel. La discussion d'un code pénal au parlement brésilien conforte le rédacteur dans sa sélection :

> À notre sens, nous pouvons, sans la moindre injustice, appliquer à notre pays ce que dit ce sage auteur à propos de la France dans ce passage reproduit ci-dessus. Que nos lecteurs se laissent pénétrer par cette vérité, qu'ils assemblent la machine de notre constitution avec des roues appropriées. Dieu souhaite que le Code criminel voie la lumière à l'issue de la présente session parlementaire, et que soit proscrit pour l'éternité le Livre V des *Ordenações*[186].

Les auteurs français servent communément à soutenir des thèses parfois osées, en s'efforçant d'esquiver les accusations de partialité. À ce

---

184 *FP*, n°474, 14 avril 1831, p. 2009-2011.

185 *FP*, n°148, 17 septembre 1828, p. 615 (trad. de Bentham, *Essais sur la situation politique de l'Espagne*, lettre 2nde). Étonnamment, ce passage piquant de la *Minerve française* n'a pas été récupéré par le *Farol :* « La résistance des privilégiés à la constitution s'explique tout naturellement par leur intérêt ; mais quelle explication donner de celle des légistes ! Je n'en vois qu'une de plausible : leur amour du despotisme est un amour pur que, de siècle en siècle, ils ont hérité d'Appius et de la loi des Douze Tables ». Article d'E. Aignan in *La Minerve française*, t. VII, 1819, p. 205.

186 *FP*, n°232, 25 juillet 1829, p. 1027. Une chaire de droit romain sera finalement créée par le décret du 16 août 1851. La Faculté de droit São Paulo accueillera son premier titulaire en septembre 1854. Voir Moreira Alves, « Aspectos do ensino do direito romano na Faculdade de Direito de São Paulo durante o Império », in *Revista da Faculdade de Direito de São Paulo*, vol. 86, 1991, p. 9-43.

titre, et pour revenir ici à la lutte contre la noblesse, le comte de Lanjuinais est particulièrement prisé dans la mesure où son titre le met en dehors de tout soupçon[187]. En dépit de flottements rédactionnels[188], la fin de toute noblesse n'est pourtant pas le but fixé. Seule doit cesser la noblesse héréditaire, mais le mérite personnel peut jouir d'une reconnaissance, les pairs viagers étant jugés nécessaires au mécanisme constitutionnel[189] ; une récompense que ne refusera pas Costa Carvalho, le rédacteur du *Farol* devenant même baron en 1841, avant de finir marquis en 1854. Le Brésil doit seulement rompre avec les institutions portugaises et ne pas chercher à imiter les Français sur ce point : ces derniers n'ont conservé une pairie héréditaire, cette « vieille relique du gouvernement féodal », qu'en raison de la faiblesse de leurs législateurs qui « ont cédé aux préjugés de ces nations »[190].

En concluant l'exposé sur un éventail des différences entre le Brésil et les pays européens, le rédacteur renoue avec la théorie des climats de Montesquieu, invitant le législateur à se faire sociologue en prenant en considération les divers éléments singularisant son peuple, son territoire et son histoire. Derrière ce discours typique de la période post-révolutionnaire en Europe se dissimule pourtant, selon Rezende Martins, un atavisme brésilien fondé sur le diptyque nouveau/définitif[191]. Nous ne pouvons le nier pour les périodes récentes ; toutefois, cet atavisme puise, une nouvelle fois, aux sources françaises. Le philosophe de la Restauration, Hyacinthe Azaïs, distinguait, en chaque peuple et en tout individu, « un instinct de progrès, de développement, de plaisir, et un instinct de conservation, de prudence, de prévoyance », devant « l'un et l'autre [être] écoutés »[192]. La représentation nationale incarnera la nouveauté, en assumant la part qui lui revient de droit au sein d'institutions se revendiquant de la souveraineté de la Nation. Mais elle accompagne toujours un goût pour la modération, un dédain de tout

187 « La Constitution du Brésil serait contradictoire si elle établissait en même temps l'égalité des droits et une noblesse héréditaire : une chose exclut l'autre. Et Lanjuinais confesse que, dans la Charte française, ce sont ces deux éléments qui ne peuvent se combiner. Nous pourrions citer un autre auteur sur lequel nous reposer ; mais après réflexion, nous avons opté pour Lanjuinais : parce qu'il est comte, pair de France, et décoré de nombreux honneurs, il ne peut être taxé de partialité sur ce sujet, ni être qualifié de sans-culotte ». Article intitulé « A Constituição e a Nobreza », in *FP*, n°4, 28 février 1827, p. 14. Le mot *sans-culotte* apparaît en français dans le texte.

188 En traduisant un court extrait du *Nouveau journal de Paris* affirmant la caducité du titre de noblesse, le n°240 du 22 août 1829 (p. 1072) affiche une position plus extrême, éloignée de celle de Costa Carvalho. Ce dernier ne pouvait de toute manière assurer ses fonctions de rédacteur entre mai et septembre, étant retenu par ses fonctions de député.

189 *FP*, n°354, 17 juin 1830, p. 1520 (trad. de Sauquaire-Souligné, *Le petit livre à quinze sols*, art. « De la noblesse »).

190 *Ibid.* En France, l'hérédité de la pairie cessera avec la loi du 29 décembre 1831 que le *FP* n°407 anticipe déjà.

191 E. de Rezende Martins, « La révolution au Brésil : l'idée du nouveau et du définitif », art. cité.

192 H. Azaïs, *Principes de morale et de politique*, Paris, Boulland, 1829, p. 29.

esprit de système : s'il faut bien entendu marcher avec son siècle, elle veut du définitif, des institutions stables ayant fait leurs preuves, les éventuelles améliorations n'intervenant qu'avec le temps[193]. La meilleure illustration de cet état d'esprit se dissimule dans un intéressant article de droit constitutionnel comparé : le rédacteur du *Farol* établit un parallèle entre les libertés et les garanties offertes par la Constitution brésilienne de 1824 et celles contenues dans la nouvelle Charte française de 1830, afin d'endiguer les critiques des autres journaux du pays et les appels au renversement de régime[194]. Or, sans discuter la véracité de son contenu, le comparatif tourne à l'avantage du texte local. D'une part, les ajouts des « illustres réformateurs français » avaient déjà gagné leur place au sein de la législation brésilienne (libertés religieuse et individuelle ; droit de regard des chambres quant à l'usage des forces armées ; proposition de lois ; jury ; responsabilité des ministres ; conseils municipaux…). D'autre part, le Brésil dispose de garanties supplémentaires exclusives, en donnant pour exemple le veto suspensif, et non absolu, du chef de l'Exécutif ou encore l'existence de pairs viagers nommés par le peuple.

Prendre en compte l'esprit des siècles, par opposition à un esprit de système faisant figure de repoussoir, aboutit toutefois à une injustice balafrant pendant longtemps le Brésil : ce souhait d'une égalité devant la loi ne saurait en effet s'étendre aux personnes de couleur. Pire, un lecteur moderne du *Farol* finira sans doute par être indisposé par cette implacable accumulation de petites annonces, de loin les plus nombreuses, indiquant la capture, la fuite, la vente ou la location d'esclaves, décrits par le menu. Noir, métis, homme, femme, enfant, vieillard et même handicapé, rien ne nous est épargné, puisque tout s'achète et tout se loue ; l'arrivée par bateaux de nouvelles « cargaisons » permet d'identifier aisément les destinataires immédiats du journal. Le malaise est d'autant plus grand que de telles annonces côtoient de grands morceaux de la littérature humaniste professant l'unité du genre humain, et d'ailleurs repris avec emphase par le rédacteur du journal[195] ; rédacteur qui, rappelons-le, sera à l'origine de la fin de la traite négrière au Brésil en…1850. Car, en dépit des beaux discours fustigeant le « libéralisme nationaliste », le *Farol* n'échappe pas lui-même à cette critique : nationaliste, il l'est assurément, tant dans sa rupture avec les dominateurs du passé (portugais et « absolutistes ») que dans le désir de préserver un modèle

193 *FP*, n°431, 21 décembre 1830, p. 1836-1837 (en appui à un article traduit issu d'un journal français).

194 *FP*, n°460, 8 mars 1830, p. 1953-1955.

195 Ainsi, après avoir mentionné Bernardin de Saint-Pierre et son roman *Paul et Virginie*, il s'en prend aux personnes professant un « libéralisme nationaliste » qui ne peut être qu'un « demi libéralisme ». Pour le rédacteur, « le bien de l'espèce humaine est le point de mire des désirs de l'homme philanthropique, de l'homme libéral, bref de l'homme digne de ce nom, qui distingue l'œuvre majeure du Créateur ». *FP*, n°94, 8 mars 1828, p. 390.

brésilien fondé sur les grandes propriétés agricoles, sur le commerce extérieur et sur une main d'œuvre d'esclaves[196].

En regardant de plus près certains textes traduits, nous remarquons d'ailleurs une tendance très nette à la censure des passages susceptibles de troubler l'ordre public brésilien, nommément ceux récriminant l'esclavage ou, pire, louant la capacité de tous les hommes à participer à la vie publique. L'exemple le plus marquant[197] concerne la traduction de l'article de Sismondi intitulé « Revue des efforts et des progrès des nations durant les 25 dernières années »[198]. Précédé d'un éloge du rédacteur, ce texte, particulièrement long eu égard aux dimensions du *Farol Paulistano*, ne subit qu'une seule coupure expressément qualifiée « d'opportune »[199] : le paragraphe supprimé concerne Haïti et Saint-Domingue, Sismondi y saluant les fils de l'Afrique qui « ont prouvé qu'ils sont des hommes, qu'ils méritaient d'être libres, qu'ils savaient apprécier la lumière et la vertu ».

Ces mises à l'écart se justifient au nom du modèle économique et social brésilien, et plus encore pauliste, construit sur la base d'une utilisation extensive de l'esclavage. Dans les régions de Rio de Janeiro et de São Paulo, l'essor caféier devait aboutir à une explosion de la demande d'esclaves, principalement mobilisés pour la plantation et l'entretien de millions d'arbres[200]. Aussi, s'il est bien connu que les groupes dominant São Paulo ont eu à cœur de présenter la population de leur ville comme étant blanche et d'origine européenne[201], les statistiques démentent clairement ce postulat, lui-même mis à mal par la profusion des petites annonces mentionnées plus haut. La censure de Sismondi s'explique donc de façon évidente : sans elle, son discours pouvait potentiellement légitimer la constitution de *quilombos*, ces communautés libres agglomérant les esclaves en fuite, à l'origine de nombreuses révoltes dans le pays[202]. Il faudrait encore mentionner l'impact sur les élites brésiliennes de la manifestation des noirs et des mulâtres en 1824 à Recife, les chants alors entonnés faisant clairement référence à

196 Sur son nationalisme, voir A. D. Contier, *Imprensa e ideologia em São Paulo 1822-1842*, *op. cit.*, p. 43-46.

197 Nous en trouvons plusieurs, à l'instar de ce passage où Étienne de Jouy parle de « servitude des blancs » (en référence au joug du despotisme), avant d'enchaîner sur un plaidoyer pour l'abolition de l'esclavage des noirs. Cet extrait de la conclusion de *La morale appliquée à la politique* traduit par le *Farol* (n°133, 26 juillet 1828, p. 549) subit la censure sur le passage relatif aux noirs ; de même, la précision « des blancs » attachée au mot « servitude » est retirée.

198 Article traduit d'après sa publication dans la *Revue encyclopédique* (vol. 25, p. 17-41), sur pas moins de sept livraisons consécutives (n°331 à 337 du *FP*) dans le courant des mois d'avril et de mai 1830.

199 *FP*, n°337, 1er mai 1830, p. 1451, en note.

200 B. Bennassar/R. Marin, *Histoire du Brésil 1500-2000*, *op. cit.*, p. 222-227.

201 L. Vidal/T. R. De Luca, « Les Français au Brésil : enjeux historiographiques d'une présence oubliée », in L. Vidal/T. R. De Luca (dir.), *Les Français au Brésil XIXe–XXe siècles*, *op. cit.*, p. 14.

202 Justifiant l'intervention de l'armée, qui renforce ainsi son rôle de garant de l'unité territoriale. Voir C. Prost, *L'armée brésilienne. Organisation et rôle géopolitique de 1500 à nos jours*, Paris, L'Harmattan, 2003, p. 40.

l'insurrection de Saint-Domingue d'août 1791[203]. Le souci de ne pas s'opposer à un système développé par et pour la classe prépondérante explique d'ailleurs ce besoin de rassurer continuellement le lectorat de la revue quant à l'évolution des discussions parlementaires. Le périodique prend ainsi grand soin de démentir l'adoption d'un projet de loi de Feijó relatif au traitement « humain » des esclaves[204]. Son contenu semblait pourtant bien inoffensif, puisqu'il visait uniquement à tempérer le châtiment corporel, en imposant la présence d'un juge de paix et une limite de 30 à 40 coups de fouet par jour…

Les élites brésiliennes ne se contentent pourtant pas d'une mainmise sur la presse visant à minimiser voire à passer sous silence de telles informations ; quoi qu'elles en disent, elles ont nettement étendu leur influence aux affaires de l'État. D'une part, l'Empereur a toujours tenté de raisonner ses compatriotes en leur réclamant l'abolition de l'esclavage, quitte à montrer l'exemple en procédant à l'affranchissement de ses serviteurs immédiats[205]. Son programme reposait sur la substitution progressive des esclaves par une main d'œuvre bon marché en provenance d'Europe. Son activité journalistique appuyait ce combat : sous le pseudonyme de « philanthrope », D. Pedro apparente l'esclavage à un « cancer qui ronge le Brésil » et ose affirmer une vérité alors inconcevable, avant même la naissance de la « presse noire » en 1833[206] : « Je sais que mon sang est de la même couleur que celui des nègres »[207]. Cette initiative, restée vaine, justifiera l'analyse sarcastique de Charles Morazé : le pouvoir modérateur du chef de l'État ne servit, en pratique, qu'à rappeler aux députés leur obéissance aux barons du café et du sucre[208]. Une vérité d'autant plus évidente que D. Pedro dut tempérer l'une de ses prérogatives en admettant le décret du 11 avril 1829 empêchant à tout esclave condamné à mort

---

203 D. Rolland, *L'Amérique latine et la France. Acteurs et réseaux d'une relation culturelle*, PU Rennes, 2011, p. 33.

204 *FP*, n°125, 28 juin 1828, p. 514.

205 N. Macaulay, *Dom Pedro. The struggle for liberty in Brazil and Portugal 1798-1834*, Duke University Press, 1986, p. 147-149.

206 Son premier représentant, *O Mulato ou o Homem de Cor*, sera lancé à Rio en septembre 1833 : journal libéral, il défendait l'égalité civile de tous les Brésiliens, indépendamment de leur couleur. Le problème concernait les affranchis, toujours suspectés d'avoir fui leur maître : des cas d'espèce se trouvent dans le *Farol Paulistano*. Cf. H. Mattas, « Les couleurs du silence. Race et citoyenneté dans l'histoire du Brésil (XVIIe-XXIe siècles) », in S. de Almeida/A. Fléchet (dir.), *De la démocratie raciale au multiculturalisme. Brésil, Amériques, Europe*, Bruxelles, Lang, 2009, p. 29-30.

207 H. Vianna, *D. Pedro I, Jornalista*, *op. cit.*, p. 78-84 (articles publiés en 1822 et 1823).

208 « '*Pouvoir Modérateur*' ! C'est le pouvoir de rappeler à la majorité parlementaire qu'elle ne tient son autorité que de sa soumission aux ordres des seigneurs de la terre, des barons du café (ou du sucre, ou du coton). C'est le pouvoir de rappeler aux ministres que l'État n'est que façade fragile et que l'immense Brésil est voué à la dislocation si les chatouilleux pouvoirs de fait, locaux, sentent trop vivement l'emprise de l'administration de Rio ou, comme on disait, de la Cour ». Ch. Morazé, *Les trois âges du Brésil. Essai de politique*, Paris, Armand Colin, 1954, p. 81.

pour l'assassinat de son maître, de déposer un recours en grâce devant l'Empereur[209]. Faut-il donc s'étonner de lire, dans le numéro du 15 avril 1829 (curieux hasard), un extrait traduit de l'*Histoire romaine* de Louis-Philippe de Ségur démontrant le besoin d'une communauté d'intérêts entre le gouvernement et son peuple, en recommandant vivement aux princes de se mettre au même niveau que les autres[210] ?

D'autre part, la fin de la traite négrière n'aurait pas dû attendre la loi du 4 avril 1850, puisque pas moins de deux traités internationaux enjoignaient au Brésil d'y renoncer : le traité entre le Portugal et l'Angleterre de 1810 et une convention de novembre 1826, tous deux accompagnant la conclusion de traités commerciaux à l'avantage exclusif des Anglais[211]. Les attaques répétées du *Farol Paulistano* contre ces conventions passées avec les puissances européennes se feront pourtant au nom de la souveraineté brésilienne ; difficile en effet de soutenir de prétendues alliances commerciales qui, au fond, bénéficient unilatéralement aux Européens (dont la France, via le traité du 8 janvier 1826) aux fins d'obtenir d'eux la reconnaissance internationale du Brésil. Selon le journal pauliste, le pays se voit ainsi ravalé au rang de colonie, l'avilissement en plus[212]. Ces récriminations en appellent donc au droit international et, de façon plus précise, à une « garantie des droits des nations » qui serait le but politique extérieur des gouvernements, conformément aux extraits, courts mais fidèlement traduits, de la *Théorie des gouvernements* de Félix de Beaujour[213]. Le diplomate français sert ainsi la cause brésilienne contre sa propre patrie et contre l'Angleterre…

Mais si le *Farol* défend une classe, il sait aussi l'inciter à évoluer en démontrant où se situe son intérêt bien entendu : la voici avertie des effets néfastes de l'esclavage sur l'économie, coupable d'une baisse de la productivité industrielle[214]. Faut-il y voir une porte ouverte sur la morale de l'intérêt des Idéologues ou sur la doctrine de Bentham ? Bien que souvent neutres sur ce terrain glissant, les traductions remarquées de l'utilitariste et de Destutt de Tracy trouveraient enfin une raison d'être dans le cadre d'un journal qui aurait pourtant dû leur être hostile, en raison de son attachement à la morale

---

209 J. Hébrard, *Brésil, quatre siècles d'esclavage*, Paris, Karthala, 2012, p. 146.

210 *FP*, n°206, 15 avril 1829, p. 908.

211 J. H. Rodrigues/L. B. Rodrigues/ R. A. S. Seitenfus, *Uma história diplomática do Brasil 1531-1945*, Rio de Janeiro, Civilização brasileira, 1995, p. 106-108 et 122-135.

212 Lui faisant presque regretter l'époque antérieure, la métropole portugaise affichant au moins sa sympathie pour le Brésil. Voir *FP*, n°445, 1er février 1830, p. 1895. Précisons toutefois que l'économie de la ville de São Paulo dépendait beaucoup du commerce de la canne à sucre vers l'Angleterre, les traités incriminés ne lui apportant aucune plus-value.

213 *FP*, n°214, 16 mai 1829, p. 948.

214 *FP*, n°321, 18 mars 1830, p. 1387.

des vertus et des devoirs[215]. L'éclectisme ouvrant une brèche dans l'idéalisme du périodique, le « plus grand bien du plus grand nombre » se résumerait-il à celui des producteurs et de leurs alliés, un ensemble faisant valoir des intérêts coalisés face à un État que l'on espère à bon marché ? Dans ce cadre suspect, les garanties « individuelles » prennent vite des airs de privilèges, en étant accaparées par de nouvelles élites sociales égoïstes et imbues d'elles-mêmes.

Une tentative d'accaparement des garanties individuelles ?

« Les défenseurs de l'obéissance aveugle n'ont pas beaucoup aimé ces quelques mots de Dunoyer ; mais ils n'ont pu réfuter une doctrine aussi évidente. Nous trouvons toujours appui sur l'opinion des meilleurs auteurs qui, au lieu de se consacrer aux divertissements et aux passe-temps ordinaires [...] se sont uniquement dédiés à leur propre instruction et à celle de leurs semblables, afin de nous délivrer des griffes du pouvoir, toujours actif quand il s'agit d'élargir la sphère de ses attributions au détriment du reste de la Société »[216]. En opposant l'État à la Société et à son commerce (dans son sens large propre aux prémices du libéralisme[217]), les écrits de Dunoyer sur la liberté du travail ravissaient le regard aiguisé du *Farol*. La teneur du discours devait pourtant être différente une fois transposée au cadre politique et social brésilien ; maladie endémique : la volonté de se mesurer continuellement aux discours et aux institutions européennes modernes va conduire le Brésil à une impasse en matière de garantie des droits, faute de trouver appui sur une Constitution certes libérale sur le papier, mais impraticable[218]. Or, ce mal généralisé des « constitutions nominales » (K. Loewenstein)[219], remplies de promesses mais dénuées d'effets, n'est pas le fruit du seul gouvernement : les élites brésiliennes, tout aussi fautives, lui prêtent vie en désirant concentrer le pouvoir politique pour leur profit. Elles comptent ainsi établir

215 La lecture brésilienne passant par Dumont, les éléments polémiques de la pensée de Bentham ne pouvaient être repris. Comme en France, cela facilita sa diffusion, mais aussi sa critique. Voir E. de Champs, « Le 'moment utilitaire' ? L'utilitarisme en France sous la Restauration », *Cahiers d'histoire. Revue d'histoire critique*, n°123, 2014, p. 73-89.

216 *FP*, n°324, 27 mars 1830, p. 1398. Propos livrés à la suite d'une traduction de Charles Dunoyer, *L'industrie et la morale considérées dans leurs rapports avec la liberté*, chap. I, note 2.

217 Au XVIIIe siècle, ce mot recoupe plusieurs idées : celle de commerce, au sens actuel, mais aussi celles de « civilisation » et de « culture », « bref tout ce qui donne consistance au lien social indépendamment du commandement ». P. Manent, *Les libéraux*, Paris, Gallimard, 2001, p. 15.

218 Mais les Brésiliens ne désarment pas : plusieurs traductions dépeignent ainsi la lutte pour les libertés et les garanties constitutionnelles en France ou en Angleterre. Voir *FP*, n°379, 19 août 1830, p. 1622-1624, justifiant ainsi l'insertion d'une traduction de Charles Dupin, *Voyages dans la Grande-Bretagne*, vol. 1, Livre 1, chap. 1.

219 K. Loewenstein, « Réflexions sur la valeur des Constitutions dans une époque révolutionnaire. Esquisse d'une ontologie des Constitutions », *Revue française de science politique*, 1952, vol. 2, n°1, p. 20-21.

l'ordre national, au prix de bien des sacrifices, prélude jugé nécessaire au développement matériel du pays[220]. Dans cette histoire, et en dépit de cris d'orfraie relayant ceux de la *Minerve française*[221], la presse libérale brésilienne n'en sort pas grandie : en insérant à la fin de l'extrait de Dunoyer un appel à la résistance légitime de la population contre les empiétements du pouvoir étatique, le journal pauliste cherche surtout à réveiller la conscience de classe de la future oligarchie et à légitimer son action et l'accroissement de son influence sur la législation. En matière de garanties individuelles, une des thématiques les plus prisées du périodique, l'usage des libéraux français servira avant tout à protéger les acquis ou les intérêts d'une élite face au reste de la population.

Conscient de l'enjeu de la paix pour le développement du commerce, une idée relayée par le ministre français des Finances Jacques Laffitte[222], le journal pauliste cherche à forcer la main d'un gouvernement à l'efficacité militaire perfectible : l'intégrité territoriale est en effet menacée par les excursions des puissances européennes, en particulier dans le nord du Brésil. Mais ce but ne peut tout justifier : la principale source de préoccupation du *Farol* touche en effet au problème récurrent des commissions militaires et des tribunaux d'exception. Ce sujet[223] s'attache à des événements précis : destinées originairement à réprimer la révolution du Pernambouc de 1817 et ses velléités séparatistes[224], les commissions militaires ne semblaient plus vouées à disparaître en raison des vives tensions dans le nord-est, à peine éteintes par la sanglante répression de la « Confédération de l'Équateur » de 1824[225]. Benjamin Constant et Alphonse Bérenger servent ici de hérauts de la lutte contre les jugements sans formes[226]. En compagnie de Droz, ces autorités contribuent aussi à flétrir l'esprit de conquête animant les armées

---

220 Chr. Lynch, *Brésil. De la monarchie à l'oligarchie*, *op. cit.*, p. 46-47.

221 *FP*, n°38, 18 août 1827, p. 149-150 (traduction de l'art. d'Aignan « De l'établissement des chartes anglaises », in *La Minerve française*, t. VIII, 1819, dont ce passage : « Proclamer une charte sans la fonder, c'est jeter l'État dans de grands périls, en mettant les passions contraires sous les armes, et en ouvrant la lutte aux intérêts opposés »). De nombreuses traductions relatives aux promesses non tenues par les rois y font écho : par ex., *FP*, n°97, 19 mars 1828, p. 398-399 (trad. Jouy, *La morale appliquée à la politique*, Livre VIII, chap. VI : « Des promesses et des sermons »).

222 *FP*, n°474, 14 avril 1831, p. 2012 (trad. de son discours du 1er déc. 1830 à la ch. des députés, d'après *Le National*).

223 D'ailleurs toujours actuel, *via* la tristement célèbre loi n°12663 du 5 juin 2012 dite *Lei Geral da Copa*.

224 G. T. Pereira Neves, « Revolução Pernambucana de 1817 », in *Direito militar*, n°95, mai/juin 2012, p. 6-10.

225 Voir *FP*, n°101, 2 avril 1828, p. 414 (commentant une traduction d'Étienne de Jouy) et le n°268 du 7 novembre 1829 faisant mention de la création de six à sept commissions militaires en quatre ans.

226 *FP*, n°6, 14 mars 1827, art. « As Commissões militares » ; *FP*, n°259, 17 octobre 1829, p. 1148-1149 (traduction de Bérenger, *De la justice criminelle en France*, Titre I, chap. II, 2e partie : « Des tribunaux d'exception temporaires »).

permanentes[227], irrespectueuses des garanties juridiques et politiques. Les exemples voisins expliquent cette hostilité : entre 1825 et 1830, plusieurs États sud-américains naquirent sous une forme républicaine à l'ombre des épées ; mais l'armée nationale, censée les protéger, a dénaturé ces régimes en instituant des gouvernements militaires dirigés par des *caudillos*, totalement méprisés par les élites brésiliennes[228]. Les gouvernements policiers ne sont guère plus encensés : réfractaire à toute police générale, le *Farol* condamne régulièrement la politique des délations[229], des « conspirations et des délits imaginaires » héritée du marquis de Pombal[230] mais entretenue par le gouvernement et le secrétaire particulier de l'Empereur. Les exemples proviennent uniquement de France (attentat de la rue Saint-Nicaise, conspiration de Grenoble de 1816, insurrections de Lyon, Montargis et Blois…) et sont cités d'après Bérenger et Chateaubriand, choisi ici pour son « impartialité » du fait de son affiliation aux ultras ; ils ont pour but de démontrer l'inutilité ou plutôt l'inefficacité de la police générale et d'un ministère de la Police dans la lutte contre le terrorisme. À moins que le but ne soit autre : obtenir le sacrifice des importunes libertés publiques, sous prétexte de rétablir ou de protéger l'ordre, quitte à inventer le danger suivant l'exemple de Domitien[231]. La nature abstraite de l'exposé adoptera bien vite un visage en la personne de Joaquim de Oliveira Alvares, le ministre de la Guerre à l'origine du tribunal militaire chargé de juger les meneurs des révoltes de février 1829 au Pernambouc. Accusé de ne pas respecter la Constitution, il fut néanmoins innocenté par une chambre des députés étonnamment dégarnie au moment du vote. De façon ironique, un lecteur (fictif ?) exprime ainsi son soulagement à l'annonce de cette nouvelle : citant l'*Esprit de conquête* de Constant, il applaudit le fait que les hommes « éclairés » ont toujours les moyens de se défendre[232].

Mais qu'en est-il des citoyens face à une administration inlassablement critiquée dans le droit fil des libéraux français ? S'il en est peu question dans les pages de son journal, Costa Carvalho, lors de la régence, n'oubliera pas

---

227 *FP*, n°107, 26 avril 1828, p. 436-437 (traduction de J. Droz, *Application de la morale à la politique*, extrait du chap. XI : » D'une fausse gloire », mais présenté sous le titre « Des armées permanentes et de l'esprit de conquête »).

228 C. Prost, *L'armée brésilienne. Organisation et rôle géopolitique de 1500 à nos jours*, *op. cit.*, p. 40.

229 En voici deux exemples : *FP*, n°104, 16 avril 1828, p. 425-426 (via une traduction de Jouy, *La morale appliquée à la politique*, Livre X, chap. XV : « De la Police, considérée comme auxiliaire de la justice ») ; *FP*, n°109, 3 mai 1828, p. 444-445 (traduction de Daunou, *Essai sur les garanties individuelles*, 1ère partie, chap. I).

230 *FP*, n°3, 21 février 1827, p. 2-4 (sous couvert de références à Bérenger et à Chateaubriand). Pombal, symbole du despotisme éclairé, attire à lui les critiques « anti-absolutistes » des journaux brésiliens.

231 *FP*, n°264, 29 octobre 1829, p. 1167-1168 (trad. de Jouy, *La morale appliquée à la politique*, Livre IX, chap. IX : « Moyens employés par la tyrannie pour corrompre les lois »).

232 *FP*, n° 236, 8 août 1829, p. 1053.

de supprimer le Conseil d'État *via* l'Acte additionnel d'août 1834[233]. En revanche, le problème indéfectible de la responsabilité des agents du pouvoir préoccupe au plus haut point, le périodique fustigeant la garantie des fonctionnaires[234]. L'existence d'exécutants décérébrés de la volonté du prince ne pouvant être admise, la responsabilisation des serviteurs de l'État accompagne encore une thématique moralisatrice incitant à la désobéissance civile et même militaire, en prenant notamment appui sur Charles Dupin[235]. De façon plus étonnante, la liberté des élections s'étudie uniquement sous l'angle des garanties contre l'arbitraire administratif[236]. À l'approche du scrutin, les électeurs sont ainsi appelés à se fier aux sages recommandations d'Albert Fritot et de Benjamin Constant, en refusant de donner leur voix aux fonctionnaires, une engeance suspecte du fait de sa soumission à l'Exécutif[237] ; bien conditionné, l'électorat saura voter pour des propriétaires fonciers[238]... Dans un même ordre d'idées lié à un idéal de transparence ressuscité, l'existence d'un conseil occulte ne saurait être toléré : les ministres doivent être responsables dans tous les sens du terme et ne pas servir d'hommes de paille. Le Code criminel de 1830 intéressera donc surtout pour sa partie relative à la responsabilité des employés publics, largement reproduite[239]. Le besoin d'un Code de procédure interpelle tout autant, le *Farol* éclaircissant ici un des mystères de l'histoire du droit portugais : le devenir de la traduction du Code de procédure civile français par Ferreira de Moura, à une époque où il fut question de le transposer tel quel dans un Portugal aux ordres de Napoléon. L'ouvrage est devenu un objet de curiosité en raison de

---

233 Il s'agissait d'une revendication de l'oligarchie, jalousant et craignant cette entité très influente au cœur de l'État. Voir J. Murilo de Carvalho, *Un théâtre d'ombres : la politique impériale au Brésil (1822-1889)*, Paris, Maison des sciences de l'homme, 1990, p. 105 et s. Le Conseil d'État sera toutefois rétabli par la loi n°234 du 23 novembre 1841, accueillant alors dans ses rangs le propre Costa Carvalho.

234 *FP*, n°57 et 58, 24 et 27 octobre 1827, p. 226-228 et 231-232 (attaques jointes à deux traductions de Gordon) ; *FP*, n°280, p. 1233 (en appui à une traduction de Ch. Dupin, *Voyages dans la Grande-Bretagne*, vol. 1, Livre 1, chap. 1).

235 *FP*, n°379, 19 août 1830, p. 1622-1624 (trad. Dupin, *Voyages dans la Grande-Bretagne*, vol. 1, Livre 1, chap. 1).

236 D'où des offensives lancées contre de possibles interférences gouvernementales : *FP*, n°137, 9 août 1828, p. 570 (trad. art. « Lettres sur Paris n°61 », du 17 juin 1819, par Étienne, issu de *La Minerve française*, t. VI, p. 326-327).

237 *FP*, n°160, 29 oct. 1828, p. 670 (trad. de Fritot, *Cours de droit naturel, public, politique et constitutionnel*, 1827, t. II, p. 102-103 et 127-128) ; *FP*, n°161, 5 nov., p. 672-674 (trad. de Constant, *Entretien d'un électeur avec lui-même*).

238 *FP*, n°137, 9 août 1828, p. 570 (trad. du baron d'Holbach, *Système social*, tome II, chap. IV).

239 *FP*, n°434, 30 déc. 1830, p. 1848-1849 ; *FP*, n°435, 4 janvier 1831, pp. 1851-1853. On lira avec profit Z. Machado Neto, *Direito penal e estrutura social. Comentário sociológico ao Código criminal de 1830*, Saraiva, 1977, p. 52.

sa rareté[240]. Le *Farol* lève ici le voile : ces codes ont été détruits au Portugal ; mais le rédacteur en annonce fièrement une réédition au Brésil, devant servir de guide au législateur, grâce à l'étonnante réapparition des matrices d'origine[241].

Adepte des garanties et pourfendeur de l'arbitraire judiciaire, le périodique encense naturellement le principe du jury en matière criminelle, défini comme une méthode d'apprentissage pour des classes instruites destinées à servir de gardiens de la Constitution[242]. Mais il s'enquiert surtout du sort d'un prétendu fauteur de troubles : le délit de presse. L'actualité accentue ici le parallèle établi entre les projets des absolutistes de l'Ancien et du Nouveau monde[243] et entre les affaires *Kératry* en France et *Astrea* au Brésil[244]. La fin de la censure et du régime de l'autorisation préalable décrétée par D. Pedro (*decreto* du 2 mars 1821 et *aviso* du 28 août 1821) ne souffrira d'exception qu'à l'occasion des pires heures de la République ; cependant, de l'avis de beaucoup, la générosité de l'Empereur semblait précipitée : aucun délit de presse ne fut institué à l'origine, d'où certains abus[245]. Son insertion tardive dans le droit brésilien entraîna bien vite la poursuite du journal *Astrea* pour des motifs similaires à l'affaire *Kératry* : les ennuis judiciaires du libéral français font suite à un article inséré dans le *Courrier français* du 4 mars 1827 intitulé « Mensonges de M. de Villèle », ouvertement hostile à la « loi de justice et d'amour ». Les deux affaires s'attachent au droit de critique de la presse quant au fond même des lois et des projets du gouvernement. Or, loin de lui porter préjudice ou de constituer un acte de rébellion ou de conspiration[246], accusation sophistique « qui protège les prévaricateurs officiels » selon Bentham[247], cette

240 Cf. N. Espinosa Gomes Da Silva, *História do direito português. Fontes de direito*, Lisbonne, Fondation Gulbenkian, 2011, 5e éd., p. 486 et 695 : il n'en resterait qu'un seul exemplaire, déposé à la Bibliothèque Nationale Portugaise.

241 *FP*, n°98, 22 mars 1828, p. 402. L'affaire mériterait d'être approfondie à la lumière de cette « réapparition »…

242 *FP*, n°313, 27 février 1830, p. 1356 (trad. du compte rendu du Rapport sur le projet d'un Code pénal par Edward Livingston, tiré de la *Revue encyclopédique*, 1826, vol. 30, p. 664-665).

243 *FP*, n°44, 7 septembre 1827, p. 173-174, en note (ajoutée à la traduction de l'article « De la monarchie selon les ministres » tiré du *Constitutionnel*).

244 Voir *FP*, n°63, 14 nov. 1827, p. 251-252 (trad. d'un extrait de la défense de Kératry) et n°74, 22 déc., p. 297-298.

245 C. Rizzini, *O Livro, o jornal e a tipografia no Brasil 1500-1822*, *op. cit.*, p. 328-330.

246 *FP*, n°59, 31 oct. 1827, p. 236 (trad. de l'art. de Lacretelle, « Les effets de la liberté de la presse sous le Directoire (avant le 18 fructidor) », in *La Minerve française*, t. 1, 1818, p. 134-135). La position de Lacretelle contre le projet de loi de Peyronnet lui valut la disgrâce : à l'origine de la supplique adressée au Roi par l'Académie française, il perdit son poste de censeur royal, devenant un symbole pour les libéraux étrangers. Voir E. Barrault, « Lacretelle, un écrivain face à la Révolution française (1766-1855) », in *Annales historiques de la Révolution française*, n°333, 2003, p. 80-81.

247 *FP*, n°36, 11 août 1827, p. 142-144 (trad. de Bentham, *Traité des sophismes politiques*, 3e partie, chap. XII). L'accusation avait su rallier Constant sous le Directoire. Dans une lettre du 16 août 1798, il

liberté prolonge une fonction d'aide et de conseil auprès de l'Empereur ; mieux : elle s'érige en garantie générale, en une sentinelle vigilante des institutions dans la lignée d'un discours de Pétion fort opportunément innommé[248]... L'invocation plus terne de Blanc de Volx touche au même but : par souci de transparence et de publicité, tout acte ministériel et administratif peut être discuté, examiné et critiqué, la presse ranimant l'ancien principe *Quod omnes tangit, ab omnibus tractari et approbari debet* (ce qui intéresse tout le monde doit être débattu et approuvé par tous)[249].

Cette règle romaine a connu une longue histoire, notamment dans le domaine de l'impôt en servant de rempart aux prétentions de l'Empereur germanique[250]. Après avoir inspiré nombre d'auteurs français à travers les âges, ce principe stimule également la réflexion du *Farol* dans le domaine des finances publiques, en demandant que soient respectées les attributions de la chambre basse (art. 36 de la Constitution), manifestement bafouées par la prolongation inconstitutionnelle du décret du 16 avril 1821, par les emprunts en Angleterre auprès des Rotschild aux fins de payer l'indemnité de deux millions de livres sterling due au Portugal[251] et par la Provision du Trésor impérial du 5 avril 1829. Toujours mû par des considérations d'ordre moral, le journal dénonce le mauvais usage des deniers publics, accaparés par les courtisans et les dépenses luxueuses au rebours de leur destination réelle[252] : les besoins et le bonheur de la société[253]. Sous le patronage de Say et afin d'éviter tout risque d'arbitraire en ce domaine, le principe de spécialisation, associant un descriptif détaillé à une affectation encadrée des

---

écrit : » Dans un État libre [...] toute différence d'opinion, toute observation contre une loi est un acte de rébellion, puisque la loi émanant du peuple, on se rend coupable, en l'examinant, d'attentat contre la souveraineté nationale ». Cité par É. Hoffmann, *Les principes de politique de Benjamin Constant. La genèse d'une œuvre*, Genève, Droz, 1980, t. I, p. 169. Le *Farol* ne retient pas cette lecture pour d'évidentes raisons : la souveraineté du peuple est une erreur, la raison se réfugiant dans les esprits modérés ; de surcroît, ses doutes s'amoncellent quant à la nature vraiment « libre » de l'État brésilien.

248 *FP*, n°249, 23 septembre 1829, p. 1108 (trad. de Pétion, discours sur la répression des délits commis par voie de presse, séance du 23 août 1791).

249 *FP*, n°107, 26 avril 1828, p. 439 (trad. de Jean Blanc de Volx, *De la liberté de la presse, et du jury dans les délits de presse*, chap. V : Des délits de presse, section 1). Voir aussi une autre traduction du même livre (chap. III) dans *FP*, n°233, 29 juillet 1829, p. 1036, insistant plus sur les bienfaits de l'instruction véhiculée par la presse libre.

250 Voir, parmi une bibliographie foisonnante, M. J. Congar, « *Quod omnes tangit, ab omnibus tractari et approbari debet* », in *Revue historique de droit français et étranger*, 1958, n°36, p. 210-259.

251 A. Enders, *Histoire du Brésil contemporain XIXe-XXe siècle*, Paris, Complexe, 1997, p. 29.

252 *FP*, n°92, 1er mars 1828, p. 380 (trad. de Jouy, *La morale appliquée à la politique*, Livre XII, chap. VII : « De l'emploi des deniers publics ») ; *FP*, n°171, 10 déc. 1828, p. 722 (trad. de Léon Thiessé/Eugène-Amédée de Balland, *Lettres normandes ou Correspondance politique et littéraire*, tome X, Lettre VII : « Anecdote du bon temps »).

253 *FP*, n°400, 9 octobre 1830, p. 1710 (traduction de Civique de Gastine, *Histoire de la république d'Haïti ou Saint-Domingue, l'esclavage et les colons*, Paris, Plancher, 1819, p. 264 – évidemment, seul le nom de l'auteur apparaît...).

dépenses publiques, séduira le journal à la différence du gouvernement[254]. De la sorte, le rédacteur espérait résoudre la lacune majeure du pays : le déficit chronique d'infrastructures, qui ne date évidemment pas d'aujourd'hui. Le périodique multiplie, dès 1828, les appels au gouvernement dans l'espoir d'un essor et d'une amélioration des routes. Le discours s'inscrit bien dans une optique d'intérêt général ; mais s'il veille à seconder une politique économique libérale, le propos vise surtout à satisfaire les revendications figurant périodiquement dans le courrier de lecteurs soucieux d'accroître leur activité commerciale et d'abaisser leurs frets. L'*Essai sur les garanties individuelles* de Daunou se place ainsi au service d'une élite impatiente de faire pièce aux frais superflus d'un État accusé de ruiner l'économie en multipliant les fonctionnaires et les pensions[255].

Le ton général pourrait sembler propice à une revendication récurrente de la part des élites brésiliennes destinée à asseoir leur pouvoir local : l'adoption de la forme fédérale en lieu et place d'un État central dispendieux, inefficace et dangereux[256]. Abordée sous l'angle des garanties contre l'arbitraire en raison d'une organisation des provinces largement héritée du temps colonial[257], cette demande réunissait de nombreux partisans après l'abdication de D. Pedro ; elle ne plaît cependant pas au *Farol* pour une question de civilisation fortement imprégnée par la philosophie de l'histoire de Guizot. Sensible au *Cours d'histoire moderne* du doctrinaire, le journal pauliste en reproduit des extraits visant à tempérer cette requête orgueilleuse eu égard à l'état du Brésil : le système fédératif s'avère trop complexe pour une contrée jeune et immature[258]. Il vaut mieux s'en tenir à son degré de civilisation et à ses actuels principes (justice, légalité, publicité, liberté), à peine consacrés[259] car fortement tributaires de l'idéal capacitaire. À l'image

---

254 *FP*, n°399, 7 octobre 1830, en une (trad. J.-B. Say, *Cours complet d'économie politique pratique*, 8e partie, chap. II). Le débat brésilien se calque ainsi sur le cas français, les chambres s'y révélant tout aussi friandes de transparence, tout en exprimant leur désir de participer plus étroitement à la confection du budget de l'État. Voir A. Laquièze, *Les origines du régime parlementaire en France (1814-1848)*, Paris, PUF, 2002, p. 202-222.

255 *FP*, n°159, 25 octobre 1828, p. 663 (trad. *Essai sur les garanties individuelles*, 1ère partie, chap. II : « De la propriété »). L'extrait paraît bien choisi, le Brésil souffrant alors de tous les maux décrits par Daunou (occupation d'une province, guerre désastreuse, augmentation des fonctionnaires et développement des pensions).

256 L'oligarchie foncière provinciale, tout comme l'alliance entre le « Bloc de Coimbra » et le groupe « nativiste », penchaient pour un modèle monarchique avec un roi entouré d'un Législatif indissoluble, mais placé à côté de vingt gouvernements provinciaux autonomes. Voir Chr. Lynch, *Brésil. De la monarchie à l'oligarchie*, *op. cit.*, p. 52.

257 Placées sous la garde d'un *Comandante das armas* et dirigées par un Président nommé par l'Empereur, les provinces pouvaient difficilement s'émanciper sur la base d'assemblées locales, certes élues, mais aux prérogatives réduites. Voir A. Enders, *Histoire du Brésil contemporain*, *op. cit.*, p. 27.

258 *FP*, n°454, 22 février 1831, p. 1931 (traduction de Fr. Guizot, *Cours d'histoire moderne : histoire générale de la civilisation en Europe*, extrait tiré de sa 4e leçon).

259 *FP*, n°457, 1er mars 1831, p. 1942-1943 (trad. Guizot, *Cours d'histoire moderne*, 1ère leçon).

de son modèle français triomphant momentanément sous Juillet, ce conservatisme intellectuel brésilien essuiera bien des déconvenues une fois son programme accompli, ce dernier ne pouvant satisfaire l'ensemble de la population.

Conclusion

« Je hais l'attaque, et j'aime la défense… »[260]. En faisant sien le vers de Marie-Joseph Chénier, le rédacteur du *Farol Paulistano* énonce une demi-vérité. Nettement inspiré par la *Minerve française*, le périodique de São Paulo endosse bien entendu le rôle de défenseur d'une minorité dominante, en ouvrant ses pages à des discussions juridiques accompagnant le développement de la Faculté de Droit implantée dans la ville. Difficile pourtant de nier ses attributs offensifs, décelables à travers des critiques insidieuses du gouvernement et de D. Pedro, bien dissimulées derrière des traductions d'auteurs français, choisis en qualité de politiques et de moralistes. Improbable Argos de sa cité, selon une référence antique prisée au Brésil empruntant autant au censeur romain qu'aux éphores spartiates, le journal pauliste se propose de contrôler les mœurs, de surveiller la vie sociale et politique, bref d'assumer la fonction de pouvoir conservateur refusée au pouvoir modérateur de l'Empereur. L'influence constante des idées françaises, consolidant des libertés publiques longtemps comprimées par D. João VI, se répand dans la ville grâce à des libraires originaires de France, faisant état de leur marchandise auprès des journaux libéraux[261]. Paradoxalement, si nous souscrivons à la thèse générale de Frédéric Audren et de Jean-Louis Halpérin quant à l'existence non pas d'une mais de plusieurs cultures juridiques françaises, variant selon les milieux politiques, sociaux et professionnels[262], le cas étudié ici offre un autre visage, plus pittoresque : celui d'*une* culture française servant de fonds commun à plusieurs camps de conditions opposées. Car si ces libraires, dont certains réfugiés bonapartistes, sont enclins à appuyer la politique parfois autoritaire du gouvernement au moyen d'écrits reçus de France, leur fonds de commerce vise principalement à enrichir les

---

260 *FP*, n°198, 18 mars 1829, p. 857. Vers cité en français dans le texte.

261 Voici trois exemples, pris en 1830, de publicité des libraires de la ville faisant état de leurs nouveautés : *FP*, n°320, 16 mars 1830 : disponibilité des ouvrages, sans précision, de Pagès, Lanjuinais, Mirabeau, Laromiguière et Vattel ; *FP*, n°354, 17 juin 1830 : vente des livres de Lepage, Pagès, Lanjuinais, Ganilh, Montesquieu, Constant (*Cours de politique constitutionnelle* et *De la religion*), Guizot (*De la peine de mort en matière politique*), G. de Staël (*Œuvres complètes*), Say (*Économie politique*), Droz (*De la philosophie morale*), Gérando, Pinheiro Ferreira, Bonnin (*Doctrine sociale*), Victor Cousin ; *FP*, n°434, 30 décembre 1830 : Filangieri (avec le commentaire de B. Constant), Pagès, Fritot (*Science du publiciste*, 11 vol.), Droz (*Application de la morale à la politique*) ; Condillac (23 vol.), Martini (droit naturel).

262 Fr. Audren & J.-L. Halpérin, *La culture juridique française. Entre mythes et réalités XIXe-XXe siècles*, Paris, CNRS, 2013, conclusion et *passim*.

bibliothèques de la haute bourgeoisie libérale et, par la suite, à inonder la presse de traductions d'articles et de livres français suivant un programme élaboré en amont et respecté jusqu'au bout[263]. À la différence des acteurs d'autres contrées sud-américaines, tel Francisco de Miranda, les intermédiaires brésiliens hésiteront longtemps avant de livrer au public leur propre synthèse des idées françaises[264]. Les limitations matérielles d'un pays où la presse venait tout juste d'être tolérée l'expliquent en partie. Cependant, ce fonds commun[265] a abouti à *des* lectures divergeantes, l'une prétendument universelle, soutenue par les Français au Brésil, l'autre de plus en plus nationale, voire nationaliste. La trajectoire singe curieusement l'évolution européenne née des suites de l'entreprise napoléonienne, le Code civil à vocation transnationale ayant conduit à un éclatement des droits privés dans le Vieux continent, chaque pays faisant valoir les particularités de *son* droit national[266]. Si les incursions du *Farol Paulistano* demeurent rares en droit privé, son dépouillement livrant surtout des enseignements en droit public, il faut néanmoins souligner des éléments corroborant cette thèse. Comme en Europe, oserions-nous dire que ce sont les avatars du bonapartisme, ici représentés par les libraires, qui ont abouti au rejet du discours et du programme juridique universel ? Les libéraux brésiliens, séduits par ce projet et par l'empathie réelle des libéraux de France pour les causes grecque, espagnole et portugaise, ont en effet vite déchanté en raison de l'attitude des Français en Amérique latine, incapables de respecter la « garantie des droits des nations » exposée par Félix de Beaujour. Finalement, seul le droit de l'Église, fidèle à lui-même, souscrit jusqu'à la fin à ce plan ambitieux, en rappelant que le mot « catholique » signifie universel. Paul de Tarse et le droit commun public ecclésiastique pourront continuer à être lus et étudiés en français[267], mais les héritiers du libéralisme brésiliens recevront désormais avec bien plus de circonspection le catéchisme du pays des droits de l'homme.

---

263 *FP*, n°7, 21 mars 1827, en introduction à une traduction de Constant. Le constat mériterait toutefois d'être affiné en dépouillant un des journaux contrôlés par ces bibliothécaires français, et de préférence ceux dirigés par Pierre Plancher.

264 Voir *FP*, n°201, 28 mars 1829, p. 870, où le rédacteur exprime un net complexe d'infériorité au plan rédactionnel.

265 Cette thèse rencontre un tempérament d'importance, lié aux études de Droit. Nous l'avons suffisamment répété : les Facultés de Droit brésiliennes furent créées en 1827. De fait, les élites politiques et administratives du pays se sont formées en Europe, et principalement à Coimbra, à Montpellier et à Paris. En tant qu'organe d'un des principaux représentants du « Bloc de Coimbra », le *Farol Paulistano* relaye surtout des sources disponibles localement, le Portugal s'étant longtemps fermé aux idées françaises. Le cas des anciens étudiants des universités françaises mériterait donc une étude plus détaillée, à même de saisir en eux l'imprégnation des cultures juridiques françaises.

266 Voir S. Soleil *et alii* (dir.), *L'idée de fonds juridique commun dans l'Europe du XIXe siècle*, PUR, 2014, p. 11-18.

267 *FP*, n°77, 5 janvier 1828, p. 313-314.

Lectures

notes et comptes rendus

« Ce n'est pas un travail de femme ! »[1]

Nous connaissons le film d'Hitchcock : *Le crime était presque parfait* (1954). Un mari (Ray Milland) tente de faire assassiner son épouse (Grace Kelly) par un de ses anciens condisciples. Alors que le meurtrier tente de l'étrangler avec des bas de soie, elle retrouve à tâtons ses ciseaux de couture et les enfonce dans le dos de l'agresseur, à la manière d'une arme de sang.

On pourrait croire que le metteur en scène a imaginé simplement une heureuse rencontre, tout à fait contingente entre l'héroïne en train de se débattre et ses ciseaux. Mais la lecture de cette péripétie peut aller plus loin.

Depuis de nombreux siècles, dans la division du travail entre les sexes, les ciseaux sont un outil typiquement féminin[2]. Un outil qui agit relativement à un matériau assez mince et qui semble sans intérieur : tissu, cheveux, toison (des moutons). En tout cas un outil qui ne bouleverse pas ce qu'il touche. Or par son usage inopiné, Grace Kelly va transgresser cette limite. Avec ses ciseaux de couture elle va entrer dans un univers de sang qui jaillit et apporte la mort.

Or, comme va nous le montrer un examen de quelques exemples anthropologiques, l'opération plurimillénaire de la culture concernant les femmes a consisté à les séparer du sang jaillissant. Toute la division sociale du travail est en cause dans cette affaire, mais nous nous focaliserons sur deux secteurs où elle est particulièrement visible : la chasse, chez les chasseurs-pêcheurs-cueilleurs et la religion, dans presque toutes les cultures.

La thèse que nous voulons exposer est la suivante : si on prend en vue, dans sa plus longue durée possible, la répartition des tâches entre les hommes et les femmes, elle n'a pas de rapport direct et simple avec leurs aptitudes naturelles. En revanche, elle est corrélée étroitement avec des représentations du monde, organisées en une idéologie du sang. La division sexuelle du travail ne dépend pas en premier lieu d'évidences naturelles, elle relève de phénomènes symboliques et culturels, autrement dit, elle ressortit à des questions de genre[3].

---

1 Alain Testart vient de nous quitter. Ce grand chercheur travaillait depuis une bonne vingtaine d'année sur l'anthropologie de la division sexuelle du travail. Lui qui s'était attaché à découvrir les raisons culturelles qui interdis(ai)ent certains métiers aux femmes, avait envisagé un temps, par dérision critique, de publier ses recherches sous le titre « Ce n'est pas un travail de femme ». Cette présentation lui rend hommage, on trouvera dans les notes qui suivent les références à ses travaux.

2 Alain Testart, *L'amazone et la cuisinière, anthropologie de la division sexuelle du travail* (2014), NRF p. 108-110.

3 Pour clarifier notre propos nous introduirons les distinctions suivantes entre sexe, genre et sexualité. Par « sexe » (*stricto sensu*) j'entendrai des différences anatomo-physiologiques qui distinguent la femelle et le mâle : c'est le sexe biologique. Aux deux sexes sont associés des comportements et des psychismes, sous l'emprise de la socialisation et de l'éducation différenciées : c'est le sexe comme « genre ». Le fait de vivre ces complexes de sexe et de genre dans des rapports de désir avec autrui ressortit à la « sexualité ». Cf. Elsa Dorlin, *Sexe, genre et sexualités* (2008), Paris, PUF.

Chasse et « féminité »

Je vais partir d'un fait majeur de la division du travail, partout présent chez les chasseurs-pêcheurs-cueilleurs : l'homme s'adonne à la chasse, la femme à la cueillette.

L'importance de la cueillette ne doit pas être sous-estimée comme elle l'a été pendant longtemps. Dans certaines régions tropicales elle fournit jusqu'à 70% de l'alimentation. Que les femmes aient été cantonnées à cette activité ne signifie donc ni leur exclusion du monde du travail, ni leur confinement dans l'aire domestique car il leur faut très souvent parcourir de nombreux kilomètres pour atteindre les zones où poussent de façon spontanée ignames, noix ou graminées. Chez les chasseurs- pêcheurs-cueilleurs les femmes travaillaient dur, d'autant que dans les activités de subsistance elles avaient aussi la charge de la préparation des végétaux ramassés : découpe, fractionnement, trempage des tubercules, réduction en farine.

Donc, beaucoup de travail mais celui des hommes leur était « interdit ». Pourquoi ?

L'anthropologie américaine a depuis longtemps une explication à ce sujet. Elle estime que cette division est en gros fondée sur les aptitudes naturellement différentes des deux sexes[4]. La thèse tourne autour de la mobilité respective des deux sexes : les femmes engendrent les enfants, elles allaitent ensuite longtemps, le sevrage dans ces sociétés intervenant seulement vers trois ans. Embarrassées par leur marmaille et par des grossesses répétées, elles ne seraient pas assez mobiles pour la chasse. Comme le remarque Alain Testart, ce raisonnement est à la fois naturaliste et rationaliste. Naturaliste, car il explique un fait social par des données tenant à la physiologie. Rationaliste car il pose que l'interdiction faite aux femmes d'aller à la chasse spécialise chaque sexe en optimisant son rendement social.

La thèse de la mobilité féminine entravée part d'un noyau de vérité incontestable : l'accouchement est le fait des femmes et la grossesse est peu compatible avec une activité cynégétique ; l'allaitement est le propre des femmes dans des sociétés où il n'existe pas de substitut au lait maternel (pas d'élevage laitier), encore qu'elles connaissent le pré-masticage de la nourriture donnée aux bébés. Mais ces handicaps ne frappent les femmes que pendant certaines périodes au cours de leur vie. Pourquoi n'iraient-elles pas chasser en dehors ? Les tenants du naturalisme ont une réponse à cette objection : puisque les femmes ne peuvent assurer tout le temps l'approvisionnement du groupe en gibier, il est plus simple de les spécialiser dans l'activité de cueillette et les hommes dans celle de la chasse, d'autant que ces travaux font appel à des savoirs différents et à des apprentissages spécifiques. Cet argument n'est pas

---

4 Ernestine Friedl, *Women and men: An anthropologist's view* (1975), New York, Holt, Rinehart and Winston. P. Tabet, « Les mains, les outils, les armes » (1979), *L'Homme* 19 (3-4), Paris. On trouvera chez Alain Testart, *Essai sur les fondements de la division sexuelle du travail chez les chasseurs-cueilleurs* (1986), EHESS, Paris, une discussion étendue d'E. Friedl.

sans valeur, mais comme le remarque A. Testart, il serait étrange que ces sociétés qui ne connaissent aucune sorte de division du travail l'aient développée seulement entre les femmes et les hommes.

Le grand point faible de cette théorie est ailleurs : elle ne rend pas compte du détail des activités concrètes de la chasse. Les femmes, en fait, ne sont pas exclues de la chasse en général, mais de certaines chasses ou de certains de leurs aspects de la chasse.

D'abord, elles peuvent chasser de petits animaux, comme les marsupiaux et les opossums qu'elles capturent en les enfumant et, si nécessaire, en les achevant avec des gourdins. Donc elles ne sont pas exclues du fait de donner la mort. Elles peuvent aussi chasser du gibier moyen comme des kangourous, des lamas ou des cerfs avec des chiens, des cordes et des massues, ainsi en Australie, en Terre de feu ou en Hokkaido[5]. Les hommes aussi peuvent les chasser mais eux utilisent des armes qui font couler le sang : lances, arcs et flèches. Enfin, les femmes peuvent participer à des chasses collectives dans le groupe qui rabat les animaux vers les chasseurs embusqués qui les attendent avec des armes de sang.

Ce qui est en cause dans tous ces cas n'est pas de l'ordre d'une nature, d'une moindre mobilité des femmes ou de leurs handicaps passagers. C'est une croyance,

Cet interdit culturel renvoie aux multiples précautions et rituels qui ont entouré le sang des femmes depuis des millénaires, le sang des femmes c'est-à-dire le sang spécifique aux femmes : celui de la parturition, de la virginité et surtout celui de la menstruation[6].

Très souvent durant ces écoulements périodiques les femmes sont confinées dans des lieux qui les séparent du groupe quelque temps. Les exemples d'interdits ou de croyance en l'action maléfique du sang menstruel sont légions.

Pour les *Inuit* (Nord Alaska) si une fille, lors de ses premières règles, touche une arme, celle-ci n'aura plus aucune efficacité. Chez les *Tiwi* d'Afrique centrale la femme devait observer un certain nombre d'interdits pendant ses périodes menstruelles. En particulier elle ne devait pas enjamber les lances ou les bâtons de jet, sinon ces projectiles ne seraient plus allés en ligne droite. Dans

5 En 1938, Arlette et André Leroi-Gourhan avaient remarqué qu'en Hokkaido, « les femmes [Aïnous] ont le droit de chasser un cerf si elles ne se servent que d'un bâton, il leur est interdit d'utiliser l'arc. Elles peuvent essayer d'attraper l'animal grâce à une corde lancée autour du cou ou des bois et, s'il traverse une rivière, il est relativement facile de le hâler et de le tuer au gourdin », *Un voyage chez les Aïnous*, Albin Michel, 1989.

6 Françoise Héritier, « Le sang du guerrier et celui des femmes », *L'Africaine*, Les cahiers du GRIF, 1984 ; « La valence différentielle des sexes au fondement de la société ? », *Journal des anthropologues* n°45, sept 1991.

la plupart des cultures d'Amérique du Sud, si un homme a des rapports sexuels avec une femme pendant ses règles, il devient inefficace à la chasse[7].

La norme qui impose de séparer les femmes et la chasse est partout à son maximum au cours des périodes menstruelles. Mais l'interdit tend à s'élargir et concerne toutes les femmes qui risquent de saigner, autrement dit qui ne sont ni pré-pubères ni ménopausées. Ainsi chez les *Guyaki* étudiés par Pierre Clastres, si une femme s'avise de saisir un arc elle attire sur son propriétaire le *pané*, c'est-à-dire la malchance à la chasse. Dans la même logique, dans de nombreux groupes de chasseurs-cueilleurs, les chasseurs s'abstiennent de tout rapport sexuel avec une femme avant la chasse.

Toutes ces pratiques d'évitement organisent une pseudo évidence : l'incompatibilité entre le sang qui s'écoule des femmes ou pourrait s'en écouler et le sang des animaux. Ces deux sangs ne doivent pas entrer en rapport même médiatisés par les hommes et leurs armes. La contre-épreuve de la force de cette croyance se trouve dans le fait que si l'un des écoulements fait défaut, il n'y a plus de cumul et plus de problème. Ainsi, la chasse non sanglante peut être féminine et les femmes éloignées du sang (pré-pubère, ménopausées) peuvent avoir plus de place à la chasse sanglante[8].

La force de cette idéologie du sang ne concerne pas seulement le rapport femmes/chasses mais les hommes eux-mêmes : ceux qui ont tué d'autres hommes (légitimement ou non) ou les initiés qui ont subi des mutilations sexuelles sanglantes doivent être séparés de la chasse pendant quelques temps[9]. Il s'agit, ici encore, d'introduire des différences dans le flux sanguin et de maintenir un écart entre sang de la guerre ou du meurtre, flux menstruel et sang de la chasse.

Revenons aux rapports entre les femmes et la chasse, on peut les présenter sous la forme d'une loi mise en forme par Lucien Scubla (à partir des

---

7 Sur les interdits liés à la menstruation, James Georges Frazer a recueilli des dizaines d'exemples : *Le Rameau d'or*, 4 vol. Robert Laffont, 1981-84, T. 1, p. 542 et s.

8 Sur l'ensemble de la démonstration nous renvoyons à Testart (1986) et (2014-chap.3). L'auteur fait remarquer que si les Grecs ont fait d'Artémis, la déesse de la Chasse, ils ont bien marqué qu'elle défendait farouchement sa virginité. Elle ne connaissait donc ni le sang de la virginité ni celui de l'enfantement comme si décidément ces sangs de déesse ne pouvaient se fondre avec celui de la chasse. On doit à Françoise Héritier la notion de séparation des semblables. Dans un article de 1979, « Symbolique de l'inceste et de sa prohibition » in M. Izard et P. Smith (éds), *La fonction symbolique*, Paris, Gallimard, p. 209-243, elle avait montré que pour bâtir une théorie de l'inceste plus générale que celle de Lévi-Strauss, il était indispensable d'associer au principe de réciprocité du structuralisme lévi-straussien un principe de non cumul, ou de non redoublement de l'identique. Comme le remarque Lucien Scubla, *Lire Lévi-Strauss* (1998), Odile Jacob, Paris, p. 276-77 : « Elle avait tout de suite pressenti que la portée de ce principe s'étendait bien au-delà des interdits matrimoniaux de non-renouvellement de l'alliance, et qu'elle était vraisemblablement universelle. Or, Alain Testart montrait [dès 1986] que le principe de Françoise Héritier s'appliquait à « l'idéologie du sang » qui accompagne les pratiques cynégétiques.

9 Depuis les travaux de Henri A. Junod, *Mœurs et coutumes des Bantous*, 2 tomes, Payot Paris, 1936, p. 443-447, l'anthropologie de l'Afrique de l'Ouest a bien mis en valeur les interdits issus du sang versé, cf. Michel Cartry, « La dette sacrificielle du meurtrier dans les sociétés des bassins des Volta » in *Destins de meurtriers*, Systèmes de pensée en Afrique Noire, 1996, EPHESS.

travaux d'A. Testart). Dans toute société : si la chasse est la prérogative d'un des deux sexes, c'est toujours une activité masculine ; si les deux sexes sont admis à la chasse, mais que la mise à mort est réservée à l'un d'entre eux, c'est toujours aux hommes qu'elle est dévolue, jamais aux femmes ; si les femmes sont autorisées à tuer le gibier mais que l'un des deux sexes seulement peut utiliser les armes qui font couler le sang, c'est l'homme qui en aura le monopole, alors que les femmes pourront seulement assommer les animaux ou les enfumer sans verser le sang.

« Le principe de répartition est facile à identifier, il s'agit toujours de séparer le sang d'avec le sang, de maintenir la plus grande distance possible entre le sang menstruel, spontanément versé par les femmes, et le sang du gibier, délibérément versé par le chasseur. Ces deux sangs peuvent se rapprocher, ils ne peuvent jamais coïncider »[10].

Les religions et le sang des femmes

Les religions antiques (pour nous en tenir à l'Occident) sont des religions à sacrifices. Le même interdit qu'à la chasse y pèse sur les femmes. Comme elles ne peuvent pas manier le couteau qui fait jaillir le sang, le rôle de prêtre sacrificateur leur est fermé. Ce n'est pas qu'elles soient exclues de la religion, elles peuvent offrir un sacrifice, fournir l'animal, décider de la raison du sacrifice etc.

Le cas est patent à Athènes avec les Thesmophories. Cette fête religieuse se déroule sur trois à dix jours et elle est réservée strictement aux femmes, au moment des semailles d'automne. Démeter y est vénérée en tant que déesse de l'agriculture, de la fertilité et du mariage. Au cours des fêtes deux rites de mort sont pratiqués. Le premier revient à précipiter des cochons de lait vivants dans des fosses, les femmes le font elles-mêmes (rite non sanglant). Le second consiste en un sacrifice sanglant d'un bœuf à Démeter ; comme cela est interdit aux femmes, elles font pénétrer un court instant et discrètement un homme pour égorger la victime et les rites continuent entre femmes.

Examinons maintenant ce qui en est dans les religions abrahamiques.

Dans la religion catholique les femmes ne peuvent être ordonnées prêtres. La raison la plus profonde de cette exclusion est à chercher dans l'idéologie du sang. Cette religion a aboli tous les sacrifices sauf un. Elle conserve l'idée que le Christ s'est sacrifié sur la croix et depuis le Haut Moyen-Âge elle professe que dans l'Eucharistie le pain et le vin que manipule le prêtre officiant deviennent le corps et le sang du Christ, en réalité, en substance. Prétendre que ce pain et ce vin ne seraient que des symboles de la présence divine a pu constituer au cours des siècles une hérésie très gravement punie par le bûcher. Ce rite de « transsubstantiation » autour du sang du Christ est un des plus fondamentaux de cette religion, c'est sa logique qui exclut les femmes de la prêtrise : Il n'est

---

10 Lucien Scubla, *op. cit.*, p. 277.

pas possible qu'une femme, marquée par un autre sang, participe à la réapparition du sang qui a coulé pour nous. Le sang du Christ ne peut être confondu avec celui des femmes.

La même symbolique a pu régler l'accès des femmes aux espaces ecclésiaux. Elles pouvaient circuler dans toutes les parties d''une église, sauf une : le chœur, lieu de la transformation du vin en sang. Au plus proche du sang du Christ on trouve donc exclusivement des hommes, dans la périphérie du chœur, des membres du clergé et possiblement des femmes. Au plus lointain des fidèles, sans distinguer femmes et hommes.

Les canons de l'église catholique ont leur cohérence. Les femmes peuvent être moniales, mère supérieure et même abbesses mais chaque messe de leur ordre doit être dite par un homme, seul habilité à traiter du sang du Christ.

Le contre-exemple est fourni par les églises protestantes. Leur signe distinctif (église anglicane mise à part) est qu'elles rejettent le dogme de la transsubstantiation, n'y voyant qu'un simple acte de commémoration. Chez elles, les expressions « le sang du Christ », « buvez ce vin » etc. tout cela est traité comme de simples métaphores, souvenirs de la dernière semaine du Christ. D'où une exclusion des femmes moins rigoureuse que dans le catholicisme. Ces églises ont admis depuis longtemps que les pasteurs puissent être mariés, elles acceptent aujourd'hui couramment que des femmes accèdent au statut de pasteur.

La participation féminine dans la religion comme dans la chasse va croissant dans la mesure où l'on s'éloigne de la question clef du sang. Ainsi dans les trois religions du Livre, la femme est marquée par le sang qu'elle peut perdre, mais la marque est à son intensité maximale dans les périodes où ce sang s'écoule effectivement. Dans ces cas la machine symbolique s'emballe avec des gradations diverses. Dans le catholicisme les femmes « indisposées » devaient éviter de pénétrer dans les sanctuaires, sur l'assistance aux messes les sources sont imprécises. Par contre, pendant les quarante jours qui suivaient l'accouchement, elles ne devaient pas rentrer dans les églises jusqu'au rite des « relevailles », par lequel elles étaient symboliquement séparées de leur période sanglante et réintégrées dans le lot ordinaire des fidèles. En Bretagne, en Alsace, au Québec avec une logique impeccable, le rite devait être pratiqué hors de l'église.

Ces quarante jours de provenance hébraïque ont été observés par Marie qui ne pouvait venir présenter son fils au Temple plus tôt. La loi dit quarante jours pour un fils mais elle ajoute imperturbablement : quatre-vingts jours pour une fille. Celle-ci est marquée par le sang futur qui s'épanchera d'elle. Il faut donc observer des relevailles doubles. À l'heure actuelle des milliers de femmes en Israël et ailleurs se complaisent dans le respect de ce rite.

Pour certaines branches de l'église orthodoxe, les femmes menstruées peuvent assister à l'office mais elles doivent se garder de la communion. Lors des baptêmes de rite grec les petits garçons passent quelques instants derrière l'iconostase comme les prêtres mâles mais les petites filles en voie d'être « impures » restent à l'extérieur.

L'ancienne religion hébraïque interdisait explicitement aux femmes qui ont leurs règles de pénétrer dans le Temple. Aujourd'hui encore, le judaïsme prescrit un rituel de « purification » assez lourd après chaque période menstruelle[11]. Jusqu'à ces dernières années les femmes juives étaient exclues aussi radicalement du rabbinat que les catholiques de la prêtrise. Il n'y a pourtant plus de sacrifice sanglant dans le judaïsme moderne mais il y en a eu dans toute l'Antiquité et les sacrificateurs ne pouvaient être que masculins.

En islam, une femme menstruée ne peut ni prier, ni écouter un sermon dans une mosquée. Le sacrifice du mouton, lors de l'Aïd el kebir, lui est interdit avec toutefois une autorisation en cas d'absence d'homme pour le faire. Mais l'*opinio communis* est bien traduite par le dicton kabyle : « Ce que femme égorge n'est pas immolé licitement »[12].

On remarquera, avec Alain Testart, que les prêtres eux-mêmes sont généralement frappés d'interdits analogues à ceux des meurtriers. Ils ne peuvent pas porter des armes, ni aller à la guerre ou à la chasse, ni être chirurgien ou bourreau. Le sang sacré qu'ils administrent doit être séparé du sang des femmes, de celui de la chasse et de celui de la violence.

Quant au domaine religieux on pourra énoncer une nouvelle loi avec Lucien Scubla : « Dans toute société, si les activités rituelles sont réservées à l'un des deux sexes, c'est toujours aux hommes ; si les femmes peuvent exercer certaines fonctions cérémonielles, mais pas toutes, ce sont les rites sanglants et notamment les sacrifices qui leur sont interdits… ; si elles peuvent organiser des sacrifices, mais sans que les deux sexes puissent participer à toutes les opérations rituelles, l'immolation sera réservée aux hommes ; si elles peuvent faire des sacrifices sanglants, cela leur est interdit avant la ménopause ou en période menstruelle »[13].

Les femmes et la violence

Des travaux de Françoise Héritier et singulièrement d'Alain Testart sur la construction socioculturelle des sexes, on peut tirer deux conclusions.

1 – La mise en série cohérente de faits prélevés tout au long de l'histoire humaine révèle, sur une durée immense, la prégnance d'une idéologie du sang

---

11 Les lois liées à la menstruation imposent une stricte séparation d'avec le mari pendant sept jours après les règles jusqu'à l'immersion complète dans un bain spécial. Sur l'ensemble de ces interdits : Evyatar Marienberg, *Niddah Lorsque les juifs conceptualisent la menstruation*, Les Belles lettres, Paris 2003.

12 Malek Chebel, *Encyclopédie de l'amour en Islam. Erotisme, beauté et sexualité ans le monde arabe, en Perse et en Turquie*, Payot, Paris, 2° éd. 2003.

13 Lucien Scubla, *op. cit.*

qui a saisi l'humanité[14]. Le sang a servi de fil conducteur aux civilisations anciennes pour séparer des domaines de l'expérience qu'elles ont senti comme dangereusement proches. En jouant sur un signifiant unique, le sang, elles ont marqué des différences, délimités des signifiés à leurs yeux insubstituables. L'idéologie du sang, avec d'autres vecteurs, a permis d'instaurer trois séparations :

a) femmes/hommes

Tout se passe comme s'il fallait effacer la commune mesure entre le sang qui coule spontanément et celui qui coule volontairement et comme s'il fallait séparer pratiquement et symboliquement les femmes du couteau qui fait jaillir le sang. En réservant aux hommes la castration sous toutes ses formes il s'agissait de préserver le monde de la procréation de la violence du sang.

b) sang du meurtre/sang de la chasse

Le second peut toujours être excusé. Dans les religions animistes les plus inquiètes de notre proximité avec les animaux les chamans peuvent négocier avec les maîtres des bêtes qui en libéreront quelques-unes pour nous servir de nourriture. Le premier est terrible, quelque part inexpiable avec l'âme du mort qui ne cessera de poursuivre son meurtrier.

c) sang du sacrifice/« autres » sangs

Dans le rite religieux le sang coule, comme dans le meurtre, la chasse, la guerre, c'est là sa dangereuse ambiguïté. Mais dans le sacrifice rituel, il coule pour le bien. Les flots sur l'autel viennent honorer la divinité, lui montrer le respect que l'on éprouve pour elle. Il s'écoule encore du bouc émissaire chargé des péchés de la communauté, et dont l'expulsion régénère et pacifie les rapports entre les sacrifiants : le sang du sacrifice est source de paix. Comme disent les girardiens, il « contient » la violence : au sens où il implique la mise à mort d'une victime, mais aussi, en tournant la société vers le respect des dieux et la paix, au sens où il borne la violence.

Cette idéologie des sociétés anciennes a perdu aujourd'hui son pouvoir mais elle laisse des traces. Comment les femmes contemporaines peuvent-elles en lire l'histoire ?

2 – Une certaine manière de faire du sens est aujourd'hui abolie. Nous le devons au bienfaisant « désenchantement du monde ». Rappelez-vous, dit Descartes au Père Mersenne, que « la Nature n'est pas une déesse ». Je transcris : il n'y a plus à chercher de sens là où il n'y en a pas ; ainsi les règles n'ont aucun sens, aucun vouloir dire, aucune raison d'être en conflit avec une

---

14 On doit à Laura Levi Makarius, *Le sacré et la violation des interdits*, Paris, Payot, 1974, la mise en évidence de la force de cette idéologie.

autre donnée de l'expérience culturelle. « Nulle n'entre ici si elle a ses règles » est désormais inaudible.

Reste néanmoins un aspect des antiques interdits plus difficile à liquider. En filigrane, derrière l'antinomie imposée entre l'effusion volontaire de sang et les femmes, il y avait aussi l'idée de créer dans chaque société un sanctuaire moins exposé à la mort que le domaine réservé aux hommes. Désormais cette disposition se fissure, mais très lentement comme si avec cette affaire de genre, l'humanité se plaisait à garder deux fers au chaud : les hommes s'exposent aux avant-postes de la violence, tandis que les femmes y entrent, mais à reculons. Moment ambigu où la violence ne leur est plus interdite alors qu'elles gardent leur statut de barrière à son déferlement.

Gérard Courtois

Un père ou un mari pour des orphelins ? Une relecture de la loi iranienne de septembre 2013.

Depuis que l'Iran est devenu une République islamique, le droit de la famille, peut-être plus que d'autres branches du droit, est impacté par trente-cinq années d'évolutions normatives et juridiques. La société iranienne n'en demeure pas moins travaillée par des débats et des questions de société qui sont loin de faire toujours consensus. Nous n'en prendrons ici qu'un exemple.

Selon l'article 27 de la loi de « protection des enfants et des adolescents sans tuteur » adoptée par le Majles, le Parlement iranien, le 22 septembre 2013, et approuvée par le Conseil des Gardiens de la Constitution le 2 octobre 2013, un père est autorisé à épouser sa fille adoptive, sous réserve que cet acte soit permis par un tribunal compétent.

L'adoption de cette loi a créé une grande vague de protestation parmi les défenseurs des droits des enfants et des femmes iraniennes. Presque un an après l'adoption de cette loi, le gouvernement iranien nommé par le nouveau Président Hassan Rohani tente de réviser la législation afin d'annuler l'article 27.

La première loi régissant les règles de l'adoption en Iran a été adoptée en 1954, permettant à un orphelin d'avoir un représentant légal : elle ne contenait aucune disposition permettant le mariage entre les parents adoptifs et leurs enfants. En octobre 2009, le Majles a même formellement interdit tout mariage entre les parents adoptifs et leurs enfants, alors même que sa pratique était inexistante.

Changement d'optique : le 16 août 2012, le Conseil des Gardiens de la Constitution – composé de six avocats et de six théologiens nommés par le Guide Suprême, et chargé d'assurer la conformité à la loi islamique de la législation adoptée par le Majles – a rejeté cette interdiction au motif que la loi islamique permettait ce genre de mariage. Pour répondre à l'objection du Conseil des Gardiens, le Majles – composé d'une majorité d'élus conservateurs, a décidé d'autoriser le mariage entre le parent adoptif et l'enfant adopté uniquement sous la condition que cet acte soit permis par un tribunal compétent. Ainsi, pour la première fois en Iran, le mariage d'un parent adoptif et de son enfant adopté s'est trouvé clairement autorisé, alors qu'auparavant la loi était soit silencieuse sur ce genre de mariage, soit interdisait ce type pour le moins singulier d'union.

Dès l'adoption de cette disposition législative, de nombreuses ONG ont exprimé leur inquiétude en annonçant que cette loi mettait la sécurité des enfants en danger et faciliterait leur exploitation sexuelle.

Madame Touran Vali-Morad, secrétaire du groupe « Coalition Islamique des Femmes », une association qui protège les droits des femmes en Iran, a écrit une lettre en septembre 2013 à Madame Elham Aminzadeh, la vice-présidente chargée des questions judicaires, lui demandant l'abrogation de cette loi. Le courrier dénonçait « une claire violence sexuelle contre les filles » et demandait pourquoi le Majles, « au lieu de condamner et interdire les relations sexuelles avec des enfants, les autorise et leur donne des moyens légaux ».

Madame Shahindokht Molaverdi, vice-présidente de la République en charge des femmes, s'est également opposée au vote de cette loi, tant avant d'être nommée à ce poste que depuis sa prise de fonction le 8 octobre 2013. Suite à la délibération du Conseil des Gardiens, dans une interview de 11 octobre 2013 avec ISNA, l'agence de presse des étudiants iraniens, Madame Molaverdi déclarait :

> Bien que le législateur, par l'article 27, ait créé des limitations au mariage avec l'enfant adopté, le fait de s'immiscer dans des affaires personnelles et de promouvoir des intentions sexuelles dans la famille n'est pas convenable.

Malgré la promulgation de la loi de « protection des enfants et des adolescents sans tuteur » par le Président Rohani le 23 octobre 2013, Madame Molaverdi a répété à plusieurs reprises, notamment dans la presse internationale[1], la détermination du gouvernement à abroger l'article 27. Le 3 novembre 2013, elle annonçait que, suite à l'opposition de certains oulémas à cet article, le gouvernement avait décidé de préparer une nouvelle législation en collaboration avec certains membres du Majles afin d'annuler la possibilité de se marier aux enfants adoptés. Le 13 juillet 2014, Madame Molaverdi a annoncé que ce projet de loi était prêt et que le gouvernement attendait l'avis de « Behzisti » (une organisation gouvernementale d'aide sociale) avant de le présenter au Majles.

Même si le Majles approuve l'abrogation de cet article, il restera à solliciter l'approbation finale du Conseil des Gardiens. Au cas où le Conseil des Gardiens rejette cette modification législative, le Majles pourrait toujours saisir le Conseil de Discernement de l'Intérêt Supérieur du Régime, qui est chargé d'arbitrer les litiges entre le Majles et le Conseil de Gardiens. En revanche, il n'est pas acquis qu'un désaccord limité à un seul article d'une loi puisse suffire à justifier l'intervention du Conseil de Discernement de l'Intérêt Supérieur du Régime.

Un autre argument des défenseurs des droits des enfants et des femmes est que la disposition de l'article 27 aura comme effet de réduire le nombre

---

1 Mme Molaverdi s'en est notamment confiée à www.opinion-internationale.com dans un entretien paru le 16 juin 2014.

d'enfants adoptés. Dans son interview avec ISNA, Madame Molaverdi insistait sur ce point en disant que :

> Si les femmes voyaient la possibilité du mariage d'une fille adoptée et de son tuteur légal (leurs maris), elles n'accepteraient pas cette adoption. À se demander si le but essentiel de cet article était de soutenir le tuteur ou l'enfant ?

... Ou de provoquer une baisse drastique du nombre d'adoptions.

Ramin Namvari et Michel Taube[2]

2 Michel Taube est éditeur du site d'information www.opinion-internationale.com et auteur d'ouvrages et d'études sur l'abolition de la peine de mort. Ramin Namvari est journaliste.

DROIT ET CULTURES

Revue internationale interdisciplinaire

Droit et Cultures est une revue interdisciplinaire dont la réflexion est centrée sur les phénomènes juridiques.

L'idée de droit, des droits, du droit n'a de sens qu'en référence à un système de valeurs, de normes et de cultures qui révèlent des formes dynamiques d'agencement social ou sociétal. Les cultures, les organisations sociales et politiques, les ordonnancements juridiques, dans leur diversité, invitent à repenser les modèles, catégories et classifications.

Le défi de *Droit et Cultures* est de s'affranchir de la réduction du phénomène juridique à une version unique et de promouvoir une lecture plurielle des faits culturels ; il implique d'appréhender les représentations, les discours et les pratiques des acteurs. Y participent les analyses sur la pluralité des paradigmes et sur les transformations des concepts, sur les permutations des références, sur les fluctuations des champs de recherche et des terrains d'observation dans le temps comme dans l'espace. En relèvent de même les travaux sur les variations des perceptions, sur les réinterprétations des traditions aussi bien que sur les reconfigurations des relations sociales aux échelles internationales, régionales et locales.

Droit et Cultures accueille ainsi toute réflexion relative à ces processus.

International interdisciplinary journal

Droit et Cultures is an interdisciplinary journal focusing on legal phenomena.

The idea(s) of Law(s) and rights have a meaning only in reference to a system of values, norms and cultures revealing dynamic forms of social or societal arrangement. Cultures, social and political organisations, legal constructions, in their diversity, invite us to rethink models, categories and classifications.

For *Droit et Cultures*, the challenge is double: to free oneself from the temptation of reducing the legal phenomenon to a single version and to promote a plural understanding of cultural facts; this implies apprehending representations, praxis and discourse of actors. Belong to this process analyses, in time as in space, on the plurality of paradigms, on the transformations of concepts, on the permutations of references, on the fluctuations of research fields and observation sites. Are also part of it the studies on variations of perceptions, reinterpretations of traditions as well as reconfigurations of social relations on the international, regional and local levels.

Droit et Cultures thus welcomes any reflection concerning these processes.

RECOMMANDATIONS AUX AUTEURS

1. Les textes soumis à la Rédaction de la *Revue Droit et Cultures* doivent être adressés sous format Word par courriel à l'adresse jlahmani@u-paris10.fr. Un exemplaire sous forme de tirage papier doit également être adressé à : Jacqueline LAHMANI, Rédacteur en chef adjoint, Université Paris Ouest Nanterre La Défense, bât. F-504, 200 avenue de la République, 92001 NANTERRE CEDEX.
L'article doit être précédé d'un court résumé (10-15 lignes maximum) et de quelques mots-clés en français et en anglais (le titre de l'article doit également être traduit en anglais) ; cette contribution sera accompagnée d'une brève biographie des auteurs indiquant leurs champs de recherche et leur rattachement institutionnel ainsi qu'une courte bibliographie les concernant.

Si le texte est une traduction, il est demandé aux auteurs de joindre le manuscrit en langue originale.

2. Les références des ouvrages, articles, sites internet doivent être placées en notes de bas de pages, numérotées en continu et présentées de la façon suivante :
- pour un ouvrage : Claude Lévi-Strauss, *Anthropologie structurale*, Paris, Plon, 1958.
- pour un article : Alain Testart, « Pourquoi ici la dot et là son contraire », *Droit et Cultures*, n°32, 1996/2, 1996, p. 10-11.

Une bibliographie générale pourra suivre le texte de l'article, les références présentées de la manière suivante :
- ouvrage : LÉVI-STRAUSS (Claude), *Anthropologie structurale*, Paris, Plon, 1958.
- article : TESTART (Alain), « Pourquoi ici la dot et là son contraire », *Droit et Cultures*, n°32, 1996/2, 1996, p. 7-35.

3. Toute proposition de dossier thématique est accueillie par la Rédaction. Cette proposition doit comporter un argumentaire et la présentation des différentes contributions (et de leurs auteurs) qui composent ce dossier, ainsi que les nom et prénom, titres et qualités, et l'adresse institutionnelle du porteur du projet.

4. Toute proposition d'article entraine, *ipso facto*, acceptation par l'auteur de sa mise en ligne sur le portail Revues.org (Centre pour l'édition électronique ouverte) avec lequel la revue *Droit et Cultures* a conclu une convention de partenariat.

REVUE DROIT ET CULTURES

– <u>Abonnement annuel (2 numéros) (Frais de port inclus)</u>

France	**41,20 Euros**
Etranger et DOM-TOM	**44,25 Euros**

La revue Droit et Cultures est disponible, sur commande, dans toutes les grandes librairies de province et par correspondance aux Editions L'Harmattan, 7 rue de l'Ecole Polytechnique, 75005 Paris.

✂...

BON DE COMMANDE

NOM ET PRENOM ....

ADRESSE ....

CODE POSTAL...

DATE SIGNATURE

Règlement par chèque postal, bancaire ou mandat international à l'ordre des Editions L'Harmattan et adressé aux :

Editions L'Harmattan, 7 rue de l'Ecole Polytechnique, 75005 Paris

5-7, rue de l'École polytechnique, 75005 Paris

http://www.harmattan.fr
diffusion.harmattan@wanadoo.fr
harmattan1@wanadoo.fr

ISBN : 978-2-343-05793-4
EAN : 9782343057934

L'Harmattan Italia
Via Degli Artisti 15; 10124 Torino

L'Harmattan Hongrie
Könyvesbolt ; Kossuth L. u. 14-16
1053 Budapest

L'Harmattan Kinshasa
185, avenue Nyangwe
Commune de Lingwala
Kinshasa, R.D. Congo
(00243) 998697603 ou (00243) 999229662

L'Harmattan Congo
67, av. E. P. Lumumba
Bât. – Congo Pharmacie (Bib. Nat.)
BP2874 Brazzaville
harmattan.congo@yahoo.fr

L'Harmattan Guinée
Almamya Rue KA 028, en face
du restaurant Le Cèdre
OKB agency BP 3470 Conakry
(00224) 657 20 85 08 / 664 28 91 96
harmattanguinee@yahoo.fr

L'Harmattan Mali
Rue 73, Porte 536, Niamakoro,
Cité Unicef, Bamako
Tél. 00 (223) 20205724 / +(223) 76378082
poudiougopaul@yahoo.fr
pp.harmattan@gmail.com

L'Harmattan Cameroun
BP 11486
Face à la SNI, immeuble Don Bosco
Yaoundé
(00237) 99 76 61 66
harmattancam@yahoo.fr

L'Harmattan Côte d'Ivoire
Résidence Karl / cité des arts
Abidjan-Cocody 03 BP 1588 Abidjan 03
(00225) 05 77 87 31
etien_nda@yahoo.fr

L'Harmattan Burkina
Penou Achille Some
Ouagadougou
(+226) 70 26 88 27

L'Harmattan Sénégal
10 VDN en face Mermoz, après le pont de Fann
BP 45034 Dakar Fann
33 825 98 58 / 33 860 9858
senharmattan@gmail.com / senlibraire@gmail.com
www.harmattansenegal.com

L'Harmattan Bénin
ISOR-BENIN
01 BP 359 COTONOU-RP
Quartier Gbèdjromèdé,
Rue Agbélenco, Lot 1247 I
Tél : 00 229 21 32 53 79
christian_dablaka123@yahoo.fr

Achevé d'imprimer par Corlet Numérique - 14110 Condé-sur-Noireau
N° d'Imprimeur : 117127 - Dépôt légal : mars 2015 - *Imprimé en France*

www.ingramcontent.com/pod-product-compliance
Lightning Source LLC
LaVergne TN
LVHW011253061026
849535LV00005B/1252
9782343057934